The Lean Toolbox

The Essential Guide to Lean Transformation

(4th Edition)

精益工具箱

(原书第4版)

[英] 约翰·比切诺 (John Bicheno) 著
马蒂亚斯·霍尔韦格 (Matthias Holweg)

王其荣 译

图书在版编目（CIP）数据

精益工具箱（原书第4版）/（英）比切诺（Bicheno, J.），（英）霍尔韦格（Holweg, M.）著；王其荣译 . —北京：机械工业出版社，2016.3（2025.11重印）
（精益思想丛书）
书名原文：The Lean Toolbox: The Essential Guide to Lean Transformation

ISBN 978-7-111-53172-2

I. 精… II. ①比… ②霍… ③王… III. 企业管理-研究 IV. F270

中国版本图书馆 CIP 数据核字（2016）第 045064 号

北京市版权局著作权合同登记　图字：01-2015-8163 号。

John Bicheno, Matthias Holweg. The Lean Toolbox: The Essential Guide to Lean Transformation, 4th edition.
Copyright © 2009 by John Bicheno.
Simplified Chinese Translation Copyright © 2016 by China Machine Press. This edition is authorized for sale in the Chinese mainland (excluding Hong Kong SAR, Macao SAR and Taiwan).

No part of this book may be reproduced or transmitted in any form or by any means, electronic or mechanical, including photocopying, recording or any information storage and retrieval system, without permission, in writing, from the publisher.

All rights reserved.

本书中文简体字版由王其荣（WANG QIRONG）授权机械工业出版社在中国大陆地区（不包括香港、澳门特别行政区及台湾地区）独家出版发行。未经出版者书面许可，不得以任何方式抄袭、复制或节录本书中的任何部分。

精益工具箱（原书第 4 版）

出版发行：机械工业出版社（北京市西城区百万庄大街22号　邮政编码：100037）
责任编辑：刘新艳　　　　　　　　　　　　责任校对：殷　虹
印　　刷：固安县铭成印刷有限公司
版　　次：2025年11月第1版第26次印刷
开　　本：170mm×242mm　1/16
印　　张：29
书　　号：ISBN 978-7-111-53172-2
定　　价：119.00元

客服电话：（010）88361066　68326294

版权所有 • 侵权必究
封底无防伪标均为盗版

荣誉只属于那些身临现场的人,他们满脸尘灰、汗水甚至鲜血,他们满怀激情、矢志不渝,为心中的理想奋斗不息。成功时,他们能够领略重大成就带来的激动;纵然失败,也无怨无悔。他们永远不会与阴冷而懦弱的灵魂为伍,因为后者从来不知道成功和失败的滋味。

约翰·肯尼迪 致 西奥多·罗斯福
1961 年 12 月 5 日于纽约

谨以此书献给终日在生产现场工作的人们。

推荐序一 | The Lean Toolbox

20世纪50年代的日本,全行业一年的汽车产量还不及美国几大汽车公司三天的产出。经过20多年的发展,美国人惊奇地发现,道路上出现了越来越多的日本汽车。在汽车行业的资助下,麻省理工学院发起的国际汽车计划组织(IMVP),对日本汽车行业的迅速崛起进行了彻底的分析研究,并出版《改变世界的机器》一书,自此名为"丰田生产方式"的先进制造技术开始受到关注,并慢慢转化为"精益生产"一词。

经过20多年的应用和发展,"精益"已经从最初的关注车间生产现场的工具,转变为自成体系的理论,应用的领域也从汽车制造业延伸到一般制造业,甚至银行、医院等服务业,并经由跨国公司和精益生产专家的不懈努力,将其推广到全世界范围。"精益"一词的内涵则在"制造技术"的基础上扩展到了"运营、供应链、质量管理、战略、营销、会计、新产品设计等"全职能方面,并与项目管理、六西格玛、流程再造、TRIZ、变革管理、可持续发展、学习型组织等先进的理念和方法形成越来越多的交集。一句话,"精益企业"既是现代企业管理技术的潮流，也是有志于在竞争中处于不败之地的组织的不二选择。

2014年中国的国内生产总值超过60万亿元人民币，首次突破10万亿美元，位居世界第二，制造业为出口、投资和消费做出了重大贡献，中国依然保持世界制造中心的地位。另外，我们也可以清楚地看到，制造业同比增长仅为7.4%，创下1990年以来的新低。如何保持、巩固并发展我们的制造业成为我们面临的重大挑战，尤其是在世界经济还没有完全复苏的情况下。

总体上说，创新和效率是两个既独立又相互依赖的方面。

对于在未来的10年中承担我国制造业新希望的大中型本土企业来说，锐意改革进行产品创新、技术创新是必修课之一。另一方面，转变传统生产模式，提高生产效率则是风险更为可控，结果更可预见的应对措施。精益则是提高效率的有效途径。

可以说，现在既是推行精益生产的最好时机，也最有必要性。如果我们能够抓住这个契机，在竞争中走出低谷，练好内功，不仅企业本身，我们的民族工业也必将在下一轮世界性经济复苏到来时迎来第二次飞速发展。如果不能抓住这个机会，可能我们就只能作为旁观者见证制造业向欧美日回流，向东南亚周边国家转移。

在推行精益的过程中，很多企业都投入了大量的时间和精力去尝试，然而，真正取得成功的并不多。究其原因，可以用三个问题来归纳：我们到底在精益方面做得如何？我们应该如何开展进一步的精益转型？我们应该怎样维持已经取得的成就？

他们缺少的不是方法和工具，介绍具体方法和工具的书籍在市面上已经很多，而且大部分都出自大师之手。他们真正缺少的就是对以上三个问题的回答。一台机器出现了故障，如果不了解故障出现的根本原因，就不知道要用什么工具来消除故障，这样，再完备的工具箱也于事无补。

本书恰当地回答了以上三个问题，能够让企业中的决策者在短时间内了解精益的精髓，按照成熟的精益实施路线图精确评估自己企业的现状，并运用组织的力量发动全员参与，克服或突破变革的阻力，帮助企业选取最有效的精益工具以在最短的时间内弥补差距，形成并保持可持续的竞争优势，而且随着竞争及环境的变化做出适应性调整，让企业永葆活力，立于不败之地。本书虽然名为"精益工具箱"，但其真正的价值在于"善用工具箱"，甚至在此基础上"开发适用的工具"，公司也会由此而成为全员参与持续改善的学习型组织，这才是不可复制的组织能力。

祝你的精益之旅成功！

戴悦

复旦大学管理学院　教授

美国北卡罗来纳州立大学　博士

中国运筹学会随机服务与运作管理分会　副秘书长

推荐序二 The Lean Toolbox

"精益"是个既流行又模糊的概念。自从20世纪80年代丰田生产方式被发现以来，世界各地很多企业都在引进精益生产方式，甚至冠以自己企业的名字，称之为"××生产方式"。同时，对精益的理解和定义，十家企业就有十个不同的版本，而每个工厂在实施时采取的具体方法和步骤更是千差万别，结果也是成败皆有。

在我和企业经理们见面的时候他们经常会问："现在的竞争越来越激烈，顾客对产品提出全方位的更高的要求，我们也想实施精益转型，可暂时找不到头绪，你有什么高见？"也有些人问道："我们也用了5S和看板拉动、标准操作规程（SOP），也已经做到全覆盖，但是精益的工具太多，我们在选择以及使用工具的时候经常无从下手，内部讨论不休，你能够提供一些指导吗？"还有的人干脆毫不掩饰他们深深的挫折感，说去年他们在什么地方做了大量的改善，取得了如何如何的成绩，可是一段时间过去，原先的状态又恢复如初，精益的成果到底怎么样才能保持呢？

我对他们的建议是先阅读本书，寻找参考答案。

《精益工具箱》与其说是一本关于精益工具的书籍，不如说是一本关于如何选用精益工具的书籍。如果不知道如何选用，即使再多的工具放在面前也起不到效果。《精益工具箱》专门面向每天都要处理大量事务的经理人员，虽然主体部分为各种实用经典的精益工具，如看板系统的设计、物料库存管理、布局设计、生产线平衡、浪费的识别、价值流分析和设计、持续改善循环等，它还包括了与精益转型密切相关的其他主题，如精益评估、精益实施路线图、变革管理、精益会计与绩效指标，事实上，精益变革的成败在很大程度上恰恰取决于它们。此外，作为工厂精益实施的延伸，本书对于精益供应链、新产品设计也都做了精要介绍。还要说一句，以前经常听到"我们的精益，你们的约束理论，他们的六西格玛"的说法，本书也对各相关理论或者流派的区别和联系做了详细解释，并就如何让它们融洽地共同为组织服务指出了方法。本书通篇用平实的语言描写，各章节自成一体，可以一气呵成读完，也可以就特定的主题查阅相关的内容。

不论是急于改变目前企业管理面貌的中高级经理人员，还是希望提升自己业务能力的一线员工，在开始精益之旅前，都有必要系统地阅读本书，在该书的具体指导下根据企业实际情况制订最适宜的行动计划，并在实施过程中作为手册不时查阅。它可以澄清很多模棱两可的概念，统一团队的认识，给出很多具体的参考方法，在思想上也会启发团队。最终不仅可以在正确的方向上实施精益改造，也会提高实施的效率，用系统的专业方法达成精益转型的目标，即顾客满意、持续改善、组织长青。

希望本书给你的精益之旅带来帮助！

余锋

精益企业中国独立董事

上海管理科学学会精益六西格玛委员会主任委员

译者序

Lean 在企业界最常见的中文解释是"精益",也就是没有浪费的意思。目标很明确,从某种意义上说道理也很简单,但是要持之以恒地执行下去并不断提高精益的水平,绝不是一件容易的事。而且,随着全球化的推进,企业之间的竞争已经变得越来越激烈,精益已经成为企业立于不败之地并长盛不衰的必要法宝。甚至可以说,谁应用了精益的工具,谁就能占领先机,赢得市场。

由于精益产生于实践,并且不断发展,一直没有对其工具以及运用法则进行系统的整理,很多的精益实践者都是在精益的实践中一边学习一边摸索,同时苦于寻找集大成的精益工具著作。

本书的主要作者约翰·比切诺(John Bicheno)有别于其他精益大师,他不仅仅是学者和知名教授,从1982年在南非丰田实际接触最原汁原味的精益至今已经有30多年,现在是欧洲精益界的大师,不仅在卡迪夫大学商学院创设了全球第一个精益研究生学位,通过现代教育在西方大力普及和推广精益,还著述、出版了大量的精益著作,并带领学生在企业中实际应用及推广各种精益的理念和工具，不断总结、验证并发展精益的理论。英国和北欧已经有很多知名企业在约翰·比切诺的辅导之下成功完成精益转型。

本书对精益工具和系统的最新发展提供了全面的介绍。前3章介绍了精益的基本理念和最新的发展动态，第4、5章从战略的角度介绍精益转型的框架和实施步骤，第6、7、8、9章详细阐述了精益工具的具体应用，此后直至第18章对于精益在企业内部更大范围内的应用分别通过质量、新产品开发和引入、供应链、会计、变革管理、可持续性、改善等方面进行了论述。第18章介绍了精益的由来和发展，第19章给读者提供了大量的进阶阅读资源和学习资源，还包括当今最有影响力的精益组织和职业发展方向。

通过本书的阅读，企业管理者可以更加坚定精益转型的决心，明确战略方向，少走弯路，节省时间和成本；精益实践者和关键团队成员可以直接参照相应章节选择最恰当、最适用的工具，对各种模棱两可的概念和名词建立正确和统一的理解；学习运营、工业工程和企业管理等学科的大学生则可以将理论"落地"。

首先，我要感谢机械工业出版社的编辑，在我的翻译过程中，她们给予了我极大的帮助和鼓励，从而保证了这本书能够顺利翻译完成并出版。

在本书的翻译中，虽然力求"信、达、雅"，但是鉴于译者水平有限，错误和不当之处在所难免，如有任何建议和意见，请不吝指教，本人将感激不尽！

最后，将此译作献给我无私和伟大的父亲王邦应和母亲朱成莲，挚爱的妻子鲁瑢和儿子王文基，你们是我所有动力之源。

译者联系方式：wang.qirong@163.com。

王其荣
2015年11月23日

原书第 4 版前言

本书在书后整理出了一份详细的精益年表,这既让人好奇又有启迪。精益已经被描绘为哲学、理论、方法、方法论甚至工具箱,显然没有哪一个可以构成年表。大多数的理论、方法和经营理念都盛极一时,随后又慢慢淡出人们的视野。

它们不进化。

精益与此相反,它显然在过去的半个世纪里不停进化。我用"进化"而不是"发展"来描述,是因为它仅在外部环境发生变化时,对经营和生产的变化做出迅捷的反应。它源自日本,在美国扬名,现在又回到日本,并传播到澳大利亚和乌拉尔等世界各地。精益传播得越广,就越接近大野耐一的原义,尽管也派生出大量的流派,各流派都更加适用于特定的时间和场合。

时下存在一种分化现象,一部分人以拥护传统的丰田生产方式成为精益的忠实门徒;另一部分人则更倾向于精益的适应性,而不是拿来主义式的照搬。

无论你认为精益最终都是趋向完美,抑或是向适应本地的专门化发展,这本书都将提供给你判断出精益可以如何来更好地帮助你的相关知识。

本书的内容在制造研究院自1995年就推出的教育培训项目中占据重要地位。实际上，研究院已经订购了超过4000本的本书此前版本，它仍然是各种从初级到高级课程的核心之一。精益工具箱的范围之广、知识之深，使它成为所有精益学习者的重要选择。

朱莉·麦迪根　博士

制造研究院　首席执行官

原书第 3 版前言

经常有公司的高层管理人员问我，在他们公司的精益转型过程中应该阅读什么书籍。另一个经常被问及的问题是如何甄别出应该使用的工具。第三个问题是如何处理显然相互竞争的理念如精益、约束理论和六西格玛，并让它们协调一致。通常我给他们的反馈就是阅读本书。

本书第 3 版以清晰和便于阅读的方式陈述精益的方方面面，对于组织内部各个层级的员工来说都是宝贵的资源。它给想知道自己的业务该如何发展的高级管理人员提供了一个方便阅览的清单，是改善人员的指导手册，也给项目团队成员提供了深入的洞察。

虽然没有任何组织会使用书中罗列的所有工具，但理解有哪些工具是可以使用的，以及这些工具可以如何应组织之需也是一个不错的起点。想要成功的人们将会把他们的方法整合到一个系统的变革项目中，并将客户需求、经营战略和业务中人的因素考虑进去。为了从正确的地方开始，我建议先通览本书，再来构建公司的实施计划。此后，将这本书作为组织通往未来理想状态的简易参考书来使用。

祝你们的精益之旅成功。

彼得·哈恩斯　教授

精益企业研究中心　主任

原书第 2 版前言

人们逐渐意识到精益的含义比我们所想的要多得多。从纯粹意义上说它产生于丰田生产方式,由大野耐一和他的同事在第二次世界大战结束后先行实践推广。然而,它也对亨利·福特在高地公园的第一个巨型汽车厂所遵从的方法有了重新发现。在该厂中,每一步操作都在连续流动的生产线中完成。

这个方法也可以追溯到 1855 年哈特弗德(Hertford)的柯尔特式来复枪工厂。因此,连续流的想法历史悠久。

不过,没有人能照搬高地公园的先例。只要需要生产一系列产品,他们就应该按照流程、活动和部门来组织,并使用更加复杂的排程计划来对每个生产步骤进行计划。胭脂河工厂是典型的过程群落组织方式,批量大且提前时间长。然而,只要市场迅速增长,这一系统隐藏的浪费就无关紧要,这一方法的错误也不会明显。

丰田英二和大野耐一决心发现新的方法,以成功克服种种障碍,将所有的步骤连在一起成为连续流,并与最终用户的需求精确同步。25 年之后,整个世界在这种新方法的威力面前苏醒过来，虽然很多组织还在老式的生产方式里苦苦挣扎。

人们不仅发现了这种方法的威力，也深刻理解它与传统的批量和等待方法的截然不同。将批量向流动转化的工具和技术仅仅是第一步，其后就要用精益的原则将它们整合到一起，设计实施计划来变革组织以及供应链上各供应商和客户之间的关系。我们现在还处于探索精益真正威力的精益之旅的起点。

本书对你的精益之旅大有裨益。

丹尼尔·琼斯

英国精益企业学院　创始人兼主席

《改变世界的机器》《精益思想》和《精益服务解决方案》等书的合著作者

目录 | The Lean Toolbox

推荐序一
推荐序二
译者序
原书第 4 版前言
原书第 3 版前言
原书第 2 版前言

第 1 章 精益工具箱第 4 版说明 // 1
    1.1 回顾 // 3
    1.2 精益、可持续和变革 // 4
    1.3 精益演化 // 4

第 2 章 理念 // 7
    2.1 精益追求"理想方式" // 7
    2.2 精益不是工具，也不是一套整合的工具 // 8
    2.3 浪费、过载、波动 // 9
    2.4 精益的公式 // 12
    2.5 精益是"系统" // 13
    2.6 精益是持续学习 // 16
    2.7 精益既是革命也是演进 // 16
    2.8 精益是"分布式决策" // 17
    2.9 两个类比和一组 F：乐团和体质锻炼 // 17
    2.10 精益的 5 个原则 // 20

2.11 精益的 25 个特性 // 22
  2.12 丰田模式 // 26
  2.13 精益企业屋 // 27

第 3 章 价值和浪费 // 29
  3.1 价值 // 29
  3.2 价值和萃智 // 31
  3.3 Muda 和 7 种浪费 // 32
  3.4 Ⅰ型浪费和Ⅱ型浪费的消除和预防 // 33
  3.5 增值、非增值（必要的和可避免的）// 34
  3.6 大野耐一的 7 种浪费 // 34
  3.7 新的浪费 // 39
  3.8 现场和"学会观察" // 44
  3.9 基于时间的竞争 // 46

第 4 章 精益转型的框架 // 51
  4.1 精益屋 // 51
  4.2 流动框架 // 52
  4.3 层级式转型框架 // 55
  4.4 精益实施的通用方法 // 61
  4.5 精益实施的失效模式 // 63
  4.6 线模公司案例 // 68
  4.7 给精益改善的警告 // 69

第 5 章 战略、规划及部署 // 71
  5.1 运营战略 // 71
  5.2 将运营战略与精益相联系 // 73
  5.3 理解流程：产品—过程矩阵 // 73
  5.4 理解顾客 // 74
  5.5 价值流经济：哪里制造什么 // 82
  5.6 关键帕累托 // 85
  5.7 制定运营战略 // 90
  5.8 政策部署 // 92

第 6 章　准备流动 // 100

6.1　需求管理 // 100

6.2　全员生产性维护 // 104

6.3　节拍时间和补料间隔时间 // 114

6.4　活动时间分析和工作元素 // 116

6.5　5S // 117

6.6　可视化管理 // 124

6.7　标准化作业、标准操作规程、工作解析 // 127

6.8　快速换型 // 134

6.9　机器小型化、避免超大型机器、递进思维 // 139

第 7 章　价值流的绘图、评估和分析 // 142

7.1　价值流分析的实施循环 // 142

7.2　价值流绘图的步骤 // 147

7.3　绘图及实施 // 151

7.4　单项流程要素图的种类 // 154

7.5　精益评估和原则 // 178

第 8 章　布局和单元设计 // 185

8.1　精益布局 // 185

8.2　主要的布局类型：产品—过程矩阵 // 186

8.3　总体布局：在工厂层级的优劣判断 // 187

8.4　物料搬运：在工厂级别的优劣判断 // 188

8.5　细胞式生产单元 // 189

8.6　生产单元的平衡 // 196

8.7　上料—下料单元和生产线 // 205

8.8　虚拟单元 // 205

8.9　移动线和脉动线 // 205

8.10　人因工程 // 208

第 9 章　计划与排程 // 211

9.1　平顺化排程 // 213

9.2　构建精益排程体系：八个基本要素 // 215

9.3　11 个排程概念 // 219

第 10 章　约束理论和工厂物理学 // 252

- 10.1　鼓—缓冲—绳模型 // 252
- 10.2　有效产出率、库存和运营费用 // 254
- 10.3　依赖事件和统计波动 // 254
- 10.4　约束、瓶颈和非瓶颈资源：同步原则 // 255
- 10.5　工厂物理学定律 // 257
- 10.6　精益思想和约束理论的冲突 // 260
- 10.7　约束理论改善循环 // 262

第 11 章　质量 // 264

- 11.1　精益质量框架 // 264
- 11.2　复杂性 // 266
- 11.3　变异 // 268
- 11.4　差错 // 268
- 11.5　六西格玛 // 269
- 11.6　如何计算流程的西格玛水平 // 272
- 11.7　整合精益和六西格玛 // 273
- 11.8　防错 // 276

第 12 章　改善 // 279

- 12.1　改善循环：PDCA、DMAIC、8D、IDEA 和 TWI // 279
- 12.2　"五次为什么"、根因和 6 个忠实仆人 // 284
- 12.3　改善的组织工作 // 287
- 12.4　持续改善的方法 // 290
- 12.5　改善 // 295
- 12.6　混乱管理 // 305
- 12.7　A3 问题解决法和报告 // 306
- 12.8　沟通板 // 309

第 13 章　变革管理 // 312

- 13.1　精益中的人员和变革 // 312
- 13.2　什么是"社会系统" // 312
- 13.3　变革管理的模型 // 315

13.4 打造精益文化 // 323
13.5 督导人员培训 // 326
13.6 接受曲线和关键人员 // 331

第 14 章 可持续性：维持变革 // 335
14.1 过程（和系统）的可持续性 // 336
14.2 人员的可持续性 // 339

第 15 章 新产品开发和引入 // 345
15.1 四个目标和六个权衡 // 347
15.2 新产品开发中的浪费 // 348
15.3 丰田的新产品开发方法 // 350
15.4 成本 // 354
15.5 速度和平顺化：关键链和精益项目管理 // 364
15.6 质量 // 366
15.7 精益产品开发的其他工具 // 372

第 16 章 建立精益供应链 // 377
16.1 什么是供应链管理 // 377
16.2 动态的需求失真 // 380
16.3 管理供应商关系 // 384
16.4 供应链合作 // 392
16.5 精益物流 // 394
16.6 订单履行和产品定制 // 396
16.7 建立高效供应链 // 402

第 17 章 会计处理和绩效测量 // 403
17.1 精益会计 // 403
17.2 绩效指标 // 409
17.3 基本的精益指标 // 414
17.4 目标成本法、改善成本法和降本 // 418

第 18 章 精益的由来和发展 // 422
18.1 丰田之前的精益 // 422

18.2 丰田：精益的诞生地 // 424
18.3 为什么称之为"精益" // 426

第19章 其他资源：从何处寻求帮助 // 429
19.1 姊妹出版物 // 429
19.2 研究中心、研究项目和网络资源 // 430
19.3 文章、书籍和影音资料 // 431
19.4 资格认证 // 431

精益年表 精益的过去和未来 // 432

第1章 The Lean Toolbox

精益工具箱第4版说明

自本书的前一版在2004年出版以来发生了很多事，包括精益的新发展和作者的学习心得。本书加入了这些新内容，为活跃在企业一线的精益实践者和制造、物流以及建筑等专业的大学生和研究生量身打造。讨论的主题涵盖从产品概念到商品交付的整个过程，也包括计划、测量和精益会计等支持职能。它对人员、领导力和文化等方面也做了某种程度上的强调。简而言之，此书试图包含精益的所有操作方面，它们是开展成功的精益转型所必需的。本书对精益服务也做了讨论，因为它是精益企业的一部分，但是更详细的讨论可参考本书的姊妹篇《服务系统的精益工具箱》(*Lean Toolbox for Service Systems*)。

新版对前一版本的全部内容都进行了修订，尤其在如下方面：

- 实施框架。
- 波动（Mura）和过载（Muri）。
- 价值流分析（VSM）的新拓展。
- 供应链。
- 精益会计和绩效测量。

- 精益排程和均衡生产（Heijunka[①]）。
- 人员和文化。
- 改善项目的可持续性。
- 精益设计和精益产品开发。
- 精益布局。
- 全员生产性维护（TPM）。
- 精益历史。
- 精益的学术研究。

在某种程度上，本书也讨论了人员、领导力和文化等重要问题。如果忽略了它们，不管运用什么工具都不会成功。但此书没有对这些方面进行深入探讨，因为本书的首要定位是工具和系统。相比较而言，本书在系统方面的描述也不是重点。即使我们专门写一本包含人员、领导力和文化的系统方面的著作，也不足以强调系统的重要性，因为精益必须发展并适应于现实情境，这些工具只是精益转型中的辅助手段。

下面摘录的是三段重要的引文：

> "开启精益制造的钥匙有很多，它们无一不与实际完成工作的员工有关。TPS 是三个基本要素相互关联的组合：理念基础、管理文化和技术工具。这些基本要素组成一个三角形，而人员发展是其核心。这一点经常为人们所忽视，因为人们倾向于关注 TPS 的有形要素。TPS 的兴盛离不开三个要素中的任何一个。"
>
> ——瓦西拉施（G.S.Vasilash），肯塔基丰田制造厂副总裁

> "在头脑中理解（精益生产的）理论不是问题，问题是把它们记在身体里。"
>
> ——大野耐一，丰田生产方式之父

[①] Heijunka：均衡生产。丰田使用 Heijunka 这一术语指代生产的平顺和均衡，即在特定的循环周期内，保持产量、品种、工时和设备负荷的全面均衡，提升资源的利用率，及时发现各种差异并采取措施，最终达成计划的稳定性和可预测性。具体的工具有计划平衡箱（Heijunka Box）和计划平衡板（Heijunka Board）等多种形式。——译者注

> "学习书本之外的任何东西，你需要能去尝试，去犯错，去接受反馈，并再次尝试。不论是学习骑自行车，还是开始一个新的职业，试验、反馈、再试验的循环都是一样的。"
>
> ——查尔斯·汉迪（Charles Handy），管理大师

1.1 回顾

自从理查德·雪恩伯格尔（Richard Schonberger）和罗伯特·霍尔（Robert Hall）通过写作将精益介绍（或者说，再介绍）给西方已经有 25 个年头了，沃麦克、琼斯和鲁斯（Womach，Jones 和 Roos）等人以"精益"命名的经典著作问世也超过了 15 年。虽然精益已经给实业界带来巨大变化，但大部分运营组织的精益潜能还远没有充分发掘，这是不争的事实。

正如在本书上一版中指出的，"精益工具箱"的名字可能会引发三种反应。

（1）完全拒绝，认为精益是系统，而非一套选定的工具。或许你是对的。但是，本书还涵盖工具以外的内容。我们不仅仅致力于提供工具，同时也把它们统一在如何运用它们实现你的精益转型的框架之中。

（2）作为精益"工具箱"。精益，作为丰田生产方式（toyota production system，TPS）的拓展，还在继续演化，所以本书试图整合和探索传统的精益领域。然而，认为 TPS 包治百病也同样不现实。在非汽车行业 TPS 就需要做大量的调整。实际上，这正是精益的结果不尽如人意的原因之一。或许丰田公司是第一个承认它们解决不了所有问题的。雪恩伯格尔已经指出，即使丰田已经成为世界第一，但它的库存周转次数在过去的 20 年中持续恶化。它们仍然在致力于持续创新，在追求尽善尽美的精益之旅上奋力前进。

（3）作为"精益"工具箱。现在的精益范畴已经远超原来的 TPS。我们已经开始意识到精益的概念在和约束理论、工厂物理学、服务、六西格玛以及企业资源计划（ERP）等整合以后如何变得更为强大。这些构成了"真正的精益"。

本书的中心是传统的精益、约束理论、六西格玛，也融合了一系列在绩效测量、分析和变革方面相对新颖的概念。

1.2 精益、可持续和变革

可持续已经变成精益的一个重要主题。从环境的角度而言，可持续无疑很重要，少浪费材料和能量、避免污染排放的想法都和广义的精益思想如出一辙。但是，仅有可持续或许还不够。精益还含有固化新的工作方式的含义。在变革管理中有"解冻、变革、重新冻结"的说法。在精益中需要的是持续的解冻，以保持持续的适应性。我们将在本书中始终强调这点。

引用杰克·韦尔奇（Jack Welch，通用电气前 CEO 和董事长）的话，"人们经常会问，'变革结束了吧，我们现在可以停止了吗？'你必须告诉他们，'不，变革才刚刚开始！'"

1.3 精益演化

对于很多人来说，精益开始于"工具"。通常，它们甚至还不是一整套工具，而是完全相互独立的：这里是 5S，那里是快速换型（SMED），到处是看板。这在一开始也不是坏事。然后精益又以原则的形式出现，通常是沃麦克和琼斯的 5 个原则，或者是自助、尊敬，对员工、顾客以及社会的责任等原则。这是一个很大的进步，如果系统地实施进步就会更大。但是现在人们已经开始意识到真正的精益是"行为驱动"——每个人每天不需要被告知而自然要做出的行为。但是，如何到达这一完美状态呢？它取决于对工具和规则运用方面的持续反馈。行为是通过规则建立的，比如当问题出现时拉下安灯绳，而且一直这样，一直遵守此规则，一直支持此规则，而不仅仅是"口头功夫"。通过一直使用诸如 PDCA 循环、标准会议流程、本因问题解决法、可视化管理等工具来暴露问题。要一直如此，没有选择的余地。假以时日和坚持，正确的"世界观"就会确立，也就是说，我们的行为将变成自然的习惯。最重要的行为就是，在各个层级的领导都要是老师，以持续强化对原则和工具的正确使用。不要依赖于一次为期 10 天的精益课程，或者书籍，或者互联网等就想让员工学会原则和工具，而要通过自身垂范和日常的辅导。

对于有些人而言，"精益"一词隐含吝啬、削减和裁员的含义，一般来说都和人员有关。但是，另一方面，精益意味着成长和机会。例如，丰田在成长而不是萎缩。它们在成长因为它们将精益带来的巨大收益重新投资。赢利最好是由成长获得，而不是靠缩减规模来维持。

这导向另一个重要的概念：精益企业。沃麦克和琼斯已经试图强调精益事关企业全局而非仅仅制造部门。如果在你已经开始的精益之旅中没有包括设计、市场、会计、人力资源、分销和现场服务等职能，你要么赶快把它们包括进来，要么就要冒着不成功的风险。在提高了灵活性、提升了产能、强化了质量、缩短了提前时间等以后组织应该做什么这个问题上，这些职能部门扮演着生死攸关的角色。如果他们的回答仅仅是"降低成本"，管理层就没有抓住重点。精益企业也需要适当的人员管理政策、绩效指标、会计原则——没有它们精益不会成功。

戴维·科克伦（David Cochrane）做了绝佳的概括：精益不是组织应该做什么，精益是组织通过有效的系统性的设计和实施而应该成为什么。

精益的简单定义是"以少做多"。这当然和生产率（产出/投入）的定义相一致，不过也可以更宽泛地解释为，用较少的资源（材料、能源、污染）做得更好，以获得终极的可持续发展。

这将我们导向罗伯特·霍尔的观点，他认为精益最终就是"压缩"——缩短提前时间，减少空间、能源、材料、紧张和过载、次品、污染、换型时间、加工时间和工作时间（空出更多的时间用于休闲）。在压缩的时候也不能"顾此失彼"，我们需要在所有方面都要同时压缩。好消息是，通过良好的设计，所有这些都是可以实现的，而且能保证赢利。

所以，精益不应该仅仅是减少浪费，甚至也不是预防浪费。这些观点都相当消极。真正的精益应该是面向未来，强调价值和成长。这才是应该抱有的正确观点。

南非丰田退休的制造总监乔治·戴维森（George Davidson）说，丰田生产方式的基本原则是"客户第一"。乔治在1982年第一次说了这样的话，2007年渡边捷昭（Katsuaki Watanabe）在会晤《哈佛商业评论》的记者时说了完全相同的话。这就是一致性。那么，你是如何做到的呢？"通过培养善于思考的员工，"他说。那么，你又是如何做的呢？"通过设立人性化的工作场所和组织。"注意戴维森没有提到的那些。消除浪费不是根本目的，提升客户的利益才是消除浪费的初衷。因此丰田在需要增加库存的时候没有反对，事实上它们近来正是这么做的，为缩短顾客的等待时间而增加了库存量。它也不是5S——5S仅仅是保证一致性和质量的工具。它也不是SMED——SMED仅仅是改善对用户的反应速度和服务的方法。TPS由基本原则发展而来，把客户置于中心。实际上，非精益系统正好反其道而行之。例如，通过"经济订货量""大批量生产"、长生产周期、减少产品品种、"推送"系统、仅仅是因为成本原因而将工厂搬到低成本国家——所有这些都是基于生产厂家的考虑而设计的，而不是基于客户！

在戴维森和其他人之后，一些人已经开始认为，TPS代表"善于思考的员工的系统"而不是"丰田生产方式"。确实如此。

理解精益的一种方式是把它看成消除越来越不合适的"规模经济"而采用"时间经济"的方法，这已经得到了证明。用大野耐一先生的方法给精益做个总结：

（1）在思想上强行把自己置身于紧张的生产现场。

（2）努力思考；系统地观察实际情况。

（3）产生想法；找出并实施简单的、创新的、低成本的解决方案。

（4）在完成改善中获得个人的喜悦。

第 2 章　The Lean Toolbox

理　念

2.1　精益追求"理想方式"

正如我们即将看到的，尽善尽美是沃麦克和琼斯的第五个精益原则，也可以把它作为首要原则。所以，我们需要持续地提问："我们距离理想方式更近了吗？"什么是那个理想方式呢？它是完美的质量、零浪费、完美的客户满意度。正如罗伯特·罗丁（Robert Rodin）在他的马绍尔工业公司精益转型过程中所指出的：所有的趋势都指向同一个方向吗？谈论"免费、完美、随时供应"是荒谬的吗？看看 Skype 和谷歌吧。

彼得·海因斯（Peter Hines）总结了六个恰当：恰当的产品、恰当的地点、恰当的时间、恰当的数量、恰当的质量和恰当的成本。它们是追寻理想方式的良好开端。

理想方式是对弗雷德里克·泰勒（Frederick W. Tayler）提出的"最佳方法"一词的重新表述，在丰田公司泰勒被当作英雄对待。做每一件事都有一个最佳方法，那为什么不去追寻呢？但是，找到最佳方法需要深入理解顾客以及全体人员的参与。丰田董事长渡边捷昭也有一个关于最佳方法的梦想：可以改善而不是污染空气质量、不会伤人、避免事故发生、让人兴奋、可以娱乐、周游世界只需一箱油的汽车。

耐一先生也曾经有一个特定的愿景：完全灵活，没有浪费的流动。实际上，它就是丰田过去 50 年的驱动力。那时没有人提供耐一先生现成的精益工具箱，在他脑海中只有一个希望达成的愿景。首先是愿景，然后才是必要的工具。看看每一份工作，每一个流程，每一个系统。什么是实现它们的理想方式？什么阻止人们去实现它们？如何才能去除障碍？

这是一个重复的过程。例如，减少批量的大小让你距离理想方式更近，但是你需要不断重复改善，以进一步减少批量的大小。或者，在成功提高发动机燃油经济性以后，过一段时间还要再次尝试，然后再次提高燃油经济性，循环往复。

类似地，莱维特（Levitt）认为，福特不是生产的天才，而是营销的天才。他意识到如果可以按照 500 美元的售价销售数百万辆汽车，制造汽车将有利可图。在这里的问题是，他必须找到制造这种汽车的方法。

> "爱德华跟在克里斯托弗·罗宾的后面从楼梯上下来，头在台阶上撞来撞去。这是他所知道的唯一的下楼方式，有时他又觉得，如果可以让头在台阶上的撞击稍停片刻，好好想一想的话，肯定有别的方法。"
>
> ——摘自《小熊维尼》

2.2 精益不是工具，也不是一套整合的工具

因激励的层次理论而闻名的马斯洛（Maslow）在 1966 年说过，"如果你唯一的工具是一把锤子，就把一切都作为钉子来对待。"精益工具也是这样。

引用凯特·麦克尔（Kate Mackle）的话，"就'可以从研究精益或者丰田生产方式中获得什么'的快速调查告诉我们一件事：早期的关于丰田公司与众不同之处的解读集中在向新的研究者展示丰田模式上，丰田发展该模式用于描述其精心建立起来的系统的各个组成部分。"所以我们现在可以发现大量不同

的对"精益屋"及其组成部分的阐述，比如准时制生产、自动化、标准化作业等。很多公司将这一模式照搬用于自己的改善项目：某某（代以自己公司的名字）生产方式。有很多的信息来源可以充分地解释各种工具和精益系统，然而，仅知道我们有什么可用的工具对于设计我们希望建成什么并没有多大用处。

或许你也发现自己和其他的诸多精益实践者一样：非常努力地使用精益工具，在自己的领域取得一些工作成果，可就是无法实现类似于丰田达到的那种突破性的绩效水平。这里有一个简单而有力的启示：如果你想获得一样的效果，也要采用相同的过程。丰田并非从这些工具着手，也不是从它们的系统着手。它们开始于不懈地关注如何使用它们的资源制造出尽可能接近顾客需求的产品，以及如何尽可能地让生产流和经营业务的资金流保持一致。因为经营的最终目标是赚取利润。

在他们的经典著作《提醒》（*Nudge*）里，理查德·塞勒和卡斯·桑斯坦（Richard Thaler 和 Cass Sunstein）讲了一个故事，故事讲的是 20 世纪 50 年代在一个美国小镇调查汽车挡风玻璃上的小坑产生原因的过程。首先在一个地区有人发现汽车挡风玻璃上有小坑，然后相邻地区也有人陆续发现相同的现象。正式调查随之启动。可能的原因从辐射到外星人，都一一做了假定。最终经过深入的科学研究发现，小坑在几乎所有的车上都出现，它是日常使用的正常结果。它们只是原本没有被发现，而现在被细心而敏感的司机注意到了而已。

精益的实施也可能如此。你需要做什么？什么重要？首先我们认为是质量圈。啊，这就是我们要做的！然后是快速换型、看板、5S、闪电改善行动、价值流分析、人员问题、政策部署，现在变成了领导力和持续性。

类似于上述的小坑，这些问题一直存在。那么，我们退后一步来看看全貌吧。普费弗和萨顿（Pfeffer 和 Sutton）建议人们应该学习标杆思维模式，而不是具体的技术。你崇拜的公司获得成功是因为技术和方法，还是和技术无关？他们这样问道。

2.3 浪费、过载、波动

沃麦克和琼斯以"Muda"（浪费）一词开始他们的经典著作《精益思想》，

Muda 是一个你必须知道的日语单词。如今，浪费意识广为传播。丰田前总裁张富士夫（Fujio Cho）定义浪费为任何除了对于增加产品的价值而言绝对必要的最少量的设备、材料、零件、空间、工时等之外的东西。

但是，丰田同时关注三个 M：Muda、Muri、Mura（浪费、过载、波动）。了解所有的三个 M 有助于完整地理解精益。三个 M 相互关联。

你是否见过以下情形：订单完全均衡地到达？产能一直充足？设备从来不出故障？各工序的时间完全相同？如果对以上任一问题的回答是"否"，你就需要有理解 Muri（过载）和 Mura（波动）的智慧。

你可以和朋友一起玩一个掷骰子游戏，一人掷骰子产生订单数量，另一人产生产量，以骰子点数产生现有产能。你们模拟 20 天的情形，重复 5 轮，游戏结果记录在 20 行 5 列的表格里。用掷一次骰子来模拟一天的情形。在第一轮中，生产者的骰子点数上加 3 代表那天的实际产能。如果产能超过或者等于订单数量，那天结束的时候就没有剩余工作。如果订单超过产能，一天结束的时候会有未完成的工作要顺延到下一个工作日。将每天结束时候的剩余工作量记录下来。当完成所有的 20 天模拟后，进入第二轮，重复第一轮的流程，但是产能变成骰子点数加 2，而订单数量在 5 轮游戏中始终保持骰子掷得的点数。同样，把每天结束时候剩余的订单数量记录下来。按照产能是骰子点数加 1 再重复一次，记录每天结束时的剩余订单数量。然后是骰子的点数加 0。这样，你已经完成了 20 × 4=80 天的模拟。将每列加总除以 20 就得到平均的剩余订单数量。把 4 个数字图示出来。它们看起来类似于图 2-1 中标记为"高变异"的那条曲线。现在再最后重复一次，产能为骰子点数加 0，但是点数只取 3 和 4 两种情形之一。（如果掷出其他点数就重新掷，直到出现 3 或 4 为止。）订单数仍然像上次取 1 ~ 6。非常可能的结果是平均等待订单数量会减少，如图 2-1 中标记为"低变异"的曲线显示的那样。

另外，多组人同时做这个游戏会更好。多组的平均结果更有趣，也更有效。

可以从图 2-1 中看出：

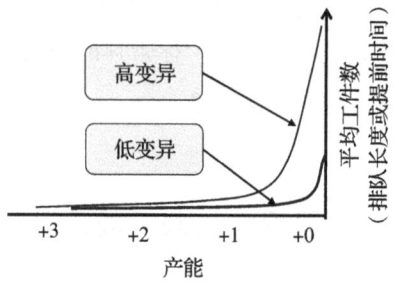

图 2-1　需求、变异与等待订单的关系

- 额外产能大的时候等候作业的数量接近于0。
- 当新增订单数量接近产能时（即，图中+0的情况），等候作业开始大量集聚。
- 实际上图形在大约+1的地方出现"上升"——或者说达到80%～90%产能的时候。
- 产能变异越小，平均等待时间越少。
- 而且，如果多组人同时做，你会注意到当产能很多时（例如，+3和+2时）等候作业的平均值变异小，但是当产能吃紧时，等待时间的长度，或者提前时间的不稳定性就会增加。
- 如果订单和产能相同，比如两个人都掷出数字3，等待订单将是0。当然，如果顾客哪怕是仅仅一次发出过量订单（比如5）——或许由促销引起——等待的订单立即产生，而且一直在该水平维持下去。同样情况也适用于机器哪怕出现一次故障的时候。

在这里，订单到达速度的变异和产能的变异就是Mura（波动）。产能和Muri（过载）直接相关。所以，我们知道，波动和过载是大敌。它们是Muda（浪费）的主要原因。你需要降低过程的变异，谨慎对待订单变异，如促销活动。而且，你需要在100%产能以下工作，如果不这样的话，提前时间会变得既长又不可预见。波动和过载导致浪费。

让我们更广泛地考虑这个问题：过载是因为让人员和设备超过负荷而导致浪费。第一，人员：如果人员需要和流程密切配合，积极参与改善，高质量完成工作并为质量负责的话，当他们紧张并劳作过度就不要指望他们可以这样了。他们必须在工作场所享受好的"工作中的生活质量"，所以人因工程因素（温度、灯光、视线、舒适度、举升、重复性劳损的危害等）必须尽可能融洽，安全必须放在最重要的地位。这些使"带着脑袋来上班"和"雇用整个人"成为可能。第二，机器：机器在工作超过极限的时候也会过载——这其实就是全员生产性维护的基础。第三，人员和机器一起：本书经常提及等待和变异的问题。我们知道，除非没有变异（实际上根本不可能），如果订单到达速度和履行速度的比率（或者说利用率）超过90%（在高变异的情况下甚至更低），等待的订单会迅速集聚，错过交期将不可避免，这就是过载。注意，因为波动因素的存在，过载在低于 100% 产能利用率的时候就会出现。

Mura 就是波动。快速、顺畅的流动在需求波动时肯定无法实现。等待的订单会迅速集聚，生产的提前时间会延长。需要准备额外的材料和库存来满足高峰需求。显然，顾客的需求不会完全平均。第一，不要让波动被自己的政策人为增大，比如为了月底的业绩报告而制定数量折扣或者类似的促销政策。第二，鼓励供应商和顾客更加平均地下订单和生产，这常常对双方都有利。供应商真的想整批交货吗？顾客真的想一下子购买六个月用量的牙膏吗？为了确保自己的运营在工作时间、发运等方面更加平顺，你能更靠近顾客以了解他们真正的长期需求吗？缓冲通常是必要的，但是更需要和你的顾客和供应商共同努力使整体的流动更平顺！同时考虑延迟策略作为降低过高库存或者缺货的风险。或许 Mura 是根本原因。波动导致人员和机器过载，进而导致其他形式的浪费。最大工作量时期会导致人员的紧张，或许机器也会缺少维护，高的利用率也会导致错失交货截止日期。然而 Muda 可以导致 Mura，因为提前时间变长，质量变得不稳定。因此实际上它们相互影响：Mura 导致 Muri，Muri 导致 Muda，Muda 导致 Mura，依次循环。

2.4 精益的公式

图 2-2 中的公式是展示精益中与产能、订单密切相关的几个概念的一个很好的方式。负载是加载在系统上的工作量。产能是用来完成工作的可得的资源。负载和产能之差就是缺口。如果负载大于产能，就会出现过载或者疲劳或者 Muri。如果负载低于产能就是工作量不足。但是我们现在知道，因为变异的存在，保持一些富余产能是必要的——如果工厂以 100% 负荷运转会频繁出现无法满足需求的情况。

负载由两种需求构成：价值（或者真正）需求和由于没有在第一次就做对，或者没有采取行动而产生的无效需求。此概念由约翰·塞登（John Seddon）提出。理解需求的由来是精益的起点。价值需求进而由"常规需求（runner）、定期需求（repeater）和偶尔需求（stranger）"构成。可能通过移动定期需求和偶尔需求的时间来平衡需求，比如通过说服客户用少量高频的方式下单。移动或者平顺需求可以空出产能，或者至少可以让现有的产能得到更好利用。大野耐一曾指出，产能等于工作加浪费。因此，去除浪费可以提高总的产能利用效率，或者进一步削减无效需求。

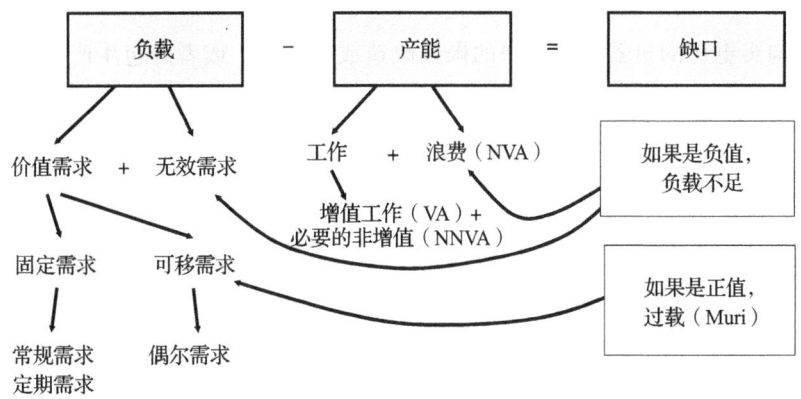

图 2-2　产能和负载的关系

如果缺口是负的（至少应该一直保有少许），那么任何的空闲资源都应该用于消除浪费。

减少变异使缺口变窄。结果是客户服务水平提高，或者相同服务水平下可以满足更多的需求。

因此，存在如下的反馈回路：减少无效需求，减少浪费，均摊负载，减少变异，以及利用机动产能来提高效率。

2.5　精益是"系统"

精益的精华是系统方法。系统思维就是通盘考虑。正如彼得·切克兰德（Peter Checkland，英国系统论的大师）所说，"系统方法寻求的不是缩减论，"用"寻求"这个词是因为当几乎所有的商业界、学术界都是按照功能组织起来的时候，保持端到端的系统的观点非常困难。在日本，切克兰德的受认可程度远胜于其祖国英国。

大野耐一说过，"我们所有的一切都是为了缩短从收到订单到客户付款的时间。"请留意这个表述天生就含有系统的意思。精益不是制造或者服务而是将两者整合的系统。丰田与其说是一个制造公司不如说是一个系统公司。丰田从戴明，以及其他人处，学到系统的方法。大野耐一看到的不是规模经济，而是流动经济。

认为局部优化会导致整体优化可能反映了通往精益之路的最大障碍。因此，购买更快的机器，把库房的操作改造成自动化，或者外包生产步骤等从部门或者垂直职能的观点看起来可能很不错，但是从精益系统的观点而言可能是灾难。

系统方法意味着关注焦点应该是整个组织或实体。这对于绝大部分经理人员和在垂直职能思维下成长和教育起来的其他工作人员而言尤为难以接受。如果我们不能保持系统性，我们将很快陷入"按下葫芦浮起瓢"的窘境，也就是受局部优化所累，刚解决一个问题其他的问题却随之出现。

沃顿大学的名誉退休教授，非常风趣的大系统思想家罗素·艾可夫（Russell Ackoff）谈到，要分析问题，其方法是讨论；更好的是解决问题，其方法是通过基于事实的工具；最好的是消除问题，其方法是理解系统的目的，使用创新的思考。非精益实践者"分析"低效率，初级的精益实践者"解决"问题消除浪费，但是富有经验的精益专家改善整个"系统"。艾可夫也说系统是互动，而不仅仅是行动。以健康护理为例，多名专业人员的互动才能保证患者的成功康复。在办公室系统中，真正的差别产生于转手和返工回路。

当考察整个汽车供应链的库存状况时，局部优化现象清晰可见。参看霍尔韦格和皮尔（Holweg 和 Pil）绘制的图 2-3。人们可以清楚地看到实施 JIT（准时制生产）是如何降低汽车生产厂的现场库存的，然而这仅仅是将库存转移到零部件供应商和分销体系中，这产生了供应链中的"卓越孤岛"，整体库存并未真正改善。记住，精益价值流需要考虑从原材料到最终顾客，以避免产生所谓的卓越孤岛。

系统也有反馈回路，成功产生成功，多余的工作会把用于改善的时间挤掉。大部分的反馈回路有延迟，因此需要时间让成功或者失败来发展。微小的因素可以在相连的回路中产生链式反应，而且可能会增大，例如经理人员忽视浪费或者不参与 5S 活动的行为。回路有几个阶段，这是解释本因问题解决法重要性的原因之一。画出这些因果图很有启发意义。理解这点对于精益转型非常重要：任何时候都有很多回路在起作用，它们需要时间来产生确定的影响。

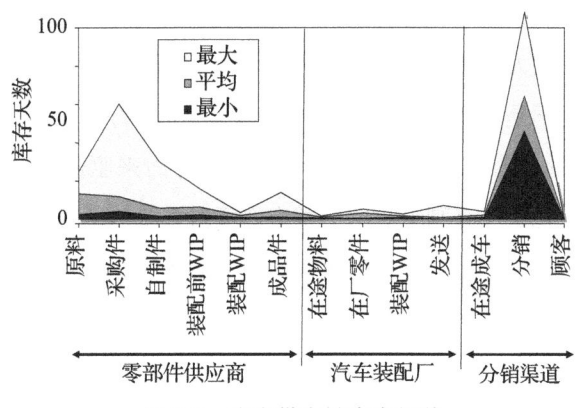

图 2-3　汽车供应链库存概貌

资料来源：Holweg 和 Pil，2004。

水在常温下是液体。水分子由氢元素和氧元素组成，而它们是气体。研究氢气和氧气永远不可能理解水的特性。类似的是精益和精益工具。精益是系统，不是它的组成元素的简单汇总。系统持续地和其所在的环境互动：边界在哪里，什么应该外包，顾客和供应商参与的程度，这些并不显然。系统持续地适应环境，在受到威胁时则适应得更快，就像蚁群，蚁群体现了真正的改善文化。系统也不停进化，就像害虫和杀虫剂之间的战争，这是一个如何识别并废弃不合适工具同时开发新的更强大工具的问题。

另一个类比就是人体。布局、超市和缓冲物料构成骨架；拉动系统和信息流是循环系统。眼睛和大脑给出愿景和战略；控制、部署和测量来自神经系统，质量和改善来自肌肉系统，能量和去除浪费来自消化系统。人体需要所有的组织以达成"简单、苗条和敏捷"，精益也一样（引用自丰田总裁渡边捷昭）。

将精益理解为一个需要什么就拿什么的工具箱是很危险的，因为它是一个形成竞争力的端到端的价值流。当然有些工具单独使用也可以产生不错的效果。但工具更多的是因果行为，不是互动。一个生产单元即使效率很高，但如果是服务于一堆控制得不好的库存，到头来也是浪费。如果没有融入流动,5S 项目基本上也是浪费。在一个需求不均衡的情况下使用的看板也可能是浪费。以此类推,即使所有的这些工具都是从正确的价值流分析和正确指导的改善项目中选出,精益可能仍然不能呈现它的真正潜力。

普费弗在《他们当时在想什么》(*What Were They Thinking*)一书中给出无数大公司高层管理人员的例子,这些公司采用了可以称为"非系统思考"的实践。普费弗用的不是"系统思考"一词。当公司陷入财务困境时,自上而下宣布裁员或者降薪,或者通过诸如威胁和奖励的外力来驱使员工的例子比比皆是。这些做法忽视了仅有利于短期的解决方案对系统的影响。不幸的是,这对于执行官本人而言倒未必一直是灾难性的,但对于组织而言,假以时日,着眼于短期的解决方案确定无疑地会被证明是无效甚至是灾难的。系统也会报复!

2.6 精益是持续学习

通过工具和概念来认识精益是最常见的错误之一。那些只是外在的可见表象,精益的真正威力源自从错误中学习并不停改进的能力。在精益组织中:错误被看作是改善的机会,而不是要监督和惩罚的对象。如果有人犯错,不宜采用指责的态度。不要因为人们少犯错误而奖励,而应根据错误发生后人们对系统改善的程度来奖惩。这种持续学习的"动态学习能力"赋予精益企业真正的竞争优势。它有两个支柱:Kaizen,即持续改善,和 Hansei,即诚实的自我反思。丰田的管理人员在设计新产品和新工厂的时候犯的错并不少,但是他们很快就能发现,并改善流程,确保错误不要再次发生。

2.7 精益既是革命也是演进

丰田生产方式(TPS)是从革命和演进中成长发展起来的。革命指拒绝大批量生产和规模经济,并以此引导整个公司。演进发展了具体的细节和工具。当 TPS 刚开始的时候,精益工具几乎一片空白,它们几乎都是在几十年的时间里根据基本原则逐渐发展出来的,并时刻保持与最高层愿景的一致,精益的思想始于基本原则。大野耐一笃信用苏格拉底式方法培训经理人员——向他们提出难题而不是直接给出答案。和他们自己想出答案相比，如果给出答案，对方就学不到真正的东西，在执行中也不够投入。这也和方针管理（或者政策部署，日语为 Hoshin Kanri）的做法相似，凭借最高管理层给出的战略方向（即"是什么，为什么"），通过沟通流程在逐层组织间丰富细节（即"怎么办"）。与此方向相反的是，由局部的职能单位做出决定，仅在异常情况下才向上层寻求意见。这很像人体的管理系统。因此，从高层来强行要求采纳具体的（精益）工具，并做出与精益有悖的决策的做法，是完全错误的。

2.8 精益是"分布式决策"

大野耐一认为 TPS 的理想状态是将信息和控制最小化。就像人体，绝大部分的常规活动都是分散的，依靠局部组织即可自行运转和修复。大野耐一说过，信息过多的情况必须要抑制。也许精益的最大机会不在办公室和工厂车间，而在于简单化和分权化，它们让消除所有的管理和行政人员成为可能。

如今带有数据库的大型的企业资源计划系统（enterprise resources planning, ERP，是随着计算机和信息技术的发展而形成的大型企业管理系统）已经投入使用。20 世纪 90 年代后期和 21 世纪早期很多大型组织热衷于此，实施大型的集权式系统。它们花费巨大，效果却喜忧参半。现代的需求是快速反应的分布式决策。集权的战略决策情形也是有的，但是不能用于运营决策。精益的方法就是要解决甚至消除问题，诸如排程、质量，甚至设计和供应等本地层级的问题，同时将端到端的价值流始终放在心中。这样做不仅效率更高，而且还更加人性化。ERP 可以做计划，但是或许不能做执行。类似地，你可以使用成本会计来规划，但是肯定不能用它来执行。从组织的方面来说，方针管理流程的实质是达成共识（Nemawashi）和分享决策（Ringi）。

2.9 两个类比和一组 F：乐团和体质锻炼

戴明使用乐团来类比质量和系统。鲍勃·埃米利亚尼（Bob Emiliani）已经将音乐和乐团方面的实践用于精益。这个类比非常恰当。乐团远非各部分的简单相加，指挥的协调作用是必要的。乐团的明星演奏家并不一定是最好的，人们不能仅仅"做自己的事情"，乐团里的专家都要服从于整体演奏效果的需要，需要定期排练，时间上的协调一致至关重要。要采用标准的操作流程——活页乐谱。各个演奏者比指挥更熟悉自己的乐器，但是指挥对总体最清楚。音符和乐谱都有精确的含义。音符就是零件号，音高就是频率，旋律就是平顺化计划，和声就是相互支持的职能，拍子就是节拍时间。

西蒙·埃利亚斯（Simon Elias）则用健身来做类比。长期的锻炼才能获得期望的效果，甚至要坚持每天都不间断。需要长期的自律。减少脂肪非常重要，可以通过锻炼或者改善饮食来减少脂肪，更不要无谓地增加脂肪。锻炼的类型有多种，有的适用于短跑，有的适用于马拉松，所以练习一定要有特定目的。很难在每时每刻都保持最好状态，因此不时地巩固很有必要。天生能力非常重要，然而，没有开发出来的天分也毫无用处。教练的作用很大，但是你要对他实话实说他才能帮助你提高薄弱项目。

汤尼·霍伊（Tony Hoy）则用一组以 f 打头的英语单词罗列出精益的特性：

- 节俭的（fugal）。
- 迅速的（fast）。
- 灵活的（flexible）。
- 流动的（flow）。
- 聚焦的（focused）。
- 扁平的（flat）。
- 可行的（feasible）。
- 适宜的（fit）。
- 直接的（forthright）。
- 根据事实的（factual）。
- 严格而公平的（firm but fair）。
- 体谅的（forgiving）。
- 忠实的（faithful）。
- 有远见的（far-sighted）。

2.9.1 精益、六西格玛还是精益六西格玛

精益和六西格玛现在已经不再相互冲突，其实它们本来就不应该冲突。精益对于全局、对于建立基础更有效，而六西格玛的 DMAIC 模式⊖是强有力的问题解决方法论。精益价值流分析工具总体而言更为有效，和六西格玛结合则能获得更多的协同效果，它们的许多概念和工具完全相互支持。同时，可以肯定，六西格玛方法有值得怀疑的地方，六西格玛的创始人之一，曾经在摩托罗拉工作的凯克·博特（Keki Bhote）就曾指出过。

六西格玛的本身大部分都是浪费！首要的问题是，采取什么措施来减少或者消除变异，甚至在变异还没有发生之前就采取预防性措施。为什么丰田没有引入六西格玛？或者变一种问法，丰田是如何在没有大量黑带和统计软件的情况下能够达到六西格玛的绩效水平的？请参考本书 4.5.3 和 11.5 节。

2.9.2 精益是"绿色环保"

近来我们注意到，既关注于原材料和能源的合理使用，同时做到精益和环保不仅是可行的，而且具有更好的赢利性，对顾客更有吸引力。帕梅拉·戈登（Pamela Gordon）在《精益和环保》（*Lean and Green*）一书中研究了许多成功采用 3R 策略的例子（3R 代表 reduce、reuse、recycle，即减少用量、重复使用、循环利用）。霍肯（Kawken）则发现了一个令人汗颜的事实：在美国，用于生产商品的 99% 的原材料在产品销售出去六周内就被当作垃圾处理掉。其他国家大概也差不多。这肯定是极大的浪费。但是，霍肯和劳温思（Lovins）在《自然资本主义》（*Natural Capitalism*）一书中给出了希望：例如，一种用循环材料制作的地毯寿命可以延长四倍，防污性能强，可以水洗。还有一种窗户，气温高时可以有效阻挡热量，气温低时则可以增加进入房间的热量，因此可以显著降低空调和集中供暖的用量。这才是精益的目标。

⊖ DMAIC 模式：用于流程领域改善的六西格玛方法论，代表一个完整改善循环的五个阶段，即定义、测量、分析、改善、控制，对应英文为 define、measure、analyze、improve、control。——译者注

延伸阅读和参考文献

Russell Ackoff, *Management in Small Doses*; *Ackoff's Fables*; *Beating the System*; *Management F laws*, *Creating the Corporate Future* (to name a few!)

Thomas Stewart and Anand Raman, 'Lessons from Toyota's Long Drive: Harvard Business Review Interview with Katsuaki Watanabe', *Harvard Business Review*, July August 2007

Louis Savary and Clare Crawford-Mason, *The Nun and The Bureaucrat*, CC-M Productions, 2006, an excellent book on systems and Lean healthcare

James Womack and Daniel Jones, *Lean Thinking*, revised edition, Free Press, 2003

Jinichiro Nakane and Robert Hall, *Ohno's Method*, Target, First Quarter, 2002

Richard Schonberger, *World Class Manufacturing: The Next Decade*, Free Press, 1996

Matthias Holweg and Frits K Pil, *The Second Century: Reconnecting Customer and Value Chain through Build-to-Order*, MIT Press, 2004

Thomas Johnson and Anders Bröms, *Profit Beyond Measure*, Nicholas Brealey, London, 2000

Jim Womack, *The Perfect Process*, Presentation, AME Conference, Chicago, 2002

Paul Hawken, Amory Lovins and L Hunter Lovins, *Natural Capitalism*, Little, Brown 1999

Phil Rosenzweig, *The Halo Effect*, Free Press, 2007

Richard Thaler and Cass Sunstein, *Nudge*, Yale Univ Press, 2008

Jeffrey Pfeffer and Robert Sutton, *Hard Facts Dangerous Half Truths and Total Nonsense*, Harvard Business School Press, 2006

Jeffret Pfeffer, *What Were They Thinking?*, Harvard Business School Press, 2007

Robert Hall, Seminar at Cardiff Business School, October, 2006

Bob Emiliani, Lecture at Cardiff Business School, July 2007, and *Real Lean*, Volume One, Centre for Lean Business Management, 2007

David Cochrane, 'The Need for a Systems Approach to Enhance and Sustain Lean', in Joe Stenzel (ed), *Lean Accounting: Best Practices for Sustainable Integration*, Wiley, 2007

2.10 精益的 5 个原则

在《精益思想》一书中，沃麦克和琼斯重申了《改变世界的机器》中陈述的观点：在汽车行业，精益的运用是生死攸关的选择，现在，这样的观点已经拓展到汽车行业以外。两位作者指明了制造业，以及某种程度上的服务业的愿景：世界正从大批量制造向精益企业转变。书中列出的 5 个原则非常重要。每一位经营者都必须阅读《精益思想》的相关介绍。

沃麦克和琼斯在《精益思想》中一直强调精益企业，而不是精益制造。换言之，是在强调系统。然而，不幸的是，很多人认为该书仅仅是讨论制造的，而漏掉了对系统方面的论述。

在这个部分，我们对沃麦克和琼斯的 5 个原则做了一些补充和发挥，特别是将它们与服务业相联系的时候。一些经理人员对这 5 个原则半信半疑，认为它们在自己的行业不可行，这是对精益愿景的误解。精益的愿景是：追求并不断尝试一生可能也无法达成的目标，并坚信有朝一日肯定有人能达到。

（1）**从顾客的角度来定义价值**。这是已经建立起来的市场观念（顾客购买的是结果，而不是产品，比如，一件干净的衬衫，而不是洗衣机）。然而，经常发生的是，制造者倾向于向顾客提供对制造者方便的，或者自认为对顾客有经济价值的产品。沃麦克和琼斯举了批量和等待模式的航空旅行案例：先是经过很长的路程到达居住地以外的某个机场，以便攒齐大量旅客一起飞行，然后把你带到你不想去的地方，进行中转集散，中间有数不清的延误。在新产品设计或者服务运营过程中有多少约束是由现有设施而不是顾客需求造成的？我们理所当然要知道顾客是谁：最终顾客，下一道工序，供应链上的下一个公司，或者顾客的顾客。

（2）**识别价值流**。它是从原材料到最终顾客，或者从产品概念到销售的所有流程步骤。如果可能的话要观察整个供应链（或者，更确切地说是"需求网络"）。这也是TQM[⊖]、朱兰和业务流程理论等反复重申的想法。整体的绩效取决于最弱环节。是供应链之间在竞争，而非公司之间。关注于目标（或者产品，或者顾客），而不是部门、机器，或者流程步骤。考虑时间经济而不是规模经济。构建和测量端到端的价值流的绩效，而不是部门。

（3）**流动**。让价值流动。如果可能就使用单件流或者单文件流，让它们流动起来。避免批量和等待模式，或者至少持续地减小批量和等待时间，以及流动途中的各种障碍。试图根据斯道克和豪特（Stalk和Hout）的黄金规则来筹划：绝不让非增值步骤延误增值步骤，即使这些非增值步骤在目前看起来是必要的，可以让它们并行开展。流动需要很多准备工作。但重要的是愿景：在心中牢记指导性战略，始终不懈地追求简单、精细和快捷的顾客流。

（4）**拉动**。建立了流动的框架之后，只在需要的时候才作业。拉动就是对顾客的需求速度快速做出反应，不要生产多于需求的产品。拉动有两个层面：在宏观层面，很多组织都预先建立一定量的库存，然后对最终顾客的拉动信号做出反应。例如经典的贝纳通灰色运动衫，它们在供应链的中间某点保有库存以获得灵活性，同时以低库存水平达到较好的顾客服务水平。在微

⊖ TQM：total quality management，全面质量管理，即组织以质量为核心，全员参与来满足顾客不断增长的需求的管理体系。——译者注

观层面，对拉动信号做出反应，例如，为了避免排队过长，向超市的收银台增派人手。需要对两个层面都给予注意。当然，整个需求网络都应有拉动，而非仅限于一个公司内部。所以，这也暗示要沿着整个链条共享最终顾客的需求。每次将拉动的范围延伸扩大都会降低预测的不确定性。

（5）**追求完美**。在完成前述原则以后，突然之间"完美"变得更加可能。完美并非仅指没有有缺陷的产品，它还指以合适的价格，最少的浪费，在正确的时间（没有延误）提供顾客真正需要的产品。小心对待标杆管理：真正的标杆是零浪费，而不是竞争对手或者最佳实践者的水平。记住人类活动的系统（不像机械流程）是不可复制的：因为即使可以看到人的动作，却也看不到人的互动。你可以学习最佳实践，但是却不能复制它，也不要期望它们有相同的效果。

你很快就会意识到这5个原则不是依次排列、一次即止的流程，而是一个持续循环的改善过程。今天就开始吧！

2.11 精益的25个特性

沃麦克和琼斯、雪恩伯格尔、霍尔、高德拉特和今井正明等奉献了很多关于精益的重要著作，他们都对戴明、朱兰、大野耐一等大师们的成就做了进一步的发展。虽然难以对它们一一提炼，不过确实有一些共同的特性。如下的25个特性就是核心内容。

（1）**顾客**。外部的顾客既是起点也是终点。寻求最大化顾客的价值。围绕顾客来优化，而不是围绕内部的运营。理解顾客在价格、交付和质量等方面的真正需求，而不仅限于我们的现有能力。

（2）**目的**。有"全局观念"就需要对"什么是目标"进行提问。这个简单的问题是通往减少浪费、复杂性和官僚程序的必经之路。另外一个问题是"采取的措施真的有助于还是有损于目标的实现？"

（3）**简单**。精益不容易做到，但是简单化普遍适用。简单化的运营、系统、技术、控制和目标等。通过避免复杂化，而不是合理化来实现简单化。想想蚁群，它们在没有任何管理信息系统的情况下，却可以让复杂的高适应性系统运转自如。通过减少零件数量和使用通用部件在产品上应用简单化。通过与一小部分可靠的合作伙伴紧密合作在供应商上应用简单化。通过"厂内工厂"在工厂内部应用简单化。小心复杂的信息系统，复杂的大型自动化设备，复杂的生产线和奖励系统。选用尽可能小的、简单的机器，保证一致的质量要求。

（4）**浪费**。浪费是通病。学习识别它们，寻求持续减少它们的方法。每一个人，从总裁到清洁人员，都应该一直戴着能够识别浪费的"浪费眼镜"。通过优良的产品和流程设计来预防浪费。

（5）**过程**。按照端到端的过程来组织资源和思考问题。水平思考，而不是垂直思考。关注产品的流动路线，而不是机器、人员或者顾客的。将过程图示出来以便于理解全局。

（6）**可见性**。努力让所有的作业流程尽可能可见和透明，用目视控制。采用可视化工厂的方法，让作业和时间进度出现差错时可以快速容易地被发现。

（7）**规范化**。规范化保证无意外。我们的生活就基于规范化（睡觉、早餐等），我们的工厂也应该基于规范。寻找"定期需求"产品，定期生产它们：这会降低库存，改善质量，让控制简单化。新产品引入的规范化可以缩短产品开发周期，让创新成为常态。

（8）**流动**。努力"让产品按照订单的速度流动""一次流动一件"。协同作业，保证准时化。力求在生产单元、整个公司内部以及供应链等各个层级实现流动。让信息流和物流协同流动。如果过程无法流动，至少一次一个或者小批量地脉动。

（9）**均衡**。"Heijunka"或者均衡生产是保证流动和质量的秘密武器。努力让排程、销售和采购都均衡化。避免致命的波动。先行一步：询问顾客和供应商，他们是否更偏好小批量多频次。

（10）**拉动**。努力让生产和顾客的需求速度保持一致。避免过量生产。要基于拉动的需求链，而不是基于推动的供应链。拉动应该根据顾客的需求而发生并保持速度一致。这里的顾客指需求链中的最终顾客，而不应受中间的"牛鞭效应"干扰。

（11）**延迟**。将促成产品变化的活动尽可能推迟以保持灵活性，减少浪费和风险。这个特性和避免过量生产的概念紧密相连，同时涵盖了工厂、设备、信息和库存等。注意，这不是简单地尽可能迟地开始工作，而是为了保持灵活性仅在适当的时机采用。

（12）**预防**。努力预防问题和浪费，而非检查和修复。将重点从失效和评估转移到预防上面来。检查流程，而非产品，就是预防。试图通过防错（Pokayoke）来预防失误。

（13）**时间**。努力减少制作、交付以及新产品研发等的全部时间。在运营、设计和支持服务中使用同步、平行和交叉工程。努力不让非增值步骤延误增值步骤。时间是最好的单个绩效度量指标。如果减少时间是当务之急，你就应该在所有其他的方面着力：浪费、流动、拉动和追求完美。

（14）**改善**。每一个人都应该关心改善，或者确切地说是持续改善。改善既有"强制性的"，又有"被动的"；既有"渐进性的"，也有"突破性的"。改善不仅仅是减少浪费，还包括创新。

（15）**伙伴关系**。在内部寻求各职能之间的合作，外部寻求与供应商的合作。不管是内部和外部，寻求使用团队，而非只靠个人。员工也是伙伴，要努力建立信任。对此的另一个说法就是：双赢，它是史蒂芬·柯维（Stephen Covey）等高效能人士的习惯之一。你必须寻找双赢，而不是零和式非赢即输式的解决方案，如果做不到的话就请他另谋高就。

（16）**价值网**。成本、质量、交期和灵活性改善的最大机会在于合作网络。现在是供应链之间的竞争，而非公司之间。链中的每一个环节都需要增加价值。一维的供应链要扩展到二维的价值网络。

（17）**现场**（Gemba）。到问题发生的现场寻找事实。采用走动式管理。贯彻执行只发生在车间现场，而不是办公室的管理方式。自始至终鼓励 Gemba 精神。

（18）**提问（和倾听）**。鼓励提问的文化。多问几次"为什么"来寻根问底。鼓励每个人提问。正如罗素（Bertrand Russell）说的，对司空见惯和习以为常的事情发出提问是很有益的。提问的经理人员实质上是在授权。积极倾听，而不是被动倾听。复述别人的观点。柯维说，先理解别人，再让别人理解你。

（19）**减少变异**。时间和数量变异在每一个过程中都存在，从供应链的需求放大现象到尺寸变异。它是精益的大敌。要不断地努力降低它。测量它们，知道控制线，学习识别一般变异和特殊变异。管理它们。将适当的灵活性设计到过程中。

（20）**避免过载**。过载意味着超过满负荷的能力，对人员和机器都产生影响：此时，一点点的干扰和变异就将导致日程安排的错乱。需要特别关注瓶颈，瓶颈处损失一个小时就是整个系统损失一个小时，因此要保护瓶颈。

（21）**参与**。首先将解决问题的机会给予一线操作人员。所有的员工都分担成功和失败的责任。真正地参与意味着完全的信息共享。

（22）**递进思维**。指定满足要求的最小的机器，然后逐台增加机器以增加产能。在增加新机器之前先充分利用现有机器。通过多能工和通用机器打破"规模经济"概念。指定工厂的最大规模来保持"产品族集中"，培养"善于思考的员工"。在靠近顾客的地方设置小型工厂，并和他们的生产线同步。不管是内部还是外部，进行多频次小批量传送而不是大量少次传送，使用专职物料员或"水蜘蛛"。

（23）**信任**。如果我们真的相信参与和削减浪费，我们必须建立信任。信任可以在内外部大量减少官僚程序和时间浪费。在供应链中，戴尔（Dyer）展示了信任是如何让丰田成功削减占公司成本 30% 之多的交易成本，以及大量的人力和时间的。与供应商之间构建信任可以让它们有信心投资和分享知识。在组织内部，信任也让组织更加扁平化，更加合理化，更加有创造力。

（24）**知识**。正如彼得·德鲁克（Peter Drucker）在其原创著作中指出的那样，知识工作者是现代公司的引擎，这使得"不仅是构建知识还要分享知识"的共识变得越来越重要。斯比尔和鲍恩（Spear 和 Bowen）已经展示丰田是如何系统科学地积累知识的。戴尔则展示了丰田是如何培育显性知识（比如此书中的工具）和隐性知识（软技能）的。正是隐性知识才难以复制，并形成持续的优势。知识是通过 PDCA 这一科学方法来积累的。

（25）**谦恭**。你越追求精益，就越会发现自己知之甚少，有很多东西要学习。学习始于谦恭。

2.12 丰田模式

《丰田模式》是当时的丰田总裁张富士夫（Fujio Cho）在2001年发表的。本质上丰田模式与精益并无不同，但是它致力于将精益从传统的在制造和产品开发方面的应用领域，扩展到整个组织。例如，张富士夫声称，丰田是时候将"制造"准时制运用到销售和营销运作了。丰田模式试图将精益导入丰田的所有业务流程。如果丰田在持续学习和发展它们的精益实践50年之后仍然只是丰田的精益，精益就毫无价值了。丰田方式基于5个核心价值，所有层级的员工都应该在他们的日常工作中加以应用。

（1）**挑战**。保持长期愿景，用勇气和创造力来努力战胜所有实现愿景所需的挑战。

（2）**改善**。努力地持续改善。没有任何一个过程可以堪称完美，因此总有改善的空间。

（3）**现场现物**（Genchi Genbutsu）。到源头去发现事实，做出正确的决定，取得一致意见，实现目标。

（4）**尊重**。尽一切努力理解他人，承担责任，建立互信。

（5）**团队合作**。分享发展的机会，最大化个人和团队的绩效。

密歇根大学的杰弗瑞·莱克（Jeffrey Liker）在他的《丰田模式》一书中，确定了14个原则，在获得麦格劳 – 希尔出版社的许可后，列出如下。

长期理念

（1）基于永续经营的长期理念制定管理决策，即使以短期财务目标为代价也在所不惜。

正确的流程将产生正确的结果

（2）建立持续的过程流，将问题表面化。

（3）使用拉动系统来避免过量生产。

（4）均衡生产（Heijunka）。像乌龟一样工作，而不是兔子。

（5）建立一种停产解决问题的文化，第一次就达到正确的质量要求。

（6）标准化作业和流程是持续改善和员工授权的基础。

（7）使用目视化控制，让问题无处遁形。

（8）只使用可靠的、经过彻底检验的技术来服务于员工和流程。

通过培养员工来为组织增值

（9）培养能够彻底理解工作，践行理念，并教导别人的员工成为未来领袖。

（10）培养遵守公司理念的卓越的个人和团队。

（11）尊敬延伸的伙伴网络和供应商，挑战他们并帮助他们提高。

持续解决根本问题，驱动组织学习

（12）亲自到现场了解情况。

（13）决策制定要慢，让所有人达成共识，考虑各种选项，执行要快。

（14）通过彻底的反思（Hansei）和持续改善（Kaizen），成为学习型组织。

延伸阅读

Jeffrey Liker, *Toyota Way*, MacGrawHill, 2004

2.13 精益企业屋

丰田和丰田生产方式（TPS）还在继续进化。和其他许多公司一样，丰田已经意识到过于重视工具存在很大的局限性。它们现在使用"精益企业屋"模型以有别于"工具屋"模型（见图2-4）。企业屋从工具层面外延开来，强调理念和方法。"是什么"，而非"怎么做"。丰田生产方式也许是工具屋，而丰田企业系统的内容更为广阔。

其基础是持续适应顾客、员工和环境的永恒的挑战；持续改善或者是朝着更好的方向持续变革；团队精神以及强调协同工作；现场：亲力亲为，亲自到现场查看，而不是通过远程控制来管理。

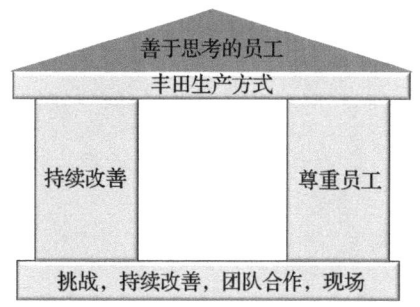

图2-4 丰田精益企业屋模型

现在的支柱是持续改善和尊重员工。这两个要素可以追溯到20世纪30~50年代的丰田佐吉和丰田喜一郎。也许它们都来自他们灵感的主要来源——塞缪尔·斯迈尔斯的《自己拯救自己》。这两个支柱支撑着丰田模式，它们是杰弗瑞·莱克试图捕获的原则，捕获这样的原则并非易事。最后，屋顶是持续绩效的真正根源——"善于思考的员工"。

整体企业的概念在这里很重要。即使现在，在西方重新发现精益25年之后，正如雪恩伯格尔指出的那样，仍然存在这样的趋势，即认为日本制造，或者TPS，或者甚至是精益，仅仅是众多独立的领域之一，这取决于观察者的背景。雪恩伯格尔提及的三个领域经常被分别对待，实际上它们却相互融合，它们是：

- 独特的雇用实践。
- 对质量的无比关注。
- 生产方法，特别是JIT。

以及近来才加入进来的会计、设计和供应链实践。当然，精益包括所有这些，或者说更多。

延伸阅读

Jeffrey Liker, *The Toyota Way*, McGraw Hill and subsequent books, *Toyota Talent* (2007) and *Toyota Culture* (2008)

Samuel Smiles, *Self Help*, Oxford Classics, originally published 1856

David Magee, *How Toyota Became No 1*, Portfolio, 2007

Richard Schonberger, 'Japanese Production Management: An evolution – With mixed success', *Journal of Operations Management*, Vol 25:2, 2007

第 3 章 The Lean Toolbox

价值和浪费

3.1 价值

认为精益仅仅是 Muda、Muri 和 Mura 就差强人意了。精益也关系价值，但丰田系统实际上更关乎成长和利润。对实施精益的最常见的误解就是巡视工厂车间，开始消除显而易见的浪费，如库存。是或者不是浪费只能由顾客来决定，而不是管理车间的运营经理。看起来似乎是浪费的库存或许会让顾客在意的交付提前时间缩短，并为之付费，这时的库存就不是浪费了。

因此沃麦克和琼斯的第一个精益原则就是理解价值。不贡献价值的活动是浪费——要么是绝对浪费，要么是暂时需要的非增值活动。所以我们要对这些概念理解得更深入一点。本节讨论价值，稍后讨论浪费。

吉特洛（Gitlow）提出的价值是时间、地点和型式的函数的概念非常好：如果不改善全部，至少要改善其中之一。时间是交付提前时间，地点和顾客的方便性有关，型式和设计及效用有关。

波特（Michael Porter，哈佛商学院终身教授，竞争战略权威学者）指出，就竞争而言，价值是顾客对公司提供的产品中愿意付费购买的部分。价值由总的收益来衡量，它是公司产品的定价以及可销售数量的乘积。

从精益的角度来看，这些有点过于简单。首先是现值：现有顾客愿意花多少钱购买。这是通常的识别浪费的方法。其次是未来价值：明天的顾客愿意花多少钱购买，而不是今天的顾客。这和研发设计等相关。这些代表了不同的价值流，所以评判研发流和现有的制造流不能一律使用相同的方法。

类似地，有现有顾客和未来顾客之分。现有顾客有几个类别：高价值组、中间组和无价值组。或许你的产品或服务聚焦定位的顾客对象并不合适。因此，浪费因不同的顾客群而有所差异，例如，喜欢和收银员交谈的退休人士和时间紧迫的商人。

解读价值的一个直观的方法是感知的收益与感知的付出的比值（萨利巴和费雪，Michael Saliba 和 Caroline Fisher）。萃智（TRIZ）学者达雷尔·曼（Darrel Mann）说，价值就是收益和成本以及损失的比值。收益可能在交易之前、之中以及之后产生。设想一下喝水或者性！付出可以以成本、方便性、时间和交换等形式来体现。可能存在顾客愿意付出的上限，或者可得收益的下限——就像狩野的基本因素一样，两者都是动态的。损失包括所有的牺牲——过重的负担、环境、能源和安全等。狩野在质量要求方面，谈到"基本因素""期望因素"和"魅力因素"（参考本书 5.4 节）。价值也有类似的特性。有些活动是价值的基本需求，无不良品在某些产业已经变成了基本需求。也有期望价值，比如某些行业中的提前时间，以及魅力价值。此外，正如狩野模型所表达的，价值也是动态变化的。

类似地，特里·希尔（Terry Hill）提出了"订单资格要素"和"订单赢取要素"的概念。资格要素是参与竞争的必要条件，而赢取要素才最终决定能否在比赛中获胜。

参考文献

Michael Saliba and Caroline Fisher, *Managing Customer Value*, Quality Progress, June 2000, p.63-69

Howard Gitlow and David Levine, *Six Sigma for Green Belts and Champions*, FT Prentice Hall, 2005

Darrell Mann, *Hands-on Systematic Innovation*, CREAX, 2004

Terry Hill, *Manufacturing Strategy*, 2nd edn, MacMillan, 1993

3.2 价值和萃智

创新方法论萃智（TRIZ）提供了一个很好的定义价值的方法。TRIZ 使用理想最终结果（ideal final result，IFR）的概念，即产品或服务的努力方向。IFR 代表产品或服务某一特性的理想状态。"理想"可能是免费，或者完美，或者任何期望的状态。表 3-1 给出了一个家用洗碗机的例子。

表 3-1 家用洗碗机价值分析

特　　性	顾客 IFR	制造商 IFR
噪声 *	0	0
寿命	长 / 技术寿命	仅为保质期
成本	0	0
服务	0	0（每年，如果可收费）
大小	变化	标准
危险	0	0
功率消耗	0	0
环境影响	0	0
易用性 *	0	0

注：这张表有助于识别机会，同时也产生真正的需求、有竞争力的价值和可能的选择（0 意为零或没有）。

我们注意到，理想状态的某些特性对顾客和生产商是相同的，而有些是冲突的。诚然，个别的顾客可能差异很大，这个表格反映的是顾客的整体情况。星号表示两个特性之间是相关的：你可能不想要一个完全静音的洗碗机，因为你需要知道它是否在工作。而且会有意地问为什么顾客对某一 IFR 特性的要求不是 0 或者无穷大。例如，大部分顾客可能都希望产品的寿命越长越好，另一方面，顾客也要考虑，是否接受这一事实，即产品不得不一直保持现在的外观、使用目前的技术。

相关的特性要首先进行考察，一般而言也容易确定。例如，设计一个信号灯来指示正常工作状态。对于相互冲突的特性则要用心研究。需求不变，而满足需求的方式根据现有理念和技术的不同而不同。这是像"孔和钻子"概念，动力工具制造者到底是打孔的业务还是做钻子的业务？

迟早有人会解决现在的冲突。以本例而言，一个洗碗机或许既可以经济地每次洗一个碟子，也可以处理一个大型聚会后的所有餐具。这或许意味着不同的洗涤技术。

冲突的解决可能来自现有的价值流之外，比如提供收取清洗脏盘子的服务，就会完全消除家用洗碗机存在的必要性。这一趋势正在稳定发展，从窗户清洗服务，到快餐，到对飞机发动机实行"按飞行时间收取服务费"，再到飞机的销售。此类的趋势改变了设计的参数：将有限寿命的必须定期更换产品的解决方案，向更长、更可靠寿命从而维护成本最小化推移。

反过来，这也导致更深入的思考：什么是 IFR 系统？自清洁的盘子、餐具和罐子！不可行？是的，不过只代表现在。或许洗碗机公司应该对陶瓷性能进行研发工作。

延伸阅读

Darrell Mann, *Hands on Systematic Innovation for Business and Management*, IFR, 2004

3.3　Muda 和 7 种浪费

Muda 在日语中是浪费的意思。浪费和精益如影随形。但是，请考虑以下几点：

- 消除浪费是达到精益理想状态的手段，而其自身并非目的。
- 预防浪费至少和消除浪费一样重要。
- 价值是浪费的对立面。任何组织都应该持续改善增值与非增值之比。有两种方式实现这个目标：首先是预防和消除浪费，其次还可以通过追求价值提升来实现。

在谈论减少浪费之前，让我们稍停片刻，做个澄清。减少浪费不等于降低成本。减少浪费可能对成本毫无影响。将减少浪费变成成本降低需要其他跟进行动，例如改善流动，提高销售。

在谈论 7 种浪费之前，我们应该意识到总会有另一个层面的浪费。在每一个增值步骤中都会有更具体的微观的浪费，如机器人的工作循环。如在长达数周的整个端到端的提前时间的情形下，生产工程师将机器的循环时间减少几秒钟则帮助不大。所以确定正确的浪费层次很重要。首先从较高层级的浪费着手。

丰田生产方式之父，精益运营的教父大野耐一，是提出 7 种浪费概念的第一人，而在 1950 年的日本强调减少浪费的是质量大师戴明博士。如今，将此殊荣加到大野耐一的贡献清单中也无妨。3.6 节将详细介绍大野耐一最初的 7 个浪费，然后将制造和服务业中新的浪费进行了补充说明。

3.4　Ⅰ型浪费和Ⅱ型浪费的消除和预防

沃麦克和琼斯将浪费分为两种类型。Ⅰ型浪费指不产生价值而对于维持目前的作业又是必要的活动。这些活动没有给顾客创造价值，但是对于经理人员或者除顾客和股东之外的相关人有帮助。Ⅰ型浪费应该通过简化来减少。这或许是被证明了的来自精益的最大财务贡献。此外，Ⅰ型浪费容易增加而不容易去除，所以任何职能部门的每一个经理人员都应该将预防Ⅰ型浪费牢记于心。Ⅱ型浪费是纯粹的浪费。它不产生任何价值，而会销蚀价值，对任何相关人都一样，包括顾客、股东和员工。对付它们的办法首当其冲就是彻底消除。Ⅱ型浪费会在不经意间疯狂增长。

消除浪费可以通过丹尼尔·琼斯所谓的"戴浪费眼镜"（该技术尚待进一步开发）和改善（既包括点的改善也包括流的改善）来实现。5S 活动、标准化作业、价值流分析、均衡排产和减少需求放大效应有助于消除浪费。大野耐一曾经说过，新的经理需要花数小时的时间，站在一个粉笔画的圈中，在现场观察浪费。这一做法在办公室、库房和工厂越来越普及。

预防浪费是另一个主题。沃麦克和琼斯提到了第 8 个浪费，即完美地生产错误的产品。不过预防浪费还不止于此。预防浪费不能依靠戴着浪费眼镜，还需要强烈的系统、流程及产品设计的意识。人们知道，80% 的成本在设计阶段就已经确定。在这 80% 中，有相当一部分都是浪费。系统设计有关的浪费预防涉及全面思考信息、产品和顾客在未来系统中的运动。例如，从全局的观点出发，对 ERP 系统的必要性以及选择一个远距离供应商提出疑问，去除供应链中多余的层级。与流程设计有关的浪费预防涉及避免使用大型设备，消除调试，和未来的顾客和供应商合作以确保未来的流程尽可能没有浪费。例如，将多技能的服务人员设计到灵活的布局中。预防需要预先思考诸多的问题。它还涉及保持大批量定制和循环制造等的可能性。当然，防错（Pokayoke）是服务和制造业中预防不合格品的首要技术。

作者的观点是，在未来的精益组织中浪费预防比浪费消除似乎扮演更重要的角色。同样地，质量管理中的预防也更多地被认为比检查和纠错有效。

3.5 增值、非增值（必要的和可避免的）

在精益制造中，"增值"（value adding，VA）、"可避免的非增值"（avoidable non value adding，NVA）和"必要的非增值"（necessary non value adding，NNVA）的术语已经广为人知，具有重要的指导意义和实用性。增值活动是顾客准备购买某些东西。在某些服务领域，例如，保健和假期，顾客肯定乐意购买提升体验的活动，因此认定VA、NVA和NNVA要小心谨慎。

对于其他的制造和行政管理，例如大部分的文书流程，可能有人坚持认为，顾客从来都不会乐意购买。然而将其归类于NNVA可能既无助于解决问题（因为可以将任何活动都归为NNVA），又打击员工的士气。你喜欢将你毕生的时间都花在做不必要的事情上吗？

在这种情况，讨论工作"不可避免"和"可避免"更有用处，也更为明了。负面的内涵在这里是个问题，以及缩写NA可能会和不适用（not applicable）相混淆。

一个大型的维修公司可能简单地声称，使用最少的活动和必要的材料立即将工作做完、第一次就让顾客满意，除此之外的一切就是浪费。他们不会区分I型和II型，或者NVA，NNVA等语义。另外一种关于浪费的定义是影响型式、匹配和功能的一切。

还有一种替代性的定义叫作组织增值活动（organisation value added，OVA）和组织非增值（organisation non value added，ONVA）。在这里讨论组织必要的非增值意义不大，因此没有提及。

3.6 大野耐一的7种浪费

大野耐一的7种浪费原先是针对制造业提出的。然而，它们在很多的服务行业也适用。关于大野耐一的 7 种浪费既有好的方面,也有不那么好的方面。好的方面是:它们形成一个应用广泛的组合;不那么好的是:由于它们"给知识进行了编码",因而大野耐一不愿意使用它们。最好是根据自己的实际情况归纳适用的浪费组合。

记住 7 种浪费的一个简单方法是提问"谁是 TIM WOOD?"答案是:运输(transport)、库存(inventory)、动作(motion)、等待(waiting)、过量生产(overproduction)、过度加工(over-processing),以及不合格品(defects)。这个主意是位于英国普利茅斯的库博标准(Cooper Standard)公司的精益办公室提出的,提出人不详。另外一个类似的提法出自优尼派特(Unipart),提出人不详,叫作 WORMPIT(waiting、overproduction、rework、motion、processing、inventory、transport 的首字母)。

所有这些浪费,首先是要尽力避免,其次是削减。

3.6.1 过量生产的浪费

大野耐一认为过量生产是所有浪费中最恶劣的,因为它是很多问题的根源,并进而产生其他的浪费。过量生产就是制造得过多、过早,或者为"以备不时之需"而生产。目标应该是仅生产需要的数量的产品,不多也不少,准时提供,质量完美。过量生产阻止产品或者服务平顺地流动。"鼓包"(即错误地突击性地制造产品或者工作)是质量与生产率的阻力。与此相对,规范化则鼓励"无意外"的氛围,虽然可能不那么让人兴奋,却大大降低管理的复杂程度。因为时间的连锁效应,"太多、太早"往往适得其反,结果是"太少、太晚"。

或许,代替"过量生产"的更好措辞是"过度活动":批量太大,制造太早,仅仅应对不时之需。

过量生产直接导致过长的提前时间。例如,大批量加工或者传递文件,而不是一次一件。结果是,不合格品不能及早发现,产品变质恶化,人为的工作速度压力。过量生产也影响动作浪费:制造和移动的不是立即需要的产品。

然而,过量生产却经常是自然状态。即使没有受到鼓励,人们也经常这样做来"确保安全"。有时以产出为导向的奖励系统也对过量生产起促进作用。相对地,拉动系统有助于预防非计划的过量生产,此时工件仅在需要的时候才向前移动。汉堡王在生产 Wopper 的时候就是用的拉动系统。标准在制品(constant work in process,CONWIP)是另一种形式。办公室文书在具有统一工作流的时候操作效率最高。"卖一天,做一天!"的格言既适用于工厂,也适用于办公室。

过量生产应该和特定的时间框架相关联:首先按周减少过量生产(或者提前交付),然后按天,按小时。

有人喜欢将过量生产与过量采购区别开来:买得太多,太早,为以防万一而购买。为什么不把那些今天还用不到的在制品或库存贴上不管是"过量生产"还是"过量采购"的标签呢?

3.6.2　等待的浪费

等待的浪费或许是第二重要的浪费。它和流动直接相关。在精益中,与一直保持工人忙碌相比,我们更关心服务或者顾客的流动。

在丰田的早期,等待机器被认为"有违人性"(人们可以有更好的事情可做,而不是让他们等待机器)。这在服务业也同样有用,因为很多服务公司冒犯它们的顾客,让顾客等待。实际上这等于说,你的时间比我们的便宜多了。

在工厂中,任何时间看到一个物品不在移动(或者不在进行增值活动)就是浪费的象征。等待是顺畅流动的敌人。尽管将等待降低到零非常困难,但这个目标依然不变。不管是一个备件的等待,还是银行里的顾客的等待,应该马上意识到它们都是非理想状态,要对如何改进这种状态进行提问。等待也直接和提前时间相关,而提前时间是竞争力和顾客满意度的来源。

3.6.3　不必要动作的浪费

按重要度来说,下一个或许就是动作浪费了。不必要的动作指人和布局两个方面。人的维度和影响质量及生产率的人因工程有关,因每个工作站位糟糕的布局而导致的时间浪费则更可观。例如,QWERTY 键盘就不是最优的。如果操作人员需要伸手、弯腰、抓取或者移动才能看得更清楚,以及任何方式的不适动作都是不必要的,直接的受害者是操作人员,而最终受影响的是质量和顾客。

建立工作场所人因工程的意识不仅是出于道德上的原因,从经济上考虑也是必要的。以质量著称的丰田,因重视"工作场所的质量"而声名远扬。丰田鼓励所有的员工留心工作条件,以免产生动作浪费。当然,如今,动作浪费也是健康和安全问题。

布局维度涉及糟糕的工作场所安排,以及由此导致的微观上的移动浪费。这些浪费经常每天要重复很多次——有时甚至没人留意到。在这个方面 5S 可看作解决动作浪费的方法。

3.6.4 运输的浪费

顾客不会为货物反复运输而付费,除非它们购买的服务就是移动。因此,任何的物料移动都是浪费。此浪费不可能完全消除,不过也需要长期地持续减少它们。物料移动及搬运操作的次数和损毁的可能性成正比。重复操作影响生产率和质量,是浪费。

运输和沟通紧密相关。距离长的时候,沟通不便,质量可能就成为受害者。质量反过来也会对运输距离提出要求,不管是制造业还是服务业都是如此。为了提高制造或者服务的质量,相关人员和团队需要尽可能紧密地在一起工作,这个意识已经越来越强。例如,设计人员办公室应该有意地和生产区域靠在一起。

运输浪费比较容易识别,因而可以采取措施来减少。措施包括监控在办公室间穿行的文件流经的距离,或者是顾客乘坐飞机需要在机场行走的路程。步骤的数量,特别是非增值步骤的数量,应得到监控。

3.6.5 过度加工的浪费(或者不适当加工)

过度加工指"杀鸡用牛刀"的浪费。想想大型计算机而不是分布式个人计算机,或者是集中复印机而不是分散的小型复印机。此外,想想需要乘客往返于地区性机场的大型飞机。想到大型机器而不是多个小型机器不利于操作人员形成"拥有感",导致产生尽可能提高机器开动率的压力,而不是仅在需要的时候开动，也导致对通用灵活机器的弃用。也会导致糟糕的布局，我们在本章前面讲的内容中已经看到这个现象，进而导致额外的运输和沟通不畅。因此，理想情况是使用最小的机器，只要可以生产质量合格的产品就行，哪里需要就安装在哪里。

有多少公司跌入购买大型机器的陷阱，随后被会计人员要求保持连续运转？

不合适的加工也指不能加工合格产品的机器和工艺。不合格的工艺不但于事无补而且会生产不合格品。一般地说，合格的工艺需要正确的加工方法和培训，以及所需的标准，并清楚地为员工所理解。

注意眼光长远非常重要。购买大型机器会在此后多年危及流动的可能性。考虑一下"小就是美"。小型机器可以避免瓶颈，改善流动的距离，或许更为简单，可以在不同的时间分开维护（而不是影响整个工厂），而且还可以改善现金流，跟上技术的发展（每年买一个小的机器，而不是每隔5年买一个大的机器）。

3.6.6 不必要库存的浪费

尽管零库存是无法实现的目标，但库存仍是质量和生产率的大敌。这是因为库存会导致提前时间增加、妨碍迅速识别问题、需要更大的空间因而让沟通变得困难。额外库存的真正成本远超过库存本身的货值。推动系统总是会导致这类浪费。

注意库存的3种类型：原材料、在制品和成品。任何一类的存在都是浪费，而它们产生的根本原因和降低它们的先后次序没有关系。企业时常需要保留一定的成品来满足顾客需求的变动，而过量的库存则为浪费，也存在过时废弃的风险。原材料库存可能临时也需要，以应对供应商的问题，比如质量和可靠性。在制品或者配送库存需要尽可能快地在供应链中移动。

3.6.7 不合格品的浪费

最后，但并非最不重要的，是大野耐一定义的浪费中的不合格品。不合格品占用资金，不管是短期还是长期。在质量成本中，故障或者不合格品的分类包括内部故障（报废、返工和误工）和外部故障（保修、修理、现场服务，以及可能失去的顾客）。请牢记，不合格品没有被发现的时间越长，最终造成的损失就越大。因此一片不合格芯片如果在制造的时候被发现，可能花费几个美元就可以更换，而如果在到达顾客手里的时候才被发现就要花费数百美元，对商誉的损失则更大。因此，全面质量管理的核心主题是"预防而非检查""源头质量"和"质量链"（意为百万分之几的不合格率水平只有在市场、设计、供应、制造、分销、运送和现场服务等各环节协同努力下才可实现）。丰田的理念是，不合格品的出现应被看作挑战和改进的机会，而不是管理不善的代名词。

在服务行业，越来越意识到老顾客的价值，"零缺陷"已经成为一个迫切的诉求。

3.7 新的浪费

一些同时适用于制造业和服务业的新的浪费，或许可以加到大野耐一最初的清单中。

3.7.1 高效地生产错误产品的浪费

这是沃麦克和琼斯说的第 8 个浪费。它实际上是对第一个精益原则的复述，和过量生产紧密相关。

3.7.2 没有充分利用人的潜力的浪费

有报道指出，大野耐一说过丰田生产方式的真正目标是"培养善于思考的员工"。因此这个浪费和大野耐一最初的 7 种浪费直接关联。20 世纪 80 年代上演了一场工厂自动化的荒唐剧，通用汽车公司和很多其他公司都获得了昂贵的教训，即不是基于持续改善和创新思想的自动化工厂和仓库在生产力竞赛中注定失败。

现在，从全面质量管理，到自我管理工作小组，充分利用所有员工而不仅仅是经理人员而取得成功的例子比比皆是。人的潜力不应被闲置。这需要管理层就其所需进行清晰的沟通，并得到反馈。这需要承诺和支持，因为释放人员潜力对一线和中层经理者而言常被看作真正的威胁。它需要信任和互相尊重的文化，只有豪言壮语还不足以建立这样的文化，还需要榜样、兴趣和对现场（Gemba）的参与，也需要基本的培训。对于"如果培训了之后他们离开公司怎么办？"的回答是"如果不培训他们而他们一直留在公司怎么办！"

3.7.3 多余的信息和沟通

大野耐一本人曾经谈到这个浪费的危险，他说"多余的信息必须被压制。"想想电子邮件，以及那些有关精益的书籍！如果我们不想被淹没，就需要在行动之前思考再三，要不要把邮件抄送给所有办公室人员，要不要为了召开会议而召开会议，要不要发送从来不用的有关精益和质量课程的材料。如今的社会没有人可以读尽所有的相关信息。选择、原则和权衡之道对接收者而言是必不可少的，例如，考虑一下每天花 30 分钟看报纸可以获得什么价值。发送者也有责任。但是，柯维也说，你每天都需要"磨斧子"，因为你在砍树。因此设定优先次序很重要。这和下一个浪费紧密相关。

3.7.4 时间的浪费

每一人都深受其害。柯维在《高效能人士的 7 个习惯》（*The 7 Habits of Highly Effective People*）中建立了一个 2×2 的矩阵。两个轴分别是重要度和紧急度。大多数人在紧急而不重要的事项上花费过多的时间。既不紧急也不重要的事项作为放松是可以的，否则就是浪费。紧急又重要的工作是可以的，但同时也是一种失控或者救火状态的信号。每个人都应该将花在紧急不重要事项上的时间优先向重要不紧急上转移。这需要预留整块的时间。

3.7.5 不恰当系统的浪费

你电脑中有多少软件（不是指程序包，而是指实际的代码）从来不用？同样适用于现在重新包装成 ERP 的 MRP Ⅱ。

精益的方法是在自动化之前先去除浪费，或者如迈克尔·哈默（Michael Hammer）说的"消灭自动化"。不恰当系统的浪费不仅仅局限于电脑和自动化。有多少记录、检查和调整都是纯粹的浪费？回忆一下浪费的种类吧。

近来，例如，在三日交付汽车项目（3DayCar）中，不恰当系统的浪费得到了重视。其中订单处理系统才是最大的障碍，而非生产车间。经常地，不是运营单位消耗了时间和金钱，而是文书工作和系统。现在我们对于需求的放大效应、预测不准、有利于测量系统本身而不是有利于公司的测量系统等的危险有了进一步的理解。所有这些都是浪费。

3.7.6 能源和水的浪费

这里的能源指的是电力、天然气、石油等。罗马俱乐部在1970年出的著名报告《增长的极限》（*The Limits to Growth*）中已经对世界主要能源（不含太阳能和风能）的有限性进行了强调。这一严峻的预言并未过时，而不合理使用能源对地球环境造成的真正影响正与日俱增。对很多公司来说这些资源的浪费不仅是重要的成本负担，而且它们也有义务合理利用资源。

尽管能量管理系统在工厂、办公室和家庭中变得越来越复杂，但人们仍然可以凭借常识有所作为：关闭机器，随手关灯，修好滴水的水龙头，做好屋顶的隔热，满载运输，规划高效路径，等等。顺便说一下，正确运行的JIT配料系统并没有浪费能量：使用"送牛奶式"循回配送方法，从区域内的多家供应商各收取少量货物，或者让供应商对每天的送货进行多品种小批量的合理化配载，而不是一种产品一周只送一次的单品种大批量方式。

有些公司已经开始制度化地开展减少浪费活动，丰田就是其中之一，它们认为良好的不浪费意识始于每天的减少浪费行动，比如随手关灯，让打印机休眠等。你要培养好的习惯。

3.7.7 自然资源的浪费

最严重的，也是最重要的浪费是自然资源的浪费。落基山研究院（Rocky Mountain Institute）的霍肯和劳温思估计，在美国，用于商品生产的99%的原材料在销售之后6周之内就变成垃圾。纸张即为一例。"无纸办公室"现在仍然只是个梦想，这还是由于它们的优先级不够。根据莱卡研究院（Lycra Research）的数据显示，2006年全美国的办公室纸张打印数是15 000亿张。在美国，每人每年平均消耗的纸达到320千克。施乐（Xerox）发现陶氏化学公司（Dow Chemical）拥有 16 000 台打印机，每年打印 4.8 亿张文件，5 年的成本是 1 亿美元。与此相对应的是，易捷航空公司（Easy Jet）则几乎可以称得上是一家无纸化公司。节约始于意识的培养和采取的措施。

如今节约材料不仅是对环境负责任，企业也有利可图。为了减少材料的浪费，需要采用贯穿生产周期的方法，在设计、制造、顾客使用等各个环节都要节约材料，顾客使用之后还要回收利用。

3.7.8 波动的浪费

令人吃惊的是，波动的浪费甚至在沃麦克和琼斯的《精益思想》的修订本中也没有出现。

我们现在已经认识到波动是最大的敌人之一。它应该在所有的浪费中获得首要的重视——至少和过量生产同等重要。

3.7.9 "没有跟踪到底"的浪费

在本章开头我们说减少浪费并不等于降低成本。一般而言，降低成本或者增加销售还需要采取其他行动，否则，所做的减少浪费工作本身就变成了浪费。比如，如果你已经减少了走动的距离，但是并没有有效利用节省下来的时间，这实际上根本就没有实现任何改进。

3.7.10 知识的浪费

这是指任由知识消失的浪费。对于设计和创新尤为适用，同时也适用于很多专业领域。例如，在新产品设计、制造、导入、推向市场的过程中获得的知识没有进行记录，而在下一个循环周期里又已经完全忘记了，这些知识又要重新发掘。如果已经学习过，再"完全重新学习一遍"是多么愚蠢啊。即使知识被一再使用，但是没有记录下来，而是保存在有关人员的头脑中，这也是很危险的，一旦该人员离开公司就会把知识也带走。这个浪费和未充分利用人的潜力类似，但是这里更关心知识和经验，它们是公司已经使用并花费成本建立的。因此，哪怕建立简单得像"流水账"的程序来记录学习到的经验也是有价值的。坚持这点！

阿伦·沃德（Allen Ward）在他的书中讨论了设计的浪费。我们将在本书的产品开发章节（15.2）给出自己的设计浪费清单。

3.7.11 7种服务业浪费

上述关于浪费的讨论始于顾客，那么顾客的观点又是什么呢？或许改善项目应该从服务业的浪费开始。

（1）**延误**。指顾客等待服务、发货、排队和回复，以及货物没有按期到达等。顾客的时间似乎和供应商毫无关系，直到顾客转而从其他供应商购买物品，他们才会感觉到真正的痛苦。

（2）**重复**。必须重新输入数据，重复格式的细节，复制信息，在组织内部对不同来源的提问做出应答等。

（3）**不必要的移动**。多次排队，没有一站式服务，在服务柜台处没有良好的人因工程学设计。

（4）**不清晰的沟通**。寻求说明的浪费，产品和服务使用上的困惑，花在防止误用和重复操作上的时间。

（5）**不正确的库存**。断货，无法获得准确的需求信息，替代型的产品和服务等。

（6）**机会损失**。损失保有或者赢得顾客的机会，未能建立和谐关系，忽视顾客，不友好和粗鲁的行为举止等。

（7）**失误**。服务中的失误，产品—服务包中的产品质量问题，丢失或者损坏的物品。

延伸阅读

Taiichi Ohno / Japan Management Association, *Kanban: Just-in-Time at Toyota*, Productivity Press, 1985

John Bicheno, *The Lean Toolbox for Service Systems* PICSIE Books, Buckingham, 2008

Allen Ward, *Lean Product and Process Development*, LEI, 2007

3.7.12 最后的思考：减少浪费是否可能做得过头

作为精益践行者，对这个问题的第一个反应应该是"不"！这没错，不过也仅仅是在心中有全局时如此。为什么呢？看下面两个例子。

- 在 30 多年中，亨利·福特一直在 T 型车生产线上致力于消除浪费。汽车的生产效率达到了那个时代的顶峰。然而，众所周知，顾客的不满意还是在最后强迫废弃了该生产线，转换到效率低的大批量定制上。
- 40 多年前，跳高的最好方法是"西方滚式跳高法"。然而，奥林匹克规则发生了改变。一个叫迪克·福斯贝里（Dick Fosbury）的物理专业的大学生，意识到规则允许参赛选手落到气垫上，于是抓住这个机会，发明了"福斯贝里背越式"，该方法是从那时以后唯一可以打破世界纪录的方法。现在，你也可以对"西方滚式跳高法"不断进行改进，直到达到该方法的极限。不过，你还是无法赢得奥林匹克的桂冠。

延伸阅读

Taiichi Ohno / Japan Management Association, *Kanban: Just-in-Time at Toyota*, Productivity Press, 1985

George Stalk and Thomas Hout, *Competing Against Time*, The Free Press, New York, 1990

James Womack and Daniel Jones, *Lean Thinking*, revised edition, Free Press, 2003

Hawkin, Lovins and Lovins, *Natural Capitalism*, Little Brown and Co, 1999

Dominic Rushie, 'Business reports a loss on paper', *Sunday Times Business*, 19 Aug 2007

3.8 现场和"学会观察"

现场（Gemba）是行动的场所——通常就是工作场所，不过也未必。其实，这个日语单词的重要性远比字面翻译来的深远。TPS 之父，传奇的丰田工程师大野耐一说过"管理始于生产现场"。这一理念可以由一个词语完全体现：Gemba。

将 Gemba 方法和传统的方法做对比。Gemba 方法是到行动的场所收集事实数据。而传统方法是在办公室里讨论观点。可以从"四现原则"来思考Gemba：到现实的场所、察看现实的流程、观察现实发生的事情、收集现实的数据。

Gemba 也是日常工作中的"学会观察"方法。在巡回走动的时候，就看到的问题进行提问。例如：

- 是否真有必要把什么都锁起来？放在远处？

- 是否真有必要填写这些表格？是否可以事先准备？为什么在进出登记的时候要敲击这么多次的键盘？
- 为什么顾客在"某处"要签署一份声明，证明对所有的情况都了解，而阅读这些"须知"就要花费半个小时？
- 顾客或者病人可以更舒适地等待吗？为什么他们必须排队等待？能不能不要在还没有轮到他们的时候就让他们过来排队？
- 为什么在流程的中途有中断，从而产生重新启动的损失？
- 如果发生险兆事件，不要惊叫一声就让它过去，要准备预防措施并布置到位。
- 一站式流程是否可能？
- 问题的根本原因是什么？不要仅仅做修修补补的工作，追根究底，看看能否将根本原因消除。

坐在办公室的经理是无法对所有的这些问题进行有效提问和回答的。只有在现场才可能培育"提问题的文化"。

因此，Gemba 和"这不是我的问题"以及"我只是在这儿干活的"等消极态度截然不同。如果员工有类似的态度，那是经理人员的问题。需要做什么来给员工授权，以让他们立即采取改善活动呢？

在 Gemba 的原则之下，如果你的组织有问题或者要做一个决定，首先到生产现场。不要试图在行动的场所之外解决问题。不要让操作人员来找经理人员，让经理人员去找操作人员。把时间花在服务柜台。这些都是那些日本式管理实践的基础：本田的管理新人都要在装配线和门店里面工作，理光的销售员都要在照相机店铺工作过，丰田直接把它的雷克萨斯设计团队送到加利福尼亚生活了 3 个月，等等。大野耐一的"粉笔圈"方法众所周知：在工厂的地面上画一个圆圈，让经理人员站在里面几个小时，来观察作业，留心波动，发现浪费。西方社会也有这个方面的贡献者。约翰·塞恩思伯里（John Sainsbury），在他运营连锁超市的鼎盛时期，可以在走过货架的时候，简单扫一眼就知道哪个价格签错了。他的退休和该连锁超市走下坡路不无关系。高级经理人员和其他人员一起在开放的办公室办公，也是一种 Gemba。

Gemba 是，或者说应该是，一种行动。有多少次，西方的方式是基于"变革代理人"、模拟、计算机或者信息系统，抑或是课堂教育？诚然，这些方法都有一定的适用范围，而 Gemba 强调在工作场所、面对面，基于深入理解，由每个人参与执行。同时，采用低成本或者无成本的解决方案，而不是依靠大规模的昂贵的信息系统或者高技术解决方案。

Gemba 也经常和其他的元素结合使用。比如五次为什么（5W）、浪费（Muda）、政策部署、持续改善（Kaizen）、5S、质量改善 7 种工具等。Gemba 是所有这些元素的黏合剂。所以现在人们听到"现场管理"（Gemba Kanri），"现场改善"（Gemba Kaizen），"现场全员生产性维护"（Gemba TPM）等说法。这些词语已经正式出现在英国和美国的词典中。

最后，让我们自我提醒一下，Gemba 不是"日本货"。日本人实际上是从美国学习的 Gemba，确切地说就是 20 世纪 30 年代通用电气著名的霍桑实验，它是一个关于照明对于生产率的影响的研究。提高照明，生产率提高。继续提高照明，生产率继续提高。然后，降低照明度，结果呢？生产率还是提高了！实际上，工人们不是对照明度，而是对研究者对他们的高度关注做出反应。这就是霍桑效应。但是，西方社会很快就遗忘了这个研究。日本人却拾起它，并广为应用。所以，请不要光坐在办公室里盯着电子表格报告看就幻想着提高生产率——这是"向后看式的管理"。取而代之的是，"把屁股放到现场"，学会事先就预料到问题。

延伸阅读

Masaaki Imai, *Gemba Kaizen*, McGraw-Hill, New York, 1997

3.9 基于时间的竞争

在制造过程、供应链（包括信息流）以及设计流程中降低提前时间是精益的核心。斯道克和豪特的经典著作《与时间竞争》（*Competing Against Time*），是第一个意识到时间对于竞争优势的重要性的。在书中，斯道克和豪特指出了四个"反应规则"，它们是基于波士顿咨询公司的研究，颇具启发性。

0.05-5 规则指出，在很多行业，产生增值的时间实际上只占总时间的 0.05% ~ 5%。大家已经对此不再大惊小怪，看看《精益思想》的前半部分就知道了。

3/3 规则指出，不进行任何增值活动的等待时间可以分为 3 种类型，每一种类型大约占到 1/3。它们分别是：等待一批产品的完成，等待"实物的和信息的"的返工，等待管理层的决定以移动一批产品。

1/4-2-20 规则指出，总的完成时间每减少 1/4，生产率会提高一倍，成本降低 20%。

3×2 规则指出，运用基于时间的竞争策略的公司，其业务增长率和利润率将分别是行业平均值的 3 倍和 2 倍。

注意，尽管顾客可能不感兴趣，但强调速度和提前时间的缩短仍大为必要。在 3 日交付汽车项目中已经发现了这个现象：尽管有些顾客对于 3 天就拿到订购的汽车不感兴趣，但具有这个能力就可以迎合那部分需要短提前时间的顾客。

如何成为基于时间的竞争者是这本书的精髓。和沃麦克和琼斯一样，斯道克和豪特也建议使用流程图方法。他们提出"基于时间竞争的黄金规则"——永远不要让非增值步骤延误增值步骤的时间，而是让两者并行。

延伸阅读

George Stalk and Thomas Hout, *Competing Against Time*, The Free Press, New York, 1990

TPS 的 DNA：4 个规则和 4 个问题

斯比尔和鲍恩（Spear 和 Bowen）曾经在《哈佛商业评论》中提出"丰田生产系统的 4 个规则"，如今已经成为经典。同时在该文章中还列出应该提的 4 个问题。该文影响巨大。它是在对丰田进行广泛的研究之后写的。斯比尔声称那 4 个规则是丰田的精华或者 DNA。

规则 1："所有的工作都应该对内容、顺序、时间和结果进行高度详细的规定"。这一句看似简单，却含义深远。它直接和泰勒时代以及他的"最佳方法"相关联。做任何事情总有一种最佳方法。它是计划—实施—检查—处置的基础。斯比尔使用了"高度详细的规定"的说法。我们可以理解为"所有的工作都应该适当地规定"。在制造业中，规格，或者标准化作业，可以识别和减少问题。在服务业中，要求使用当时可知的最佳方法来减少错误提高服务质量。它也赋予管理者责任去检查规格是否已适当准备。如果出现问题，不能说说类似于"你要加油啊"或者"你必须更加努力"或者"我们有激励问题"的话就完了。相反，管理者要仔细检查流程，研究为什么问题会出现在第一现场，还要采取措施防止问题再次发生。如果没有标准方法，我们就无法做到这点。因此，对于"为什么病人吃错药了？"或者"为什么漏装零件？"之类的问题，我们要把重点放在流程上，而不是人上。这是完全的戴明方法：系统，而非人员。

规则2："所有的顾客—供应商联系必须是直接的，发出要求和接收反馈必须是明确无疑的'非是即否'的方式。" 一旦出现问题，必须采用已知的唯一而最短的沟通渠道。在西方社会，我们喜欢奖励问题解决者。只要问题得到沟通，而且解决方法被更新到标准中去，这样做也未尝不可。不过，经常是，问题虽然得到解决，除了问题解决者本人以外几乎没有人知道它，甚至他的直接经理也不知道。下一个班次的人员也不知道，所以，下一班出现同样问题时，他们会用不同的方法去"重新解决"。两个班次都因解决问题获得奖励，而问题的解决方法却只保留在问题解决人员的头脑中。在服务业中，顾客向前台人员表达的抱怨，前台有没有传达给相关人员？此外，很有可能的是，管理层安坐"愚人天堂"，认为一切运转良好。有时候，沟通的路径太长，低效和错误在所难免，估计每个人都在儿童时期就玩过在人圈里依次传递信息的游戏。有时候问题被传递给诸如"CRM"或者"维护MIS"等系统——不行，要把问题交给某人去跟踪。有时候信息传递经过很多非正式渠道，自然失真或者人为误导在所难免。从最高层直到最基层的所有沟通渠道需要仔细的彻底考虑。"每个人都有问题就是没人有问题。"

规则3："所有产品和服务的路径必须简单而直接"。这条规则是关于清晰的价值流的。流动需要最少的步骤。不管是制造还是服务领域，我们都不希望工作场所有意大利面条式的流动路径。不要在理顺意大利面条之前就仓促采用约束理论排程法。将流动、工艺路线和优先级简单化。如果可以的话，尽可能避免出现共用设备或者优先级冲突之类的复杂情况（在前者情况下，用配置复杂的有限产能排程软件只会乱上添乱），增加少量的额外设备非常值得。在服务领域，你肯定使用过多步骤的电话自动应答系统，最后接到一个不能处理你的"异常请求"的服务人员处，更糟的是，可能最终接到了另外的自动应答机上。试着用人来应答！更好的是，在一开始就让知识丰富的人员来处理。因此，从顾客的观点出发画出价值流图。另外，记住斯道克和豪特的黄金规则："永远不要让非增值步骤延误增值步骤的时间。"

规则4："任何的改善都必须按照科学方法，在老师的指导下，在组织的基层开展。" 这个规则谈论遵循PDSA[⊖]循环的改善，哪怕是小的改善。没有PDSA就没有学习。如果没有计划、没有假设，不管工作结果如何也都没有惊喜。因此，所有的变化必须经过测试和反思。基层既意味着地点上，也指组织层级上的基层。改善需要在直接观察的基础上在现场进行，而且要使用苏格拉底方法。直接观察用来理解并预料问题。苏格拉底方法询问"为什么"，而不是直接展示"怎么做"。

斯比尔和鲍恩指出，这些规则不是经由告知，而是经由提问学习到的。这些规则虽然已经存在却没有被明确地展示出来，它们是经由长时间的实践而逐渐被融入日常工作的。经理人员是"老师"，而不是"老板"。苏格拉底式教育非常有效。有挑战性的提问方法要亲临现场，并做如下提问。

- 这个工作怎么做？
- 怎么知道做得对错与否？
- 怎么知道没有不合格品？
- 如果有问题你将做什么？

我们还可以增加一些。

- 你和谁沟通？

⊖ PDSA：休哈特提出的解决问题的方法，即计划、执行、研究、处置（plan、do、study、act），是戴明环PDCA的前身。——译者注

- 你怎么知道下一步的工作是什么？
- 有哪些信号提示你的工作？
- 你做这个工作和其他人一样吗？

实际上，据我所知，这就是持续使用吉卜林（Rudyard Kipling）所谓的"6个忠实仆人"来学习。它们的名字是"何物（what），何因（why），何时（when），何地（where），何法（how），何人（who）。"

苏格拉底方法鼓励操作人员思考、提问、学习。坚持提问有助于分权式组织的发展。

记住，"区别精益专家靠的不是提问的数量，而是质量"。正如贝拉（Yogi Berra）所说，"不要告诉我答案，只要解释问题。"

做个总结：TPS不是规则或者工具，它不是本能（本能不能由后天的学习来获得），而是直觉——就像社会上的不成文规则一样。

延伸阅读

Spear and Bowen, 'Decoding the DNA of the Toyota Production System', *Harvard Business Review*, Sept-Oct 1999, pp 97-106

For a health care related perspective on the four rules see, Steven Spear, 'Fixing Healthcare from the Inside, Today', *Harvard Business Review*, September 2005, p78-91

See also, Cindy Jimmerson, *Review*, Lean Health Care West, 2004

第 4 章 | The Lean Toolbox

精益转型的框架

精益转型是本书的重点内容，不过如果你希望能在这里寻找到你的精益之旅捷径的话，恐怕你要失望了。

在有人寻找"三步登天"的方法的同时，很不幸，精益转型个案各不相同，也没有放之四海而皆准的"黄金子弹"来依循。由于顾客需求和运营能力等有差异，每一个案例都有不同的优先顺序，就连这些优先顺序本身也会随着转型的进展而发生变化。不过，确实有一系列非常有益的框架已经开发出来，可以指导转型工作，还可以避免一些最常见的错误。

这里展示的两个框架模型意在帮助正确利用随后的工具，它们是流动框架和层级式转型框架。它们并非唯一的框架模型，还有数千种的"精益屋"版本，以及经常是更加模糊的其他框架。选择自己感到舒服的来使用。

4.1 精益屋

首先，让我们看看传统的"精益屋"。它最初由丰田创立。图 4-1 是一个典型的示例。注意它的两大支柱：准时制生产（JIT）和自働化（Jidoka[⊖]），或者说流动与质量、"动"与"停"。它们是必需的管控机制——你两者都需要。

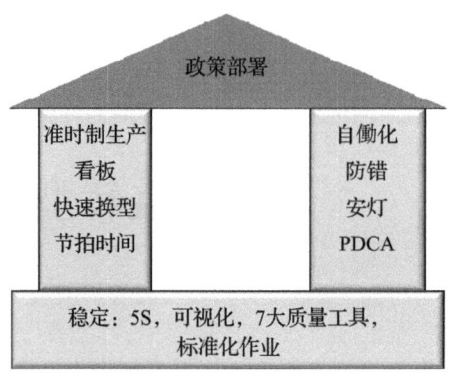

图 4-1　传统"精益屋"示例

精益屋的好处在于：它们广为传播，容易理解。它们还在诸如丰田的组织中一再被证实有效。

同时，我们也注意到精益之屋的不足之处：它建议不管具体情形如何，都从基础开始自下而上建立。它还具有明显的工具导向性。然而，什么时候开始建造墙呢？顾客在什么地方？经由政策部署吗？如果因为不良的交付绩效而让顾客失望又会发生什么事呢？你是如何提供价值的？对于5S和标准化作业等工作的需要可能被误读为要收拾、处置那些不受控的员工。可持续性问题经常发生，因为员工视这些工具为"有了更好没有也无所谓"而非必不可少，管理人员变得漫不经心，因为它们对财务贡献和顾客满意度影响甚少。或许这样的状况会延续很长时间。根本上说，问题在于本地的行动仅仅对本地产生积极作用，而不必考虑系统性的变革。

4.2　流动框架

流动框架相比较而言建议采取广泛的行动，相对而言淡化工具的使用。它呈现了传递价值和深入问题核心的思考方式。因此，诚然精益屋可能有它本身的优点，但依我看来，流动框架具有更广泛的运用，也更为有效。流动

[⊖] Jidoka：自働化，是丰田生产方式两大支柱之一，强调人和机器的最佳组合，让设备和机器拥有人的智慧，比如出现不良品时设备或者系统可以即时判断并自动停止，防止不良品的产生，减少设备运行的监护。不同于一般意义上单纯用机器代替人力的自动化。——译者注

框架如图 4-2 所示——包括概览和细节。

```
                          流动框架
┌─────────────────────────────────────────────────────────┐
│  支    ┌──────────────────────────────────────┐    支   │
│  持    │      建立愿景，指导流动              │    持   │
│  流    ├──────────────────────────────────────┤    流   │
│  动    │      行政管理和办公室流动            │    动   │
│  的    ├──────────────────────────────────────┤    的   │
│  供    │      面向流动的设计                  │    分   │
│  应    ├──────────┬──────────┬────────────────┤    销   │
│        │ 建立流动 │ 维持流动 │   组织流动     │        │
│        ├──────────┴──────────┴────────────────┤        │
│        │    面向流动的测量和会计处理          │        │
│        ├──────────────────────────────────────┤        │
│        │      培养支持流动的员工              │        │
│        └──────────────────────────────────────┘        │
└─────────────────────────────────────────────────────────┘
```

图 4-2　流动框架

Thinkflow 公司的凯特·麦克尔在多年的精益咨询的基础上开发了流动框架，也是对很多公司花费多年时间不系统地使用工具和模型而迷失在精益之旅中的经验总结。

流动框架从生产能力分析开始，以及你"如何在市场中表现它们"。这意味着对需求波动的理解，以及是否有足够的产能来应对这些波动。瓶颈，具体说来就是与其他价值流共享的资源，是显然的关键所在。

流动框架的核心是建立流动、维持流动、组织流动以及测量和支持流动。为什么是"流动"？因为"流动"直接向顾客传递价值，同时给公司带来收入？因为流动是精益的中心概念——缩短提前时间、准时制生产、单件流。如果你聚焦于流动和提前时间，你就能够赶走浪费。

从"建立流动"开始非常重要。许多的转型项目从"组织流动"开始。这是失败的主要原因，因为需求可能并未被识别出来，这些行动也不能在短期内产生财务贡献。

因此，需要什么工具是由对提问的回答决定的，而不是因为工具本身的优劣。或许可以使用已有的工具，不过你也可以自己开发适当的工具箱。这正是大野耐一的所为。如果使用工具的理由十分明确，执行和可持续性就变得不那么有挑战性了。

流动框架也是未来导向性的。这些问题（见图 4-3）依然有针对性，而且需要定期检讨。

问题清单		
建立 我可以在顾客想要的时候生产他们想要的产品吗? 我可以交付顾客想要的产品吗?可以根据实际需求补货吗?	**维持** 我能让流动保持不停吗? 我可以维持一个预期的流动速度以达成计划的绩效吗?	**组织** 我是支持工厂内的流动组织的一部分吗? 我能看到异常吗? 我能快速反应解决问题吗?
测量 测量指标能促进支持流动的行动吗? 我是否知道为了支持全局的目标我应该在本地知道的信息吗?		

图 4-3　流动框架的关键问题

总体而论,在左手侧优先处理"建立流动",它们提供价值和现金。一旦你聚焦于创造流动,和"组织流动"相关的问题将很快显现出来。画流程图一般是理解流动障碍的第一个步骤。价值流也需要定义。瓶颈处的每分钟贡献分析可能会改变你的优先级安排:开发哪些产品或者流程,并废弃其他的。注意,一般来说你很少从5S、标准化作业和布局开始。如果贸然开始这些工作的话,可能只是"将泰坦尼克号甲板上的椅子重新摆放"。只有当需求明确时,才重新布局,确定适当的组织方式,参见图4-4。

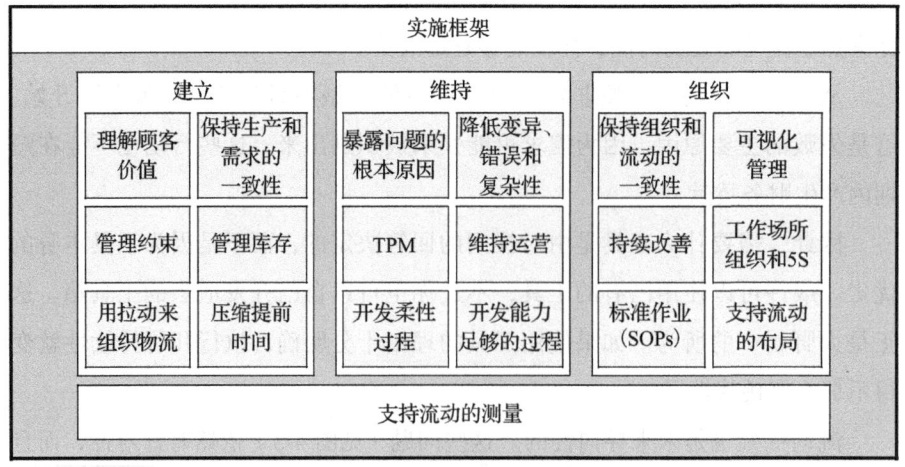

图 4-4　流动框架的实施步骤

建立流动是一回事，而保持持续的流动且没有不合格品则是另一回事。可能事实最后表明，这里恰恰是问题所在。或许，对于某些资本密集型的运营单位来说，保持流动可能是首要之务。在其他情况下，质量可能是要重点关注的问题。

在任何时候，你都要检验使用中的绩效指标的有效性。它们是否支持流动？例如，可能有些局部的绩效指标和激励政策鼓励建立库存孤岛。绩效测量体系是否与即将出现的组织形式（比如：业务单元）相容？绩效测量体系和质量、综合设备效率，以及有利于暴露问题有什么关系？后者是绩效测量体系广为诟病的地方，它们在现实中与流动相悖。

在供应链方面，流动型供应和流动型配送意味着你需要规范的、平滑的物流，从制造一直流动到顾客。尽量避免鼓包式库存积压。如果无法实现流动，就退而求其次，建立缓冲库存，让缓冲库存之间的流动尽可能顺畅。其后再设法降低缓冲库存的数量。沿整个供应链建立伙伴关系将大有裨益。

培训人员要有能力支持和监管流动。再次重申，这些任务不要孤立地去做。对流动的设计不仅要设计流程本身，也应将流经该流程的产品的设计一并考虑。前者可能意味着成组方法等，而后者则可能是模块化和差异延迟等。最后，但并不是最不重要的，必须要有一个鼓舞人心的流程愿景。反过来，这些流程愿景与绩效测量和会计处理相关联，也可能通过政策部署来体现。

4.3 层级式转型框架

这个框架比流动框架更为传统，是逐步递进的方法。它可能更适用于较长时间的推进。然而，它和流动框架也有相同之处，所以经理人员可以在总体上使用流动框架，而在细节上依靠层级式转型框架的相关部分。

此转型框架是层级和迭代设计。如图 4-5 所示，共有 3 个层级。层级 1 的活动在层级 2 里进行详细的展开，

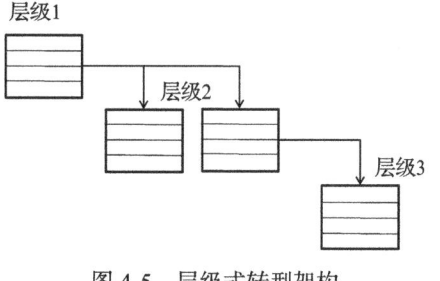

图 4-5　层级式转型架构

有时候还有层级 3 来详细展开层级 2 的活动。要使用的相应工具列在层级 2 和层级 3 中。如表 4-1 ~ 表 4-7 所示。

层级 1：理解总体概貌（见表 4-1）。

表 4-1　层级式框架的总体概貌

步骤	活动
1	理解原则
2	理解顾客
3	战略、规划和沟通
4	理解系统，绘制流程图
5	产品合理化和精益设计
6	奠定基础
7	价值流实施循环
8	建立精益文化
9	精益供应链
10	精益分销
11	会计处理和绩效测量
12	改善和维持

层级 2.1：理解原则（见表 4-2）。

表 4-2　层级式框架的原则

序号	描述及在本书中对应内容
1	精益思考
2	快速、柔性的流动
3	5 个精益原则
4	价值和浪费
5	精益的 25 个特征
6	基于时间的竞争
7	生产现场（Gemba）

层级 2.2：理解顾客（见表 4-3）。

表 4-3　层级式框架的顾客分析步骤

步骤	活动	在本书中对应内容
1	理解顾客	精益原则，价值，狩野模型
2	细分顾客	精益供应链
3	理解需求	需求管理
4	理解产品特征	运营战略（订单取得要素），质量功能展开（QFD）

层级 2.3：战略、规划和沟通（见表 4-4）。

表 4-4　层级式框架的战略考量

步骤	活动	在本书中对应内容
1	建立战略和愿景	制造策略，价值流经济学，破坏性技术，价值和浪费
2	澄清权衡关系	速度，成本，性能，费用（产品设计的四个目标）
3	形成焦点工厂	产品族分析
4	规划	情境分析，目标成本法
5	部署	方针管理/政策部署

层级 2.4：理解系统和绘制流程图（见表 4-5）。

表 4-5　建立未来状态的步骤

步骤	活动	在本书中对应内容
1	Pareto 分析	关键 Pareto；零件，材料和工具
2	理解需求	理解顾客，需求管理
3	产品族分析	产品族分析
4	基本流程要素图	绘制基本流程要素图的工具
5	检查产能和负载（特别是共享资源）	约束理论，工厂物理学，共享资源和精益
6	次要流程要素图	绘制细节图工具
7	车间流程要素图	工作合并，单元布局
8	制定未来状态	价值流图的绘制和实施

层级 2.5：产品合理化、精益设计（见表 4-6）。

表 4-6　产品合理化和精益设计的步骤

步骤	活动	在本书中对应内容
1	简化零件	关键 Pareto；零件、物料和工具
2	为精益设计而组织	多方案设计
3	将产品与顾客关联	质量功能展开，目标成本法
4	考虑设计目标和权衡	四个目标和六个权衡，概念筛选，价值工程
5	设计产品	TRIZ，面向制造的设计，模块化和平台

层级 2.6：奠定基础（见表 4-7）。

表 4-7　层级式框架的转型基础

奠基石	描述	在本书中对应内容
1	5S 厂务	5S
2	标准化作业	标准化作业
3	改善循环	PDCA，DMAIC，Kaizen
4	7 大质量工具	（参见《六西格玛和质量管理工具箱》）

精益的基石适用于各种情况。尽管在早期没有必要全部或者在各个要素上均等地实施，一个不稳固的基础会导致此后的总体建设存在缺陷或者不可持续。

层级 2.7：价值流分析实施循环（见表 4-8）。

执行价值流分析是精益企业的核心的一贯的活动。表 4-8～表 4-13 给出了实施的主要步骤，有些步骤在第三个层级做了更详细的展开。

表 4-8　价值流分析循环的步骤

步骤	描述	相关工具
1	组织	实施团队，精益促进办公室（LPO）
2	绘图前研讨	绘图前研讨会
3	基本流程要素图	价值流图，物理移动图（spaghetti diagram），需求放大图，质量过滤图（quality filter maps）
4	目前状态数据收集	精益评估，活动抽样，OEE，基本数据收集
5	目前状态研讨	目前状态研讨会
6	短期行动	闪电改善行动（Kaizen 'blitz'），5S
7	绘制详细流程要素图	详细流程要素图工具
8	未来状态研讨	未来状态研讨会，约束，建立流动，单元和生产线设计，建立未来状态
9	模拟、指标和成本核算	成本和绩效测量，实施循环
10	内部实施计划	内部实施，方针管理，人员管理
11	外部实施计划	精益供应链
12	行动回顾	行动回顾，PDCA

层级 2.8：建立精益文化（见表 4-9）。

表 4-9　建立精益文化的步骤

步骤	活动	在本书中对应内容
1	奠定基础	人员管理基础
2	理解陷阱	人员管理陷阱
3	建立团队精神	什么是精益？Gemba，愿景
4	发展技能	团队技能，问题解决技能，5S，标准化作业，Kaizen
5	采取正面行动	Gemba，沟通，浪费巡查，审计，方针管理
6	处理"死不悔改者"	接受曲线
7	改变行为	文化
8	建立和维持	可持续性

层级 2.9：建立精益供应（见表 4-10）。

表 4-10 建立精益供应的步骤

步骤	活动	在本书中对应内容
1	定义供应链	供应链思维：供应链基础
2	理解需求	需求管理，常规需求，定期需求和偶尔需求（runner，repeater 和 stranger）
3	合理化零件和材料	关键 Pareto：零件合理化
4	选择渠道	供应链渠道，供应链图
5	合理化供应基础	供应链战略合理化
6	合并、简化和计划供应	基本元素，11 个排程概念，循回物流
7	管理放大效应	供应链放大效应
8	开发供应商	供应链基础，供应商伙伴关系，供应商协会

层级 2.10：建立精益分销（见表 4-11）。

表 4-11 精益分销的内容

步骤	活动	在本书中对应内容
1	定义分销渠道	正确的供应链伙伴关系，信任
2	建立按订单生产原则	建立未来状态

层级 2.11：成本和绩效测量（见表 4-12）。

表 4-12 成本和绩效测量体系的配套

步骤	活动	在本书中对应内容
1	理解基础知识	流通率，库存，运营费用；约束，Pareto 分析
2	测量正确的对象	平衡计分卡（BSC），绩效棱镜
3	正确地测量	绩效测量
4	计算成本	精益会计

层级 2.12：改善和维持（见表 4-13）。

表 4-13 改善并维持

步骤	活动	在本书中对应内容
1	暴露问题	Kaizen
2	使用科学方法	PDCA
3	谦虚	领导力，25 个特征
4	继续适应	可持续

层级 3：在这个层级，有两个方面在层级 2 的基础上得到了扩展：具体的排程（见表 4-14），精益生产单元和生产线设计（见表 4-15）。

层级 3.1：设计排程系统。

具体的排程系统设计在精益实施中是较迟的步骤：回忆一下，"拉动"是沃麦克和琼斯的第 4 个原则。主要的步骤在表 4-14 中给出，它们部分来自罗瑟（Rother）和舒克（Shook）的《学会观察》中的"八步建立未来状态图"。每个步骤在这里都做了简短的介绍。各个工具的更为详细的介绍参见相关章节。这些子部分对于上述层级 2.7 的必要步骤做了更为详细的说明，即未来状态研讨会。它们就是拉动系统设计和生产单元设计的具体步骤。

表 4-14　设计排程系统的步骤

步骤	活动	在本书中对应内容
1	确保需求尽可能平顺	需求平顺化
2	识别产品族	产品族分析
3	绘制价值流	价值流图，识别约束
4	战略和分包问题	价值流经济学，制造战略
5	将价值流细分为环路	价值流环路
6	计算节拍时间	节拍时间
7	识别约束的收敛和变化	约束理论，工厂物理学，六西格玛
8	确定容器大小和移动数量	移动数量，Kanban
9	确定补料间隔时间	节拍和补料间隔时间
10	按库存生产还是按订单生产	11 个排程概念，超市
11	调查连续流的可能性	11 个排程概念
12	超市选址	超市
13	确定定拍工序	定拍工位，物料员
14	在定拍工序平顺化生产	Heijunka，混合型号生产，物料员
15	在换型工序计算批量大小	确定批量，优先级 Kanban，EPE
16	设计看板环路	Kanban，CONWIP，鼓—缓冲—绳（DBR）
17	设计物料配送路线	物料配送路线
18	形成单元	生产单元和生产线设计
19	改善	Kaizen

层级 3.2：生产单元和生产线设计。

生产单元和生产线设计遵循层级式的流程，依次从工厂布局逐步细化到工作位的人因工程学项目（见表 4-15）。更详细的解释参见相关章节。

表 4-15　设计生产线和生产单元的步骤

步骤	描述	相关工具
1	识别产品族和价值流	产品族分析 产品—产量分析
2	价值流图绘制，共享资源分析	价值流图 物理移动图 约束分析
3	战略和分包问题	价值流经济学 制造战略
4	工厂布局，超市选址	精益工厂布局，超市，基本元素

（续）

步骤	描述	相关工具
5	活动时间分析，活动抽样	活动时间分析 确定 VA，NVA，NNVA 活动抽样
6	计算节拍和单元周期时间	节拍时间，单元周期时间
7	识别约束	约束理论，鼓—缓冲—绳，CONWIP
8	纸上改善（paper kaizen）	纸上改善，浪费分析
9	理论最少员工	计算最少员工
10	按库存生产还是按订单生产	11 个排程概念，超市
11	单元参考成本和节约的计算	单元成本计算，精益会计
12	纸板模拟	纸板模拟
13	单元布局设计	单元布局，5S 防错 物料员
14	操作工平衡（+/-1 分析）	单元平衡 Yamazumi 板 工作组合图 单元布局图 标准化工作
15	工作位人因工程学，工作位设计	人因工程学 单元工作位
16	拉动系统设计	Kanban 和拉动，Heijunka

4.4 精益实施的通用方法

几乎所有的"精益大师"和咨询机构都有他们自己的精益转型模式，但没有如六西格玛中的 DMAIC 之类的共同认可的流程。不可否认，其中有些模式要优于其他的。所有的模式都声称有效果，它们大部分都有至少一个成功的应用案例，有时还会有很多。"马有马道，物各尽其善"，它们并没有正误之分。我们不能说某一种就一定比另一种适用，这要看具体的情景。使用哪种模式要根据需求来进行选择：如果战略比较薄弱，就从战略开始。审计方法不失为一个好的基础，不过本质上这种方法是"局部改善"。制造业和服务业之间也存在明显的差异。例如，彼得·哈恩斯（Peter Hines）的战略方法在小型到中型的企业中效果明显；而在大型企业中，改变战略几乎不太可能。同时要记住，丰田系统无疑对于短周期的重复性的制造非常有效，但这并不意味着它们所有的方法和工具同样适用于制药业、航空业，或者小批量的定制化环境。表 4-16 试图总结作者所知的几种比较优秀的方法。

表 4-16　常见精益实施方法的比较

	传统精益	战略	系统	流动	评估/审计	咨询师/蓝图
方法	以丰田为原型	战略	系统观	流动	20个关键	蓝图
主要权威	沃麦克,琼斯,莱克,迈尔	哈恩斯	塞登	麦克尔	小林	大型咨询公司
方法	规范	规范	因情况而异	因情况而异	因情况而异	规范
切入	5大原则,14条原则	战略和政策部署	检查计划执行	建立、维护、组织流动	评估/审计	最高管理层启动,使用标准蓝图
制造/服务	制造	制造和服务	服务	制造	制造和服务	制造和服务
方向	自上而下,精益企业	自上而下	倾听顾客,员工参与	检查瓶颈,鼓—缓冲—绳	专家审计	自上而下,寻找机会
早期步骤（1）	巡查并识别浪费,绘图	管理团队会议	识别目标,理解需求	理解、满足顾客需求的能力	弱势强势蛛网图	绘图,改善行动
早期步骤（2）	浪费（可能的过载和波动）	保持一致性,部署措施	识别无效需求	瓶颈的荷载,产能问题	识别优先关键因素	评估变革能力
流程图	早期使用,传统价值流图	很早使用,全局图和其他流程图工具	重视不足,仅为概貌,粗略数据	很早使用,信息流和财务分析	基本不用	早期使用,经典价值流图
5S和标准作业	5S,标准化作业,节拍时间,早期	通常在早期实施5S	无5S,或很少标准化作业	按需进行5S和标准化作业	通常在早期开展5S	"展示变革"中的5S
工具	常用	常用	逐渐使用	逐渐使用	常用	常用
顾虑	向供应链扩展,向企业延伸	可持续性	干扰	精益会计		变革管理
限制/弱点	汽车业/丰田在所有地方运用	人员?瓶颈	呼叫中心/"故障—维修"主导	复杂的计划?	较少的适应性/局部改善方法	蓝图方法运用于各处
备注	1	2	3	4	5	6

注：1. 沃麦克和琼斯、莱克、迈尔都是作家,而不是咨询师或者活跃的实践者。两大阵营都拥戴丰田模式,丰田的"精益屋"可能是它们选择的模式。
2. 哈恩斯是一流的精益学者和业余咨询师。此方法始于董事办公室。
3. 这里试图说明先锋方法。约翰·塞登（John Seddon）是精益服务领域的领军人物和作家。
4. 这是试图说明"思想流"模式。麦克尔是先行的精益思想家以及咨询师,尤其擅长流程工业和复杂环境方面的咨询。结合精益和约束理论/鼓—缓冲—绳系统（DBR）。
5. 各咨询师和组织（福特,GSK等）使用不同的审计方法。小林（Kobayashi）的20个关键或许是原型,经常对热衷于简单分值的经理人员具有吸引力,但是存在引发20个左右的独立项目和改善活动的风险。
6. 几个大型的咨询机构使用相当标准化的精益开展流程,先从接触高层管理人员开始。

4.5 精益实施的失效模式

多年以来,我们已经目睹了无数的精益实施项目——起初从汽车行业开始,然后是一般的制造业,最近是服务和健康机构。这样的项目很多在一开始是成功的,然而,太常见的现象是,它们都很难长期维持。在如下章节,我们将根据自己的亲身经验做出概括,为什么这些项目没有成功实施。2007年对加拿大主要的1000家制造公司所做的调查显示,"恢复原先的行为模式"和"缺乏实施技巧"是实施精益的最大障碍。

4.5.1 高级经理的认同和支持

实施精益的首要失效模式和高级经理的支持和认同有关。尽管我们认为精益可以自下而上地实施,在基层和车间开展有益的活动,然后逐渐推向整个组织,事实上,这只是神话。基本的问题是,在实施精益不久,不仅需要改变厂房设施和生产线的布局,同时也要改变组织机构(比如,引入团队工作模式)。这些变化需要改变人员的职责、奖励和激励系统,以及他们的收入(很快就会涉及)。改变一线经理的工作任务是精益的关键。要做到这一点,高层管理人员的支持必不可少。如果测量系统、奖励和激励系统没有改变,常见的结果是,你只会产生若干乐于奉献的精益实践者,而其他的大部分人却看不到奉献的必要性,甚至在觉得受到威胁时会暗中破坏精益的成果。高层领导具体而公开的支持会解决这一问题。用一封致员工的公开信的方式详细介绍精益实施的计划是一个良好的开端,如果能够积极参与其中则更好。

4.5.2 处理竞争型活动和活动过多

我们从很多组织中都能看到,它们都在常年开展改善活动,有的时候甚至多项活动同时开展。这样的活动过多往往会造成混淆(是不是我们迄今为止所做的所有工作都是不值得的),冷漠或者静观其变的态度(为什么我要参加六西格玛:两个月以后我们肯定又要玩什么别的花样了),直至公开地抵触(这些新的项目不改变任何问题:几周以后一切又将恢复到它们的原来状态)。

那么,你如何对待相互竞争的改善活动呢?要记住的最重要的一点是:所有的改善方法都有相似的目的:提高价值,缩短提前时间,降低不合格品和波动,最终降低成本。问题不是它们要到哪里,而是如何到达那里。

当开始一个新的项目时,让员工理解它和现有精益项目之间的匹配关系至关重要:它们不是取代现有的精益项目,而是增加新的内容。名称也非常重要,宜谨慎选用,因为很多人认为"精益"与"六西格玛"之间互为竞争关系,而实际上它们在很大程度上是相容的。以优尼派特为例,它们的制造系统的名称就不是"精益",而是"优尼派特方法"。

4.5.3 精益、六西格玛还是精益六西格玛

我们现在知道,精益和六西格玛可以相互配合。然而,它们并非同一方法!它们是两种差异很大的概念,各有不同的优势。

考虑一下这个类比:精益就像是公共健康工程师,而六西格玛则是外科医生。它们都想改善大众的健康状况,然而它们使用的方法却截然不同!公共健康工程师试图提供健康的饮用水、有效的污水排放系统、高效的垃圾收集处理系统等。它提供的是环境和框架,每天都间接地挽救了数百人的生命。外科医生则是在有具体问题的时候才加入,并以单独的引人注目的项目形式开展手术,使用他们的特定工具和技术。总体而言,两者对社会都是必需的。这意味着什么呢?不要在理解端到端的流程之前就着手应用六西格玛!从精益开始,建立对价值、价值流的彻底理解,然后在需要的时候引入六西格玛。

不过,你还应该称其为六西格玛吗?仔细考虑一下创造一个显眼的"精英"的不利后果吧。

精益和六西格玛在很多方面互为补充:精益建立关注价值的思维方式,是开展工作的背景,六西格玛则针对发现的特定问题提供有力的工具来改善和解决。理解两者的区别非常重要!我们经常遇到这样的情况:即一个公司想实施精益,而他们已经实施了六西格玛或者约束理论(theory of constraint,

TOC）项目，或者已经计划在此后的某个时间实施。这样的情况是危险的，当关注点转移到另外的"时髦概念"上面去了以后，许多正在实施的项目会很快夭折。所以就有了这个问题：能不能把精益、六西格玛和 TOC 整合到一起？是否存在所谓的"精益六西格玛"？不要为这些"时髦概念"所困扰。这里要记住的是，大部分的改善方法和精益都是互为补充的。例如六西格玛最擅长的降低变异其实就是精益的关键诉求之一。

精益通过以下方法建立稳定性。

- Heijunka 或者说均衡生产。
- 小批量生产和运输。
- 用看板（Kanban）控制库存总量。
- 压缩时间：快速换型（SMED），库存最小化。
- 不以预测来驱动生产。

因此，作为减少变异的有效工具，六西格玛和精益广泛的应用完全契合。它们的差异在于从何处开始：精益从分析顾客价值以及价值流开始。而六西格玛则先从定义流程、测量缺陷机会（不合格）的绩效开始。请记住一个事实：六西格玛的方法论（DMAIC）强大有力，同时也非常缺乏灵活性，更重要的是，缺乏战略观，而战略观恰恰是精益可以提供的。

此外，六西格玛的培训体制非常严格，从掌握基本统计工具的"绿带"，到接受数周的培训并最终完成改善项目并通过认证评估的"黑带"。从建立一整套通用技能来说它们非常有用，但是它们只适用于一小部分的"精英"！如果改善的责任落在操作人员层级，而不是选出来的几个"什么带"身上，精益就可起作用。

始终首先从战略层面来考虑精益，关注顾客价值、价值流、需求，然后在运作层面上决定选用什么工具和概念来减少浪费、提升顾客价值，如图 4-6 所示。六西格玛应用于拉动系统而不是推动系统的时候，效果最好。要对"时髦概念"反复提问，经常是，当你对掩藏其后的理念理解得越深，你就越会"重新发现"更多的精益概念。

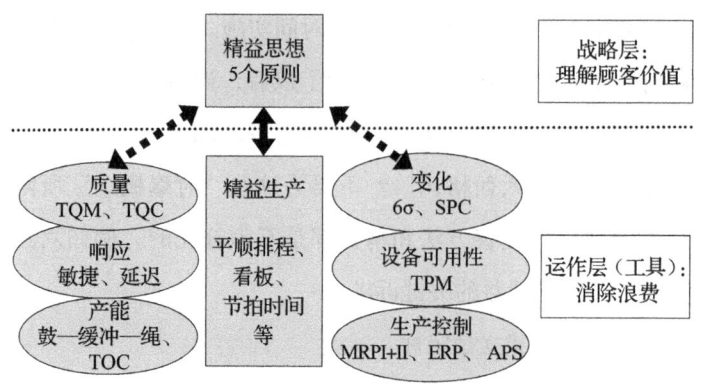

图 4-6 精益与六西格玛的关系

4.5.4 精益作为短期的权宜之计的滥用

精益不是降低成本的方法,不幸的是,它恰恰经常被用于达成这个目的。更确切地说,使用精益的两个最常见的错误就是降低库存和减少人员。

因为库存在车间里面一眼就可以看到,它是共同的关注点。既容易测量,也直接关系到运营费用。因此它经常成为改善项目的焦点,结果却适得其反。库存也有其存在的必要。

- 缓冲内部的不稳定性(不合格品、机器故障、变异等)。
- 缓冲外部库存(需求波动、供应问题、质量问题)。
- 缓冲生产能力的不均衡。

这些都体现在图 4-7 "水和石头"的类比中。所以,一旦根本问题没有解决就大量减少库存的话,许多问题会同时出现,令人抓狂的救火行动就会到处爆发,过不了多久,原先的流程和库存水平就会重新出现。

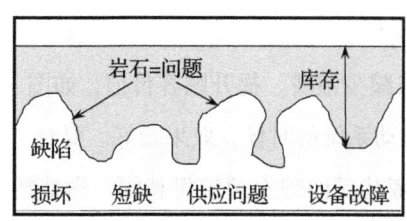 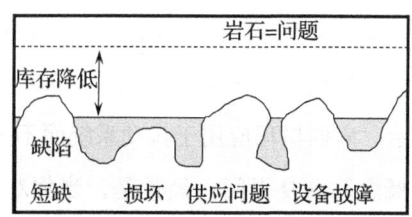

图 4-7 "水和石头"的类比

精益则通过少量逐步的方式来减少库存，首先暴露一个问题，解决它，然后暴露下一个，再解决它，依此类推。桑卓思（Bill Sandras）把这种方式称为"每次减少一点点"。这样，减少库存变成了发现问题的手段，而不是以减少库存为目的。

减少人员也有类似的风险。人员和生产率之间有直接的关系，通常而言也是最重要的变动成本。因此，减少人员可以产生直接的财务收益。这就导致了巨大的诱惑，来解雇因为精益改善而节省出来的任何劳动力。然而，只要有哪怕一次这样的举动就会让大家认为精益是用作在运营体系内削减人员的工具，结果导致"没有人会为了让自己失去工作而进行改善"。所以，正确的方法是改善流程，然后将"多余"的人员作为最初的改善团队，直到公司获得更多的业务来消化吸收多余的人力。

这里的循环模式是：改善流程，然后质量更好、成本更低，然后提高市场竞争力，然后获得更多的业务，然后需要更多的人员，等等。它应该是有效的成长循环，而非收缩循环。

4.5.5 不协调的绩效测量

基本的博弈理论告诉我们"你测量什么就得到什么"。实际上所有人，从首席执行官到车间工人，都按此行事，以便让他们的个人绩效指标看起来更好。绩效测量驱动个人行为，理解这点非常重要。如果你希望对流程做出改变，而绩效度量方法与新的目标相悖的话，遇到阻力将不可避免。可能会有表面上的接受，不过，一般来说，冲突的测量系统会导致有损生产力的行为。绩效测量需要与你想达成的目标保持一致。此外，记住，短期的测量将导致短期的行为。详细描述参见有关绩效测量和政策部署的章节。

4.5.6 缺乏主人翁意识

流程改善可以通过下达命令来执行，或者是通过外部的咨询师，或者是公司的统一模式的"工作指南"。问题是，强加的改善一般不会被实际从事该项工作的团队所拥戴，被人要求着做事也会产生强烈的抵抗。改善的主人翁意识应该放在流程层级，工人们应该感到流程的未来状态和他们关系重大。不然的话，新的流程可能难以维持。当利用外部咨询师对流程进行了优化以后，却经常无法保持就是因为这个原因，因为改善的执行者不认为改善是"他们的"。团队参与对于流程改善至关重要，流程的主人翁意识问题在任何情况下都不可被忽视。

鲍勃·埃米利亚尼（Bob Emiliani）将没有全员参与的精益改善称为"伪改善"。

4.5.7 保持势头

精益不会自我支持，"自我维持的精益文化"是鼓吹出来的神话。线模公司（Wiremold）案例可以作为一个警告！精益需要来自最高领导层的持续的支持（和压力），他们要告诉公司里的每一个人，精益就是公司的前行目标。自我满足也是精益的大敌，它是丰田最害怕的：将不断改善的需要作为确保生存的前提是重要的激励手段。一旦达到业内标杆的水平，很难再产生类似的激励。此时就需要有其他的目标，例如成为环境友好型公司。所以一定要保持势头不减！在此后的第 13 章和第 14 章，我们会再次探讨这个主题。

4.5.8 应该称它们为"精益"吗

在很多时候精益是一个贬义词，有时候甚至有"精益就是吝啬"的潜台词，或者给人以日本文化的印象，或者血汗工厂、失败等意思。然而，这些解释可能都是错误的，品牌名誉不佳会带来厄运。

许多人将他们的精益项目称为"某某生产系统"。这可能也不恰当，因为它可能就因此被认为是"生产部门的事"。最好的方式就是压根不要给你的项目起个名字，或者起个包罗一切的名字，例如"Spirax Sarco LIFE"（Spirax Sarco 公司每人改善一点点行动，LIFE 在英文中的原意为生命、生活，在这里取自 little improvement from everyone 的首字母，寓意"每人改善一点点"是我们生命的一部分），或者"惠普方式"。

4.6 线模公司案例

线模（Wiremold）公司案例作为精益实施成功的正面典型被广为引用，它也给出一个明确警告，告诉大家精益也可以很快消失。

线模公司成立于 1900 年，是一家电线电缆解决方案供应商。在面对财务困境后，前首席执行官阿特·巴奈（Art Byrne）采用精益的方法开始了大刀阔斧的质量改善和产品引进项目。经过 10 年左右时间的艰苦努力，该公司已经成为卓越制造的模范——不管是在本国还是在国际上。

当线模公司被罗格朗（Legrand）收购的时候，根据埃米利亚尼的说法，很快就显示，新企业所有人对了解线模公司的流程改善能力根本不感兴趣。阿特·巴奈最终在 2002 年 8 月退休。而许多其他的项目最初成员也慢慢都退休了。在"精益领导力"离开以后，精益也失去了它在管理团队中的支持。根据埃米利亚尼的说法，罗格朗没有认识到精益管理体系的价值，其企业具有传统的"批量和等待"的运营模式的历史，且该模式在公司内盛行。埃米利亚尼指出，"精益需要不断地关注、维护和改善以保持活力和健康。归根结底是人通过日常的精益原则、流程和工具的实践来保持精益的活力。"

最后，在北美地区最成功的精益实施案例之一就这样烟消云散了。

因此，从本案例得出的结论是：长期的可以自我维持的精益系统根本不存在。如果没有来自公司最高层的支持或者关键绩效指标体系不合适的话，经年的努力可能在短时间内就会消失。

延伸阅读

The above case is a summary of Emiliani's Lean Blog of July 2007 on www.leanblog.com, and the epilogue to the second edition of his book: Bob Emiliani, *Better Thinking, Better Results,* The CLBM, LLC; 2nd edition, 2007.

4.7 给精益改善的警告

我们无论如何不应该对精益或者精益改善的成果自我满足。因为有些经理人员（以及大部分的教授！）从具体的模型和案例研究中学到了他们领域的基本知识，很少有人能对基础性的知识产生异议。但是……

> "那些因为发明一种新的范式而取得突破的人几乎都是要么非常年轻，要么是试图改变其范式的领域内新人。因为对以前的经历和

传统规则少有义务，他们特别喜欢认为原先的规则已经不适用现在的游戏，并认为另外一套规则可以取而代之。"

——托马斯·库恩（Thomas Kuhn），《科学革命的结构》

"很容易获得支持性证据来支持几乎任何特定的理论，如果我们在（理论）无效或者没有必要的时候不去寻找证据，就自行放弃了发现新的理论或者将现有理论发展得更好的机会。

……而且……

在我们已经发明的新价值当中，对我来说有两点对于知识的进化最重要：一是自我批评的态度，另一个就是客观事实。"

——卡尔·波普尔（Karl Popper），《生活的全部就是解决问题》

第 5 章　战略、规划及部署

The Lean Toolbox

> "我们不是去理解，而是要改变这个世界。"
>
> ——卡尔·马克思

5.1　运营战略

很多人对于"运营战略"或者"制造战略"的第一反应很可能是说：我们已经有了全局业务的战略，为什么还要再增加一个运营战略呢？这是一个通常的理解，不需要认为它是错误的，可以称其为"市场观"。基本上顾客的需要和要求经过滤加工后传到运营相关部门，再决定具体需要哪些运营能力（成本、提前时间、质量、应付需求波动的产能，等等）来赢取市场上的订单。这里，运营单位对公司目标做出反应，其"战略目标"就是达到生产的效率，即降低单位成本、提高质量，等等。

然而，还有第二个观点，叫作"资源观"。这里争论的焦点是，运营战略的反应式的观点可能遗漏了一些重要的制造或者运营可以给总体做出的重要贡献。

这些能力有时候也被称为"动态能力"。这些动态能力需要花时间来建立，同时，不像买一台设备或者并购一家公司那样，也难以快速模仿。罗伯特·海耶斯（Robert Hayes）等人用高尔夫运动员做类比：拥有一套最好的球杆的人，仍然赢不了冠军。它可以是独一无二的技术或者流程，只要竞争者无法和它匹敌就可以在市场上形成差异化，它也可以是支持产品在市场上赢得订单的独特制造方法。想想丰田吧，它就是将精益用于其所有的业务领域（精益就是由丰田在其制造领域发展而来的），或者是沃尔玛或者戴尔，它们都从其运作的方式中获得了相当大的竞争优势。丰田、沃尔玛和戴尔都有效地开发了它们自己的优势运营能力，形成它们的竞争撒手锏，反过来，其运营能力也成为战略制定过程的一个或者几个关键要素。因此，运营策略的工作内容就是用运营资源和能力来协调市场需求。斯莱克和路易斯（Slack 和 Lewis）给出下面的定义："运营战略是所有的此类决策范式的总和，该范式通过运用运营资源来调和市场需求，从而确定任何运营形式的长期能力以及对总体战略的贡献度。"两者的一致性称为"战略匹配"（见图 5-1）。

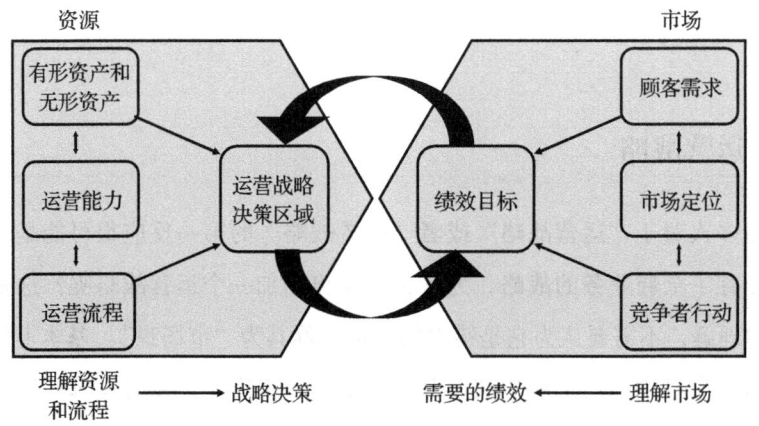

图 5-1　运营资源与市场的匹配

延伸阅读

Terry Hill, *Manufacturing Strategy: Text and Cases*, Macmillan, 2000

Nigel Slack and Michael Lewis, *Operations Strategy*, FT Prentice Hall, 2002

5.2 将运营战略与精益相联系

就像已经在丰田和其他公司获得证明的那样,精益可以给公司提供在市场上的独特竞争能力,从而为公司的整体经营战略做贡献。从这个方面来说,精益考量能够,也应该,成为运营战略讨论的一部分。下面的章节将讨论几种一般性的运营战略。它们基本上都是长期战略。中短期的运营战略也能,而且应该,与精益的工具和方法联系到一起,本书的其他章节会对其进行讨论。

- 价值流分析——和全局分析一起可以从宏观层面发现改善的机会。不要只考虑实物流动,还要考虑市场营销、人力资源和财务金融等方面的流程图(详见下节)。
- 流动的框架,以及与之相关的评估会给出准确的企业内部的 SWOT 分析。
- A3 分析,有助于识别更为具体的问题所在。
- 供应链考量,与重要的战略性的供应商及分销有关的问题相关联。
- 现场(Gemba),是亲自感受顾客真实问题的有效途径。

所有这些都可以整合到即将在 5.3 节和 5.8 节所讨论的主题中。使用 5.8 节中的模型来引导你选择具体的顺序。

5.3 理解流程:产品—过程矩阵

虽然产品—过程矩阵已经建立多年,但现在仍然适用,如图 5-2 所示。它将运营模式、布局、计划系统和出产量进行匹配。可以从图中看到不可行区域(例如,为产量很少的运营业务建立一条生产线将得不偿失),以及和传统思想相一致的可行区域。同时,注意,可行区域相当宽广。

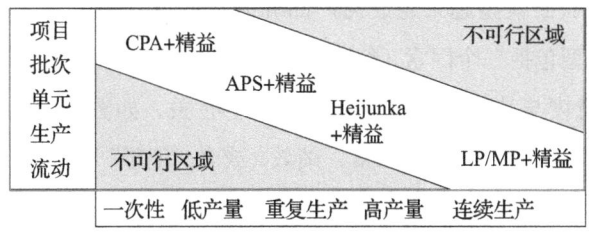

图 5-2 产品—过程矩阵

该矩阵也意味着，随着产量的增加，流程和布局必须做出相应的调整。如果没有进行适当的调整，就会导致生产运营系统的不协调。此外，每一个区域都有适当的计划排程系统，有时相邻区域也存在重叠。在一次性的项目管理的情况下（例如，新产品引进，大型建筑），关键路径分析（CPA）就是一个合适的工具。对于存在变化瓶颈工序的工厂生产，高级生产计划排程（advanced production scheduling，APS）就很适用。而慢速流动的脉动式生产线是低产量情况下的适当布局方式，它不适用于常规性的大量生产。鼓—缓冲—绳系统（drum buffer rope，DBR）对于中等产量的生产是一个合适的排程工具，特别是在存在瓶颈工序的时候（详细描述参见第10章的约束理论）。

传统的精益或者JIT排程利用看板实现拉动生产，特别适用于大批量重复生产的情况——对于生产单元和装配线尤为如此。在大量连续性生产中，如流程性工业，可以看到诸如线性和数学规划（LP/MP）等其他计划排程优化方法。

注意，精益技术在某种程度上都或多或少地覆盖了这些情形——例如，5S和快速换型就普遍适用。

最近，很多组织试图通过"大批量定制"方法来实现"在两个世界都做到最好"（即高产量低成本优势以及增加的定制化的优势），这些方法有延迟技术、平台技术和模块化技术等。这些技术的应用会有效地将可行区域的面积向产品流程矩阵中的左下角扩展。

5.4 理解顾客

5.4.1 狩野模型

狩野纪昭博士（Noriaki Kano）是一位日本学者，他因为著名的狩野模型而广为人知。狩野模型越来越成为产品和服务的设计与改善方面的有力工具之一。狩野模型包括三个因素（狩野认为所有的产品和服务中都存在这三个因素），顾客满意度与其实施程度或者实施水平有关，如图5-3所示。狩野的三个因素是基本（或者"必需"）因素，绩效（或者"期望"）因素，以及魅力（或者"激励"）因素。顾客满意的程度从"厌恶"，经"中性"，到"愉悦"。基本因素就是顾客希望产品呈现出来的品质。如果这些品质不存在，顾客就会不满意或者厌恶。如果这些品质充分呈现，顾客最多只会有中性的满意程度。宾馆中的干净床单，收音机稳定的电台，汽车挡风玻璃的清洗设施等就是例子。注意，它们呈现的品质可能不同，比如床单可能是干净的，也可能是有污损的。基本因素不应被认为是理所当然的，或者说是容易满足的，有些基本因素甚至根本就难以识别。举个例子，分发的印刷讲义，对于讲师可能认为是无关大局的，而对于听

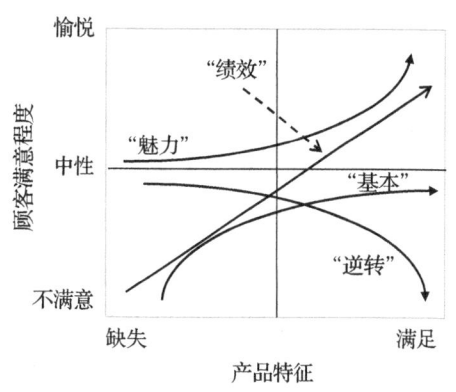

图 5-3　狩野模型

众则可能认为是必需的。如果不能在基本因素方面有适当的表现，所有的其他努力或许都将付诸东流——这点和马斯洛的需求层次理论非常类似：思考自我实现需求毫无意义，除非生存需求已经得到满足。狩野模型部分地是在弗雷德里克·赫茨伯格的激励—保健双因素激励模型上建立起来的。市场调查对于识别基本因素的价值是有限的。因此，问卷的设计者需要根据经验、观察和有组织的反馈来建立调查清单。

检验一个特性到底是基本因素、绩效因素还是魅力因素的方法，是对下面的两个问题进行提问。

（1）如果该特性不具备的话，你的感觉如何？

（2）如果该特性具备的话，你的感觉又如何？

- 如果问题（1）的答案是不好，问题（2）的答案是无所谓，它就是基本因素。
- 如果问题（1）的答案是无所谓，问题（2）的答案是好，它就是魅力因素。
- 如果问题的答案是"视情形而定"，它就是绩效因素。

请注意模型中曲线的非线性特性。这是和经济学理论相一致的，大部分的人都有这样的非线性反应。如果你有 50 对 50 的机会赢取或者输掉 100 万美元，你会怎么做？大部分人都不会接受一个有 90% 可能性赢取 100 万美元

而 10% 概率输掉的打赌，但是如果赌注只有 10 美元，大部分人都会尝试。

绩效因素在极端的供应不足时会招致厌恶，充分提供的结果就是愉悦。这个因素也被称作"越多越好"，不过也可能是"越快越好"，或者"越简单越好"。绩效因素一般来说已经存在，不过是中性的，既没有导致厌恶，也没有带来愉悦。问题不是有没有绩效因素，问题是如何改善提高它们。困难之处在于识别它们，并提高它们的表现。办理宾馆入住手续的速度，将收音机调到指定频道的方便性，或者汽车的燃油消耗率等都是实例。绩效因素对于设计者和研发团队来说代表真正的机会。它们必须经由市场调查来发掘，仔细观察也非常重要，特别是那些导致不满的绩效特征。往往需要创造性和流程再造以便让绩效因素提供得更快或者更简单，信息技术支持扮演着重要的角色，比如某些高端酒店的"一分钟"入住服务。

最后，魅力因素或者说激励因素是顾客并未预期到的品质特征，如果提供它们给顾客，顾客的愉悦感会显著增加。例如，在慢跑回来时酒店服务生提供的一瓶水，或者收音机在离开信号传送范围之外的时候会自动搜索频道。根据定义可以知道，市场调查对魅力因素帮助有限。再次重申，在评估顾客（潜在的）需要的基础上的创造性能够实现突破。我们对魅力因素也要非常谨慎，真正的魅力因素要以最小的成本来实现，向顾客提供免费的汽车肯定让顾客很惊喜，而这样的做法对公司的财务表现将是灾难性的。因此，或许对于酒店而言更合适的魅力因素是提供顾客选择床单颜色、枕头类型（英式或者是欧式的）、床单类型（亚麻的、缎子的、棉的）等服务。提供魅力因素也有风险，顾客或许因此将它们视为当然，这正如已经发生在福特和通用汽车身上的价格折扣。

狩野因素不是静止不动的。今天的魅力因素在明天可能就慢慢变成基本因素了。此外，在一个地区的魅力因素也会在其他的地方演化为基本因素。因此，保持对不断变化的顾客期望的把握非常关键。行业标杆是可以采用的一个很好的方法。根据狩野模型我们也可以知道，对顾客抱怨和不满做出反应的反应式的质量政策最多只会导致中性的顾客满意度，主动的行动才可能产生愉悦。

狩野模型对质量功能展开（quality function deployment，QFD）非常有效，

也越来越多地应用于 TRIZ。基本因素应该得到满足，魅力因素应该在 QFD 矩阵的"屋顶"部分进行详细而明确的权衡取舍。例如，燃油消耗率可能要求汽车更轻量化，而安全性则要求汽车更坚固，这就导致寻求一种更轻、更坚固、更便宜的材料的需求。

延伸阅读

Special Issue on Kano's Methods: *Center for Quality of Management Journal*, Vol 2, No 4, Fall 1993 (several articles, including administering Kano questionnaires)

Joiner, B.L., *Fourth Generation Management*, McGraw Hill, New York, 1994

Lou Cohen, *Quality Function Deployment*, Addison Wesley, Reading MA, 1995

5.4.2 情境和预测

为什么一本关于精益的书要关心情境呢？因为我们生活在一个不连续的世界里——回想一下最近直线上升的能源成本。因为传统的外推法预测更可能导致不适当的规模和选址决策：大批量而不是精益。情境分析有助于将可能的不连续性考虑进来，因而促进更为柔性的、精益的方法。当制定长期的计划和决策时，预测可能不可靠得一塌糊涂。想想预测伊拉克战争长期结果的正确性和困难程度吧，还有对两个正在崛起的亚洲大国的影响，养老金危机，以及直接关系到工厂投资的股市波动。因此，有必要使用一些情境分析。例如，大部分的中到大型的公司都应该考虑多种不同的通货膨胀、油价和环境情境，以及其他重要地区对于世界资源的影响。

在壳牌石油公司，所有的大型项目都要根据两到三种情境做出判断，并期望所有的项目在各种情境下都有稳定的表现。这是对传统的财务评估的一个有力补充，例如，回收期法、投资回报率、息税前收益等，这些方法里使用的数字有时（总是？）被"掺水"了。

伊奥博瑞和桑特（Ilbury 和 Sunter）开发了一个非常有用的 2×2 矩阵，称作"狐狸矩阵"，因为狐狸具有最强的适应性。它有两个轴，确定—不确定，无控制—完全控制。矩阵分割出的四个区间对于建立和使用情境分析非常有用，除此之外它也适用于一般的战略性思考。我们用一个运用精益和六西格玛的食品包装生产企业为例，来说明该矩阵的用法。

（1）第一个区间是**确定和无控制**。这里存在"游戏规则"，它们就是不可商谈的和已经给定的状态，包括不断变化的经营环境和人口分布、法律对于食品包装的规定等。第一个区间包括在成本、质量、提前时间、交付绩效、库存周转次数等方面的行业标杆参考；不可商谈可能包括在卫生方面没有妥协余地，以及不得将生产搬迁到东欧。

（2）第二个区间是**不确定和无控制**。这和两个活动有关：识别主要的不确定因素，以及建立不同的情境。在制造领域，主要的不确定性可能是替代性产品以及亚洲的影响。情境可能包括公众对不可降解包装的日益增长的反对，以及超级市场对于整合非食品制造商和供应链的越来越强的坚持，还有随着老龄化、人口减少、更加关注健康等趋势的变化而出现的对食品需求种类发生的变迁。

（3）第三个区间是**不确定和控制**，在这里所有的可选项都获得了识别。可选项可能包括精益化工厂和供应链，实施六西格玛而不是精益，从低成本国家购买某些原材料，开发全新的产品线等。

（4）第四个区间是**确定和控制**，在这里，决定已经做出。在权衡了之前的其他三个区间之后，食品包装商做出决定，采取适当的反应。

伊奥博瑞和桑特声称此矩阵将战略分析的重点从 SWOT（优势、劣势、机会、威胁）转移到 OTSW（机会、威胁、优势、劣势）——首先考虑机会和威胁，因为它们不在我们的控制之中，再把它们和我们已有的优势和劣势进行匹配。在第三个区间，可选项从"没有选择"（there is no alternative，TINA）扩展到了"存在更多更好的选择"（there exist many better alternatives，TEMBA）。

彼得·施瓦兹（Peter Schwartz）在他的《不可避免的惊奇》（*Inevitable Surprises*）一书中说道，未来不是和我们所想的一样未知。他列出了一些我们不应该感到惊奇的"未来巨变"，包括金钱、时间和医疗等重大问题，以及材料价格、水的稀缺性、从不富裕国家向富裕国家移民的模式。当然，人口统计分析是最大的可预知的基础性的驱动力。

根据海耶登（van der Heijden）的说法，有三种方法可以建立情境：归纳法、演绎法和递进法。归纳法根据已有的数据，将已知和可能事件关联在一起，逐步获得情境。例如，汽车制造商可能会在未来的某个时间点计划开发新的车型，但是需求的水平不明确。然后用不同颜色的卡片（每种颜色代表一种需求水平）组成一个新车型上市的需求列表。再考虑外部的趋势和影响事件，情境研究团队就此讨论各种可能的后果。再对它们提出大量的问题（"为什么设想的事件会发生？"），但是不允许提出破坏性的批评（"那是愚蠢的"）。此外，各种情境必须一样地可信。对此进行检验的方法就是询问该事件是否值得分析和规划，摧毁整个工厂的地震事件就不值得规划，除非工厂位于加利福尼亚或者神户。

演绎法由识别一系列的不确定事件开始，然后使用决策树作为框架。例如，我们可以获得福特的业务吗？如果可以，市场是否会增长？如果答案还是肯定的，汽车制造商是否需要一级供应商在现场装配？回答为"否"的分支也要进行探究，这样可以避免在几乎不可能的情境上花费不必要的时间。递进式方法就是简单地使用传统的预测方法。

预测和参考性预测

罗素·艾可夫（Russell Ackoff）更喜欢使用"参考性预测"一词以挑战商业领域传统的假设的正确性。传统的预测假定未来不发生任何变化。如果你的市场占有率以每年 5% 的比率增长，20 年后你将拥有所有的市场。这可能吗？再比如你的产品的成本和价格分别按照不同的方向在发展，这样的势头可以维持多久呢？这一方法的威力在于，任何人都可以意识到变化无处不在。

克莱顿·克里斯坦森讨论了所谓的"探索驱动的计划"。这里，一旦做出预测，就要监控让预测发生的前提条件。这样就能让公司预先建立前瞻性计划，而不是仅仅根据变化被动地改变计划。

实时数据

一流的公司现在都开始使用实时数据，不是预测而是对顾客需求预先采取行动。乐购（Tesco）就是一个突出的例子，它用乐购卡片技术将市场按照购买频率和消费额等变量进行细分。这些策略和购买知识相结合，可以提醒消费延迟的顾客以提振它们在特定商品上的购买量。实时数据让乐购能够为每一家商店精确地确定需要订制的商品种类和数量。一旦和销售点库存和多频次"送牛奶式"循回配送系统相联系，乐购就可以在库存商品的金额很低的同时，为每一家商店准备品种众多的特定目标商品。这一趋势很快就引起了人们的注意。

类似的实时数据业务实践也在其他行业出现。例如，谷歌就一直在做大规模的网页设计试验。

直到最近我们都认为"按订单制造"（如戴尔）是最终极的精益供应链。对于有些行业可能确实如此。然而，我们最近与汽车生产商的合作显示，利润率最高的运营模式需要对每一个产品和市场做出差异化的处理。即使戴尔现在也在重新思考它的供应链策略，因为它们提供给某些顾客群的灵活性还是不够。为了吸引顾客，现在提前对顾客需求进行预见并采取行动已经成为可能，方法就是使用实时数据，并持续地跟踪和调整它们。

延伸阅读

Kees van der Heijden, *The Art of Strategic Conversation*, John Wiley, Chichester, 1997

Chantell Ilbury and Clem Sunter, *The Mind of a Fox*, Human and Rousseau, Cape Town, 2001

Russell Ackoff et al, *Idealised Design*, Wharton Publishing, 2006

Vivek Ranadive, *The Power To Predict*, McGraw Hill, 2006

Ian Ayres, *Supercrunchers*, John Murray, 2007

Clayton Christensen et al, *Seeing What's Next*, HBS Press, 2004

Thanks to Barry Evans of LERC for the Tesco examples.

5.4.3 破坏性技术

精益的两个首要法则是聆听顾客和持续改善。同时，也要在内部把未来的低浪费状态以及激烈竞争作为标杆目标。然而，有时这样做却是致命的，那就是所谓的"破坏性技术"起作用的时候。

哈佛大学的克莱顿·克里斯坦森对此曾经做过深有启发的分析。克里斯坦森将"保持性技术"与"破坏性技术"区别开来。破坏性技术在起步阶段一般规模很小，比现有的技术简单，在早期阶段容易为顾客和经理们所忽视，他们对它甚至嗤之以鼻。但是该技术持续发展，直到似乎一夜之间它变成顾客不得不考虑的一个重要的因素。顾客"不知道他们需要它，直到他们需要它的时候"。与此同时，保持性技术或者已经建立的技术也在持续发展，经常是比大部分顾客的实际需要还要好。这种情况是危险的，即公司只聚焦于在持续改善上的竞争，通常把最好的人力资源投入其中，从而无暇顾及外部的挑战，特别是那些他们最初不认为是挑战的挑战。真空吸尘器和戴森吸尘器，大型主机和个人电脑，帆船以及早期的轮船等就是对以上论述的见证。这些新技术一开始根本就没有被作为威胁看待。

克里斯坦森的文章强烈地提醒我们，目前将注意力放在可持续性上面可能是放错了位置。适应性和灵活性是需要的，而不局限于可持续性。改善产生的空缺会被典型的低成本破坏性技术所填补。顾客认为他们需要某产品，但是对该产品的替代品却一无所知。等到顾客需要新技术的替代品的时候，专注于保持性技术的公司想要迎头赶上却为时已晚。看看亚马逊网上商店和那些有舒适的座位和咖啡提供的传统书店，或者被折扣店和网上商店所取代的百货商店吧。

克里斯坦森认为，在破坏性技术面前，很多行业习以为常的规则不再适用。因此，市场调研、资源配置、终止低回报业务、投资门槛、持续改善等适用于保持性技术的经典策略，在破坏性技术场合则完全失去价值。"压根就不存在的市场也无从分析"。这不是粗放管理的失效，事实上是他们做了所有的正确之事而导致的失败。"创新者的困境"表明，在现有的创新路线上前进、听取顾客的声音、追求更有诱惑性的技术发展恰恰就是错误的地方。确切地说，是因为破坏性技术对公司的成长和现有市场的影响微不足道，不能获得关注公司大规模收益的执行官们的注意。克里斯坦森建议，处理破坏性技术的方法就是设立一个单独的部门，该部门可以在地域上与其主管机构分离，而组织上也肯定要分离，促使公司对小的创新也保持兴奋，并仔细评估。这些可以在 IBM 的个人电脑部门和惠普的喷墨打印机部门的成功设立过程中看到。克里斯坦森也建议，管理破坏性技术需要和保持性技术不同的资源、不同的流程，以及不同的价值观。需要有远见卓识的领导力，以及有别于得心应手地管理持续性业务的领导人。阅读克里斯坦森的深度分析给出了一个开放的问题："这是不是就是这么多的改善和精益活动不能产生期望结果的原因？"因为思维模式就是关于可持续性，而不是根本性的变革？克里斯坦森指出，一味地模仿经常恰恰就是错误之处。它可能只是建立了适用于"昨天"的竞争优势。成功的战略需要对竞争的发展过程进行深入的理解，而不是暂时的"解决方案"。

延伸阅读

Clayton Christensen, *The Innovator's Dilemma: When New Technologies Cause Great Firms to Fail*, Harvard Business School Press, 1997

Clayton Christensen and Michael Raynor, *The Innovators Solution*, Harvard, 2003.

5.5 价值流经济：哪里制造什么

随着印度和东欧等低成本、高产能制造业国家的出现，制造什么，在何处制造以及将哪个部分外包已经变成日益紧迫的问题。这里我们将讨论国际化，以及哪里制造什么的问题。

5.5.1 外包和外迁问题

价值流分析的第一原则是努力采用系统方法。换句话说，就是要试图保持对现在和未来全局性的观点。考虑各因素之间的互动。一个系统就像是儿童手机：触动一个按键就会引发系列性的反应，有些反应将不在意料之中。要建立一个情境吗？同时，要从长期来看。下面是一个清单，该清单试图包括所有在国外生产的产品在离厂直接成本之外还需要考虑的其他因素。

注意：直接成本就是去除管理费用的成本。

（1）无疑，最大的因素经常是提前时间和灵活性。业务的竞争在提前时间和快速反应上的依赖程度？提前时间的改变会赢取或者失去多少业务机会？至少，要考虑一下外部的反对意见：内包可以创造多少的工作机会？

（2）21 世纪初外包和海外制造风靡一时。警惕羊群效应。因为物料供应连续性和需求失效等问题，人们已经开始重新思考。

（3）核心能力的丧失。

（4）从供应地到国内市场的正常运输成本，它冲抵了海外供应地降低的制造成本。

（5）由于质量问题和预测不准（预测准确几乎不可能）而产生的额外运输成本（比如空运费用），以及此项成本发生的频率。它还包括不合格品需要运回进行返工的成本。

（6）因为质量、计划以及管控等原因造成的失控，以及因此导致的声誉损失。

（7）多余员工的成本——或许已经分摊。

（8）管理费用成本——管理人员是否得到节省？或者配置到其他产品中去？新的地点会产生什么新的管理人员？他们将如何配置？对真正的现金流的影响是什么？

（9）场地空间的节省会导致真正的节省吗？节省的空间能否用于其他用途？如果不能，实际上就没有节省。

（10）应对汇率波动支付的保险成本。

（11）国际税费。注意它们会随国际协议变动，临时通知的"关税战争"也会产生额外的国际税费。税收优惠可以持续多长时间？

（12）清关的时间以及办理额外手续所需的资源。

（13）运输渠道中保有的额外库存，以及一次性的库存成本——或许已经分摊。

（14）因为提前时间变长，需求不确定性增加，相应增加的应对库存。

（15）在提产阶段准备的额外初始库存。假设在提产阶段没有意外事件发生是否合理？利用率怎么样？

（16）应对质量问题或者损毁而额外准备的库存。回想一下，2003年一整船新宝马7系在英吉利海峡沉没的事件，还有2007年在德文郡发生的劫船事件。

（17）与此相应的盗抢海损等保险成本。

（18）增加的过时风险。比如，芯片和计算机在运达目的港的时候或许已经大幅度贬值。

（19）一般的质量成本：内部故障损失（报废、返工）和外部故障损失，包括增加的保修成本。

（20）一般的提产成本：包括培训、解决问题、国内工程师的探访成本等。

（21）顾客商誉的损失，或者因为质量问题服务、支持和客户化机会等不利影响丢失顾客。2007年，在低成本国家制造的玩具中发现油漆的铅含量超标。2008年，又监测出另一种有毒化学品。除报废成本以外，这对公司声誉的影响有多大？会在未来损失多少的销售量？

（22）营销损失——你可以将更长的提前时间作为一个卖点吗？

（23）在未来产品上失去设计专长的成本——难以衡量。

（24）失去制造专长的成本。难以衡量，却真实存在——想象下一个必须在远方进行开发的产品。

（25）政治风险的成本（可能没有政治风险吗）以及商业贿赂风险。

（26）最后，加上数据失真——上述的多种因素只能猜测而无法获得精确的结果。

（27）然后从这个清单中减去在新市场获得的收益和增加的机会。转移定价可能是其中之一，这样就可以让利润在低税收地区产生。这是精益会计吗？

评估离岸制造成本的另一种方法是将成本划分为三类：静止成本、变动成本和隐藏成本。这个逻辑可以用来评估全球外包和离岸制造战略的可行性和风险。

（1）**静止成本**。静止成本指制造和运输中显然发生的成本，包括材料、人工、能源（以及离岸制造时发生的资本投资）、运输以及清关成本。本地采购和制造一般具有高人工成本的特征，离岸制造和全球采购一般会导致运输成本高。问题是，静止成本的观点没有考虑供应链中增加的其他成本。

（2）**变动成本**。变动成本包括运输渠道中增加的库存，以及增加的过时废弃和丢失的销售机会等风险，还有应对不确定性而需要增加的缓冲库存的成本。通常这些变动成本在最初并未考虑到，不过根据经验它们肯定会发生！再考虑考虑，一旦出现问题，加急运输出现的可能性。相对于海运和陆路运输，空运要昂贵得多。

（3）**隐藏成本**。一般源自汇率的变化、政治风险、能源和人力成本的提高等。这些成本不容易量化，不过从长期来看同等重要：很多人只是根据现在的人力成本来计算全球采购和离岸制造的成本节约，很少有人考虑通货膨胀和汇率波动的可能性。同样，考虑上升的油价，以及它对运输成本的影响。在许多的新兴市场，例如印度和东欧，可以看到工人工资呈两位数的百分比增长。要用净现值法将未来的成本节省折现，也要考虑与知识产权损失相关的风险，以及政治风险。

在做全球采购或者离岸运营战略决策时，表5-1将应该考虑的主要成本做了一个总结。

表 5-1 全球布局中应该考虑的成本要素

静止成本	动态成本	隐藏成本
• 离厂采购价	• 因需求波动而增加的在途商品和安全库存	• 能源或者运输成本的上涨，碳排放转移成本
• 单位运输成本，假设无质量问题产生的延迟	• 因长距离物流而产生的质量问题导致库存报废	• 货币波动，特别是人为的汇率操纵
• 单件清关税费	• 解决质量和保修问题所需的工程设计时间	• 总部仍然保有的管理人员（采购，技术支持，研究与开发，产品开发）
• 保险和代理费	• 加急运输，如空运，以确保不中断地供应	• 合同制造商获取知识产权的损失，以及制造设施所有权和市场进入权等的法律风险
	• 在供应链不能及时响应时产生的断货或者丢失销售的成本	• 劳动力成本上涨
		• 政局不稳定或者变革的战略风险

5.5.2　选址问题：垂直分割

想想产品和渠道。考虑将工厂中稳定的大批量生产的产品外迁，同时将需要高度灵活性的短提前时间的产品仍然保留。或者使用混合的方法，提产和调试阶段（开展消除质量问题、标准化作业、改善、生产单元设计等活动）在本地进行，直至过程稳定、生产线成熟才进行搬迁。

5.5.3　选址问题：水平分割

将部件装配与最终装配在不同地点分开进行增加了生产计划和协调的复杂程度，虽然在工程和会计方面的复杂程度可能会降低。问题是，在物料清单的什么层级进行分离是适当的呢？一个有趣的案例是戴尔，它将装配放在公司内部进行，这和许多不太成功的计算机制造商正好相反，它们通过使用"协议制造商"来外包装配工作。

5.6　关键帕累托

帕累托分析或者 80/20 规则被认为迄今为止最重要的单一管理概念。有四种关键的帕累托分析,每个运营经理,特别是有志于精益的经理都应该将其运用到他们的工厂中。帕累托定律,即重要的少数和不重要的多数,可以运用于存货、质量、布局、仓库管理、市场,以及更多其他领域。每个市场营销经理都应该知晓第 5 个。

这里讨论的是"实物"帕累托分析。还有另外一种适用于变革:一小部分的人员对于精益转型的成功具有重大的影响。参见第 14 章。

5.6.1 库存 ABC 分析

库存 ABC 分析方法很久以前就已经建立(见图 5-4),对于精益经理而言这个工具至关重要,它有助于控制库存,并对库存系统的选择做出指导 [紧凑型还是宽松型看板系统,双料盒系统,供应商管理库存(vender managed inventory,VMI),并和常规需求、定期需求和偶尔需求等概念相结合]。系统选择问题将在本书的计划排程章节讨论。我们在这里讨论基本的库存控制问题。如果库存控制系统不好,精益生产系统则无法工作,不过不同类型的库存零件需要不同的关注度。

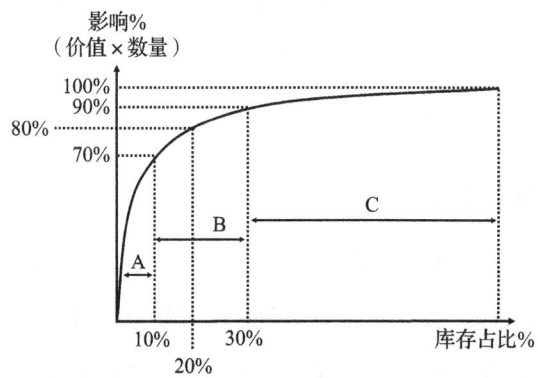

图 5-4　库存 ABC 分析

在零件或部件层级,A 类是高价值物品,B 类代表中等价值,C 类是低价值的。典型的情况是,A 类零件在数量上只占一个较小的百分比,而在价值上占的百分比较高。C 类零件正好相反。毫无疑问,完成一件产品需要所有类型的零件,不过我们可以承受比较宽松的 C 类零件库存,即设置更多的安全库存。构建 ABC 分析的方法,是直接将零件按照价值由高到低排列成一个长的列表。最顶部的代表 15% 左右价值的零件需要特别关注（紧凑型看板、低安全库存、仔细的监控和需求预测），中间的 50% 左右关注较少，以及剩下的其他零件则给予更少的关注（双料盒系统、更多的安全库存、自动监控）。按照两种方法对它们进行修正。

- 按照常规、定期、偶尔产品的概念（详见下文）。
- 按照风险系数——供应中断、质量问题等的概率。如果某零件有此倾向，则相应地将它们的分类级别上调，C 类的调成 B 类，B 类的调成 A 类。

这种排序也应该用作盘点的基础——某些零件要每天进行清点。一般而言，A 类零件每月可清点一遍，B 类每个季度一次，C 类每年一到两次。忽视这点你将陷入危险。它虽然没有六西格玛项目那样高深，但其重要程度毫不逊色。

5.6.2 产品—产量分析

产品—产量（P-Q）分析方法就是简单地将产品或者零件按照数量进行排列。它是确定布局的最重要的早期步骤。P-Q 分析也和常规、定期、偶尔需求的概念有联系。高端产品（常规产品）有理由配置专用设备，中端产品（定期产品）或许不得不和其他零件共享生产单元设施。生产路线的变化通常是必要的。帕累托尾部的零件（偶尔需求的产品）对生产单元而言是个棘手的问题。最好的情况就是将相似生产路线的产品组合后一起放到生产单元里生产。而最坏的情况则是把这些零件放到剩下的生产单元或者生产车间里单个生产，或者干脆考虑外包。

有一个重要的问题，就是在哪一个层级进行 P-Q 分析。大致的回答是：按照什么层级来制订主生产计划就在该层级进行 P-Q 分析。P-Q 分析有两种——基于价值和基于产量，因此，图 5-5 中的纵轴可能是价值也可能是数量。基于价值的分析可以识别少量的高价值产品，不管产量如何，都值得为它们设立专用生产线。例如，每周平均运行一天的化妆品生产线，这样的话库存很低，灵活性特别高。基于产量的分析是指在产量分析的基础上决定是否配置专用生产线。

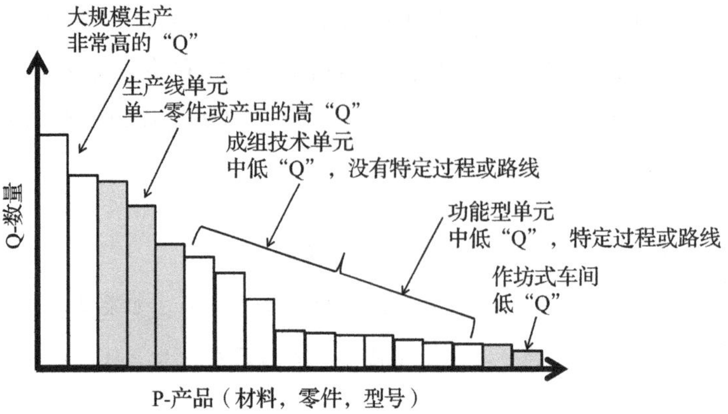

图 5-5　P-Q 分析示意图

资料来源：改编自 Hales 和 Andersen。

且慢！通过合理化方法（设计、模块化等），"偶尔"产品可以变成"定期"产品。同时，最终产品/部件虽然不同，而组成它们的子装配件/部件或许相同。因此，虽然下游生产单元分开设立，但它们可以在上游共用生产单元。或者，如果你的供应链中有差异化分离点，你就可以在分离点的上游设置零件族生产单元，在其后设立特定客户或者产品的生产单元。下面即将讲到的零件帕累托分析与此相关。

再且慢！也应注意趋势。换句话说，正在稳定增长的低产量产品应该比产量稍高而正在萎缩的产品更为重要。

另一个衍生的分析流程是 P-Q-R，即在产品、数量之外再考虑工艺路线。在这里，产品或者零件的工艺路线的复杂性用作布局设计的第三个决策变量：工艺路线越标准化，越应该配置专门的生产线和生产单元。工艺路线越特别，作坊式生产车间越为适用。

参考文献

H Lee Hales, Bruce Anderson, 2002 *Planning Manufacturing Cells,* Society of Manufacturing Engineers, Dearborn MI

5.6.3　贡献分析

贡献等于销售价格减去直接成本（即对于管理费用的贡献）。知道哪个产品挣钱至关重要。累计贡献分析看起来和帕累托分析/上述的库存 ABC 分析很相似，不同之处在于纵轴表示累计的贡献额。该分析应该用于目前状态和未来状态。

此外，还有两个子类别。一个是总贡献。哪个产品挣钱最多？哪个产品正在赔钱？也许这里还存在战略性问题：某些产品为了招徕顾客的需要用亏损的价格销售，因此必须保留。第二个子类别，或许更为重要，是"瓶颈的每分钟贡献率"。如果你有一个明显的瓶颈过程（即在该处有更多产能就能有更多收益的流程）或者接近瓶颈的步骤（或者称为约束），你就需要将单位产品的贡献除以在瓶颈过程上的时间。很明显，你不会愿意看到某个产品贡献不大却占用昂贵的瓶颈产能。不过，做这种分析一定要谨慎：如果削减产品，要确保所有假定的直接成本都真正得到降低。

5.6.4 零件、物料和工具帕累托图

对于许多公司而言，零件、物料以及其次的工具合理化经常是未受关注的领域，而这些领域绩效提升的潜力巨大。事实上，其潜力甚至远远超过因为实施排程、看板和价值流等工具而压缩的库存。可以采用一系列的帕累托分析来切入它们。在多年没有实施合理化或者特定的控制的地方，零件品种剧增现象到处可见。对零件品种剧增进行改善是一项艰巨的任务，通常需要成立一个专门的团队，不过由此而产生的库存节省将远大于投入成本。然而，更重要的是，这样的行为将让业务更为灵活，有些时候甚至真正改变业务模式，将长提前时间、高库存的按库存生产方式转化成短提前时间的按订单生产方式。

将"偶尔需求"转化为"定期需求"，"定期需求"转化为"常规需求"的努力应该是每一个精益转型的基础工作的一部分。例如，本书作者曾经将一个公司的50种棒料减少到只有5种；28种紧固件减少到只有6种；第三个案例中，通过在公司内新增数控激光切割（涉及4种原材料），成功建立了基于定拍工序的短提前时间的拉动系统，以消除大量的库存（超过100种的零件）、预测、采购、MRP操作、长提前时间以及零件短缺等现象。

合理化可能涉及升级现有的规格，这样做好像"不经济"，不过这样做可以使控制更简单、更有灵活性、库存更低，更重要的是，还可以获得更多的业务机会。

合理化需要高层的支持，因为它通常都会遇到来自两方面的阻力：会计

人员会担心产品的单位成本（而非系统成本），设计人员会关心产品的最优化设计以及产品"浪费"。当然，单个产品的浪费可能会提高，而总体的系统成本会大幅度削减。

第一步就是列出主要的零件、部件、材料和工具的类别清单。比如，零件类别可能包括紧固件、衬套、壳体和齿轮。部件可能有电动机、印刷电路板、变压器和壳体等。材料类别则包括钢丝卷、棒材、注塑用塑料粒子、纤维布料、手套和包装材料等。

第二步决定首先要采取措施的类别。从精益促进办公室、制造、设计、采购、会计，甚至营销等部门抽调人员组成跨部门小组。对一开始的混乱状态要有心理准备，让有丰富管理经验的能够系统思考的最高级经理担任小组的领导。

第三步是画出选定类别的用量帕累托图。然后按照每年的用量以及现有库存除以上年的用量进行排序。因为有些类别已经停止使用，上年用量为零，所以在第二个排序中会得到一些"无穷大"的类别。重点检查第一个排序中的帕累托图尾部的类别和第二个排序中的排在前列的类别。

让团队系统检查以上两个帕累托端部（第一个的后端和第二个的前端）的每一个项目，尽力看看有没有去除或者合并的可能性。这样的标准化和合理化行动必须持续进行。零件数量增长总是在设计和营销部门悄悄进行。这些职能确实需要更多地了解基本的系统经济！

最后的一句话：理查德·雪恩伯格尔有先见性地提出，组织可以不在车间现场，而是集中精力于设计部门，来成功开展精益之旅。

5.7　制定运营战略

对于有些人来说，战略和部署是一回事。因为这些主题形成持续的过程，从这个观点看可能是正确的。制造战略正逐渐显现，它强化精益的应用，使制造商能够采用非精益企业无法实现的战略。不过，任何制造战略也不能弥补能力不足的运营体系。

如今，有人还坚持这样的态度，认为根本就没有所谓的制造或者运营战略——只有公司战略和营销策略，运营必须严格服从它们，运营的任务就是简单地以最低成本制造合格质量的产品。由此，有人认为制造战略简单地说就是有关权衡取舍的问题：低成本还是长提前时间，高成本和高灵活性还是低成本低灵活性。

这些观点都已经过时。精益实践已经表明，传统的权衡思想完全错误。例如，你可以同时获得高质量和低成本，实际上这两者携手并进。现在，如果制定得当，制造战略将是"令人畏惧的竞争利器"，它是和营销、财务同等重要的伙伴。

制定制造战略的经典模型由特里·希尔提出。他的方法从公司目标开始：制造战略被视作服务于公司目标。公司目标引导出市场战略。市场营销识别合适的市场、产品组合、服务，以及公司需要进行客户化定制和创新的程度。市场战略会识别出所需的"订单赢取要素"和"订单资格要素"。这与狩野模型的维度类似。希尔提出，订单赢取要素和资格要素引发对必要能力（或者流程要素）进行优先级排序。有些模型的使用者发现了一个问题，就是很难清楚定义不同顾客的"订单赢取要素"。对此可以使用狩野模型。这个方法的另一个问题是认为制造应该为市场充当下手，从而忽视了制造所必须拥有的动态能力。

P-G（Platts 和 Gregory）方法从 SWOT 分析、市场评估、制造审计开始，由此可以建立关键能力的概貌，进而识别差距。如图 5-6 所示，它使用了罗伯特·海思等人的能力维度。

斯莱克和路易斯重新定义了能力。根据他们的定义，主要有五个绩效目标——质量、速度、依赖度、灵活性和成本。

这五个方面是市场竞争力的使能器。通过四个决策领域来获得这五个目标：能力、供应网络、工艺技术、组织和发展。由此可以做出一个 5×4=20 单元格矩阵，展示各决策领域对于绩效目标的影响。有些单元格

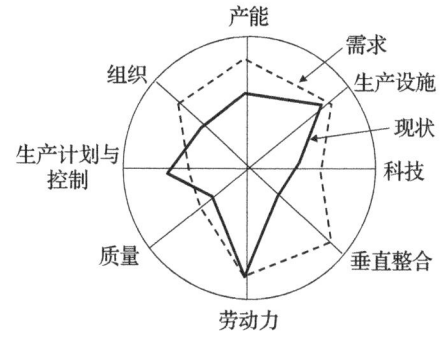

图 5-6　关键能力维度分析

对于成功至关重要，其他的则只是一般性重要，有些的重要性更次之。

事实上，也可以将此五个目标（"什么"）和四个领域（"如何"）放到质量功能展开（QFD）矩阵中。从中可以获得更多的信息和洞察，例如，不同决策领域中间可能的冲突，"如何"的相对排序，绩效目标的权重得分等。

克里斯坦森等人提出，资源、流程和价值（resource-process-value，RPV）评估对于已有的技术或者"保持性技术"可行，不过价值链进化理论（value chain evolution，VCE）更适用于剧烈变化的情境。前者看的是顾客需要解决的问题是哪些，然后寻求方案，方案可能来自完全不同的行业领域。这就像 TRIZ：你是除草机行业的，还是维护草坪行业的？VCE 声称，由于所处的阶段不同，产品开发会有不同的架构（相互依赖性或者模块化）。你的产品是系统的一部分，还是可以独立使用？你提供整车（如福特汽车）还是不含发动机（如莲花汽车）？

延伸阅读

Robert Hayes, Gary Pisano, David Upton, Steven Wheelwright, *Pursuing the Competitive Edge*, Wiley, 2005

Terry Hill, *Manufacturing Strategy: Text and Cases*, Macmillan, 2000

DTI, *Competitive Manufacturing*, 1990, (for Platts-Gregory procedure)

Nigel Slack and Michael Lewis, *Operations Strategy*, FT Prentice Hall, 2002

Ken Platts and Mike Gregory, 'Manufacturing Audit in the Process of Strategy Formulation', *International Journal of Operations & Production Management, Vol. 10(9), 1990, p.5-26*

Clayton Christensen et al, *Seeing What's Next*, HBS Press, 2004

5.8 政策部署

典型的规划过程如图 5-7 所示。

这种传统的规划方法有诸多问题。首先，通常的做法是，周末的时候所有的管理层来到宾馆，所有的人都在一个配有书写白板的会议室苦思冥想，然后把大家的意见经过讨论以后整理成规划。其中的大部分只能称为想法，而不是分析。

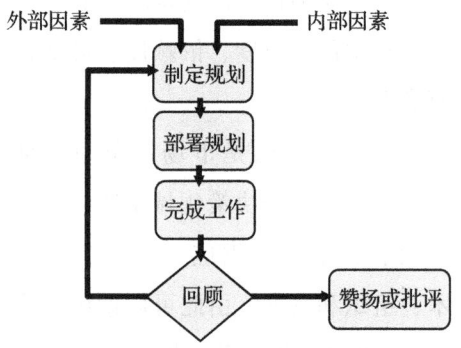

图 5-7　传统的战略规划过程

资料来源：《超越战略愿景》，Cowley 和 Domb。

整合大家的想法，最后写在宾馆会议室内牛皮纸上的 SWOT 分析报告，通常就是此方法的"成果"。然后公司的一切如故进行。它对日常工作会产生影响吗？下一年的时候会把第一年的规划拿出来回顾吗？是不是没有区分一般原因和特殊原因就进行绩效考评？明年之后的第三年总是看起来一片大好，而且好像一直保持这样的势头！这个过程基本上没有学到新的东西。

方针管理（Hoshin Kanri），或者说政策部署过程，与此不同。首先，规划是在详细研究和学习往年的基础上产生。只选择少数几个重点区域进行规划。存在三个反馈回路。根据规划定期对工作进展进行回顾，规划期间结束的时候也要对规划本身进行评价，此外，根据需要，甚至规划过程本身也会修改，如图 5-8 所示。

规划在每个层级进行展开和细化，全员都参与其中。

这就是政策部署。下面进行更为详细的解释。

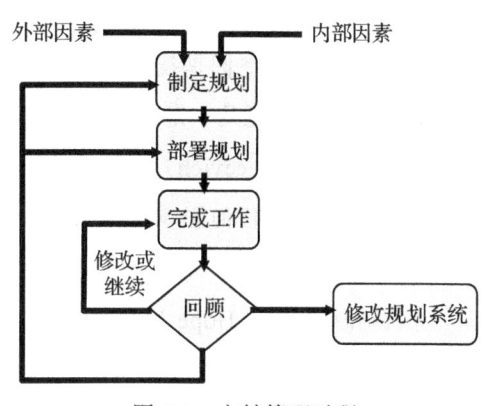

图 5-8　方针管理过程

5.8.1　政策部署：如何实施

作为有效部署战略的方式，政策部署就是确保，不但所有人都朝一个方向努力，而且全力以赴，按照既定路线和时间协调前进。本质上，政策部署（或 Hoshin Kanri）就是达成共识（Nemawashi）和分享决策（Ringi）。按照字面的意思翻译，"Hoshin Kanri"的意思可以理解为"船长驾驶船舶"，意思是说，船长给出航道和速度的命令，然后命令逐级传达到船上的不同职能人员处：轮机舱被告知引擎应该多快，舵手被告知应该将方向舵向左舷还是右舷打，什么时候，打多少度。每个职能都收到确切的和自己相关的命令，被测量的对象也是他们执行的"那一部分"。这样的话，每个人就可以朝着共同的总体目标前进。

政策部署已经成为在精益组织内计划和沟通质量以及生产率目标的广为接受的方法。如杰克逊和彼得·哈恩斯（Jackson 和 Peter Hines）所指，有些

Hoshin Kanri 工作和战略紧密相关。其他人则认为战略的制定过程不是 Hoshin Kanri，政策部署只涉及部署。此章节将集中关注部署。在部署之前要制定战略，见前述章节。

因为严格的日本方式的 Hoshin Kanri 具有大量的表格和冗长的审批流程，所以我们更倾向使用政策部署这个短语，以便和不怎么精益的 Hoshin Kanri 区别开来。尽管如此，我们这里使用的"Hoshin Kanri"和政策部署含义相同。

应该成为讨论核心的是部署的过程。引用普费弗的话，"最难以复制的就是一个公司实施和执行其战略的方式，因此它也是能够提供竞争优势的。"任何公司都可以声称他们是技术领袖或者提供卓越的顾客服务，而真正能实现诺言的组织则寥寥无几。富国银行（Wells Fargo）首席执行官理查德·柯瓦希维奇（Richard Kovacevich）曾经说过，他可以把公司的战略规划扔在飞机上，而不会对公司产生任何影响。"我们的成功与规划无关，关键是执行。"这就是原因。

霍普和弗雷泽（Hope 和 Fraser）对于传统预算制定过程中出现的浪费和功能障碍深恶痛绝。经常发生的内部竞争性行为就是本书通篇提倡的合作性系统方法的对立面。"只要预算支配规划，自我激励的劳动力就只是空想，不过很多高科技公司恰恰乐此不疲。"因此，不要从财务指标开始，自上而下地发布命令和控制文件。取而代之的，应该从那些可以实现目标的流程开始，它们可以自然地产生财务成果。这就是政策部署对公司的帮助。

在开始的时候我们应该说政策部署可以采用两个方式。第一个是"命令和控制"方式：很少经过讨论的、自上而下的制定目标的方式，开始就将财务或者其他结果牢记在心。这种方式能够，也必将鼓励各种的"躲猫猫"和伪测量方法，它们都是在命令和控制型组织中常见的做法。这是不期望的方式。第二个是用系统的方法来使用它：理解系统的需要，然后制定更具体的参与性规划来满足系统需要。结果由过程产生，而不是其他的任何方法。这样会获得好得多的效果。

政策部署实际上是运用于公司层级的 PDCA 循环。考利和多姆（Cowley 和 Ellen Domb）使用了一个恰当的比喻。它就像一条引领人们从现在位置（目前状态）到达目的地（愿景或者未来状态）的道路。道路就是规划或者行动方案。道路上散布大大小小的石块，它们就是障碍或者问题。政策部署（PD）用来一次移除一个大石块，持续改善（Kaizen）则用于移除小石块。此外，肯定有不在路上的大石块，我们不要管它们——PD关注于"重要的少数"。愿景必须在组织内分享，逐层进行。也要对"不要做什么"达成共识。还要制订备选方案。道路的比喻在绘制目前和未来状态的流程图时更为有用。

传统的方法（见图5-7）是非精益规划过程的象征，多姆管它叫"虚假部署"。相反，真正的政策部署包含三个层级的反馈，以及如下的重要差别，如图5-8所示。

- 规划（或者Hoshin Kanri）是在开展一系列工作之后做出的。需要先对顾客的需要进行真正研究，基于价值流分析的内部绩效评估，评估的方式是回顾上年绩效且解释政策目标和绩效的差异。
- 在广泛参与的基础上逐层开展有限数量的政策部署。在开展政策部署时，上一级给出"目标"和"原因"，本级提出"具体方案"。共识就这样达成了。
- 完成的工作确切地反映了政策部署的要求，而且要定期进行回顾，必要时也进行修改。
- 如果规划目标没有达成，此时规划目标以及规划的过程本身将要检查，而不是指责相关的人员——没有完美的规划，因此没有100%达成也是可以预期到的。这其实就是戴明的"94/6"规则。
- 整个的过程都是一个学习的过程，对系统和环境都有一个更好的理解，而不是"命令和控制"的过程。

Hoshin Kanri这个词在西方公司里面听到得越来越频繁，它的意思是指完成总政策或者战略所需要达成的少数突破性目标。在公司最高层，这样的目标可能只有3～5个。在较低的层级，Hoshin Kanri形成支持最高层Hoshin Kanri的活动网络或者一系列层级。它们是通过协商制定的。Hoshin Kanri目标关注于顾客需求，以整个公司的情报信息为基础，而且可以量化衡量。

想象一个树形的部署流程，如图5-9所示。例如，如果油漆质量看起来是个问题，各职能部门的角色就会产生：制造负责改善涂装工艺，质量负责制定更好的标准，研发负责研究更好的配方，工程负责研究涂装方法，物流确保运输中不产生擦伤，市场负责了解客户需求以及产品的使用环境等。

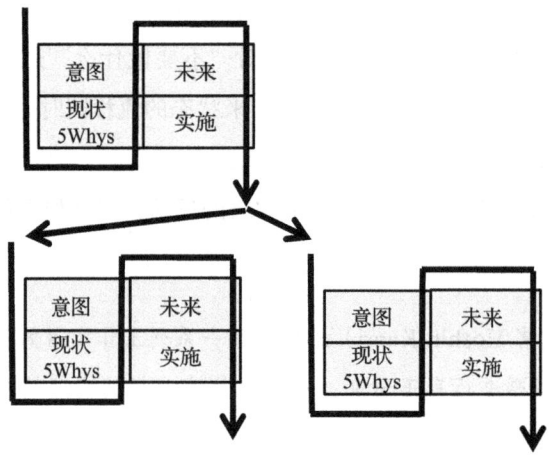

图 5-9　树形部署流程

在丰田，所有的规划和项目都要写在最大为 A3 规格的报告上，即所谓的 A3 报告。A3 报告是一个非常有效的工具，其应用范围远超 PD。如图 5-10 所示，详细介绍见 12.7 节关于 A3 的专门章节。

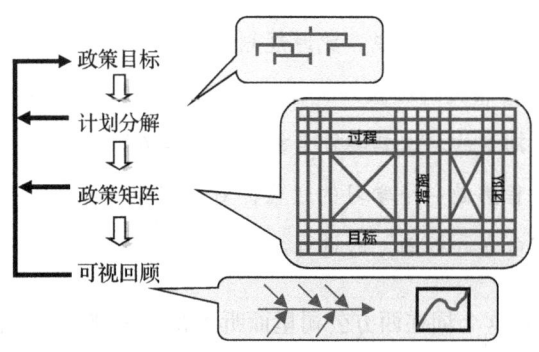

图 5-10　政策部署流程

资料来源：Unipart 公司。

PD 从聚焦于"重要的少数"开始。在运营环境变化不大的时候，公司倚靠的是部门管理，最高层的规划则不怎么需要。然而，如果运营环境变化明显，最高管理层必须要首先理解系统存在的目的，讨论系统需要什么。这就需要战略性规划（识别少数重要的战略性差距以满足未来状态的需要）、战略管理（变革），以及跨部门管理（管理横向的业务流程）。

持续性改善要依赖部门管理，而突破性改善经常涉及跨部门的行动和最高管理层的支持，应该是 PD 过程的焦点。

还有很重要的一点就是学习。因为，尽管目的地非常明确，但未来还是不确定的。要将每一个未预料到的事件都作为一个学习的机会并适应。

5.8.2 "达成共识"和"接球"

一旦少数重要的战略性差距已经被最高管理层识别出来，各个层级的员工和团队都需要制订相应的计划来弥补差距。前提是不要把洞察力和好主意仅仅当作只有管理人员才有的专长。此外，通过全员参与来构建责任感。这就需要员工也可获得足够的最新情报，要打破很多西方组织中常见的"保密性"障碍。必须在组织目标、项目、交付物、成果之间有清晰的联系，或者说因果关系。员工自己提出解决措施，包括检查点。在每一个组织层级，戴明的 PDCA 循环都在起作用。同时，A3 方法也得到广泛使用。

考利和多姆认为，主要的阶段有三个："我们需要做什么？""我们应该如何做？"以及"我们现在做得怎么样？"第一个阶段和战略过程紧密相连，同时也要用到后两个阶段的反馈，即我们从上次学到了什么？这个阶段也包括识别 Hoshin Kanri 以及其他的"日常管理"行动。在第二个阶段，"达成共识"和"接球"过程具体部署 Hoshin Kanri。接球的短语来自无挡板篮球（Netball），表示在将球抛过球网之前要在队员之间来回传接几次。"接球"既有横向的也有纵向的。另一个类比就是网球中的回击，运动员接击来球并将其送给对方，对方也同样接击并送回，没有产生得分和失分。在部署的过程中每一个层级都要召开小组会议，汇集来自各个方向的想法，最后通过协商和达成共识的方法，而不是通过威权，来形成一致意见。如果目标实在无法达成，就会向上级汇报。这样的系统在日语中称为"Ringi"。此过程中大量使用亲和图和不干贴。这个过程能够，也应该，和价值流分析中的未来状态和行动计划相关联。

PD 使用"成果，什么，如何，多少，以及何人"的框架。政策矩阵在这里非常有用，如图 5-11 所示。在董事会层级，愿景规划过程覆盖以下方面的主要问题：系统究竟需要什么（目的和设计），究竟要达成什么目标（例如，减少提前时间),如何来实现(例如,扩展精益原则的应用)和截止时间(例如,年底之前所有区域通过 5S 审核)。这样就设定了具体的质量和生产率目标。然后,讨论"何人"。一般来说,会有不止一位经理对目标负责,同时也会制定合适的措施。

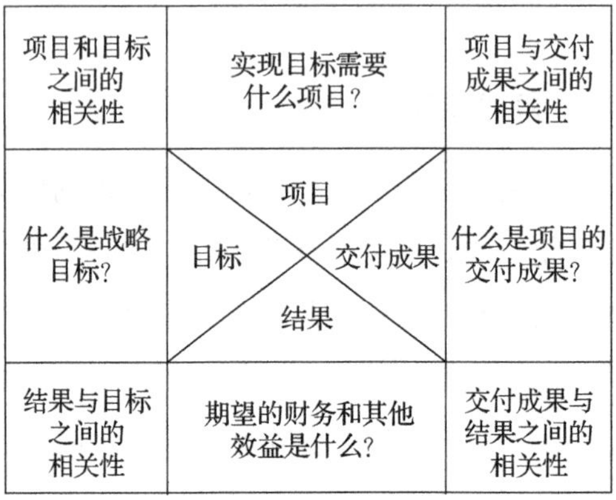

图 5-11 政策部署矩阵

PD 计划按照树图的方式进行逐层分解。分解的过程和大部分传统的模式也不同。在传统模式中,没有经过协商就自上而下进行分解,纵向的协调很少,横向则更少。在 PD 计划中,谁实施计划则谁制订计划。这意味着,计划不仅要有结果,而且还要有具体的措施。详细而持续的检查保证所有的底层计划最终可以形成总体计划。该矩阵还用于确保横向之间的协调。

当计划分解以后,上一个层级的项目就成了下一个层级的目标。

此循环的最后一个阶段是 Hoshin Kanri 回顾,在组织内部对计划与成果进行正式的对比评估。尽可能使用可视化成果。对例外情况做出备注并采取后续行动。惠普公司每个季度有一次正式的回顾,对有问题的地方"举旗"(用黄色或者红色的"旗标")。英特尔公司按照重点、次重点、问题和计划给 Hoshin Kanri 进行归类。再次说明,需要识别根本原因。在英国的优尼派特,每个工作区域都可以看到如图 5-11 所示的政策部署矩阵,员工能够将他们的所作所为与更高层级的公司目标保持一致。

因此,本质上 PD 就是团队沟通的扩展形式,同时需要书面的承诺、识别目标、设定衡量指标、在各个层级进行讨论。在西方企业界,有时最高管理层花费大量时间用于公司的愿景，但是却未能设计一个有效的系统，用来将愿景转化为组织内各个层级的工作目标和衡量指标。Hoshin Kanri 或许可以解释，为什么优秀的日本企业决策缓慢，而其执行过程却迅速又顺畅。

延伸阅读和参考文献

Y. Akao, *Hoshin Kanri: Policy Deployment for Successful TQM*, Productivity Press, Portland, 1991 (apparently the standard reference for Hoshin, but virtually unreadable)

Michael Cowley and Ellen Domb, *Beyond Strategic Vision: Effective Corporate Action with Hoshin Planning*, Butterworth Heinemann, 1997

Ellen Domb, *Hoshin Planning*, Material presented at Cardiff Business School seminar, 2005

Michele L Bechtell, *The Management Compass: Steering the Corporation Using Hoshin Planning*, AMA Management Briefing, New York, 1995

Unipart, *Policy Deployment*, Material presented by Unipart staff during MSc Lean Ops modules, Cardiff Business School, 2007, 2008

Pascal Dennis, *Getting the Right Things Done*, LEI, 2006

Thomas Jackson, *Hoshin Kanri for the Lean Enterprise*, Productivity Press, 2006

Peter Hines, *Policy Deployment*, Material presented during MSc Lean Ops, Cardiff Business School, 2006

Jeremy Hope and Robin Fraser, 'Who Needs Budgets', *Harvard Business Review*, February 2003

Jeffrey Pfeffer, *What Were They Thinking?*, Harvard Business School Press, 2007, Chapter 25.

The
Lean Toolbox | 第 6 章

准备流动

本章的下列主题是一个完整的整体。节拍时间和活动时间是精益流动的基本构件。5S 提供清洁整理工作的基础。5S 之一就是标准化，这或许是最重要的。5S，特别是标准化，和 TPM 方法紧密相关。经由 5S 实现的可视化，可以让 TPM 和标准化更为有效。5S、标准化和 TPM 也是快速一致的换型操作的基础。最后，需求平顺化和机器小型化让所有的其他工作更为有效。这些主题放在一起，构成灵活、快速流动的基础。它们的结合体就是有效解决浪费（Muda）、过载（Muri）和波动（Mura）的武器。

它们实际上都是工具，因此不应该单独使用。它们和更高层级的精益转型框架一起使用才有效。它们甚至也不是独立的概念，尽管它们经常被这样（错误地）使用。在这一点上，5S 就是一个典型的例子。

6.1 需求管理

"从需求开始。"大野耐一如是说。

理解需求应该是实施精益要使用的第一个工具，或者至少要使用得非常早。研究需求模式。比如：

- 倾听顾客到底是怎么说的，诉求是什么。把他们实际使用的词语记录下来。然后用亲和图将诉求进行整理归类，再把所得结果和自己原先想法相比较，看看是否一致。
- 列出需求的来源。按照顾客的类型来划分是必需的，按照地理划分也是常见做法。
- 分析需求，将它们划分为"价值需求"和"失效需求"。失效需求源于没有做某事或者没有正确地做某事，它是不良质量成本的变形。这个概念源于约翰·塞登（John Seddon）。不过，这里讨论的主题是数量而不是成本。失效需求应该消除，因为它占用资源，而且没有任何投资回报。
- 需求如何随着时间的推移而变异？按照小时、天、周、月、年变化的模式。什么是获取需求的合适时间跨度？这要和顾客对交付的真正期望关联到一起。

在合适的时间跨度上画出需求数量的控制图，画出控制线，如图6-1所示。看看需求是否"受控"。如果有"失控"的峰值，则找出其原因。

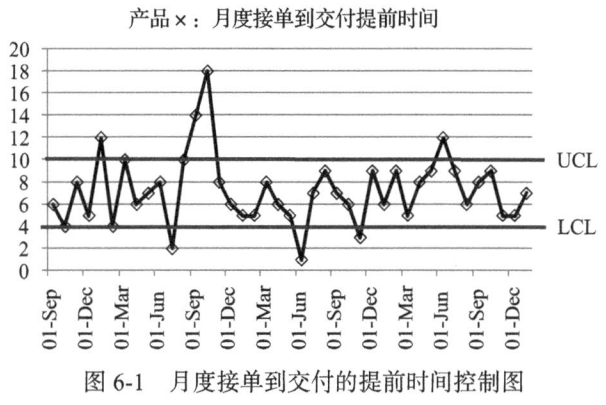

图6-1　月度接单到交付的提前时间控制图

然后，在早期，测量端到端的反应时间，就是端到端的实际用于实现顾客需求的时间，而不是承诺时间，或者发运时间，或者首次交付时间。不过，要获得顾客的实际需求。

需求平顺化

一般而言，需求越平顺，流动越好。需求永远不会完全平顺，不过至少不要让自己的行动来增加波动的剧烈程度。这里试图给出几点建议，来改善内部需求和外部需求（供应链）的波动。如果变更你所理解的供应链，外部需求也可能转化为内部需求。

外部需求管理

- 试图取消类似于批量折扣或者月度促销之类的政策，宁愿用折扣来鼓励常规订单，或者用激励来保证稳定的购买。用激励措施来管理订单的流入，而不是用打折来管理存货的流出。
- 使用"尽量将变异延迟"概念。不到最后时刻不要增加产品变异。设计在其中关系重大。
- 建立按订单生产模式，在合适的点上触发生产计划，即拉动和推动汇合的地方。在汽车生产领域，这个点就是白车身——此时，特定订单与在制品建立联系。
- 使用"产出管理"或者"收入管理"的概念。类似于酒店和航空公司，预定的早有折扣，预定的晚多付款。
- 将需求细分，并与生产计划建立联系，将长提前时间的产品安排在生产任务不饱满的时候生产。
- 提供顾客升级服务。例如，戴尔提供给顾客免费或者优惠的升级服务，这有助于减少产品种类和库存转移。顾客和制造商都从中受益。
- 管理需求波动，报告它们，讨论它们，让人们对其负责——特别是销售和营销人员。知晓促销和"每日低价"之间孰优孰劣（宝洁公司惊喜地发现这个现象）。
- 避免供应链"游戏"。例如，生产库存产品，让下一个季度财务报表看起来更好。对此行为用测量指标加以压制。
- 沿供应链沟通。试图按照最终顾客的需求速度来生产。试图说服供应链上的合作伙伴分享信息，自己的信息也要愿意分享。

内部需求管理

- 深入研究物料清单。或许仅仅就各种最底层物料做需求分析是不妥的。不过,这些产品共享子装配件吗?如果是的话,子装配件的需求可能更平顺一些?还有相关的一点就是整合需求。1.6升、绿色、真皮、带天窗的福特福克斯的需求可能就不是合适的分析对象,而福克斯车系的需求就稳定多了。
- 制定政策,将"偶尔需求"转化为"定期需求","定期需求"转化为"常规需求"。参见设计和关键帕累托两个章节。
- 用适当的超市库存来稳定制造流程。
- 使用单一的定拍工序,它最好对整个供应链都起作用。
- 减少换型时间,让顾客拉动更有可能。很多基础性的需求实际上是相当稳定的,但如果供应链成员企业之间对反应时间和可用库存等信息相互不信任,它们就变得不稳定了。
- 使用控制图,类似SPC中的图表。只要需求保持在控制线内,就不要变动计划。或者,使用CUSUM控制图⊖来侦测根本需求的变动。CUSUM是探测需求模式变动的最有效的方式之一。想详细了解可参见《六西格玛和质量管理工具箱》(*Six Sigma and The Quality Toolbox*)的CUSUM章节。
- 使用"低于产能的计划"以确保完成生产目标。这意味着不要按照满负荷进行排程,而是特意安排一个时间缓冲以应对意外情况的发生。如果没有问题发生,就用缓冲时间进行持续改善。
- 记住,节拍时间得自顾客需求和可用生产时间——因此,它是部分可控的。不要对顾客需求做出过分的反应。
- 在物料清单的适当层级来稳定生产。或许在主生产计划(MPS)层级,并由最终的装配计划来触发。
- 给常规订单优先级。不要让"不好的"赶走"好的"。剔除异常订单,给它们安排特定的时间段以低频率的节奏生产。警惕干扰常规计划的

⊖ CUSUM控制图:累积和控制图,即cumulative sum control chart,比SPC更能发现过程的小偏移。——译者注

大订单：首先询问顾客，他们的交付需求是否是真正的需求，尽可能将它们分割成小批量。
- 使用"可供销售量"的逻辑，大部分的主计划软件包中都有此功能。
- 根据中期预测而非短期要求工作。中期需求更为稳定，也更为可靠。测试不同预测跨度的可靠性，大胆地忽视短期预测。
- 制定激励政策，让分销商为平顺需求做出贡献。
- 向"送牛奶式"循回配送转化——即总的运输量保持不变，使用同一运输工具进行多品种小批量的频繁配送，而不是单一品种的大批量少频次运送。
- 过量生产是最大的敌人。不要跌入"多做一点点，事情看起来就会变好"的陷阱。这将造成对以后所有步骤的干扰和中断。
- 最重要的是将常规的平顺需求作为愿景。识别那些阻止此愿景成为现实的障碍，制订适当的计划。

延伸阅读

Matthias Holweg and Frits K. Pil, *The Second Century: Reconnecting Customer and Value Chains through Build-to-Order*, MIT Press, Cambridge MA, 2004

James Fitzsimmons, *Service Management*, Third edition, McGraw Hill, New York, 2001

John Bicheno, *Fishbone Flow*, PICSIE Books, Buckingham, 2006

Yasuhiro Monden, *Toyota Production System*, (Second edition), Chapman and Hall, London, 1998

6.2 全员生产性维护

全员生产性维护（TPM）被看作精益不可分割的一部分。如果机器频繁发生故障，肯定没有精益实施可以获得成功。通过更恰当地使用并延长设备的寿命，TPM 的意义远远超过故障停机问题，它还包括可用性、绩效和质量，以及安全和资本投资。TPM 和图 6-2 所示的浴盆曲线有关。

并非所有的机器都具有全部的浴盆曲线失效特征，它有三种类型。

类型 I：如航空发动机，很多的冗余被设计进产品。如果一小部分失效，整体将没有大碍，它可以保持继续飞行。经典的电子产品也属于此类型，在一开始的"调试期"故障率较高，此后进入稳定的运行期。

类型Ⅱ：汽车是此类型的典型代表。新产品工作正常，随着磨损的产生，故障率提高。大部分的发动机和马达也是如此。

类型Ⅲ：这是传统的"浴盆曲线"。许多产品的失效模式就是这样，从灯泡到复杂的机器。以灯泡为例：刚插入灯座的时候有可能立即产生故障，如果此时没有出现故障，那么大部分的灯泡都在一定时期以后陆续出现故障。

如果有以可靠性为中心的维修保养，可以根据故障模式对维修的类型进行调整。

TPM和全面质量管理（total quality management，TQM）有很多共同点。每个人都要参与其中，行使特定职责，并非仅仅依靠专家。在全面质量管理中，有一个"质量链"的概念；同样，TPM有设备寿命周期的概念。

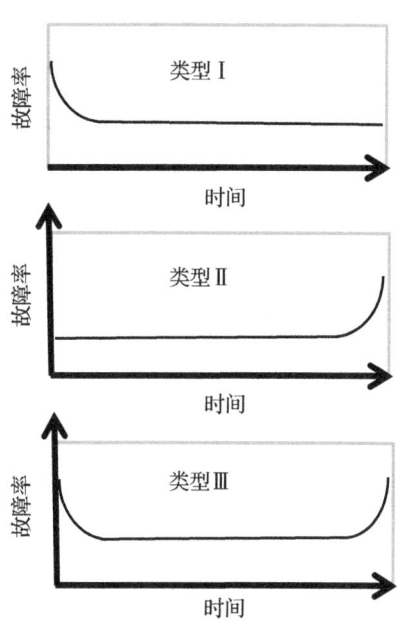

图 6-2　设备故障浴盆曲线

两者都以预防为目的。两者都将范围扩大到操作者、产品、流程和环境。两者都以分摊工作量为目标，通过让一线人员承担尽可能多的责任，可以让管理者抽身到他可以发挥最有效作用的地方，通过把专家从琐事中释放出来，可以让他们去从事更复杂的工作（这样也可以形成一个积极的反馈回路）。两者都使用"基于事实的管理"。TPM被看作和上述的"浴盆曲线"相关。TPM对曲线中的每一个部门都加以关注。它通过早期的设备维护和提高对设备使用的理解来减少调试期的故障。它通过自主维护和9步法来减少稳定期的故障。9步法还可以延长设备的寿命。它也通过预见性维护和计划性维护来关注上升拐点，使磨损期的故障也相应减少，如图6-3所示。

总体上说，TPM活动要么是基于事件的，要么是基于时间的。请想想自己的汽车。你是不是在每次洗车的时候也检查一下车况，或者是每个星期天？通常，这两种情况下都要进行检查。

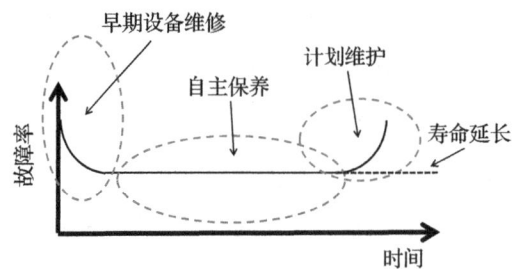

图 6-3 覆盖设备寿命周期的 TPM

6.2.1 6 大损失和综合设备效率

6 大损失和综合设备效率（OEE）的概念在 TPM 中广泛应用。6 大损失可以划分为三个范畴：可用性、性能和质量，这三个范畴是 OEE 的基础，如图 6-4 所示。

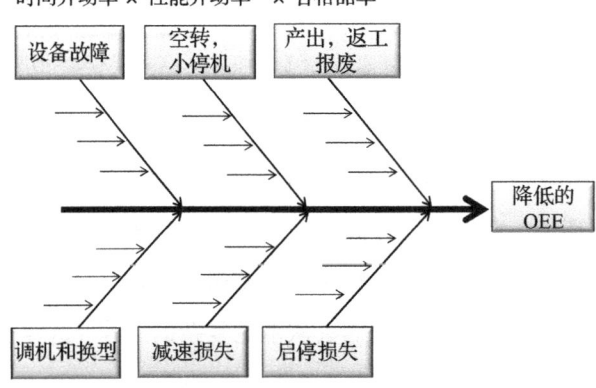

图 6-4 设备 6 大损失鱼骨图

可用性：需要修理时的非计划停机导致的故障损失。任何超过 10 分钟的非计划停机通常被认为是故障。它们可能是电气的、机械的、液压的、气动的等。当在产品之间换型时，会发生换型和调整损失。换型时间通常定义为从上一批的最后一个产品完成到下一批的第一个合格产品完成的时间。不过，要注意，让设备全速生产可能需要很长的时间，在这期间需要频繁地调整，相应的调整时间也要记录。

性能：如果停机时间少于 10 分钟，则定义它们为小停机和空转或闲置。有一系列原因可以导致此类损失，比如崩刃、添加冷却水、卡料、去除碎屑、小的调整等。数据收集以后，可能会发现小停机是最大的损失。因为小停机很频繁，持续时间短，记录困难，所以经常被忽略。活动抽样法对此大有帮助。另一个方法是让操作员在靠近工作场所方便的地方用"正"字记录小停机发生的次数，随机抽样 20 个实际小停机样本进行分析，就可获得小停机时间的平均状况。

机器没有按照设计速度运转则产生（降低的）速度损失。典型的原因是流量限制、CNC 设备的程序错误、工具磨损、喂料机构和传送带问题等。

质量：零件缺陷会导致报废或者返工，任何导致机器不能按照产品规格生产的问题都可以导致此损失。在换型的时候，机器启动和停止也会产生报废或者返工。这些损失按照数量来计量。注意，有些系统中将机器从启动到达到全速运行的时间也归并到这个类别，而不是作为换型损失的一部分。

6.2.2 综合设备效率

OEE= 时间开动率 × 性能开动率 × 合格品率，最终结果用百分比的形式表示。

举例：一个班次 9 小时。工作时间是 8 小时——因为计划性维护和会议时间占用 1 个小时。故障停机 20 分钟，换型时间 40 分钟，标准的机器加工周期是 1 分钟。最终该班生产了 350 个产品，其中 50 件需要报废，这其中的 30 件是在调整期间产生的。

- 时间开动率：（8×60-20-40）/480=420/480 ≈ 88%
- 性能开动率：420 分钟内的实际产出比率，即
$$（350×1）/420 ≈ 83\%$$
- 合格品率：300/350 ≈ 86%
- OEE=88% × 83% × 86% ≈ 63%

在非流程性工业中，世界级的 OEE 水平在 85% ~ 92%。然而，普遍适用的世界级 OEE 数据并不存在。注意，20 世纪 90 年代的数据可能表明，换型导致时间利用率低下，因此企业倾向于大批量生产。和总的 OEE 数据一样，每一个单独的 OEE 成分也应该用图表的方式来跟踪，并放到生产现场。

同时，在每张图表的下方用鱼骨图对可能的原因进行分析是一个很好的做法。使用 CEDAC 则更为有效（CEDAC 为带卡片的因果分析，cause and effect diagram with addition of cards），用各种颜色的卡片来记录进展情况（红色表示未完事项，黄色表示完毕事项，卡片的背面记录详细的备注信息）。

使用 OEE 的注意事项：

- OEE 和计划达成率无关。如果所做的产品是错误的，即使 OEE 很高也毫无用处。
- 可以通过"好"和"坏"两种方式来改善 OEE。好的方式是减少小停机次数，降低换型时间。也可以用坏的方式，即通过简单地降低换型次数来达到。OEE 不应该单独使用，而应该和计划达成率一起使用，即应跟踪检查批次是否按照预期进行。因此，不要把 OEE 自身作为目标。
- 还有一个成本因素要考虑——因为减少换型而大幅度增加成本可能对生产率不利。
- 不要衡量全工厂的 OEE 水平。将多台设备的绩效综合起来看 OEE 没有意义。仅仅将目标对准关键设备。帕累托！
- 还有其他"伪造数据"的方法——简单而言，不要制造大量有质量缺陷的产品，也不要让机器的调整很复杂。
- 对于"我们已经将 OEE 提高了 20%"的自夸，在表示欢迎的同时也要非常谨慎：是否是过量生产？是否是瓶颈？是否适当？是否仅仅因为增加了每批次的数量？

是否应该按照每个班次来衡量 OEE？是的，原则就是，仅仅衡量那些可以对其采取行动的东西。

OEE 方法有一个严重瑕疵，就是标准的 OEE 计算中没有包括变异的测量。换句话说，两台机器可能在（比如）一周的时间跨度内具有相似的 OEE，但是变异差别很大。要考虑的是，两台具有相同的 80% OEE 的机器可能对你的制造系统产生差别很大的影响，如果一台在 20%～100% 变动，而另外一台的变动能够保持在 78%～82% 的话！就其对系统的影响而言，结果将截然不同。在工厂物理学章节中讨论的金曼（Kingman）方程告诉我们，产能利用率是如何关键，不要过度使用资源是如何重要，保留少许产能的必要性，波动对产出的影响。我们也要警惕对于产能的狭隘看法。丰田公司的组长和主管，据知，都有少许的富余的控制幅度。这肯定不精益！然而，控制幅度和因而产生的快速响应肯定对产能有影响。就像一台性能良好的机器，可能也不会有好的产出，除非它拥有足够的维护等支持。这个现象可以在端到端的 OEE 中看到，而彼得·威尔莫特（Peter Willmott）称之为门到门的 OEE，不过在单台机器的 OEE 中看不到。

6.2.3 聚焦 TPM 活动

聚焦 TPM 活动的卓越方式就是按照下列方式制作绩效图。

从工作日开始。确定工作日的计划性维护、停机和计划的闲置时间。将剩余的时间按照 6 大损失和实际的有效工作时间分开。再将它们除以代表性产品的产量。结果就是如图 6-5 所示的堆积柱状图。

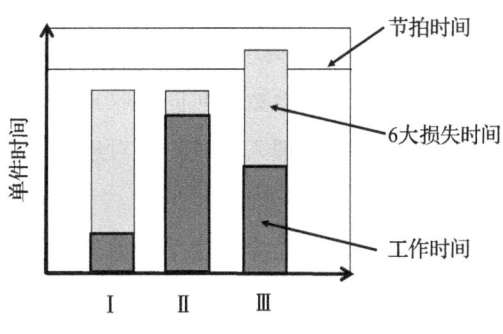

图 6-5　聚焦 TPM 中的绩效图

现在来分析图示中的 3 台机器：第一台机器的 OEE 最差，第二台最接近节拍时间，第三台机器周期充裕，不过损失很大，整体工作周期超过节拍时间。我们应该把哪一台机器作为改善的目标呢？将 OEE 最差的机器作为工作的目标可能不得要领。问题是，它严重吗？只要总时间低于节拍时间，聚焦于机器周期时间也是没有意义的（而很多的价值流分析出版物则建议这样做）。在这里，第三台机器应该是聚焦的对象，尽管它的 OEE 不是最低，机器周期时间也比较宽裕。那么，聚焦于第三台机器的哪些方面呢？分析 6 大损失。深入分析，对一周中的每一天都做重复的分析，并画出走势图。而且用 SPC 原则来监控 OEE。

6.2.4 威尔莫特的9步模型

英国的TPM大师，威尔莫特提出了广为应用的9步模型。9步过程持久且彻底，绝对不是权宜之计。任何的捷径往往得不偿失。

测量循环

（1）**收集设备的历史和绩效分析数据**。这个步骤聚焦在项目整体上，以及设定测量的目标（例如，成本、OEE、人员、材料、节约等）。通常它们都只是一台机器或者一个生产单元的数据，而不是一个工厂的数据——工厂数据简直太大了。要组建一个小型的团队。在车间现场设立一块TPM展示板，来显示9个步骤的进展。收集操作手册和机械、液压、电气、气动等系统的图纸。汇集任何可以收集到的历史数据：安装、工作方式、绩效水平、零件更换记录，以及计划性维护记录。同时，也要识别机器上的任何存在安全隐患的位置，用黑点表示严重安全隐患，棕点表示一般安全隐患。

（2）**定义并计算OEE**。在团队成员之间阐明OEE的定义，并在车间现场的OEE展示板上展出。用小组头脑风暴法想出可能的原因，在展示板上画出图形。这个步骤可能要用数天甚至数周时间来收集数据，清楚地识别不同情形时的6大损失分布。和工厂管理人员讨论并对进展、方法和数字取得一致意见。图6-4所示的鱼骨图常常用于此处。

（3）**评估6大损失，设定优先顺序**。这个步骤包括了上一章所讨论的分析。获取管理层对优先顺序的认同和批准。

状态循环

（4）**关键性评估**。这一步骤和第三步可能存在重叠。列出所涉及机器的所有部件的清单。不是表面上地，而是具体深入地讨论并理解各部件的功能以及它们的相关性。为什么它刚好被设计成这样？识别关键部件：为什么它是关键的？讨论每一个关键部件的最佳运行条件（例如温度、润滑、清洁和锋利度等）。将各关键部件的最佳运行条件标在它们的图纸上。然后确定总体的运行条件。最后讨论各部件加速磨损的原因，以设备为基础，以操作人员为基础，以环境为基础。这个阶段费时很长而没有立即的影响——不过从长远来看影响巨大。坚持下去！注意，虽然改善团队或许已经经历了数天或者数周时间，但直到现在才可以采取一些具体的行动进行改善。

（5）**初始清洁和状态鉴定**。对要清洁的位置达成一致意见。获取所有需要的特定的清洁工具。将现状进行拍照。系统、详细地检查机器的每一个零件。清洁并检查，记录每一个发现的问题。清洁结束时，对机械、液压、电气、气动等部件一一填写鉴定表。制订一个清洁和检查计划（"清洁就是检查"）。找出污物的源头（内部和外部），制订消除、隔离、预防计划，需要时也制订清洁计划。和工厂管理层进行讨论。

鉴定的类别有 S（safety，安全），A（availability，可用性），P（performance，性能），Q（quality，质量），R（reliability，可靠性），M（maintainability，可维护性），E（environment，环境），和 C（cost，成本）。鉴定的结果用 1、2、3 表示：1 表示没有影响，2 表示有部分影响，3 表示有重大影响。

（6）**计划修复**。制订周期性的修复计划，包含修复内容、人工、计划的完成时间，以及 PDCA 周期的划分等。和工厂管理层进行讨论。计划设备的停机维修时间。进行清除污物行动。研究防错措施并尽可能运用。检查快速换型的需求，并在需要的地方实施。

（7）**建立资产维保系统**。清楚地明确操作人员的职责和角色。制定一个清洁和检查清单，频次要适当。建立现场可视化信息板，包括定期的和日常的维修、安全、质量、操作者检查等活动。识别并用颜色标记所有的计量表、管道、润滑点、油位和检视孔、螺栓紧固位置等。

给所有的部件和工具制作并使用标签，并建立和操作手册的相互对照引用索引。标明介质的流动方向和发动机的转动方向。安装检查窗。

问题预防循环

（8）**设定最佳实践例行活动和标准**。将前述步骤中学习到的知识汇集在一起形成最佳实践手册。在需要的地方制定"一点课"。见可视化管理章节中的单独的描述。评估标准操作规程（SOP）——需要时做出修订，使用照片并咨询操作者，并放置在作业现场。评估维修指导书。

评估设备备件——需要准备哪些备品备件，放在何处，制备多少。编制备品备件的索引清单，并和操作手册以及 SOP 相互参考。为每一台设备制定一本备件目录。把这些文件放在适当的地方——肯定不是办公室！

很多优秀的例行活动可以通过"常识"制定出来。同样的，可以想想你的汽车。在没有任何机械知识的情况下可以进行至少 30 项的检查。它们对你的车起作用，或许对你的生活也起作用。

（9）**问题预防**。这是一个改善循环。OEE 项目发现特定损失，由损失识别问题，通过询问五次"为什么"的方法来处理问题就可以得到解决方案。方法是 P-M 分析——类似于由变异、错误和复杂度组成的质量矩阵，以及 6M（参见质量章节）。优先考虑的是低成本 / 零成本解决方案，同时也考虑引入技术性解决方案，以及支持性服务解决方案。将所有这些反馈到之前的步骤，一个循环就完成了。

6.2.5 TPM 的重要特征

最新即最差。这一刺激性的陈述是 TPM 的核心。为什么一台设备在新的时候是最差的状态？因为，它或许还不能生产合格产品，标准操作规程还没有制定，防错装置（Pokayoke）还没有添加，操作和故障模式还未知，6 大损失也没有获得测量或者理解，重要的内部元器件不可见（通过透明窥视窗）或者还没有用状态监控装置加以监测。

可视性。和其他精益工具一样，TPM 致力于让所有人对发生的一切一目了然。这意味着维修记录需要放在机器的旁边，识别出的问题也放在机器的近旁，按照 5S 的做法，将金属盖板更换成透明的塑料或者玻璃盖，让重要零部件可以从外面看见。同样，按照 5S 的做法，任何的滴、漏都可以更加轻易地发现。

红牌。红牌是可视化 TPM 的通用形式。维修"申请单"被写在红牌上，悬挂在车间显眼位置的展示板上。采取行动后则取下相应的红牌。通常红牌上面的问题是操作人员无法处理的问题。

故障模式和计划性维护。在经典的预防性维护中，经常有"浴盆曲线"的假设，即在使用初期故障率很高，然后降低并维持在一个较低的水平，最后在磨损期又上升。因此要在故障风险即将要增加的时候安排日常维护。现在，我们知道并非所有的设备故障服从此模型。有些没有高故障率的磨合调试期，有些没有故障率突然升高的磨损期，有些则呈现出持续的下降，等等。重点是你需要知道故障模式，以便安排更好的计划性维护。因此，要记录数据，最好是自动记录，比如，冲压模具的使用次数。操作工一般对故障模式有精准深入的知识，要咨询他们。要制定维护保养周期，就和盘点类似，对重要设备给予更多的关注，分配责任，目的是改进，而不仅仅是维护。

条件监控。条件监控是 TPM 中的专家职能，不过在某些环境下（例如，重型的旋转型机械装置）它是重要的降低成本的方法。方法有：振动监测、温度监测、轴承监测、排放监测、油液分析等。现在，有很多手持的连接计算机的装置可以对此提供帮助。

信息系统。信息系统一直是 PM（预防性维护）的重要部分，同时也是 TPM 的重要部分。然而，它们的范围已经从机器扩展到操作者、安全、能源问题，甚至可以记录工作场所的数据。

设计、行政管理和标杆学习。如今，在行政性和白领工作领域也可以看到 TPM 实践。计算机、复印机和传真机是办公室必然要有的设备，不过也不要忘记保持办公桌、文件柜和茶水间的整洁。

不断追求进步的公司已经开始在产品设计中纳入 TPM 的要求。

6.2.6 处理提产损失

当一条新的生产线开始投入使用的时候，提产损失可能是可观的。让生产线尽快可靠地投入运营，意味着直接给公司带来财务贡献。因此需要获得更高的优先级。此时使用的 9 步原则基本上和威尔莫特的模型一模一样。

延伸阅读

Nick Rich, *Total Productive Maintenance*, Liverpool Academic, 1999

Seiichi Nakajima (Ed), *TPM Development Program*, Productivity Press, Cambridge MA, 1989

Seiichi Nakajima, *Introduction to TPM*, Productivity Press, Cambridge MA, 1988

Masaji Tajiri and Fumio Gotoh, *Autonomous Maintenance in Seven Steps*, Productivity, 1999

Peter Willmott, *Total Productive Maintenance: The Western Way*, Butterworth Heinemann, Oxford, 1994

John Moubray, *Reliability Centred Maintenance*, (Second edition), Butterworth Heinemann, Oxford, 2001

6.3 节拍时间和补料间隔时间

节拍时间（takt time）是有关产品流经从原材料到顾客各个步骤的不变的、统一的前进速度的根本性概念。节拍时间是产品流动速度的鼓点周期。实际上，Takt 在德语中是节拍器的意思。理解节拍时间对于重复性生产的精益运营中的流动和流程图非常重要。

节拍时间等于可用工作时间（比如每天）除以每天的平均需求量。注意，这里有两个变量：一个和顾客有关；另一个和工厂经理有关。因此，如果需求变化，经理仍可以调整可用工作时间，来维持节拍时间不变。可用时间是实际时间扣除计划的停工时间（用于维修、小组会议、休息等）。需求是平均的销售速度（包括备件）加上任何额外的订单，如测试件，或者（我们不希望的）预计的报废数量。它的单位是时间。比如，30 秒，或者两个产品之间相隔 30 秒。如果有多件产品同时从生产线流出，总的节拍时间计算方法为：可用时间除以总的零件数量。

举例：比如你有 A、B、C 三种产品，比例关系为 3：2：1，每天的需求为 120 件 A，80 件 B，40 件 C。每天可用时间是 200 分钟。节拍时间是 200/240 ≈ 0.83 分钟 ≈ 50 秒

可能按照固定的顺序组合 ABABAC，每 6 × 50=300 秒重复一次。在这一点上，用滑雪缆车做比拟很恰当。缆车以不变的速度移动，只是里面乘坐的人的组合发生了变化。

有些公司将换型时间从每周的工作时间内扣除。这样的做法不是一个好的最佳实践，因为作为节拍的"鼓点"应该在全公司内保持一致，包括换型的过程和期间。预先留出一定的综合设备效率（OEE）百分率也不好。它会构成"内建"的浪费，进而导致较短的节拍时间，意味着需要配置更多的人员。

当需求具有季节性或者变化较大时，选择哪个时间段进行需求估计就变得尤为重要。选择较长的时间段可以稳定生产速度，不过代价是需要更多的超市库存来缓冲高峰需求。转变到按订单制造的方式意味着缩短时间周期，节拍时间更短。这也可能提出要求，需要重新平衡生产线，在此过程中，工人也要参与其中，并知道节拍时间的概念。当生产变得更为精益和灵活的时

候，就可以缩短作为节拍时间计算基础的可用时间。

注意，节拍时间不是周期时间。周期时间是完成一个操作或者机器加工循环所需的时间。哪里的周期时间比节拍时间长，哪里就是一个约束，即需要增加平行的工序或者增加班次来解决。同时要注意到，同一工厂内部可能有好几个节拍时间，例如，整车有一个节拍时间，该节拍时间的 1/4 又变成车轮的节拍时间。在有些场合，例如在容器中制造化学品，节拍时间不是一个立即就能显现用途的概念，不过在计划和控制的时候仍然有用。

对于有些机器和工艺来说，按照节拍生产可能意味着放慢速度。这看上去很奇怪，与直觉常识相违背，即通过减速来同步，反而会降低提前时间。这是因为在运行速度比节拍快的机器之后产品会累积，形成排队等待。认识到这一点，即让工厂里的所有机器都按照恒定的节拍运行，可以产生戏剧性的结果。它将生产车间变成一条虚拟的装配线。节拍思维应该是整个工厂和供应链的出发点。它就是工厂里面的鼓点。也需要考虑销售产品所包含的零件的数量。比如，一辆小车有四个轮子，轮子都在同一台机器上生产，则轮子的节拍时间就应该是主装配线节拍时间的大约 1/4（因为可能有作为备件使用的轮子的需求，它们的关系在这里是"大约 1/4"）。因此，工厂内的节拍时间可以产生整体的同步。

如果价值流上有不同的班次安排，比如，某一中间工序总是要在周末增加班次，此时的节拍时间应该怎么计算呢？计算价值流下游终点处的节拍，使用先进先出（first in first out，FIFO）通道来保持和其他步骤同步。

可以为一条生产线设置多个节拍时间，然后按照各节拍时间加以平衡生产线。然后根据需求水平，使用适当的节拍时间和人员配置计划。

类似地，可以将节拍用于仓库的日常取料操作，进而计算出所需的库房人员数量。这种情形，可以得到不同的上午节拍和下午节拍。

价值流中有共享资源的时候如何处理节拍时间？一般地讲，节拍在这里不适用。可以使用优先拉动系统或者鼓—缓冲—绳系统，配合超市库存，来解决这里的问题。类似地，在流程工业（容器大小是一定的）和办公室（工作内容变化很大），节拍也基本上没有用。

补料间隔时间（pitch time）等于节拍时间乘以物料箱的数量，或者其他方便运输的零件数量，一般是 15 分钟到 30 分钟。它考虑的不是生产一件产品的时间，而是装满一个标准物料箱所需的时间。滑雪缆车的类比特别恰当——以恒定的移动速度，按照恒定的间隔距离，每次运送 4 个人。

补料间隔时间增量是均衡生产（Heijunka）系统里面的基本的时间间隔。使用平顺化的均衡生产系统的专职物料员应该按照补料间隔时间补料。从这个意义上说，补料间隔时间是至关重要的整个系统的鼓点，它驱动定期性、可视性和流动。

6.4 活动时间分析和工作元素

活动时间分析是确定工作元素持续时间的经典的工业工程分析任务（或者时间和动作研究任务）。它是工作平衡、价值流分析、计划制订和成本管控等工作分析必不可少的投入。在精益中，时间分析最好由操作者而不是由工业工程师来做，这样可以鼓励主人翁意识，避免相互怀疑和故意放慢工作等弊端的出现。

在时间和动作研究中，首先要对动作进行整理和标准化，然后对它们进行计时。如果对任务进行摄像则效果更好，它比现场记录好的原因，是可以重复观看，还可以用慢动作播放。而且，几个人围着工人，用秒表对它们的工作进行计时，也会给工人造成压力和紧张。要确保至少对每个班组重复拍摄 10 次。如果有多人进行操作，要对每一个都进行摄像。有一个很好的学习经验，就是将来自不同班组的工人放到一起，看看他们之间的操作是否相同，并就最好的作业方法达成一致。这应该是制定标准化作业不可缺少的工作。如果你是局外的观察者，你应该花点时间来熟悉具体的工作，最好是你可以亲自做做该工作。这是另外一个让操作者自己做时间分析的重要原因。

一旦建立正确的方法，就开始进行时间分析。如果必要，则重新进行摄录。最好是对来自不同班组的多个工人进行摄录。首先，将工作步骤分解为具有清晰开始点和结束点的工作元素。对这样的分解达成一致。将手动（工作）时间、走动时间和等待时间分开，将它们分别记录在不同的纵列中。机器循环周期应该单独记录。将操作员完成一个完整循环要做的所有工作步骤列出一张表。虽然有些手动工作是非增值的，却是必需的。这时候，将它们分开记录。在平衡生产单元的时候，要竭力减少或者消除等待和走动时间。尽力发现减少 NVA 或者 NNVA 步骤的可能性。

分别记录至少 10 个"完好"循环的时间，"完好"循环的意思是指该循环中没有出现差错，因为要去除"异常情况"。把时间精确到秒。最后，将出现次数最多、最短的时间，作为各工作元素的标准时间。换句话说，如果观察 10 次循环得到的结果是 4，5，6，6，7，7，8，8，8，8，取 6 秒作为标准时间。

注意，在传统的时间分析中，最后使用的时间要在观察时间的基础上加上人的生理时间（personal）、休息（rest）和延迟（delay），即"PR&D"。如果不增加这些裕量，换之以给予工人更频繁的中间休息。

6.5 5S

5S 可能是最通用的精益工具。不过，你应该从 5S 开始精益项目吗？或许不能！

在这里，好、坏消息兼而有之。好的消息是：相对简单，容易实施，通常对质量和生产率有积极的效果，传递出有力的信息——精益来了，人人参与。不好的消息是：5S 可能分散对真正的优先级的注意力，被看作仅仅是清洁工作，给精益带来不好的名声和过度的热忱。

首先，对开展 5S 活动的动机要清楚。如果现场混乱，需要清理，你不要称之为"5S"，而是"收拾整理"。为什么？因为你在员工的心目中建立了"5S 就等于打扫卫生"而且"打扫卫生就是 5S 的全部"的印象，这样，5S 这一强有力的精益工具就有被误解的风险，持续性也处于危险之中，更大的风险是，精益被认为就是一些鸡毛蒜皮的琐事，或者更糟的是，精益被认为只做一些蠢事。实际上，这样的事情在很多组织都发生过，尤其是在各种政府机构的办公室中。以后，真正需要 5S 的时候（减少变异、满足交期、暴露问题、改善设备利用率和绩效等），把 5S 项目作为被"拉动"的需要来开展。5S 项目的真正目标应该是：

- 减少浪费。
- 减少变异。
- 提高生产率。

如果组织希望达成以上三个目标，并且知道 5S 是实现它们的方法，这时，5S 就可以起到显著的作用。

不过，5S 同时也是一种思维模式——将自身态度进行转变，从"我在一个未经整理的乱糟糟的办公室工作"转化到"我工作的办公室一切都井井有条，每一个人都知道每件物品的放置之处，可以立即发现物品是否放错位置或者下落不明"。

经典的 5S 来自五个日语单词：seiri、seiton、seiso、seiketsu、shitsuke，对应的意思是整理、整顿、清扫、清洁和素养。英语国家通常将它们翻译成 sort、simplify、scan、standardise、sustain，即整理、简单化、审视、标准化、维持。不过很多意思相近的翻译也在使用。见下述章节。也有用 CANDO 来替代 5S 的，即清洁（cleanup），布置（arrange），整洁（neatness），纪律（discipline），持续改善（ongoing improvement）。

6.5.1　整理

将不使用的或者不需要的东西扔掉。第一步就是，和该区域的团队一起来决定整理的准则。例如，团队可能会决定，现场保留的物品包括：

- 每周都使用的物品。
- 对于顾客的重要需求做出快速反应所需的物品。
- 用于健康和安全防护的物品。

不常使用的物品可以放在柜子里面，最不常使用的物品则可以搬到库房存放。

然后团队需要严格按照整理准则将物品进行分类，系统地涉及每一个物品。如果应该放在现场，数量是否正确？如果从来就没有使用过，或者有疑问，就挂上红牌，或者干脆移除。红牌就是写有日期的标签。如果在规定的时间内没有人使用该物品，挂红牌的物品就可以移除，或者回收利用，或者拍卖。整理工作要定期做，比如，每半年做一次，不过是作为常规工作，而不是重新发起 5S 运动。如果不断重复开展 2S 或者 3S 活动，这样的 5S 项目将不会成功。

要警惕，不要热心过头，"做得过分"。在合理的范围内，允许员工在工作现场存放一些私人物品。也允许员工发挥它们的判断力，决定物品的存放位置。读者可能会回想起 2006 年《时代》杂志上报道的可笑情形：办公桌上的一只香蕉也用胶带划定了位置。如果这就是你的经理对于精益的理解，立即辞职吧！

据知，有些办公室用"风水"来营造良好的环境气氛。这是过分（over the top，OTT）吗？

6.5.2 简单化（或者整顿、理顺）

将剩下来的物品放在最合适的地方。物有其位：使用阴影板、存货地面标识、专用小车，或者将物品放在合适的高度，用颜色将设备匹配到区域，或者其他合理的地点。就像厨房，不用告知家庭成员就知道餐具放在哪里，盘子放在哪里。真的需要抽屉和门吗？最合适的位置就是，放在除此之外的任何地方都别扭。物在其位：如果物品不在位置上，也不在使用中，一眼就可以看出来问题。标准就是"牙医手术室"。为什么？因为任何牙科病人都会根据 5S 来评论手术室的好坏，也知道不那样做的后果。

按照使用频率来放置物品，以最大限度地减少伸手和弯腰动作。当生产的产品或零件变更以后，重做这个步骤。用物理布局图（Spaghetti Diagram，也称意大利面条图）来进行分析。人因工程学的原理应该在这儿扮演重要角色，人因工程学评审对此有帮助。现在有很多关于办公室人因工程学的书，既不贵，写得又好，不使用它们是没有借口的。

6.5.3 审视（或者清扫、擦亮、刷洗）

继续开展工作。这个步骤包括持续地进行实物整理，和"目视检查"，团队成员总是对物品不按规定放置保持警惕，并努力进行立即的纠正。有些公司使用 5 分钟例行工作的做法：操作者为工作周中的每天制订一个 5 分钟例行清扫计划，每周结束的时候，所有的地方都获得了所需次数的清扫。给每个人精确地指定责任区域、分配任务、明确工作标准。这个步骤需要适合的清洁工具，并放置在适合的地方，定期更新。也可以给例行清洁制定一个签字表。顺便提一下，给 5 分钟例行清洁制定一个标准操作规程（SOP）。

"清洁就是检查"，意味着它们是合二为一的。你不会仅仅只是清洁，你也会同时检查任何的异常及其根本原因。用车库工作作为类比，首先是清洁，这就能发现任何漏油的地方。然后对漏油的地方继续进行清洗。不过要追问"为什么会漏油"，并且决定应该采取什么预防措施。你不会在每次开车的时候都检查油量、水位、轮胎和气压，不过你在清洗的时候确实会。一样的道理。

审视也可以包括校准、跟踪、观察、监测、搜寻浪费、润滑、除尘、清洁计算机显示器，以及例行的服务项目。

产生如下效果是很好的：

- "欢乐满人间（mary poppins）"效果——让清洁工作充满乐趣。
- "汤姆历险记（Tom sawyer）"效果——向其他人展示，没有开展整理活动的他们已经被遗忘了。

6.5.4 标准化（或者稳定、巩固）

直到现在才可以开始标准化作业。这是 5S 的真正底线。参见防错和标准工作章节。不过，也要对 5S 标准进行维护。因此，要为前三个 S 制定标准。标准化同样包括测量、记录、培训、工作平衡等方面内容。

6.5.5 维持（或者自律）

每个人都持续地参加 5S 活动。维持就是参与和改善提高，就是让其他的 5S 活动形成习惯。定期开展厂务审计。有些公司给优胜单位颁发流动奖杯。有些公司在公司入口大厅的展示板上列出所有单位的 5S 成绩。有些公司通过抓阄的方式每周选出一个区域，然后所有的一线经理对选中的区域进行突然检查。

有些公司还加上了第 6 个 S：安全（safety）。尽管强调安全也不为过，但一个好的 5S 项目应该在 5 个步骤中都把安全作为一个重要的方面来强调，这样的话，再将安全单独列出就有点令人困惑。安全规程和标准也应该作为 5S 项目的一部分来制定、维护和评审。消除不安全状态肯定应该是 5S 的不可分割的一部分。

有些公司采用定期步行巡视和评比的方法。一线主管每日审查，区域经理每周不定次数审查，业务部门经理则每月审查，以此类推。

6.5.6 "傻瓜式" 5S

在罗斯和迈尔斯（Roth 和 Miles）的书《傻瓜学整理》(*Organising for Dummies*) 中，有两个有用而好记的助记缩略词。这本书不是关于制造或者办公室的，而是关于整理和清洁家庭里面的乱象的。不过，它提出的一些非常实用的建议，同样可以作为制造和办公室领域的有益参考。这两个缩略词是：WASTE 和 PLACE。

WASTE 是关于要问的问题的：

W：值得——worthwhile。该物品是否值得保存？考虑可能的增值、保存成本和重购成本。

A：再次——again。会再次用到吗？考虑概率。

S：某处——somewhere。其他地方是否也保存了？是否应该保存？

T：抛弃——tossed。是否应该抛弃？想想后果。

E：全部——entire。是否应该保存全部的数量？该数量对于使用期间而言是否太多？是否可以保存较少的数量？

PLACE 是关于保存和控制的：

P：肃清——purge。参见上述 WASTE 问题。

L：归类——like with like。数量是否可以减少？零件或物品增殖（参见 5.6 关键帕累托章节）。

A：获取——access。该物品要多长时间才能拿到？

C：物料箱——container。如何存储？

E：评估——evaluate。是否要按照最便于使用的状态来存放？盘点频率，所需的准确度和 ABC 类别（例如，定期盘点？）。

6.5.7 作为根本原因的 5S

5S 是许多服务和制造业问题的根本原因。所有的员工都应该意识到这一点，并应鼓励他们尽快采取改善措施，而不要一直等到某个 Kaizen 项目。例如，在服务业中：

- 在一位护士来到病人身旁，或者维修人员到达工作地点时，如果发现任何物品失踪——这就是 5S 问题。
- 如果找不到需要的文件——这也是 5S 问题。
- 如果外科医生发现手术间里面的布局变得不熟悉了——这更是 5S 问题。
- 如果顾客询问超市或者商店里商品的位置——这也是 5S（或者说可视化管理）的问题。
- 如果讲师没能找到白板笔——5S 问题。
- 如果文具店的纸张脱销——5S 问题。

……

在所有的这些情况下，仅仅纠正错误是不够的。必须突出问题，制定简单而不官僚的规程来彻底地解决问题。

6.5.8 5S 的保持

很多公司声称它们正在开展 5S 项目，而实际上它们只是在断断续续地开展 2S。没有保持的 5S 是一种浪费，因为重新启动项目将需要更多的努力。5S 对于生产率和质量的真正贡献是最后的两个 S，尤其是标准化，而不是相对简单的前两个 S。

平野（Hirano）建议了一系列的 5S 活动，按照不同的频率来开展。下面是挑选出来的一些。

- 每年一次的 5S 活动月，给 5S 重新注入活力。
- 5S 日，每月 1~4 个小时，包括检查评估。
- 外部专家开展的 5S 讲座——要有大量照片。
- 到一流的外部公司做 5S 参观。

- 按照既定路线做 5S 巡查。
- 5S 模范区域（在英国国民健康服务医院，这已经大众化了）。
- 5S 竞赛。
- 5S 颁奖典礼。
- 5S 展览。
- 每天 5 分钟 5S 活动。

全部都开展可能时间不够，不过挑选部分来开展则有助于维持 5S 的成绩。

6.5.9 延伸 5S 的概念

也许很少被意识到，5S 概念在信息和信息流领域的运用也非常有效：整理和简单化组织内部到处流动的信息事务。当然，询问电子邮件的流动、建立关于抄送以及如何答复电子邮件等的规则都是适当的。更有威力的就是检查决策流程。用来制订计划、安排日程、处理订单、开具发票、人员配置、招募员工等所需的最少信息是什么？这和精益会计（与面向精益的会计相对）、A3 等有重叠之处，而且远远超过它们。节约或者精简产生的潜在收益经常让实际的 5S 活动看起来微不足道。整理不仅包括浪费的沟通，而且还包括时间—精确度的权衡。如果只使用 50% 的时间就达到 90% 的精确度不是更好吗？简单化还应该包括使用最好的沟通工具。一个丹麦公司就持续地将实时数据在工厂和办公室播放。

审视包括最佳方式的更新。标准化应该涵盖所有的信息流。维持：百分之多少的实际审计是可取的呢？而审计所有的处理过程又会怎么样？

表 6-1 为 5S 在库存、供应商管理以及计算机系统和成本系统方面的应用。

表 6-1 5S 的应用

	库存	供应商	计算机系统	成本系统
整理	抛弃呆料、多余物料	在每个类别中选择两个最好的供应商，废除其他	删除所有的不用文件和应用	你需要所有的成本和差异吗？精简它们
简单化	按照最佳位置放置	削除所有浪费的重复操作	按照层次和逻辑来安排文档	减少事务处理次数，频繁检阅报告，管理费用直接化

	库存	供应商	计算机系统	成本系统
审视	定期审查库存日期和 ABC 属性的变化	通过供应商协会和 kaizen 来改善供应商绩效	定期检查闲置文件	审计成本报告的制作和使用，以及事务处理的规模和频次
标准化	"脚印"，标准位置	循环物流系统，付款	系统，格式	采用报告标准
维持	审计 ABC，使用频次	审计绩效	审计效率和响应	检阅，减少

延伸阅读

Productivity Press Development Team, *5S for Operators*, Productivity, 2002

Hiroyuki Hirano, *5 Pillars of the Visual Workplace*, Productivity, 1995

Karen Kingston, *Clear Your Clutter with Feng Shui*, Piatkus, 2002

6.6 可视化管理

可视性、可视化管理，或者"目视控制"是精益运营的一个重要主题。可视化管理应该被整合到 5S 和标准化作业中。事实上，可视化管理应该作为精益的"试金石"：如果在运营场所，没能立即发现生产计划、标准化作业、问题解决流程、质量和维修记录等，或者它们没有更新到最新状态，很可能该运营场所距离精益还有相当大的差距。可视性在这里已经包括了听觉。

可视性和几个其他的精益主题配合，可以发挥更好的作用。

- 速度（没有因为寻找信息而浪费时间），改善（进展应该让所有的人都看得见，并且得到他们的庆贺）。
- 最新的、清晰的日程计划（通过看板、进展信息板、自动记录装置）。
- 让问题显现（通过置于头顶上的安灯展示板或者信号灯）。
- 人人参与（谁正在做什么，谁可以做什么一目了然）。
- 团队合作（让团队的出色工作成果可以被看见，展示团队的技能矩阵）。
- 标准化（保证标准是最新版本的，把标准放在工作场所）。
- 快速反应（需要对维修服务和质量问题快速反应，例如生产线停线拉绳和维修板上的红牌）。

福特汽车公司的视觉展示和视觉控制有显著区别。视觉展示用来提供信息，视觉控制需要采取行动。这样做的目的是能够获得最多的生产信息和控制指令，而不用走到车间，或者进入计算机系统——它实际上是 Gemba 管理（现场管理）的变型。它对于操作员、主管和经理都适用。下面是一些可视化管理的例子。

- 机器：在可行的地方使用透明的塑料挡板或者盖子，让操作和维修人员可以看到机器内部。
- OEE 图表放在机器的旁边，或者团队会议区域：应该有四张图表——一张是总的 OEE 数据，给 OEE 的三个组成元素也分别制图。在每张图的下面，用鱼骨图画出它们的影响因素。
- 换型时间应该定期制作成图表展示，以防止退步。
- 计划平衡箱（Heijunka box）本身就是对一天生产计划的可视化展示。
- 换型处使用的看板持续地展示下一个要生产的产品的紧急程度。
- 显示状态的灯光信号，将头顶的安灯板与计算机相连，记录停线的情况，用于以后的分析（不是指责）。
- 管理：是否可以将生产控制和计划办公室放到生产现场？
- 成本、质量和交期绩效"三重奏"应该是展示的重点，可能也把安全、提前时间和库存周转天数加入进来。
- 生产线重新平衡图显示节拍时间，用磁条表示每个工作元素，放置在工作现场。
- 在进度板上用甘特图让团队了解新产品及其开发进展。
- 人员：技能矩阵（或者说 ILUO 图）显示从新手到指导者的技能水平。操作者放在纵轴上，而工作任务放在横轴上。
- 员工建议和月度员工，和制造业相比，它们在服务业更为常见。为什么？
- 刻有口号的镜子，例如"你正在注视的是我们优秀建议的最重要来源"。
- 方法：把标准和方法都放在工作场所。
- 材料：不要忘记及时更新存放物料的地面标识。看板仍然是生产控制的可见的最有效的工具。
- 维护：维修"红牌"板显示所有的突出问题。
- 资金：在车间展示公司财务和销售数据的做法成为受人欢迎的趋势。

- 改善：保持一个用于记录问题（累计帕累托图）和员工建议（通过填写四象限来表示建议、调查、实施、解决等进度状态）的翻页书写板随时可用。
- 故事板，显示改善活动的标准阶段，最近的成功个案和现在的进展。
- 5S：显示区域负责人和 5 分钟清洁计划。使用阴影板、标签并进行组织。采用厨房的组织方式，而不是车库的组织方式。显示审计结果和优胜区域名单。

声音装置也很有用。丰田公司的每个机器人单元都有其独特的声调，如果哪里停线了或者发生问题，就通过扩音器进行播放。维修工程师通过声调辨识他们负责的区域，声调也随着紧急程度的不同而变化。

高尔斯沃西（Galsworth）建议指定一位"可视化管理协调员"，以及一位管理层发起人，后者鼓励并监控工厂可视化管理的状态。她得出一个重要结论，即可视化管理超越车间现场，也适用于表格的设计、信息的呈现、办公室布局，甚至家庭，因为没有寻找和澄清等浪费而节省数不清的时间。

一点课

还有一个有用且广为使用的方法就是一点课，可以在工厂车间发现它们。它们是：

- 聚焦于一点的改善。
- 高度可视化——包括步骤、关键点、图示和照片。
- 所包含的内容可以在 5 分钟甚至更短的时间内完成。
- 强调学习的主要步骤——意识、理解、胜任、有培训他人的能力。这些步骤经常用带颜色的四象限饼图表示。

备注：参考 13.5 节督导人员培训（training within industry，TWI），它是一点课的基础。

延伸阅读

Michel Grief, *The Visual Factory*, Productivity, Portland, OR, 1991

Gwendolyn Galsworth, *Visual Systems: Harnessing the Power of a Visual Workplace*, AmaCom, New York, 1997

6.7 标准化作业、标准操作规程、工作解析

标准化作业是丰田生产方式的支柱之一。标准化作业的目的是产生可重复的、可靠的、有充足能力的流程和步骤。它是改善的基础。标准化作业是一种理念，标准操作规程（SOP）是实现该理念的机制。图6-6是标准化作业的流程。

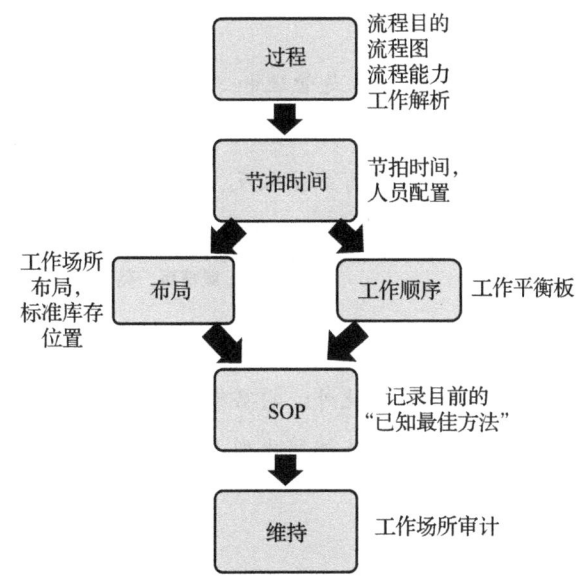

图6-6 标准化作业的流程

标准是什么？最好的、最可持续的标准是如此好，如此突出，以至于任何其他的方法都显得愚蠢。这或许要证实。不过，这就是标准化的最终状态，是孜孜以求的愿景。

不过要警惕和目标相混淆的标准化。目标有时候会产生愚蠢的行为，比如为了提高OEE而增加批量大小。另外，一个糟糕的现象就是将会计标准与成本标准混淆在一起，特别是分摊成本标准。如果工作量没有达到预算的产量，管理费用会分摊不足。此时就会产生压力，以致用过量生产来重新分摊管理费用。这在精益背景下简直就是胡闹。同样荒唐的是，让办公室员工在办公桌上用胶带为笔和文件夹也标出标准位置。

因此，要寻求平衡。下面的三个引用设定了平衡的基调。

"将方法标准化就是在众多的方法中选出最好的并使用它。什么是最好的做事方法呢？它就是迄今为止我们发现的最好的方法的总和。它因此成为标准。今天的标准化是将来开展改善的必要基础。如果你认为'标准化是今天我们所知的最好的，不过未来我们要改善的恰恰是它们'，那么你已经有点理解了。如果你将标准视为藩篱，那么进步将戛然而止。"

——亨利·福特，《今天和明天》，1926

"在西方的公司中，标准是管理和工程部门的财富。而在日本公司，标准是从事该项工作人员的资产。他们准备它，按照它工作，并负责改进它。和泰勒的教育方法相反，日本将思考和行动合二为一，因此达到较高程度的参与感和投入感。"

——彼得·威肯斯，英国日产前人力资源总监

"适当的（标准）规程不可能在办公桌上写出。它必须要在生产工厂里面试用并多次修改。此外，它必须是任何人都可以一眼就理解的程序。为了让生产人员能够写出别人理解的标准化作业，他们必须真正地领悟到其重要性。"

——大野耐一

大野耐一认为，操作人员只有通过准备自己的工作说明书，才能深入理解他们工作的细节，明白为什么他们要那样工作，也只有到这个时候，他们才能够思考从事该项工作的更好方法。这是改善的基础。换句话说，让操作者和主管撰写工作说明书的真正用意是让他们思考完成该工作的方法。

从第一个引文我们知道，标准并不是静止不变的，可以随着时间的推移而改善。根据第二个引文我们知道，标准不是"上面"强加的。第三个引文告诉我们，标准天生就具有实践性。好的标准植根于自下而上的探询文化，始终寻求更好的、更简单的、更安全的工作方式，而不是自上而下强加的工作方式。由定义我们知道，如果没有标准就无法改善。因此，标准是 PDCA 的一部分。

从一开始就应该说，标准并非意味着僵硬的、作为工作分析结果得出的工作规范，也不是和传统的大规模生产相关。精益的世界没有给那样的标准

留任何位置。针对那样的"工作",工业领域的怠工和旷工是可以预见的。警惕对工作标准的基于人际关系的反应,因为工作标准常被误解为工作分析。在关键特性方面如果标准过于松弛宽泛,实际上就等于没有标准,进而会导致恶化的安全状况和生产率。

因此,也要警惕这样的想法,即标准不适用于非重复性的工作,如维修、服务、设计、高级管理。良好的、灵活的维修和服务工作是建立在综合各种小的标准工作元素之上的。优秀的设计来自创意,同时也结合了标准的方法和材料,并遵守标准的规程和步骤。例如,在佛罗里达州的迪士尼,到环球影城的游客途经各个部分。在每个部分,时间都被分割成大体相同的段,艺术家必须让每个时间段都包含特定的表演脚本内容。游客注意到这些了吗?没有,他们只是享受专业而个性化的表演。

应该将标准设想为向员工授权并使员工更好工作的东西,而不是大错特错地将标准认为是限制员工工作的规定(与标准相对的老式工作方法就是这样)。这就像军队中的"敬业规则":现代军人可以自由做出决定,不过要遵守一系列的关于什么能做什么不能做的指导性要求。

斯比尔和鲍恩在一篇经典的文章中讨论了关于 TPS 的明显悖论,即丰田公司的活动、沟通和流动都规定得非常严格,同时却具有惊人的灵活性和适应性。他们得出的结论是,标准和沟通规范赋予系统做出可控改变的能力,使用的是科学的方法。如果没有标准和科学方法,改变不过是"试验—错误—再试验"而已。

英国日产的前人力资源总监彼得·威肯斯解释道,处于上升期的组织一定要关注人员和过程控制。不关注人员,组织就会异化;不关注过程控制,组织就会处于无秩序状态。这是思考制造和服务中的标准的很好的方式。两个维度都需要。

因此,需要用"两步帕累托"的方法来思考,即首先识别需要标准化的主要活动,然后再识别这些活动中的关键步骤。

标准不是用来"让人就范"的,它实际上赋予人能力。这就像是网球或者高尔夫球教程。你在教练面前不需要掩盖缺点,你要把它们显露出来,因为你想改善它们。这是需要培养的基本精神。

斯坦达德和戴维斯(Standard 和 Davies)解释,标准化作业有三个需要理解的方面。

（1）标准化作业并非一成不变，一旦发现更好的方法就要对作业步骤进行更新。

（2）标准化作业支持稳定性，减少变异，因为工作每次做得都一样。此外，变异（产品缺陷、偏差、不符合）可以轻易被发现。

（3）标准化作业对于持续改善而言是必不可少的，即从一个标准变到更好的标准，而且可以保持。

应该设置会议、沟通、预算以及其他诸多活动的管理标准。管理标准的详细程度要努力平衡。

不管人们怎么看待弗雷德里克·泰勒，在现有的技术条件下，总是存在"最佳方法"，它可以用最少的时间和努力来完成任务，并达到最高的安全性、质量和生产率。对有些人来说，这可能只是沉闷的重复，不过"新"标准涉及参与制定最好、最安全的方法，以及熟练多个工作，快速适应变化的能力。

戴明在提出PDCA循环的时候就看到了从一个标准到另一个标准的改善。朱兰强调了在流程改善后通过制定标准来"保持成果"的重要性，而不是让它们退回到以前的状态。最近，"学习型组织"成为时尚，包括从组织中的每个人"采集知识"。如何实现呢？通过将经验文件化，也就是说，建立标准，这样的话其他人就可以学习了。主管人员应该对维护和改善标准化作业负首要责任。

在新产品开发、设计、产品发布的时候，按照丰田公司的做法，将需要检查的事项整理成检查表，检查表变成了公司积累的知识，这就是知识管理。如果你不做这个简单的工作，你注定了总是要"每次都重新学习"，并且"从零开始"。这是多大的浪费啊！

领导级别标准化的作用巨大。将定期需要完成的不同任务、审计和巡视都制定成日常工作规范。或许，总监级别的每个季度一次，经理级别的每个月一次，班组长级别的每天一次。团队成员则每天早上对问题处理情况进行回顾。这就是标准。

你如何构建"文化"？通过广泛的标准！定期实践。它变成"我们在这儿做事的方式"。我们每天都召开问题回顾会议。我们讨论做事的更好方式。

我们努力不让任何顾客将抱怨带回家。文化体现在标准的实践中。不过,就像精益中的很多其他做法一样,标准的实践并非任由发挥:"什么"和"为什么"(以及"将要做")来自高层,而"如何做"则由负责实施的本地员工制定,有时专家会协助。如果你是一位经理,注意,标准从最高管理层开始,在各层不断贯彻。哪一天你看见一个不可接受的行为或者状态而没有询问(注意,不是"命令")的时候,这一天就是质量和文化开始下滑的时候。

6.7.1 培训和标准

请参照督导人员培训(TWI)章节。

第二次世界大战中发展出来的 TWI 工作指导(job instruction,JI)方法,可能是有关工作标准和培训的最行之有效的方法,而且得到了充分证明。大野耐一意识到该方法的威力,并将它称作促使 TPS 前进的突破。如今,在 60 多年以后,TWI JI 方法仍然是 TPS 的基石之一,其精髓仍然保持如故。

JI 开始于工作分解表,工作的"重要步骤""要点"以及"原因阐述"被识别出来并一一列出,如表 6-2 所示。

表 6-2 工作指导示例

重要步骤	要点	原因阐述
准备病人	1. 摆放好工具套件	1. 可以立即拿取
	2. 检查报告	2. 防止潜在的程序不良效果/检查程序是否可能对病人有潜在的危害
	3. 让病人平卧	3. 更容易接近腔静脉
	4. 在病人肩胛骨间放置毛巾卷	4. 更容易发现锁骨
实施麻醉	1. 用抗菌棉签擦洗胸部	1. 防止感染
	2. 注射 5ml 利多卡因	2. 让病人不要感到过于疼痛
……	……	……

重要的是,尽管表 6-2 的目的是将最佳方法文件化,它也不试图事无巨细地将所有细节都列出。所谓的"重要步骤",就是工作元素取得进展的步骤。类似"开门"这样的步骤是不用记录的,因为它尽管是必需的却不重要。经常地,每个重要步骤都有几个相关的要点。要点反映了该步骤要注意的诀窍或者特殊点。它可能是一种感觉(如压力)、一种声音(如咔嗒),做某个步骤的时机或者其他要注意的事项。安全问题永远都是要点。要点的原因阐述要

为人所知。如果重要步骤超过 7 个，则将该工作进行分割，具体步骤的数量取决于工作的复杂程度。

然后，开始实质的 JI。JI 有四个步骤（以下内容摘自 JI 卡片）：

（1）对操作者的准备工作。这个步骤的目的是让操作者放松，了解操作者拥有哪些技能，解释工作指导的目的，尽可能让操作者最舒适、最安全。

（2）准备好工作任务。向操作者展示并讲解该工作重要步骤，每次一个步骤。然后再进行一次，对要点进行讲解。需要耐心和时间。这个步骤结束以后，操作者应该了解该工作的重要步骤，以及每个步骤中的要点。有问题吗？

（3）操作练习。操作者至少要自己操作三次。第一次时，操作者从头到尾把工作做一遍，指导者耐心地纠正出现的错误。第二次时，操作者重复工作，并解释重要步骤。第三次时，操作者一边做，一边解释各步骤的重点。"继续操作，直至你认为操作者已经完全掌握。"

（4）跟踪检查。然后，让操作者独立开展工作，不过他应该确切地知道有问题向谁求助。要定期对他们进行检查，不过检查的频率越来越低。

注意，工作分解表并不是 SOP。它是 SOP 的基础。主管人员用 SOP 来评审和记录，并不将其用于培训。

参考文献

Patrick Graup and Robert Wrona, *The TWI Workbook*, Productivity, 2006

Productivity Press Team, *Standard Work for the Shopfloor*, Productivity, 2002

Much of the original TWI material is available free of charge. See http://chapters.sme.org/204/TWI_Materials/TWI_Manuals/TWIManuals.htm

Thanks for John O'Dwyer of Lake Region Manufacturing

6.7.2 窗口分析和标准

窗口分析是一个框架，用于确认标准是否得到遵守以及识别问题。它对于装配操作尤为适用，因为遵守标准化作业对于装配质量是关键性的。该方法有助于确定标准失效的原因。标准失效的原因是以下哪一个：标准的制定，还是标准的沟通，还是标准的遵守——索尼公司使用该方法。

该方法试图了解识别出的问题仅出现在一个人身上，还是一个小组，或者更广泛的人员都出现此问题？它将原因归于因素一和因素二，或者小组一和小组二。

有两个分类：一个是"已知"和"未知"：即正确的方式是否已经建立并得到沟通，另一个是"使用"和"未使用"：即正确的方法是否一直得到使用。

如图 6-7 所示，分析的结果有四种情境。

A——标准已经充分沟通，一直得到正确使用。

B——存在遵守的问题，即标准方法已经建立并被理解，但没有被所有人一直遵守。

C——存在沟通问题，即标准方法已经建立，但是有些员工并没有被通知到。

D——标准化的问题，即并未建立标准方法。

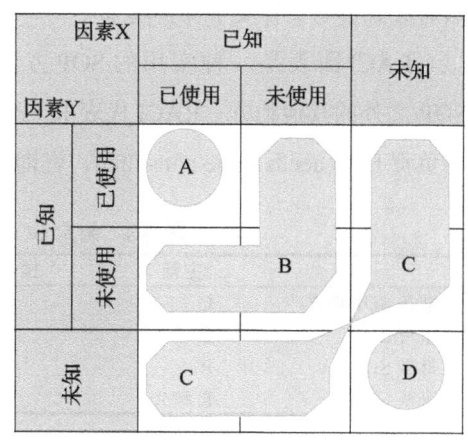

图 6-7　窗口分析

6.7.3　SOP 的其他形式

一点课。一点课表格是一种聚焦的单主题课程，往往可以在 5 分钟甚至更短的时间内完成培训和学习。其目的是强化曾经出现过质量、安全、停机等问题的区域，它因此可以用作一种提醒，或者是培训辅助资料。作为培训使用，可以在一组方框中填写 I、L、U、O 来表示从培训生到培训师的过程。

问题卡。这是一种"如果……就……"式的卡片，用来处理很少发生但是重要的偶发事件。例如，如果卡盘断裂怎么办？大部分的空军飞行员都习惯于在发生紧急情况时查询紧急应对卡，以避免在危急时刻犯下致命的错误。

检查卡。它包括标准化作业中任务所对应的一组问题——答案为对或者错，或者多选，一般应用于以下几种情况。

- 该任务不频繁。
- 新的操作人员需要对操作进行确认。
- 在小组中存在工作轮换。

对于团队成员来说，让他们制定后两种形式的 SOP 是一种激励，也能帮助他们更多地思考所从事的任务。

现在，很多的 SOP 都在计算机上编制，并使用大量照片，而且压膜保护。这种做法有好处，不过也可能不便于修改。可以考虑用铅笔书写 SOP，然后放到透明文件袋中保护起来。

RACI 图表是一种实用的 SOP 方法，如表 6-3 所示。它也广泛应用于 SOP 之外的其他地方。RACI 代表 R（responsible，谁执行），A（accountable，谁负责），C（needs to be consulted，咨询谁），I（needs to be informed，通知谁）。

表 6-3 制定 SOP 的 RACI 方法

	主管	操作员	促进者	区域经理
准备 SOP 格式	C	C	R	A
填写 SOP	C	R	I	A
批准 SOP	R	I	C	A
审核 SOP	R 和 A	I	I	A

在 PDCA 中运用标准，并为每一阶段开发一组问题是一个不错的实践。例如，计划阶段：有哪些重要特性？流程的稳定性怎么样？谁是利益相关人？应该如何让他们参与进来？谁可能知道最佳方法？怎么样开展试运行？如何监控过程？执行阶段：谁来准备、填写、批准和审核？检查阶段：为了确保 SOP 正确填写和执行，需要哪些检查？行动阶段：谁来培训、实施和检验？需要多少时间？

延伸阅读

Robert W Hall, 'Standard Work: Holding the Gains', *Target*, Fourth Quarter, 1998, pp 13-19

Taiichi Ohno, *Toyota Production System*, Productivity Press, Portland, OR, 1988

Charles Standard and Dale Davis, *Running Today's Factory*, Hanser Gardner, 1999

Spear and Bowen, 'Decoding the DNA of the Toyota Production System', *Harvard Business Review*, Sept/Oct 1999

Steven Spear and Kent Bowen, 'Decoding of the DNA of the Toyota Production System', *Harvard Business Review*, Sept / Oct 1999

John Bicheno and Philip Catherwood, *Six Sigma and the Quality Toolbox*, PICSIE, 2005

6.8 快速换型

缩短换型时间是精益制造的一个支柱。已故的新乡重夫创建了经典的 SMED 方法，直到现在他的方法还在一直沿用，很少有人能够对其加以补充。

同时，巴斯大学的团队（麦金托什等人，2001）对 SMED 的研究也取得了重大进展。此外，六西格玛在变异管理方面也做出有益的贡献。总体而论，对精益来说，降低换型时间是为了实现小批量的流动和提高 EPE 效用（every part every interval，EPE，产品组合的生产周期）。

顺便提一下，快速换型实际上不是新乡重夫发明的，他只是将其整理归纳形成系统的方法。在新乡重夫之前快速换型已经在丰田为人知晓，在那之前福特就已经使用。在《现场管理》(*Workplace Management*) 中，大野耐一讲了一个故事，讲的是日本丰田员工到巴西丰田学习锻造换型，而且日本丰田在此前根本不相信巴西丰田可以办到。可见，和诸多其他精益概念一样，快速换型也是实践的产物。

什么是换型

关于换型有三种观点。第一种，即狭隘的观点，指机器在两个批次之间的闲置时间（即"内部"时间）。第二种，即流行的观点，指上一批次最后一件良品和下一批次第一件良品之间的时间。第三种观点是指从第一批产品的标准运行速度到第二批产品的标准运行速度之间的时间，这个观点将减速和提速的时间也包括在内。

经典的新乡重夫方法是：

- 识别并划分内部和外部活动。进行录像？
- 将"内部活动"从"外部活动"中分出来。外部或者准备活动应该尽可能大。去除或减少浪费活动，例如移动、拿取工具、填写表格。
- 将"内部活动"尽可能转化为"外部活动"(比如，预热冲模)。
- 在剩余的"内部活动"上进行工程改善。有很多的技巧，从快速脱螺母，到标准工作台垫块，到多合一的多孔连接。新乡重夫和麦金托什都提出了卓越的方法。
- 最后，将"外部活动"时间最小化。为什么？因为，在小批量生产中，一个批次的生产时间可能不够换型准备。

F1 赛车进站换轮胎是个形象的例证。不过，这是一个高成本的换型，将时间缩短到最小几乎是唯一的目标。它也包括减速和提速。安全很重要，不过也一样成本高昂。轮胎只用一只螺栓固定，这可以接受吗？

另一个例证就是标准的汽车座椅安全带。它安全、快捷、可靠、可调整的特性让任何人都可以轻松使用，已经广为接受。它是设计导向的创新，详细介绍见下文。

绘制换型过程流程图是一种标准的分析方法。首先将换型分成几个大的阶段，它们至少可以分成准备、实际换型、恢复速度和达到质量要求。然后将每一个阶段再分成多个步骤。将这些步骤排成一行，标在牛皮纸的顶端。然后在牛皮纸剩余空间画出下列其他内容的行：步骤的总时间、操作人员数量、内部时间、外部时间。还有留三行待以后使用：一行用作备注，是否可以将该步骤减少、简化、去除或者平行进行；第二行用于粘贴改进意见和草图；第三行用于张贴照片。最后三行都用不干胶便笺纸填写。

为了标准化，工作组合表和标准操作规程非常有用。可参阅本书其他章节了解这些标准的精益工具的详细内容。

调整是消耗大量时间的需要重点考虑的因素。此外，调整还是大部分质量问题的根本原因。

将所有的调整都列在一个单独的清单上，将它们分为三类。第一类：不需要的调整——可以考虑将设置冻结或者焊接。第二类：具有很少标准化状态的调整——每一种这样的调整都应该指出来并做好标记，并努力实现"一键完成式"调整。第三种：真正需要的调整。对它们则制定标准的最佳方法。如果可能的话加装防错装置——它们值得投资。

换型时间变异总是和换型时间本身差不多一样重要。如果换型时间变异量大，生产计划则难以制订和控制。因此，跟踪换型的主要步骤，并确定哪些步骤的时间变异大。然后将降低换型时间变异作为另外一个项目来处理。

换型是 OEE 的一部分，因此减少换型时间往往紧随 TPM 开展。全面的 9 步 TPM 方法总是有效，不过重要的是要做到这里所描述的详细程度。TPM 也有助于突出和换型有关的其他损失的重要性，特别是因为产能限制而改善换型的时候。

要得到混合型流动生产线的目标换型时间，请参阅有关批量的章节。最重要的是，按照标准的组合生产既定数量的产品以后，每天（或者每周）还剩下多少可以用来换型的时间。然后将可利用时间除以这段时间内所需的换型次数。这样就得到了目标单次换型时间。这个过程可重复进行。如果一天中的总换型时间不够,就以两天作为一个换型计划期,还不够的话就改为三天,直到获得一个可实现的目标单次换型时间为止。然后,过一段时间以后再缩短换型计划期。以此类推。

思考战略也是有益的。换型是为了缩短时间、降低成本、提升质量、缩减员工、减少维护,还是它们的综合?目标是增加产能还是改善流动?一般而言,很难兼顾。

麦金托什等人指出成功换型有四个要素。**态度**,包括工作现场文化和对变革的接受程度;**资源**,包括时间、金钱、人员、培训和工具等;**意识**,包括换型对于流动、灵活性、库存、产能等的贡献度,以及对实现快速换型的各种不同方法的了解;**指导**,包括领导力和愿景、优先级和排序,以及对于价值流的可能影响。麦金托什有效地将换型分为三个阶段。表 6-4 是对它们工作的整理。麦金托什等人将换型划分为两大方法:组织导向的(例如,SMED)和设计导向的。每种方法都要强调四个地方:

(1)"线上活动":通过重新配置内部和外部活动或者重新设计换型以改变活动顺序,比如让内外部步骤同步进行,而不是顺序进行。

(2)调整:通过使用指示器或者标准垫块来减少反复试错,或者通过设计实现"一键式"调整。

(3)变化:通过标准化或者标准操作或者通过设计来减少变异的可能性——防错。

(4)简单化:通过工作简单化和准备简单化或者通过设计来实现简单化。比如,用多合一夹具一次性连接多个软管接头。

表 6-4 换型的三个阶段

阶段	任 务	问 题
战略	识别机会 聚焦优先级 确定使用的方法 (组织导向或设计导向)	内部团队? 咨询师? 新设备? 专用设备? TPM/OEE 方法?

（续）

阶段	任务	问题
准备	现有绩效记录	工具和模具的5S？
	时间变异性？	次序依赖？
	延迟？	使用"闪电改善"？
	处理阶段（例如，通过VSM）	不同班次？
实施	拍照录像	记录
	SMED方法	激励政策？
	工程变更	SOPs
	Pokayoke？	可持续性
	规律性和顺序	

选择组织导向还是设计导向，取决于目标，也取决于投资的多少，还看对可持续性的期望——设计导向的换型可以比组织导向的换型锁定更多的改善。麦金托什等人建议建立"参照的换型"，也就是其他的精益实践者所称的"纸上改善"活动。它包括收集数据（例如，进行摄像），识别并减少各种浪费，重新安排各种活动，尽可能高效率地执行换型动作等。这将建立理论上的标杆参照。

六西格玛方法也试图改善换型。现在，人们非常清楚，SMED方法对于缩短换型时间更加有效，而且应该首先采用。不过六西格玛分析在分析时间变异的原因时非常有效。如果换型足够重要，有必要建立换型时间的概率分布模型，检验其正态性，然后寻找根本原因，例如，双模时间分布。设计导向的换型包括各种可能性：打破任务之间的依赖关系，将调整自动化（例如，加入一个测量装置）；让零件更结实或者更轻，加入内置式工具（例如，焊接的扳手），改善可接近性，机械化或者机器人化。显然，它和TPM有相互重叠的地方。

最后，是一些提示。

- 测量和记录换型时间。很多的换型时间仅仅因此就下降了。
- 和团队一起做分析。不要仅仅依靠工业工程师团队。
- 拍照录像，让操作人员记录和评论。录像作品必须成为他们的财产。拍照录像总是在尽可能的情况下使用两个或者三个团队。一个团队拍摄总体活动，另一个团队拍摄手部活动，还有一个团队专门拍摄书面工作。理想情况下，每个团队都要有一个摄像人员、一个记录备注的记录员，以及一个公布正在发生事情的解说员。将大家的意见写在工作现场的白板上，让每个人都可在两米以外看见。

- 考虑对坚持不懈的换型改善实施一定的财务激励，同时对过多生产施加阻力。
- 记住公式：单次换型时间 × 换型次数 = 常数。换句话说，单次换型时间下降以后，就可以将批量变小。一定要克制仅仅获得更多产能的冲动。
- 问题："你怎么样才能进入卡内基名人堂？"回答："实践，伙计，再实践！"国际汽车大奖赛团队就是这样做的。
- 使用小推车，将所有的工具和设备都放在上面，并且可以推到换型设备的旁边。
- 规律的时间表很有帮助。如果每个人都知道 A 机器每天早上 9：00 换型的话，所有的人员，从叉车工到调整工，都将按照分工做好准备。
- 工具和模具的维护是减少开机时间至关重要的一部分，不过有时它却被忽视了。不要对此做出任何让步。
- 在瓶颈工序，使用团队来换型，将非瓶颈工序的工人调入进来。
- 使用适当的质量控制流程（比如 SPC 和先期控制）。
- 留意换型的最优顺序。

延伸阅读

Shigeo Shingo, *SMED*, Productivity Press, Portland, OR, 1985

R I McIntosh, S J Culley, A R Mileham, G W Owen, *Improving Changeover Performance*, Butterworth Heinemann, London, 2001

6.9 机器小型化、避免超大型机器、递进思维

机器小型化概念是受到关注最少的精益促进工具之一。总的原则是使用尽可能小的机器，并保持一贯的质量要求。用几个小机器取代更快的单个"纪念碑式"超大型机器可以提高布局的灵活性，生产计划的制订也更容易，物料搬运工作量会降低，故障停机造成的干扰更小，瓶颈问题造成的影响也更

小，可能成本也会降低（通过组合能力），分批购买机器可以提高现金流，以及技术更新更频繁。始终先做工作改善，之后再考虑设备改善。

和这有关的沉没成本原则意味着，应该将优先级给予最小化现在和未来成本的活动，而不是让机器一直工作以摊销此前已经支付的成本。因此，利用率没有意义，除非它是约束产能的机器。记住，利用不足的机器也能够成为实际上的约束。

老机器。机器小型化也可以延伸到老机器。最好的机器可能是能够生产合格产品的老机器，它们已经设定到所需状态，安装在需要的地方，而且在财务上已经折旧完，所以没有人会关心它的利用率。大家只关心它的产出能力和提前时间。注意，不要将可以生产合格产品的速度较慢的老机器轻易报废。

自行开发的机器。为什么机器"最新的时候性能却最差"？因为它可能还没有配置防错装置，可能还不能生产合格产品，或许没有整合低成本自动化装置，也没有适应多种作业，特别是在还没有对变异进行处理的时候。

自动化。精益中采用自动化的首要原因是质量。基本原则是不要将浪费自动化。因此，首先是简单化。问一问是否有低成本解决方案的可能性，比如，靠自重喂料的装置比机器人好。在沉闷、肮脏、危险或者热、重、有害等情况才是自动化的用武之地。另外就是降低变异。出于减少人员而引入自动化是最坏的考虑。记住，机器是永远不会提出改善建议的。雪恩伯格尔对此提出很好的建议，并称之为"节俭制造"，下面是其精要概述。

- 在实施大规模的自动化项目之前，先充分利用传统设备和现有设施。
- 保持对制造策略的控制，不要指望新聘的工程师和计算机人员，或者是交钥匙型的自动化公司。
- 建立并保持你的修改、定制和简化机器的能力。不要期望市场上可以买到的通用机器能适用于你的产品。随着材料、技术、质量标准和产品的不断更新和改进，持续改造机器的能力变得尤为重要。
- 对于更大的、更快的机器和生产线采取谨慎的态度。高产能和成本会给生产政策施加要求，非流动型和非灵活性与日益缩短的产品生命周期不相适应。

- 要了解，大型机器、单独的设备和长距离输送系统会分割人员，掩藏合并流程的机会，导致割裂的责任感：自动化具有降低成本和最小化质量变异的潜力，不过这只有在它解决明显的问题并且成本比逐步采用更简单方案还低的时候才有意义。机器小型化是广泛的精益问题的一部分——递进思维的优点。

这些也和舒马赫（Schumacher）的经典作品《小的是美好的》（*Small is Beautiful*）相互印证。皮尔和霍尔韦格讨论了小规模运营的四个优点。

（1）利用本地网络，比如剑桥（美国和英国）的分权式的研发实验室能够做到的那样，而不是大型的集权式的研发基地。

（2）对顾客做出快速响应。正如耐普罗（Nypro）和江森自控等多个制造商在靠近顾客的地方设置工厂。

（3）重新思考人力资源。通过在小的运营单位赋予人员更大的责任，来更快地发展人力资源（南非已经成为培养汽车公司 CEO 的温床，或者在小的航空公司培训飞行员）。

（4）驱动创新，如微型钢厂和折扣航空公司。

延伸阅读

John Bicheno, *Fishbone Flow*, PICSIE Books, Buckingham, 2006

Richard Schonberger, 'Frugal Manufacturing', *Harvard Business Review*, 1987

Frits Pil and Matthias Holweg, 'Exploring Scale: the Advantages of Thinking Small', *MIT Sloan Management Review*, Winter 2003, p.33-39

第7章

价值流的绘图、评估和分析

"伤害你的并不是你所不知道的，恰恰是你确认不会伤害你的。"

——威尔·罗杰斯（Will Rogers）

7.1 价值流分析的实施循环

绘制和评估价值流是精益的重要内容。绘制出的价值流图是精益工具箱中的"宏工具"，因为价值流图指导其他工具的使用。

记住，所有的价值流图的绘制和分析都只是浪费，除非它们导致行动。绘制价值流图本身不等于精益。不要跌入"分析麻痹症"陷阱。

7.1.1 绘制价值流图的目的是什么

价值流图绘制和分析的真正意图是设计未来状态。它是可视化的运用——目前状态和未来状态的视觉呈现，并建立中期和短期的各项精益实施优先级。绘制价值流图也是促进参与的重要手段。对于很多人来说，参加绘制流程图是他们在教室培训和 5S 之外的第一个实际的精益活动。绘制价值流图也是产生新的想法的有效工具。

尽管绘出的流程图要展示出来，绘图的目的不是为了装饰，其用意在于行动。不过还是要提醒大家，对置入画框或者压膜的图要特别小心，因为它们很可能只是作秀，并没有发挥真正的作用。将所有的图标上日期，并在相应的行动执行完毕后取消展示。把老的、过时的图放在墙上也是一种不妥的做法，因为除了访客以外没有任何人会再看它们。

完整的价值流绘制过程将画出四张图：目前状态图、未来状态图、理想状态图和行动计划。图应该由价值流所在区域的人员绘制，并服务于该区域的人员。图应该由所有的参与人员在其上签字，特别是图所涉及区域的人员。

7.1.2 在价值流绘图之前

价值流绘图是有力的工具，不过也不是全部的答案。第一是**明确目的**，以及实施时期。"如果你不知道你想到哪儿，任何的路（或图）都将引导你前往。"什么是价值流绘图希望解决的根本问题？短期是现金流、长期是生产率和生存，还是简单的"精益通常要绘制价值流，我建议我们最好也自己练习一下"。

第二是**确定范围**。定义价值流稍后讨论，不过这里要立即确定范围。它从什么地方开始，在什么地方结束？它只是限于本地的一次操练，抑或是针对整个工厂，或者是计划将来扩展到整个供应链？为什么从工厂开始？为什么不包括顾客服务部门？很多公司的内部运营流程比顾客现场服务、交付和安装好得多。或者，从行政管理开始：工厂已经多次开展工作，而办公室却从来都没有过。通常，最大的问题存在于支持实际运营的信息流。因此，人们或许应该首先画出这些高层级的流程图，以便回答这些或者类似的问题。

第三是**绩效信息**。一副价值流图也是某一时间点的流程快照，因此它对于捕捉重要的变异信息无能为力。用另外的话说，价值流图可以很好地分析浪费（Muda），而对过载（Muri）和波动（Mura）收效甚微。你需要理解以下几点：

- 交付绩效及其波动水平——不是简单的平均水平！
- 需求管理（阅读相关章节）。

- 交付绩效是否存在某种范式——优先顾客、季节性等。
- 顾客满意度，以及不满意的原因。
- 提前时间变异。

记住，在绘图活动中至少要像对待实物流一样慎重地对待信息流。将信息流和物流联系在一起是价值流图的真正优点。

在价值流绘图之前……第二部分：两个重要帕累托图

和范围相关的就是关注重点，或者说聚焦。你应该聚焦价值流上的哪一个部分呢？这里有两个重要的帕累托图：提前时间帕累托图和成本帕累托图。两者都非常重要，它可以引导你离开不相关的时髦一时的活动，那些活动对顾客满意度和财务贡献都只能起到非常有限的作用。在制作这两个帕累托图的时候，你需要生产控制和财务部门的帮助。

提前时间帕累托分析是对从订单到交付的端到端的总时间中各阶段时间长度的分析。从接受订单（针对按订单生产方式）或者开始计划一个批次的生产（针对按库存生产方式）开始到交付订单（针对按订单生产方式）或者完成生产（针对按库存生产方式）为止，画出甘特图或者关键路径网络（见图 7-1）。作为最初的操练，收集不到的信息可以做一些估计。你最好将财务人员和生产计划人员召集到一个会议室来共同完成这个任务。

一般由下列多个时间元素构成时间帕累托的不同部分：

- 订单输入时间：书面工作。从收到订单到将订单输入生产系统或者计划系统的时间。
- 信用验证。
- 制订生产计划的时间。
- 制定装配计划的时间——需要综合考虑订单以实现平衡的装配顺序。
- 配置⊖时间：从输入系统到完成配置的时间。在按订单装配和按订单制造方式中，这一步可能包括设计、CAD 画图以及配置检查时间。在按

⊖ 配置：即 configuration，有的行业中也称作组态，其作用是根据客户需求选择标准产品并组合到一起，必要时进行局部的设计变更，并设置各项软件参数。此步骤并非对每个行业每种产品都适用。——译者注

库存生产方式中，这个时间可能为 0。在重复生产的场合，它是 0 或者接近于 0。

- 采购或者原材料准备时间。用于购买原材料和零部件，从库房取料，将物料送到使用点的时间。在重复生产场合，采购时间可以看作是 0，因为采购是定期进行的，或者和订单输入以及配置同时进行。
- 不与特定订单关联的制造时间：用于"尽量将变异延迟"的制造阶段的时间，这时候零部件或者子装配件还不能和最终的产品或者订单建立关联关系。注意，这个时间元素可能和订单输入和配置时间相重叠，或者同时进行。
- 特定订单的制造时间：用于生产特定订单的制造步骤的时间。在按库存生产中可能为 0。
- 向生产部门下达订单的时间。
- 如果布局是生产单元，各步骤的移动、排队等待、换型和机器运行的时间有可能是 0。同时要处理耗时最长的子装配，不必监控处于非关键路径上的子装配。
- 用于各工序间在制品（WIP，或者半成品）的时间：
  ○ 检查、质量控制时间。
  ○ 成品入库时间。
  ○ 交付时间。
  ○ 开票时间。
  ○ 付款时间。

当然，它们有些相互重叠或者同时进行。重要的是，各步骤中哪一个用时最长，哪些处于关键路径上（见图 7-1）？因此，如果办公室的流程处理时间最长，就不要浪费时间在车间实物流上。

成本帕累托分析不过就是特定的期间内（比如一个月或者一个季度）所选定

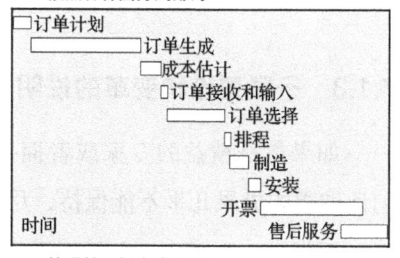

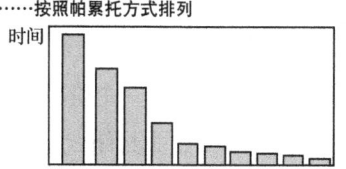

图 7-1 提前时间的甘特图和帕累托图

的价值流的主要现金流元素。典型的元素包括：

- 销售额（通常指某一个期间所对应的）。
- 材料成本（注意，仅仅显示用于销售产品对应的成本，将材料成本的变化单独列出）。
- 产出贡献（=销售额−材料成本）。
- 直接人工工资。
- 管理成本。
- 其他一般费用。
- 能源成本。
- 折旧。
- 耗材。
- 销售费用。
- 运费和分销费用。
- 研发费用。
- 其他成本。

将这些元素按照降序排列制成直方图。这样做的想法当然是想聚焦于可能影响最大的区域（或许是材料成本），而不要聚焦于影响较小的区域（或许是直接人工工资）。一个不错的想法就是画出如图 7-1 的图形：在纵轴上标示出金额，在横轴上按照 10% 递减的方式估计出实现的难易程度。

7.1.3 干预理论和变革的说明

如果你是精益的专家或者拥护者，不要误入自己亲自绘图的陷阱。那样的话取得的成果几乎不能保持，尽管你精通于此。

伊根（Gerard Egan）的广泛应用的并经过验证的干预理论（用于辅导咨询等）具有三个阶段，它们与绘图的三个阶段非常相似，即目前状态图、未来状态图、行动计划。第一个阶段使用熟练的、积极的倾听技巧来帮助发现盲点。使用开放式的，而非封闭式的问题，要认可团队过去的成绩并给予尊重。这里的任务是用新的视角来发现盲点，发现重要的影响点。第二个阶段是共同制定目标。它是探索和建立承诺的过程。这一步有三个小步骤：计算可能性，变更日程，构建承诺。第三个阶段也有三个小步：列出可能的战略，选择最合适的战略，以及制订计划——何事、何时、何地、何法等。这个过程需要耐心，想想乌龟和兔子的故事吧。

7.2 价值流绘图的步骤

绘图的主要步骤是绘制目前状态图、未来状态图和行动计划。不过这个过程很简单！就像人们说的"你投入多少的努力就得到多少回报"。不要选择"明显"的解决方案，或者利用绘制价值流图来佐证你本来就想做的事情！解决方案永远有多种，所以要想想多种未来状态图。

甚至在开始价值流绘图之前，进行一个练习，和团队成员一起用头脑风暴的方法想想重大的问题和麻烦。和团队讨论一下"成功看起来是什么"也非常有用。你认为顾客未来的体验是什么？你认为未来员工的体验又是什么呢？大胆一点！绘图是进行巨大转变的时机，而不是步进式的改变。赫森（Tim Hurson）在他的《更好地思考》(*Think Better*)一书中，称之为创造性的，或者突破性的，或者"大改善"思维，从而与复制式的、步进式的或者"小改善"思维相区别。

然后，在你实现（多种）未来状态以后，再回顾问题清单和成功清单，看看解决方案是否奏效。

罗素·艾可夫建议不要从目前状态开始向前开展工作，而是从未来状态或者理想状态开始向后倒推开展工作。可以按照这样的假设开始：工厂已经在昨天的一场大火中化为灰烬，我们今天应该怎么办？

参考文献

Tim Hurson, *Better Thinking*, McGraw Hill 2008
Russell Ackoff et al, *Idealized Design,* Wharton Publishing, 2007

7.2.1 价值流图绘制的组织工作

参见图 7-2 "价值流图绘制及其实施步骤"，绘制工作的准备通常包括：

- 设立"精益促进办公室"或者其他的由专家和促进者组成的支持性组织。请阅读《促进主持人操作手册》。
- 或许需要精益咨询师或者"Sensei"（日语，先生）。
- 各主要价值流分别需要一个价值流经理。
- 来自该区域的班组长和主管——包括车间区域和办公室区域。
- 几位优秀的操作员或者办公室职员——来自不同班次。
- 可能还需要其他员工——比如来自质量部、维修部以及会计部门的人员。
- 可以考虑是否邀请重要客户和供应商参加。
- 一两位外部人员，他们可以提出看起来很"傻"的问题，并会将学到的东西有朝一日运用到自己的区域。
- 中层经理的参与非常有必要——价值流的范围越大，越有必要。

因此，大一点的项目需要大概 10 个人，小一点的项目人数可以少一点。不是所有人都需要始终出勤。核心团队有 7 个人就可以了。

显然还要准备一些文具用品——几卷牛皮纸、大量的不干贴、马克笔、铅笔、黑板擦等，最好把工厂的布局图准备一份。

为价值流图绘制准备一间单独的"作战室"也很有必要。

现在已经出现绘制价值流图的计算机软件，如果实在要用它们，应该在最后阶段才使用它们：让大家都围绕着贴在墙上的"凌乱"的手绘价值流图开展讨论，远比对着个别人制作的整洁的计算机绘制的价值流图效果要好。计算机绘制的价值流图可以用作归档记录和沟通，不过作为工作用途不合适。

记住，绘制价值流图是一种"现场"活动，所以不要在办公室开展。

7.2.2 绘图前研讨会

召开一个启动研讨会，对期望进行讨论。回顾上节讨论的重要的帕累托图。简要介绍绘图的步骤。如果需要的话，利用研讨会给大家培训一下价值流分析的基本原理和浪费的概念。参观一下已经完成价值流图绘制工作的其他区域或许大有帮助。观看有关绘制价值流图的视频，这样的视频现在有很多。不过，基本活动还是阐明在上述的"在价值流绘图之前"所提出的问题。一个重要的考量就是定义"系统的边界"：需要包括什么，不要包括什么。SIPOC 图在这里很有用：S、I、P、O、C 分别代表供应商（supplier），输入（input），过程（process），输出（output）和顾客（customer）。在它上面花点时间。按照区域的责任界定来开展，不过也要顾及工作的自然流动和缓冲。大约在半数情况下，需要用产品族分析来识别即将要画的特定价值流。为了将精力集中于价值流中最耗费时间的部分，经常从整体提前时间帕累托图开始。

对于什么时候开始画图也要进行讨论。计划在一个代表性的日期画图——比如周三。要试图避开繁忙时间或者假期。

通过告知所有员工即将在哪些区域开展价值流绘图来启动。这不是简单的出于礼貌考虑，而是用于消除恐惧。在首次会议的时候，除了绘图团队人员以外，要考虑邀请很多其他部门的代表来参加。展示牛皮纸图（参见下节）来向所有人确定区域。带领团队所有人巡视生产路线。然后再回到会议室用头脑风暴的方法集体构思所需图形的类型。类型有多种，概述见本章后文，不过只需挑选需要的使用。

7.2.3 确定节拍时间

节拍时间通常是要重点考虑的，需要仔细计算。参见节拍时间和补料间隔时间的章节。不过要注意以下几点：

- 节拍时间可以沿着价值流而变化——比如有些地方只有一个班次，有的地方有两个班次。不过一直要将交付节拍或者说顾客节拍时间牢记在心。
- 节拍时间也可以随着时间而变化——在一年的跨度内。
- 节拍时间可以通过调整工作时间来保持不变。
- 在有些情况下，节拍时间意义很小，或者没有意义——在很多的文书工作、设计、使用大型转运容器的批量生产，以及在错误需求的情况下。在这些情况下，不要陷入没完没了且没有意义的讨论。这些情况下的产能管理和灵活性更为重要。

7.2.4 共享资源和变异

给共享资源以特定的关注至关重要——那些关键设备和工作站，以及某些时候服务于多个价值流的关键人员。对于它们，需要进行产能分析。如果将共享资源假定为专有的，然后制作价值流图，这显然是错误的。专有资源的总负荷也要进行计算。要把特定期间内流经该资源的所有零件纳入计算，而不仅仅是价值流中的那一部分。总负荷是经过工作站的各种零件的数量乘以单个零件的运行时间的总和，再加上该期间内的换型时间。如在关于 Muri 和 Mura 介绍中所说的，如果负荷超过 80% 的实际产能，这时就要特别注意。因此，OEE 数据也有用。

记住，变异是精益的大敌。参见 2.4 精益的公式章节。如果你看不到变异，你就看不到敌人——最后，它会毁灭性地证明给你看。因此，团队需要了解以下关键资源的变异情况。

- 周期时间。
- 换型时间。
- 运行时间。
- 质量。
- 对于该资源的需求。

可能的情况是，在这个局部分析之后得到的结果就是多种交付和提前时间问题的根本原因，随之就可以针对它们制定未来状态图中的行动计划。

7.2.5 开始绘图

将团队分成几个小组，分别去绘制单项流程要素图。对于《学会观察》一书中介绍的价值流图（见图 7-7、7-8、7-9）的价值流目前状态图，你可以让一个小组画物料流，另一个小组画信息流。仅仅根据现场所见画图，忽略明确的异常情况。到车间现场去收集数据。有经验的绘图者喜欢从下游向上游进行，因为这样他们就可以在亲临某个步骤的时候事先获得顾客的需求。如果你对此感到迷惑，也可以按照产品的自然流动从上游向下游进行。

基本的价值流绘图经常汇合以下五种基本的单项流程要素图：价值流图、质量过滤图、物理移动图、需求放大图和现金流图。自始至终，保有高层级的视角，关注重点步骤，然后再深入分析较低层级。肯定要有一个"需求"小组，参见 6.1 需求管理章节。同时，小组应该提供变异和绩效方面的数据，如上一节所述。

你通常会使用牛皮纸和各种颜色的不干贴，用一种颜色代表信息流，一种代表实物活动，还有的代表建议。

7.3 绘图及实施

最好将绘图看作 PDCA 过程，它没有终点，它是发现、暴露、减少浪费及其层次、需求的放大和变异的过程（见图 7-2）。

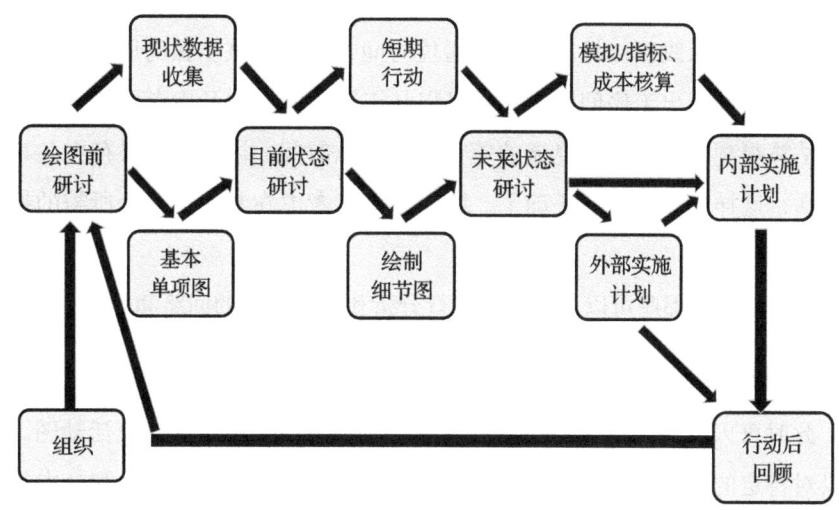

图 7-2 价值流图绘制及其实施步骤

目前状态研讨

如果是小型的价值流分析，这可以和基本的单项流程要素图放在一天进行。不然的话，就安排一个就近的日子。将所有单项流程要素图组合在一起。

和该区域的人员共同讨论它们，并验证绘图的结果。计算时间线、增值比和约束资源的利用率。将识别的浪费罗列出来，还有节拍时间、共享资源、变异信息等。

目的有三个：

- 获得一个清晰的全局概貌。
- 识别"挂在低处的果实"。
- 识别有待深入研究的地方。

短期行动

可以用迷你改善或者其他的快速行动计划来进行，但是在目前不要采用正式的改善活动，因为正式改善需要更细致的解释。对每一项行动都要规定一个具体的时间目标。

现金流图和成本图这两个财务方面的图往往会获得高层管理者的关注。

画两条时间线：一条用于实物流，另一条用于信息流。使用高低错落的城垛线，在城垛线顶部标出对应的增值时间，它就是该步骤的周期时间；在城垛线的底部标出工序间的时间，可以从工序间的在制品库存数量乘以节拍时间估算得到，或者是信息流的等待或者排队时间。注意，如果存在共享资源的话，这样的估计就不正确了，因为它没有考虑在共享资源处所需的排队等待时间。

识别并画出那些可以单独用来进行分析和实施改善的回路和子系统。

绘制细节图

此时可以绘制更具体的细节图。可以对选定的区域画出过程活动图。也可以对特定的信息流或者排程进行细化。对于流程非常清晰，决策分支很少的情况，可以画出信息流图。不然，就画出该选定区域的牛皮纸图。通常对选定过程的变异或者换型时间、次品率和需求数量进行回顾非常有用（相对而言，这些内容在《学会观察》中被忽略了）。有时，主要出于向管理层报告重点信息的目的，有必要准备一份成本—时间概貌图。具体的用于生产单元设计和生产线设计的绘图和分析在另外章节单独描述。生产单元布局图以及作业组合表也可能用到。

未来状态研讨

在绘制单项流程要素图的日程中要确定未来状态研讨会的确切日期。召开未来状态研讨会的目的是建立①未来状态，②行动计划，以及可能的③理想状态。使用稍后讨论的"未来状态图"问题和在排程章节讨论的"基本要素"作为指导原则。

未来状态图不应该是简单地在目前状态图上加上改善爆炸框而得到。那就太简单了——也不能代表精益的潜力。爆炸框只是 Muda，而不是 Muri 和 Mura——而我们需要识别全部的三者。因此必须要研究更广泛的排程问题，也就是说，用精益中的重复性生产排程原则或者可能的鼓—缓冲—绳模型，显示超市、拉动回路，以及补料路线等。这里的大部分都在第 9 章和第 10 章有详细描述。

画出未来状态图，以及可能的理想状态图，可以自由地添加注释。必要时也制作支持性的图和其他概念图，类似于布局图、超市概念、排程概念、信息流以及人员发展。尽力将所有的图都展现在作战室。将研讨会用作展示和收集建议并获得支持的工作场所。

模拟、指标和成本核算

尽可能对方案进行事先模拟。模拟可以有多种形式：①实物模拟，比如全尺寸的纸板模型；②纸上模拟，比如可以在纸上模拟一个月的生产计划；③用模拟语言编写的计算机模拟（比较罕见）。丰田也使用 3D 计算机模拟，以协助新产品的设计。

对现有的指标进行梳理回顾至关重要，它们可能与未来状态相冲突，比如，鼓励过度生产的指标。"衡量什么就得到什么"是绝对的真理。忽视它就将深受其害。例如，对 OEE 要小心。类似地，也要对成本核算进行仔细回顾。

特别地，对于未来状态图而言非常重要的是，你要和会计人员一起来确定库存减少和其他变化对财务报表的影响。对于这些主题，参照精益会计和绩效测量相关章节。

内部行动实施计划

内部行动实施计划包括确定何事、何人、何时、何地等事项。团队应该向管理层展示该计划,向车间人员做解释。使用力场分析作为解释和征求意见的方法。将活动制成甘特图。制订未来三个月的行动计划——有时要制订180天的行动计划,但最多不要超过这个时间跨度。甚至制订精益转型的总体计划。按照"大小适口"的原则来制订计划,做完一个部分再开始下一个部分,不要按照"一口吃个胖子"的思路来计划,否则永远完不成。

外部行动实施计划

外部行动实施计划包括上游和下游的合作组织。它应该将减少需求的放大效应及其变异包括进来。最终的外部行动计划将包括整个供应链。出于此目的,供应链结构图以及"观察全局"(延伸的价值流图)将变得必不可少。

行动后回顾

为了完成本轮的 PDSA 循环,在回顾期(比方说 90 天)之后安排一个回顾这个研讨会非常重要。尽量邀请每个人都参加。它包括的主题有:计划了什么,实现了什么,为什么有差异,可以从中学到什么并运用于下一轮实践。准备并维护一个检查表,用于以后的价值流绘图。将"全员学习"的文化内建到这个过程中。

延伸阅读

Peter Hines, Riccardo Silvi, Monica Bartolini, *Lean Profit Potential*, Cardiff Business School, 2002

Jeffrey Liker and David Meier, *The Toyota Way Fieldbook*, McGraw Hill, 2006, Chapter 3

Val Wosket, *Egan's Skilled Helper Model*, Routledge, 2006

Tom Justice and David Jamieson, *The Facilitator's Fieldbook*, 2nd edn., AmaCom, 2006

7.4 单项流程要素图的种类

7.4.1 单项流程要素图概览

Thinkflow 公司的麦克尔提出一个启动流程图绘制的重要方法(见图 7-3 和表 7-1)。它设定了方法,并询问重要的问题。

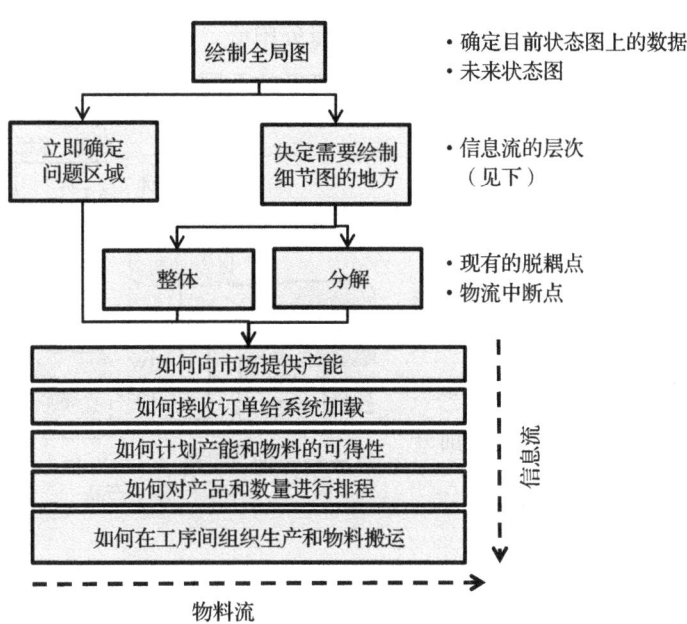

图 7-3 Thinkflow 的流程图绘制方法

表 7-1 流程图绘制检查表（示例）

问题	对问题的回答，绘制信息流的必要信息
1. 如何向市场提供产能	理解已有产能的可得性和数量
	按照产品族理解提前时间和库存
	不同需求类型的优先级
2. 如何接收订单给系统加载	订单输入和产能加载流程
	如何从供应商处订购物料
3. 如何计划产能和物料可得性	产能管理和物料分配
	确定并维持所需的库存水平
4. 如何计划产品和数量	排程的流程和方法
5. 如何在工序间组织生产和物料搬运	生产计划，物料移动方法和规程
	管理分包方
	同步化支持流程
	准备并发运订单

7.4.2 牛皮纸图

牛皮纸图是展示主要的产品流动和步骤的高层级图示。图 7-4 是一个示例，它来自于一个汽车金属件冲压公司。它用于阐明工厂的整体逻辑关系。

它的供应链版本则包括主要的供应商、服务中心、供应路径、配送路径、分销中心和主要的顾客。通常会显示产品流经的不同途径以及它们分别占的百分比。

经过及时的更新，该图可以成为作战室的焦点，显示各种照片、图形、不干贴便笺、进展和重点等。也可以并列展示总时间计划表——显示实施进度甘特图。团队应该定期（每周？）在总时间计划表前开会，检查进度，并更新到图上。

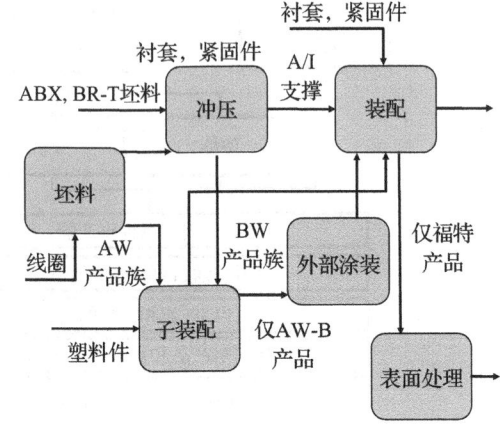

图 7-4　牛皮纸图

7.4.3　产品族分析

产品族分析将全部的产品分解为群组，对于一个群组的产品可以共同管理，或者共享一个价值流的重要部分。它是价值流分析的第一步，也是细胞式单元生产的基础。需要对它进行战略的和技术的考虑。

战略考虑

战略思考涉及：第一是退回一步，设想一下理想状态。正如史蒂芬·柯维（Stephen Covey）所说，"以终为始"。罗素·艾可夫在《理想化设计》（*Idealised Design*）中也持相同的看法，它敦促团队基于"系统在昨天晚上被摧毁了"的假设来思考。纳德勒（Nadler）则激发团队成员去设想下一代工厂。特别地，艾可夫建议团队成员：

- "聚焦于假设你在想有什么就有什么的时候你希望得到的状态，而不要在你不想要的状态上费心思。"
- "不要担心没有资源。"

同时，这样的思维不要延伸为幻想——包括到目前为止还没有出现的技术。它的理念就是向前设想，然后倒推工作，识别障碍，寻求可能的方案。不要以目前状态为基础向未来前进，而是以理想状态为基础向可能的未来状态前进。

战略思考和政策部署会有一些重叠。参阅第 5 章。它可能包括：

- 专有顾客的生产单元（如汽车行业的第一层级供应商）。
- 与重要顾客实现同步（如耐普罗和戴尔）。
- 在顾客场所设置生产单元（如捷豹汽车，或者购物中心里面的眼镜店）。
- 外包或者自制。
- 设立脉动或者流动生产线。

这里的某些概念会在第 8 章中详述。

参考文献

Russell Ackoff et al, *Idealized Design*, Wharton School Publishing, 2006

技术考虑

考虑了战略因素以后，剩下的就要考虑技术因素了。问题是如何将零件或者产品分成组，以便与生产单元或者价值流相对应。简而言之，有三种方法：

- 目视检查法，或者说"眼珠子"法，或者使用常识性知识——它们是最常用的。
- 矩阵方法——偶尔使用。
- 更为复杂的数学方法——较少使用。

参见第 8 章。

7.4.4 提前时间变异及缓冲库存的当量天数

提前时间的变异非常重要，它可能和整体的提前时间一样重要。我们已经分析过了提前时间帕累托图，现在我们再来对它的变异情况进行分析。

确保分析的对象是顾客的端到端的时间，而不是组织的内部时间。参见图 7-5。注意，图表中加了控制线。它的用途是去识别"特殊原因"，或者"失控的"状况或者次数。

在绘图的时候，重要的是查看"端到端"的表现，而不是那些较小的子系统。仅仅测量子系统不能给出总体绩效的指示。大野耐一曾经说过，"我们感兴趣的是，减少从订单到完成的提前时间。"在3日交付汽车项目（3DayCar）中，主要大公司的整个OTD过程（从订单到交付）的信息流都画了出来。

图7-5 从产品到交付的提前时间

汽车行业里的绝大部分人都在将改善焦点放在汽车的装配运营上，实际上由它产生的顾客延误仅仅占4%而已！如图7-6所示。

在你画一个系统图的时候，必须以端到端的绩效作为研究对象。首先要看看有没有异常情况，然后才开始改善该系统。

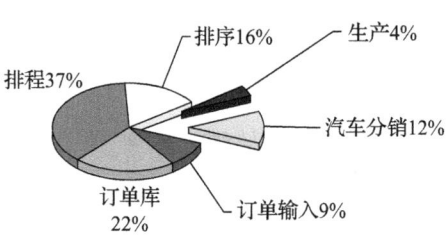

图7-6 汽车顾客延误分析
资料来源：Holweg 和 Pil，2004。

贯穿下面的分析中，通常（总是？）用当量天数来表达库存更有用，而不是用产品数量。当量天数应该和销售的产品数量相关，而不是和收入相关。你应该用一个具有代表性的月份的销售产品总数量，除以该月份的工作天数——扣除周末和假期——然后得到平均日销售数量。你也要对多个月份进行计算来加以验证，并获得通用的范围，即上限和下限（见图7-5）。

然后，在随后的绘图中，将每一个工序前积累形成的库存除以日均销售产品对应的该工序零件的数量，即将库存数量转化成当量天数，这个数字更有意义。也有其他的方法，比如，用该工序所对应的库存数量乘以节拍时间来计算时间线。通常，前者的计算方法比后者要更为稳健，特别是在存在共享资源的时候，因为此时的节拍时间已经失去意义，这可以在一些流程工业中观察到。

此后，你需要将适当的主要工序的原材料、在制品和成品按照库存当量天数归并成组。在这些库存中，在制品是价值流中的可控因素，而原材料也要适当持有，以应对供应问题，成品也是需要的，因为需求不稳定。

下面介绍的五个单项流程要素图（7.4.5 ~ 7.4.9）被认为是价值流绘图与分析的核心。它们应该同时使用，以便更有力地反映精益的图景。

7.4.5 "学会观察"图

"学会观察"图已经逐渐成为最流行的价值流图示工具，它可以清楚地展示价值流的目前状态和未来状态。该图是如此有影响力，已经成为价值流分析中必不可少的经典流程要素图，甚至被很多公司作为价值流图的唯一标准，并冠以"价值流图"的名字。本书中在没有指明的地方，"价值流图"指的就是"学会观察"图。"学会观察"图或者价值流图同时对信息流和物料流进行图示。它使用简单的方框来表示流程，使用直观的图例，比如卡车、工厂、看板卡等，因而直观易懂。这样的工具对于重复性运营非常适用，特别是只生产一种产品或者一个产品族的时候。该图有一个明显的特征，就是从顾客订单，到零件供应，到制造，再到最终交付产品，形成了"封闭回路"。这个封闭回路在一些细节活动图上是看不到的。图7-7展示了使用的主要绘图符号，图7-8和图7-9是示例。

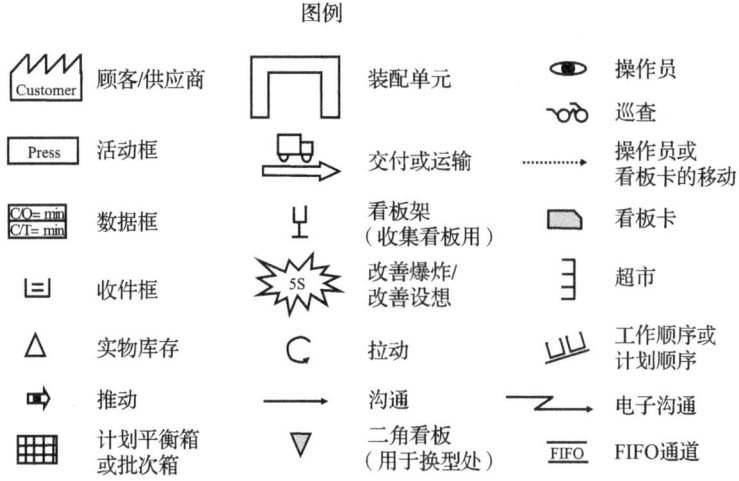

图 7-7 "学会观察"图使用的图例

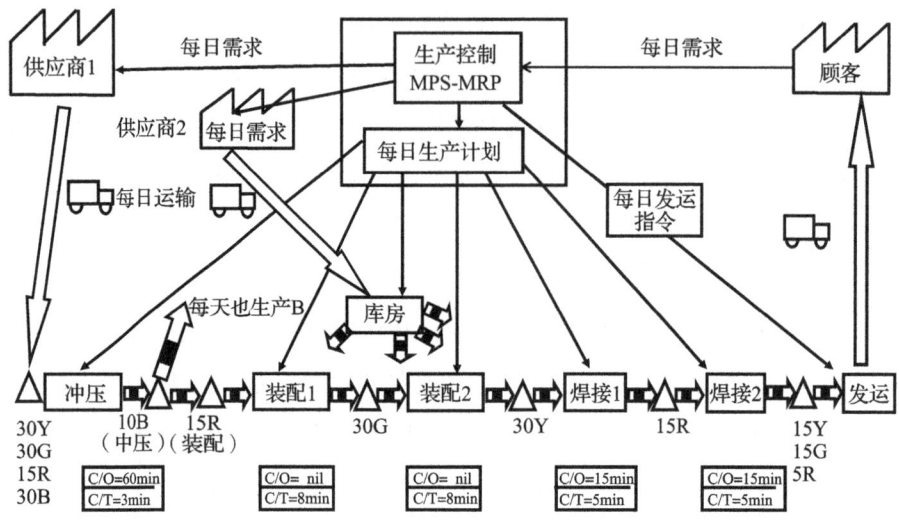

图 7-8 "学会观察"图示例（目前状态）

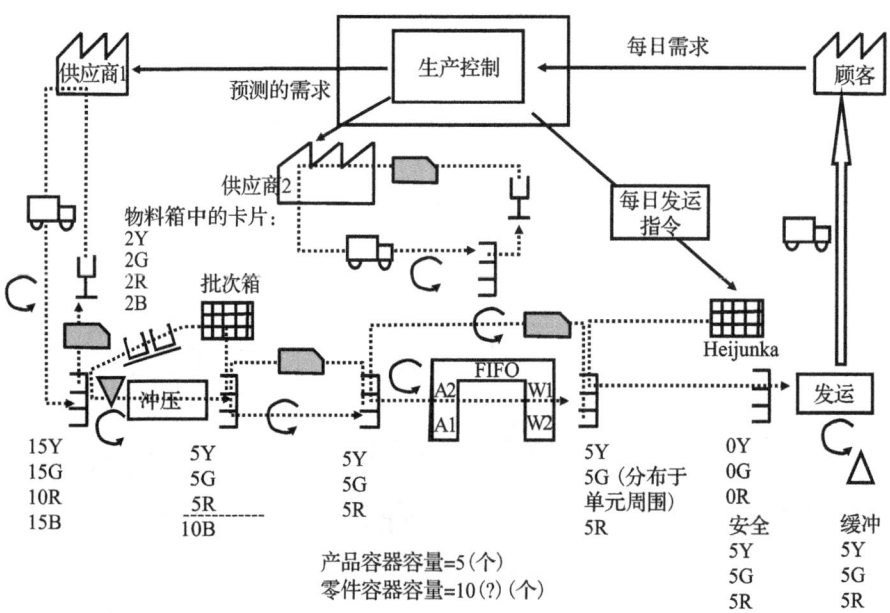

图 7-9 "学会观察"图示例（未来状态）

这个图的重点是，它提供了一个清晰的全局视图，可以用于计划，也可以用于参加人员包括上至最高管理层下至车间人员的会议。可以把它放在会议区域的白板上作为参照工具，可以用不干贴把意见和建议放在上面。

还可以将工作进展用图形展示。大部分的常用元素都有标准的图例，不过很多的绘图人员都根据需要发明了补充的图标。

建立未来状态图和理想状态图的步骤相似，包括如下两步。

第一步，将五个基本的单项流程要素图中的短期改善包括进来。这包括减少浪费的建议。将这些建议用"改善爆炸框"显示在图上。第二步需要对精益知识更为深入地理解。它们是布局和排程。然而，有必要将价值流图分解为各拉动分段，或者称之为回路，通常在它们之间放置超市进行缓冲。然后把这些作为基本的工具来设计布局。

局限性

当然，我们也必须了解"学会观察"图的局限性。首先，在一个时间点上它仅仅考虑一个产品，没有考虑共享资源上的产能关系。第二，它只是一个静止的图景，因此根本无法捕捉变异信息。它也因此不能表现产能或者负荷的情况，这是它的最大缺陷。在使用"学会观察"图来分析结果的时候，绘图者要对以上特点特别留意！

延伸阅读

Mike Rother and John Shook, *Learning to See*, The Lean Enterprise Institute, Brookline, MA, 1998

Kate Mackle and John Bicheno, *Lean Mapping*,

APICS Lean Manufacturing Workshop series, 2003. (CD and book). www.apics.org

7.4.6 物理移动图

物理移动图（spaghetti diagram，也称作细绳图、意大利面条图）是很早以来就用做优化布局的有效工具。它可以很好地追踪监测运输浪费。它再简单不过了，非常容易使用。就是在工厂的布局图上画出所研究产品的物流移动路线轨迹，并在图上标出库存的位置，如图 7-10 所示。不要忘记返工的回路、质量检查点以及决策判断点。计算移动路线的总长度。用其

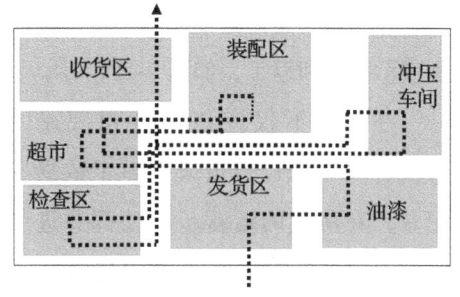

图 7-10　物理移动图

他的颜色来显示部件的配送路线,并再次计算移动路线的总长度。这样,浪费的移动和糟糕的布局就一览无余。让绘图团队沿着产品的移动路径走一遍,而不是仅仅画出来。在团队走动的时候,让它们对垂直方向的移动变化做记录——队员之间的记录越统一,结果越可靠。

物理移动图也可用于仓库拿取零件以及外部作业的移动路径。出于"产生震惊"的目的,很多公司都将每年移动的距离转化为绕行地球的圈数。詹姆斯·沃麦克曾经就将飞机的平均移动速度和蚂蚁的移动速度做比较。

"学会观察"图给出了主要步骤、信息流和时间线的概念,而物理移动图给出相应的地理布局上的概念。因此,它们形成一个组合,相互补充。不过,很奇怪的是,简单而有效的物理移动图在很多有关流程绘图的出版物中很少或者根本就没有被提及。至少需要跟踪测量两种流动——产品的流动,以及定期的(或者不定期的)物料搬运路线。

精益布局经常需要库存超市,生产线"拉动"超市取得所需物料。物料不应该零散地放置在很多位置。物料管理员(或者叫水蜘蛛,或者专职物料员)按照既定的路线给生产线配送物料,并运走完工的成品。物理移动图是建立最佳路线的最好工具。物理移动图也可以用在工作位的层级,比如减少换型的分析。

7.4.7 质量过滤图

质量过滤图用于跟踪和监测流程路线中的残次品的发生地点和来源。它把各工序步骤的每百万件产出或故障机会所对应的残次品数量(PPM)画成直方图来表示。尽管这个信息可能在"学习观察"图的目前状态图中已经收集并呈现出来,但质量过滤图还是有助于强调该问题。在直方图中用两种竖条分别表示报废和返工,如图 7-11 所示。

注意,不仅应该在公司要求的流程步骤处进行报废和返工数据记录,在所有的运营步骤处都要进行记录。这样做是为了确保能够获得朱兰所称的"痼疾性"浪费的信

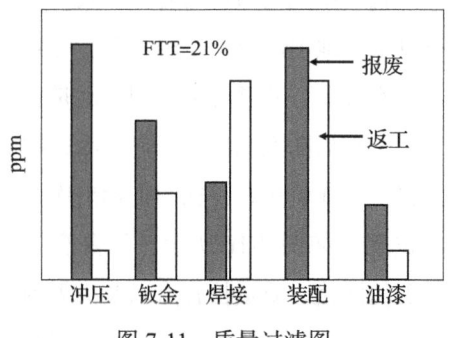

图 7-11　质量过滤图

息——人们对那些重复发生的残次品、返工和检查是如此习以为常，以至于不再认为它们是浪费。有一个例子就是机器人装配线末端的 100% 手工补焊，它得不到任何的改善优先级，而根据分析它却是工厂内最大的质量损失。

首次通过率（first time through，FTT）通常作为质量过滤图的一部分来计算。FTT 是一个百分比：100 × 发运产品数量 /（返工产品数量 + 报废产品数量 + 发运产品数量）。注意，如果产品在多个工作位重复经历返工，FTT 的计算结果可能是负值。

另一个可以替代 FTT 的指标是整批及时交付率（on time in full，OTIF）：即按整批计算的及时交付百分比。这个百分比数字可以与产品库存的当量天数相比较。库存量越高，OTIF 也应该越高。例如，如果产品库存的当量天数是 10 的话，OTIF 没有理由不是 100%。是吗？

质量过滤图可以突出显示这样的不合格品：它们沿着流程路线或者供应链一直移动了很长距离，直到在某个步骤被发现并拒收，这时如果把它送回返工已经在经济上不可行了，也就是说，唯一的处理方式只能是代价高昂的报废。同时，特别留意流到约束机器或者瓶颈工序上的产品，因为任何不合格品都会浪费宝贵的产能资源。

或者，也可以计算各个步骤的产出率（即产出 / 投入），这个指标对于流程工业和办公室非常有用。

不要轻易接受官方的不合格数据，最终交付时的 5 PPM 可能意味着卓越的过程控制的结果，也可能是不计其数的检查和返工的"功劳"。1995 年行业里流传一个关于某著名德国汽车制造商的故事，它在每辆汽车上用于修正的时间平均下来甚至比丰田制造一辆全新汽车的时间还长。然而，德国汽车的最终质量仍是一流的。

7.4.8 需求放大图

这个工具用于图示所谓的"福里斯特效应"或者"牛鞭效应"，因为麻省理工学院的杰伊·福里斯特（Jay Forrester）首先将沿供应链的干扰因素逐步放大的现象建立模型，并通过供应链沙盘游戏展示出来。它同时也是众所周知的用于质量管理的运行图的一种形式。放大效应在工厂和供应链中都会发生，而后者获得更多关注。放大效应是平顺化制造和精益生产的敌人，它是批量制造以及供应链中实施的库存控制政策的结果。例如，相当规律的或者平顺的顾客需求被零售商转化为批量订单，然后分销商考虑到安全库存的因素会对其进行调整，然后因为长换型时间或者大批量等因素制造商会再次放大，最后，因为更大的订购批量以及数量折扣等因素，供应商会对其进一步放大。结果是，供应链上距离顾客端越远的地方，其需求模式与顾客的实际需求相差就越大。

通常放大图画出月度中每天的数量。每一个步骤对应一条单独的运行线。例如，从采购，到收货、订单输入，从各个生产步骤的完成到发货等。供应链的放大图显示特定时期内沿供应链的各公司的订单、发运和库存的水平，它们的总和与该供应链中的总提前时间相吻合。获取这些数据的工作量虽然巨大，不过其成果往往出人意料。

图 7-12 显示的百货领域的例子，由 LERC 公司的西蒙和伊万（David Simons 和 Barry Evans）收集整理。该图形显示了，EPOS 需求（电子销售终端处需求，即顾客付款时的需求）是如何逐步沿供应链一直放大到供应商处的。在商店向地区性的分销中心（regional distribution center，RDC）下单的时候会有一些干扰发生，然而连锁超市的采购人员认为施加的调整导致了主要的放大作用。很明显这不是恶意的行为，它是最终需求对决策人员不透明因而采用预测方法所产生的效果。显然，放大作用将稳定而规律的顾客订单的好处完全化解。这将给供应商带来很大的麻烦，整体上会有更多的库存保持在系统中。哪里出错了呢？应该关注什么？

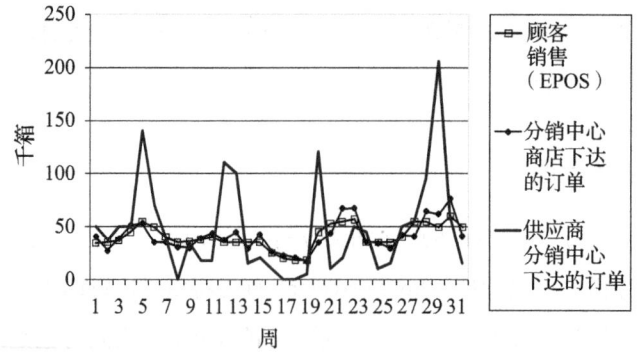

图 7-12 需求放大图

放大图对于抓住排程问题的重心来说是一个绝好的工具。它也是一个很好的评估工具，作为呈递给管理层的定期报告的一部分，或者用于评估精益实施效果的工具。供应链中的放大问题及其可能的解决方案在第 16 章中有详细讨论。

注意，为了建立一张有意义的需求放大图，选择有代表性的常规产品和时间期间（一般要三个月以上，避免圣诞节和夏季假期等）非常重要。同时要确认，零部件以及材料是真正用于正在研究的最终产品所对应的品种和数量，这样才能显示需求模式的直接相关性。

参考文献

Jay Forrester, 1961, *Industrial Dynamics*, MIT Press, Cambridge MA Lee, H. L., V. Padmanabhan, et al., 1997. 'The Bullwhip Effect in Supply Chains' *Sloan Management Review* Vol. 38 No. 3, p. 93-102.

7.4.9 财务图

将"学会观察"图和财务方面信息结合到一起也是可能的，这样可以看到资金停留在什么地方——多长时间资金才被再次利用。高层管理人员会对它显示出比库存周转次数更大的兴趣！如果从精益企业的观点出发，而不仅仅是精益运营的话，财务图则更为重要。有两个重要的财务图——现金流图和成本图。

现金流图跟踪显示流进和流出公司的现金流。它们是实实在在的"钱"，现金为王！很多人都知道，即使一个利润丰厚的企业也可能因为现金流问题而破产。现金流动的速度关系重大。

现金流突出显示用于购买原材料和零部件的资金和从顾客处收到的资金的差异。公司需要对该差异进行融通。那么，减少该差异的机会有哪些呢？增加对供应商的应付款账期，还是压缩用于内部运营、交付或者等待上面的资金占用时间？

成本图只是目前状态图的扩展，它显示的是与价值流有关的直接成本的一个快照截图，如图 7-13 所示。库存成本只显示对应的原材料的成本，附加到零件上的累积的增值工作部分并没有得到反映。这里有两个原因。第一，累积价值涉及判断和评估，在任何时候都需要花费大量的时间来计算，而收益却较少。第二，很多人认为，除非一个零件已经完全加工完毕，否则，不管加工程度如何，对顾客而言还是没有价值的。工序成本显示的是直接成本——肯定包含人工，不过也可能包括设备的使用费，或者折旧（在这点上存在争论，有人认为设备属于沉没成本，或许显示不显示都可以。不过，无论如何，使用的方法应该前后保持一致）。

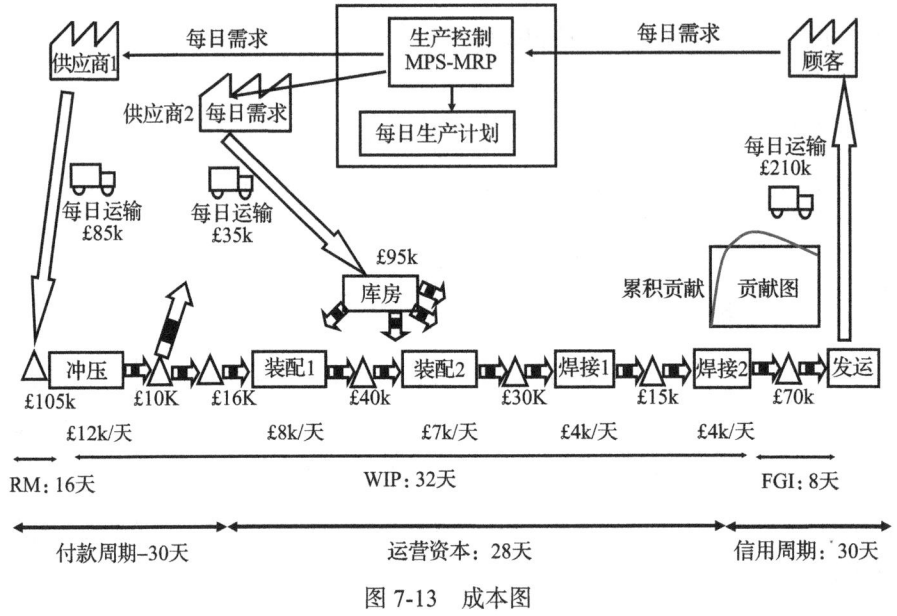

图 7-13　成本图

注意，在图 7-13 中还显示了产品贡献图。关键帕累托章节对其进行了讨论。它们非常重要，因为价值流中各零件所做出的贡献（销售价格－直接成本）应该是一条重要的信息。

注意，应该重点突出每一个共享资源。共享资源的成本应该在共享它的价值流中进行分摊，分摊比例按照使用该资源的时间。

7.4.10　人力资源图

未来状态图对未来所需要的技能组合也提出要求。需要确定这些技能。人力资源技能库或者"人力资源技能图"将在较高的管理层级开始，列出各个层级——从经理到操作员——所需的技能、所需要知道的和标准化的知识。

现有技能和所需技能之间的差异形成人力资源发展计划。企业内部督导人员培训（TWI）的框架在这里很有用。参见相关章节。

TWI 对主管人员提出五个范畴的需求：主管的通用定义就是任何管理他人的人，或者给他人的工作提供指导的人。这五个类别分别是：工作的知识——和特定的公司和流程相关；责任的知识——还是和特定的公司有关；然后是三个 TWI 技能即工作指导（JI）——如何指导；工作方法（JM）——如何解决问题并改善；工作关系（JR）——如何高效地和同事开展工作。将它们作为矩阵——陈列出来，类似于技能矩阵。

7.4.11 成本—时间图

时间—成本图就是显示累积成本相对于累积时间的曲线图。它的吸引人之处在于它的视觉冲击力。只要价值或者成本增加，曲线就向上走。平直部分表示在该时间段内没有价值或者成本产生。比如，在延迟等待或者储存的期间。曲线下方的面积代表资金被占用的时间。制作该图的目的在于通过减少时间或者成本从而达到最终减少曲线下方面积的目的。这个技术比简单的时间或者成本累积帕累托分析更为优越，因为可以从图上立即看出哪里有昂贵的库存在闲置，或者哪个步骤产生了延迟。图 7-14 是一个示例。注意到图中有两条累积线：一条是成本；一条是价值。两条线之间的差异代表浪费的、不增值的活动，以及其他的成本累积，比如被库存占用的资金。非增值活动包括质量检查、运输、文书活动和返工等。可以从过程活动图直接获得成本—时间图，只要将各项资源的成本费率乘以它们的用量就可以了。如果过程活动图记录在电子表格中，成本—时间图中数据的计算将格外容易。然而，即使完成这一步骤，在那些看起来是增值的流程步骤中，浪费可能依然存在——比如装配活动中浪费的移动，因此较低的曲线并不能代表最终的目的。两条线之间的垂直距离代表显而易见的浪费，但是并不能反映所有的浪费。例如，"长平台"区域就是代表一种不必要的存储或者库存的浪费。应该将目标设定为逐步降低曲线，向左下角的图形靠拢。

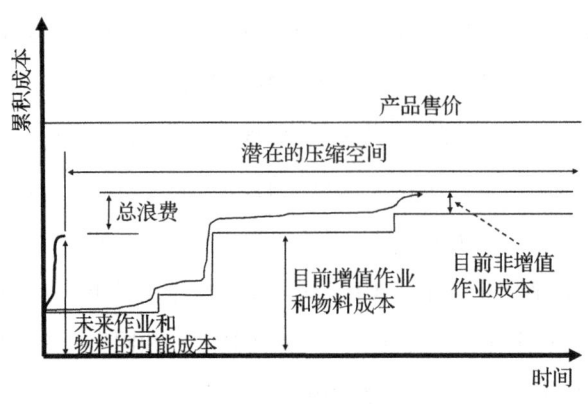

图 7-14　成本—时间图

注意，如果将采购的材料投入生产，图形上就会出现一条垂直线，其量值等于材料成本。实际上，绝大部分增值活动的时间和延迟及排队时间相比简直微不足道，而增值活动也显示为一条垂直跳动的线。

因此，成本—时间图就是一种用图形来识别成本在何时何地集聚的一种方法。它和其他的工具一道得到广泛应用，比如精益制造、供应链分析、业务流程重组、全面质量管理等。重点关注长平台区域，特别是在流程下游的长平台，因为成本已经在那里集聚。解决长平台将降低成本、提高响应性、改善质量。

该图也和质量改善相关，因为低劣的质量和浪费的时间之间有直接的相关关系。例如，一旦因为返工、检查或者排队等待等原因而出现延迟，成本和时间会同时增加。很多的顾客都青睐更短的反应周期和交付时间及更高的质量。

这个广泛应用的技术是由西屋电气开发的，作为赢取马尔科姆·鲍德里奇质量奖的卓越绩效的一部分。它也同样适用于制造和办公环境。西屋电气在全公司大量使用成本—时间图，不过该公司 1997 年的解体估计不能归咎于这个工具的使用！该公司在各个层级都使用这个工具。所有子过程的成本—时间图可以归并形成一个部门的成本—时间图，然后再归并所有部门就得到整个工厂或者事业部的成本—时间图。它们在这里使用的是总成本，因此有必要将单位成本乘以对应流程中的平均数量。所有的流程都必须考虑，包括增值流程、支持活动和管理费用。这样就获得了组织的总体流程视图，它可以用于流程重组或者战略规划（或称 Hoshin Kanri、政策部署）。

注意，在概念上讲成本—时间图是一个有力的工具，会对最高管理层产生影响——这是它的最大优点。然而，在实际中，画出这个曲线图非常困难，因为所需的基本数据一般不能直接得到。

延伸阅读

Jack H Fooks, *Profiles for Performance: Total Quality Methods for Reducing Cycle Time*, Addison Wesley, Reading, MA, 1993

7.4.12 "观察全局"供应链图

"观察全局"绘图和"学会观察"图的绘制非常相似。仅仅是范围更大：由工厂内的价值流变成工厂间的价值流。除了用工厂代替过程步骤以外，"观察全局"图看起来和"学会观察"价值流图一样，当然也增加了一些中间步骤，比如仓库或者配送站。信息流在图的上半部，而实物流放在图的下半部。更具体的原则在价值流图章节进行了描述，这里仅对供应链图的独有特征进行讨论。

观察全局图的主要优点是获得对供应链的整体了解，以及发现重要的合作机会，而不是实施具体的改善活动。

从这个意义上说，从各个公司召集绘图团队简直就是最困难也是最重要的问题。可以将它看作是互利的行动——没有幕后的动机。团队的级别应该相对较高，因为问题的级别较高。组成绘图小组的核心成员应该是来自参与公司的计划人员。

什么是完整的供应链——你应该将哪些层级的上游供应商包括进来？回答：尽可能多，或者说从实际的角度，只要参与公司愿意就将他们包括进来。即使只有两家公司，也值得绘制观察全局图。

因为焦点是整体的价值流，因此将大部分的工厂内流程集合到一起作为一个步骤也不影响最终的分析。因此，大部分的工厂在图上只是显示为一个过程框或者步骤。如果工厂内存在共享和专有资源的时候存在例外，例如，冲压车间是共享的，而使用其提供零件的装配线是专有的。它们一般就有单独的计划排程系统。在理想的情况下，整个供应链中的各公司应该首先在内部绘出"学会观察"图。不过，即使没有预先制作"学会观察"图，也会从供应链图中发现大量的机会。例如，在三日交付汽车项目的研究中，在从下单到收到新汽车的可能长达 6 周的延迟中，研究人员发现，它们大部分是由于沿供应链的信息延误导致的。因此，不要首先考虑内部实物的变化，而是要首先分析改善信息流。

和价值流图一样，需求放大图是主要的有支持作用的辅助性图形分析工具，应该沿"观察全局"图的各组成单位收集其数据。这时候的焦点应该更多地放在信息流，而不是实物流上面。仍然把实物流的信息画在图形的下半部，不过将精力集中在信息流上。实物流可能只是一些"黑匣子"，不过深入到供应链的计划排程决策过程以及相关的延迟的细节会产生真正的效果。在制作信息流的时候，同时也记录 IT 系统或者数据库的更新频率，或者是计划排程系统的运行周期：如果一个系统每周仅仅运行一次，平均而言会导致 3.5 天的延迟。

在整个画图的过程中始终将最终顾客放在心中。中间顾客（其他公司）确实也重要，不过供应链是为了最终顾客而存在的。因此，应该聚焦于最终顾客来识别浪费和机会。

价值流图和观察全局图的共同瑕疵是它们对待共享资源的方式（这个方面总体上来说在《学会观察》中没有提及）。整个供应链中很可能存在几处共享资源。它们所使用的计划排程方法是关键所在。它还为哪些其他的供应链服务？它为某一特定供应链预留的产能是多少？这些都是重要的问题。例如，在某供应链的研究中发现，链中的某一企业在最初为所研究的供应链仅仅预留每周一天的产能。因此，是否可以降低换型时间或者增加缓冲（供应链超市）以确保更短的产品组合的生产周期（every product every interval，EPE）？额外的成本由谁支付？对计划排程的假设和约束等方面的细致理解将回报丰厚。计划排程的基本要素（见相关章节）也和供应链紧密相关。

它的另一个瑕疵就是忽视了变异——变异对供应链的杀伤力比在工厂内要更为严重。因此，要精心考虑未来供应链对于供应中断、停机故障、交期变异、质量问题等的脆弱性。也要重点考虑供应链超市的战略选址问题。

延伸阅读

Dan Jones and Jim Womack, *Seeing the Whole: mapping the extended value stream*, Lean Enterprise Institute, Boston, 2002

Darren Dolcemascolo, *Improving the Extended Value Stream*, Productivity, 2006

Holweg and Pil, *The Second Century*, MIT Press, 2004

7.4.13　跟踪订单

沙皮罗（Shapiro）的《把你自己钉在订单上》(*Staple yourself to an order*)一文是跟踪订单的不错指导：从收单到发运，全程跟踪订单。目的是降低提前时间，提升顾客服务，改善现金流。沙皮罗等人强调跟踪完整的"订单管理循环"——从计划直到售后服务——的重要性。

他们认为，这个过程有10个典型的步骤，有些可能相互重叠。

- 订单计划。
- 订单生成。
- 成本估计和定价。
- 订单接收和输入。
- 订单选择和排序。
- 排程。
- 履行——包括采购、制造、装配、测试、发运、安装等。
- 开票。
- 退货和索赔。
- 售后服务。

沙皮罗等人建议制作一个矩阵图，将以上的10个步骤作为行标题，而将各部门和职能作为列标题。

在订单流经各步骤和部门的过程中，使用箭头和活动框跟踪订单的流动。确定每一个步骤的主要负责方和支持方。使用三角形来表示延误和等待。估计延误和等待的时间长度。在实际画图的时候，用不同颜色或者阴影来表示纸质文件的实际流动以及计算机网络、电话和传真等的信息传递过程。图7-15是一个简化的汽车行业的订单履行过程，平均大概需要41天完成一个订单,大部分的延误都是因为在各种计划排程过程中的信息流动造成的。

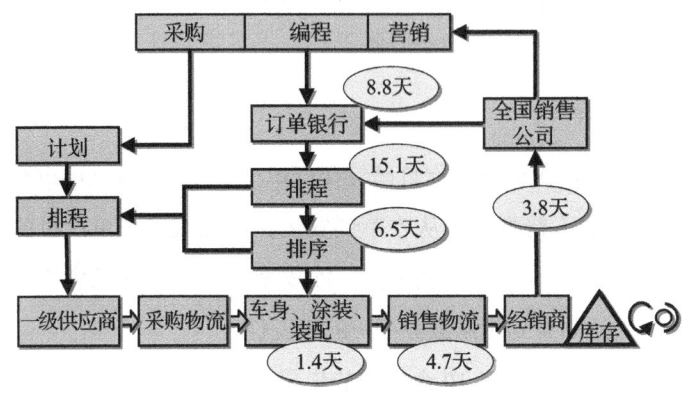

图 7-15　订单履行过程简图

现在开始提问题。目的是缩短时间和减少浪费。这个过程富有创意。最好让过程涉及的人员来对其进行分析和改善。需要大胆思考和想象,而不是步进式的调整。迈克尔·哈默(Michael Hammer)在《哈佛商业评论》中的经典文章的标题指出了重点,"工作再造:消灭自动化",这正是需要的思考方式。竞争性的标杆学习也很有用,类似的还有价值工程提倡的创造性。文章中甚至对此列举了一个令人吃惊的例子:福特公司雇用了 400 个员工处理应付账款工作,而马自达仅仅使用了 7 个人来处理类似的工作。

基本的步骤是检查流程图,并将活动分成两类:直接增加顾客价值的增值活动,以及没有增加顾客价值的非增值活动。可以将"7 种浪费"作为指导原则。这里的想法是在尽可能短的时间内实现产品或者服务的增值。因此,要尽可能让某一增值活动与前一个增值活动相连续,不要让等待、排队或者对公司有帮助而对顾客没有帮助的流程步骤将增值活动中断。斯道克将这些称为"主要顺序"。这里有一些指导原则。

- 是否可以将非增值步骤消除、简化或者减少?
- 是否可以将延误增值活动的其他活动简化或者重新排程?
- 是否存在其他的活动,特别是非增值活动,可以和增值活动平行开展?

- 是否可以将从一个部门前向传递（传回？）到另一个部门的活动重组为小组活动？更好的是，能否让一个人来完成该活动？这样做的话，需要哪些培训和支持？
- 瓶颈在什么地方？是否可以扩大瓶颈处的产能？瓶颈是否一直在运行，还是因不重要的原因而延误？瓶颈操作是否被非瓶颈操作延误，不管它是增值的或是非增值的？
- 在增值步骤的主要顺序开始之前可以进行哪些准备工作以避免延误？比如，准备书面文件，保持设备处于可立即运行的状态。
- 是否可以将顾客必需的变型或者要求放到更靠后的流程？例如，生产基本款的产品或者服务，将增加"颜色和天窗"等工作尽可能往后安排。
- 如果工作是批处理，是否可以将批进行分割？这样它就不用等待整批产品都完成某一步骤之后才可以移动到下一步骤。
- 是否提高了员工的技能灵活性，让同一位员工从事多种工作？这样就可以减少交接工作的延误。
- 决策的过程是什么？是否可以将决策权下放到决策信息使用点？能否重新设定日常的决定流程，将它们下放到现场？或许可以使用"专家系统"。
- 从时间的观点来看，每个活动的最佳开展地点是哪里？是否可以将它们放在使用点或者顾客接触点进行？或者必须放在其他的某个地方？
- 顾客是否更喜欢"一站式"的流程？如果不是，究竟是什么原因？
- 如果发生问题，会发生什么样的延迟？如何将延迟最小化？
- 获得什么样的信息可以让增值步骤更加平顺和连贯？如果存在多个信息源，是否可以将它们放到一处？可以使用一个公用数据库吗？建立数据采集流程的原则是只采集一次，所有人都使用相同的数据。
- 作为下一个优先级，是否可以将增值活动的时间进行压缩？

迈克尔·哈默提出一些有益的非机械性的假定。下述几点就是基于他的假定的创新思考：

- 你是否假定必须让专家从事一项工作？（人员）
- 你是否假定采购只在收到发票以后才会付款？（时间）

- 你是否假定只有在办公室才可以做记录？（地点）
- 你是否假定更好的服务就需要更多的库存？（资源）
- 你是否假定不必让客户参与？（顾客）

注意：此图还有一些增强的变形，包括在结点上用报事贴增加备注（信息框或者建议），在图的下面画出时间线，标出流动的载体形式（纸、传真等），添加相关的照片，用不同的箭头示意活动的类型。

延伸阅读

Benson Shapiro, Kasturi Rangan, John Sviokla, 'Staple Yourself to an Order', *Harvard Business Review*, July-August 1992, pp113-122

George Stalk and Thomas Hout, *Competing Against Time*, The Free Press, New York, 1990

John Bicheno, *The Lean Toolbox for Service Systems*, PICSIE, 2008. See Part 2: Service Mapping

Michal Hammer and James Champy, *Reengineering the Corporation*

7.4.14　反馈图（系统动态图）

除了需求放大图和提前时间图以外，上述讨论的大部分图都是对现状的一种快照截图式的反映。然而，很多时候需要获取各种活动的内在联系和反馈回路。仅仅是画出它们，甚至不用进行量化分析，都会大大改善对现状的理解。大野耐一最喜欢的词就是——理解。

图 7-16 展示了一个例子。公司会发现自己处于一个永不停止的螺旋之中。计划不稳定性在短期内会导致生产线绩效的变异，这反过来又会导致计划延期，它进一步侵蚀计划的机器维护时间。机器的计划维护时间缩短会产生质量问题，质量问题会直接反映为进一步恶化的计划延期。短期的生产线绩效影响 OEE，OEE 也会受耗时长且不稳定的换型作业影响。OEE 变差以后，往往产生增加批量的压力。大批量会产出高库存，库存增加进一步生产货架保质期问题——客户进而拒收。产品报废以及满足顾客需求直接导致救火式的计划，这就是基本的计划不稳定的原因。

图 7-16 显示，"根本原因"有时就是反馈回路的一部分。即使面临牺牲顾客的短期交付水平的情况，也给予计划维护时间上的优先级，再结合对换型作业的优化，一般都会大大改善这种情况。

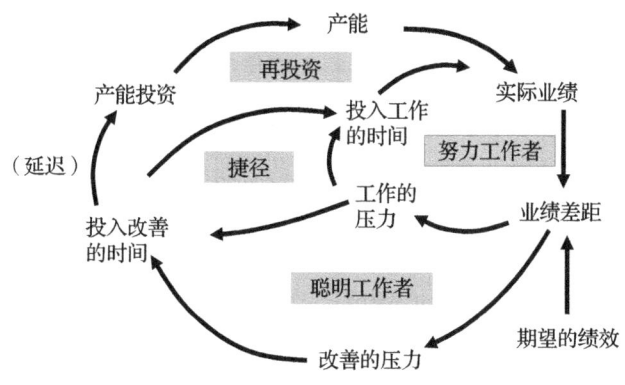

图 7-16 反馈（系统动态）图

资料来源：改编自 Repenning 和 Sterman。

参考文献

Peter Senge, *The Fifth Discipline*, (revised edn.), Random House, 2006

Repenning and Sterman, 'Nobody ever gets credit for fixing problems that never happened', *California Management Review*, Summer 2001, pp 64-88

7.4.15 过程活动图

过程活动图比上述的各种图都要具体详细，它应该仅仅使用于存在特定问题的子过程中。前面各图一般以小时和分钟来分析活动，而过程活动图以秒为单位。不过，在没有识别出哪些小时和分钟需要关注之前，专注于秒级的分析也没有意义。该图是工业工程师使用的经典工具。在精益中的差别是，现在它不仅为工作分析人员或者工业工程师使用，主管和操作人员也都在使用它。事实上，首先要让操作者学会使用这个极有效的工具。

过程活动图是在微观上对增值活动和非增值活动进行细节分析的首选工具。过程活动图列出了生产一件产品或者提供一项服务所涉及的每一个步骤，使用标准的图例来代表"操作""延迟""移动""储存"和"检查"等。（见图 7-17）

该图有助于发现浪费的活动，并将全部的过程进行文件化。制作此图的另一个原因是有助于沟通。系统性的记录对于暴露可能的质量或者生产率问题也大有裨益。

步骤	描述	图例	时间	库存	人员	设备	备注
1	卸载卡车	○	8分	4 000件	2	叉车	
2	放置于收货处	D	3分	平均2 000件	0		临时存放
3	移到生产线	⇨	1.6分/趟	每趟1 000件	1	叉车	4趟
4	储存于生产线	▽	330分	4 000件	0		
5	冲压	○	0.06分/件	1件	1	AZ20冲床	每批4 000件
6	储存于容器	D	12分	2 000件			

图 7-17 过程活动图

许多公司已经在使用过程活动图。不过对它们也要留意，因为"正式"的流程图和实际的作业方法往往存在差异。它们是否得到及时更新？团队或者分析人员应该花时间了解大量的产品、服务或者顾客，并将发生的"恐怖故事"形成文件。经常可以发现大量的行动或者"返工回路"，而管理层对它们却一无所知。不过，使用该图的用意不是用来"维护治安"。改善团队经常在改善中为自身的使用而画图，不用向管理层提交。

制作过程活动图

有些过程图可能非常冗长而复杂。如果确实如此，首先将它们按照责任归属或者物理区域分成几个部分，然后才开始具体的记录（见图 7-16）。优先使用动词加名词的结构来描述过程（例如，选择零件、确认文件等），并确定活动的类别（例如，操作、运输/移动、检查、延迟和存储）。注意：延迟和存储的区别在于，存储是物料在既定的位置或者库房存放，而延迟是由于类似于等待工位器具等原因产生的工序停顿的结果。需要将增值与非增值作业加以区别。

在编写过程图的过程中，也需要将距离、时间、库存和操作人员数量等信息加以记录。如果你已经对工作研究非常熟悉，也把工作的"速度"记录下来，不过这不是第一优先级。同时，也将任何的浪费、员工的意见或者其他有趣的事件进行记录。现在大部分的流程图都已经包含了电子照片。

在巡回视察的过程中，记录库存控制卡片上的时间，灰尘的数量，以及容器的使用规则——是按照先进先出，还是后进先出来使用？你可能也会看到一些类似于旋转木马一类的自动仓储设备。如果是这样的话，把它们记录下来（必要时要花点时间来研究一下它们），以获得一个存储或者延误时间长度的大概概念。

一个非常有用的练习就是跟踪特定的一个（而不是一类）零件。不过，通常这个方法不可行，因为过程中延迟的时间太长。因此，在某些零件上做好标记，过一段时间再回头来跟踪它们的进度。很多的制造零件都拥有多个流入"主顺序"（总生产线）的分支或者子装配线。一般先研究"主顺序"，然后再对主要的分支的时间、成本进行研究，通常没有必要对所有的分支都进行研究。

也可以将某一个特定的顺序作为"黑匣子"，有一个专门的表示黑匣子的图标。对于检查和返工点特别留意。为什么需要它们？是否可以事先进行？拒收件是如何处理的？

工作分析中有更详细的画图技术，比如双手流程图等，不过，除非你已经识别了特定的瓶颈工序，不然就没有必要使用过于复杂的工具。

分析过程活动图

第一步就是首先将详细的过程活动按照增值、非增值和必要的非增值进行分类。参阅基本原理章节。注意，有些人倾向于只用增值和非增值来指示活动，这样可以避免就是否必要来进行冗长的讨论。有些人在增值步骤上贴上绿色标签，在非增值上贴上红色标签（多准备点红色标签吧）。

一般而言，接下来的步骤是使用"五次为什么"方法（询问5次为什么直到获得根本原因，参见改善章节）和吉卜林的"6个忠实仆人"（我所有的知识都来自于它们的教导，它们的名字是何物、何因、何时、何地、何法以及何人）来进行分析。

然后，就是创新和重新设计的阶段。下面是一些"机械的"考虑：

- 是否可以将检查步骤往前移，或者干脆取消？
- 是否将有些步骤同时进行？
- 是否存在明显可以进行自动化的步骤？

- 是否有复制数据的情况？数据是否有效地得到分享？
- 是否可以在活动开始之前就完成相应的准备工作？
- 是否可以将某个步骤移到其他阶段？例如，是否可以让供应商来从事非关键工序？

在跟踪订单章节所讨论的问题，在这里也同样有效。

延伸阅读

Diane Galloway, *Mapping Work Processes*, ASQ Quality Press, Milwaukee, 1994

7.4.16 价值流图和政策部署：TRIZ 的洞察

我们在制作价值流的时候，重点关注的是现在和不久的将来，问题的解决方案也有特定的针对层级——比如，产品的价值流层级，而不是具体的加工活动层级。类似地，在战略性的政策部署中，我们有时关心的是短期的 SWOT 分析，解决方案也针对特定的层级。

此外，TRIZ 的"九宫格"也给了我们一些有益的启示。九宫格是一种 3×3 的矩阵。矩阵中的 3 列分别代表过去、现在和未来，3 行代表上一级系统、本级系统和子系统。这个概念的益处在于：我们通常只关心中间的窗格（现在、本级系统），而该概念也提醒我们同时考虑其他的 8 个窗格。

延伸阅读

Darrell Mann, *Hands-on Systematic Innovation for Business and Management*, IFR, 2004

7.5 精益评估和原则

这一节我们讲述分别由小林、雪恩伯格尔和古德曼提出的三种评估方法。此类的自我评估问卷对于识别改善机会或者薄弱环节以及指导实施都很有帮助。可以选择绘图没有涵盖的领域来进行评估，比如供应商绩效、顾客和员工激励，或者持续改善等。小林评估体系是典型的日本方法，以车间现场为核心。雪恩伯格尔的方法提供了更为广阔的视角，将顾客、标杆学习以及以西方的眼光来看待员工也包括进来。注意：欧洲精益卓越模型已经成为广为使用的通用评估框架，不过我们在这里重点考虑与精益运营有关的评估。

7.5.1 雪恩伯格尔的原则

理查德·雪恩伯格尔，《卓越的日本制造技术和世界级制造业：下一个十年》(*Japanese Manufacturing Techniques and World Class Manufacturing: The Next Decade*) 以及《精益六西格玛最佳实践》(*Best Practices in Lean Six Sigma*)（2008）的作者，总结了"世界级制造的 16 个原则"。这 16 个原则是精益运营的精炼的指南。在每一个原则上，可以按照 1 分到 5 分的评分对一个公司的精益程度进行量化评估。对于总分是 80 分的 16 个原则，53 分意味着达到"基本成熟"（adulthood），67 分达到"完全成熟"（maturity）。要想在 4 分或者 5 分的成绩上继续提升，对于大部分的制造企业都是相当有挑战性的。

这些原则为：

（1）**与顾客形成团队**。按照顾客/产品族组织运营。最好是按照顾客族来组织并关注于顾客族。在此基础上尽量按照端到端的价值流来组织。

（2）**捕捉并使用顾客、竞争和最佳实践信息**。目的：用源于顾客（顾客满意度/需求调查）、竞争产品（竞争分析）和非竞争的最佳实践（标杆研究）等的外部数据来驱动改善努力。

（3）**持续、快速地改善通用的顾客需要**。这是成果方面的原则，即用顾客的眼光来衡量改善效果。所有的顾客，不管是内部的或者外部的，都需要质量（Q）、快速响应（S）、灵活性（F）和价值（V）。这些都是关注顾客组织的通用的持续改善需要。

（4）**全员参与变革和战略规划**。这个原则给授权型的和自我管理的团队提供了一个框架。"一线员工"包括专家、技师以及操作员和办公室职员。

（5）**减少部件、操作和供应商的数量**。这个单独的设计原则包括产品设计和供应链设计，两者紧密相关。

1）两者都要求简单化和数量上的精简。

2）减少供应商的数量在什么时候都不是一件容易的事情，因为新产品或者改型的产品、零件号、操作方法和外包决定通常都会增加供应商——这就需要额外的努力来简化和减少供应链的宽度。

3）减少零件号、操作方法的增长的努力，也会同时遏制供应商数量的增加。

（6）**减少总的流动时间、流动距离和启动、换型时间**。这个原则聚焦于三个关键的精益概念。

（7）**按照顾客使用或者需求的速度来生产**。这个原则关系到排程和协同，包括顾客需求节奏、节拍时间、监控计划完成率、季节性、分销中心和分销商以及改善活动等方面。

（8）**为每一个员工的新角色提供持续培训**。

（9）**扩大认可、奖励和薪酬的种类**。这个原则"形成闭环"，即将持续改善形成的价值回馈员工——对于保持流程改善"长盛不衰"是必需的。

（10）**持续减少变异和事故**。每个人都应该知道并使用大部分的统计学（简单实用的）工具，来捕捉变异、事故、不安全或者损害环境的事件，并隔离产生它们的诱因。

（11）**一线团队在现场记录并保存流程数据**。有效的质量管理和流程改善需要一线员工，而不仅仅是经理和专家的参与。所有人：参与的意识是指，一线员工必须是流程数据的收集者、拥有者和使用者。可视化管理：与可视的数据相比，隐藏的数据被较少使用，因此，可视化管理必须是第一步中的一个培训主题，将流程数据绘制成可视的图形是第二步的需要。

（12）**控制根本原因，减少内部转手操作和报告**。这个原则遵循"控制经济"的概念。当流程非常复杂、能力不足、容易产生缺陷产品、变化无常的时候最需要控制，当流程很简单、能力充足、很少出现异常的情况时，很少需要正式的控制。最好的控制就是没有控制，因此需要将流程固定。

（13）**将绩效测量与通用的顾客需要相统一**。这个原则关系到将QSFV（通用顾客需要）作为内部绩效指标（衡量标准）使用的程度。第三个原则与此不同，因为它专门用于测量QSFV的达成程度。

（14）**在增加新设备或者进行自动化改造之前先提升现有能力**。通过以下方法改善现有的实物能力（工厂和设备）：①全员生产性维护（TPM）；②简单化操作、维修、调试和过程控制；③提升安全和健康标准；④主人翁意识，操作人员必须对维护和安全负责（包括环境危害和设备磨损导致的安全问题），就像他们对质量所应负的责任一样，并且参与机器的选择和改善；维修人员、安全人员必须是教练员和帮助者，就像质量人员在全员质量管理体系下所担负的角色那样。

（15）**寻求简单、可移动、可扩展、低成本和专用的设备**。一个高产量的标准产品族的理想产能应该是专门的团队、专门的设施和最少的调试，它的运转就像一个独立的业务单元。对于低产量多型号的产品，应该是拥有多项技能的专门团队和灵活的有快速换型能力的生产设施。例如，一场三月的暴风雪让福特罗密欧位于密歇根州的发动机工厂人员无法上班，而另一条生产线（Niche）却运转正常，因为只有一个单独的小团队在该线上生产发动机。在任何情况下，生产设施都应该尽量可以移动：厂房的地板结实、隔断很少、每个地方都有水电气等设施、呈矩形的形状、标准化的设备、通常设备都配有轮子、模块化的水池和管路等。

（16）**促进、推广、延伸每一个改善**。该组织在 QSFV 上的改善令人印象深刻，从而吸引并留住了顾客。

7.5.2　小林的 20 个关键

小林的 20 个关键作为制造领域的评估 / 审计和车间层级的精益制造实施指南得到越来越多的认可。20 个关键与精益运营的基本概念密切相关，其中的大部分可以在本书的各个章节看到。小林的概念非常有用，因为：

- 按照实施的顺序给出指导。
- 每一个关键都有从 1 ~ 5 分的评分标准，用于内部的评估，1 分表示刚刚起步，而 5 分表示理想状态（肯定超过所谓的"世界级水平"）。
- 建立了各关键之间的联系。例如，为了在生产计划的关键方面达到一个更高的水平，需要在所有的其他 19 个关键方面采取行动。因此，如果不是在所有的关键方面都发生了根本性的改善，很难在大部分的关键领域上达到更高水平。

- 作为评估方法，可以和其他组织进行比较，尽管雪恩伯格尔和费雪的方法也可以。

下面给出了20个关键的精髓，它们也显示出与本书中其他章节的联系，并就其特征进行评论。

备注1：参见延伸阅读。该书中有对于20个关键的从1到5的完整评估方法，以及大量的有益的提示。

备注2：一些西方的经理和精益制造评论家感觉小林关于操作人员的观点过于严苛（例如第3、4、6、7、10、15个关键），不可能期望西方的工人变成机器人。精益实践者倾向于对此观点不予完全采纳，认为它其实是一种误解，并认为标准和纪律是持续改善的基础。

备注3：有人或许会说20个关键本质上是20个独立的，而不是有机联系的观点，因此这些"点改善"或者说局部改善需要更高级工具比如价值流图或者政策部署将它们联系到一起使用才有意义。

这20个关键是：

（1）清洁和整齐（参见5S相关章节）。

（2）参与型管理或者自上而下—自下而上式管理。这类似于基本的政策部署。从无组织到各层级间的互动、跨职能的参与。

（3）团队的改善（参见改善相关章节）。

（4）过量生产，减少库存和提前时间（参见浪费和基于时间的竞争相关章节）。

（5）快速换型（参见快速换型相关章节）。

（6）车间的持续改善（参见现场、改善相关章节）。

（7）"零监督"（参见生产单元的平衡和"自动化"相关章节）。

（8）流程、单元化制造（参见生产单元、看板相关章节）。

（9）维护（参见TPM相关章节）。

（10）有纪律的、有节奏的工作（参见单元平衡、均衡生产相关章节）。

（11）缺陷（参见质量、防错相关章节）。从检查员负责发现缺陷，到过程控制，预防，操作者责任和防错。

（12）供应商伙伴关系（参见供应商开发、供应商协会相关章节）。

（13）识别和消除浪费（参见浪费、绘制流程图相关章节）。

（14）工人授权和培训（参见人员相关章节）。

（15）跨职能工作、多技能（参见人员和实施相关章节）。

（16）排程（参见流动、拉动和规律性相关章节）。

（17）效率（参见改善和绩效测量相关章节）。

（18）技术和小型机器（参见递进思维相关章节）。

（19）节约能源和材料（参见浪费相关章节）。

（20）适当的现场技术和同步工程（参见新产品导入相关章节）。

根据小林的说法，第1~4个关键是基础，是起点。它们导致了第5~20个关键，并作为一个整体共同起作用。同时，第4个关键对时间，第11个对质量，第6个和第19个对成本尤为重要。后面的4个关键需要其他关键的完善才能保证完全有效。小林还使用"豆苗"作为类比，也就是说，在豆苗的苗圃中，没有哪一个豆苗可以比其他豆苗高出许多，否则它不久就会弯倒。精益也和这个类似，各个方面的发展应该大体上均衡。

一些公司，例如Arvin Meritor，不仅使用这20个关键作为评估工具，也作为发展的主要平台。他们的工厂持续努力，以期在各个类别上都达到更高的水平。从这个角度讲，小林的书很有用处。

7.5.3 快速工厂评估

古德森（R. Eugene Goodson）开发了一个非常有用的工厂评估工具，用于供应商工厂的有效对比和评估。因此，当你参观一个工厂时，让你的团队在参观过后使用古德森的方法立即对工厂进行评估。该方法也可以用于自己的工厂，不过这不是最初的设想。当你出于标杆学习而参观一个工厂时，这个工具非常有用处，它将"工业旅游"变成目的性更强的学习活动。

7.5.4 新乡卓越奖

自1988年设立以来，新乡卓越奖（Shingo Prize）恐怕是最广为接受的精益评估方法。在提交书面申请之后，由经过培训的精益实践者（而不是咨询师）组成的团队会对工厂进行为期两天的实地评估。很多公司参与新乡卓越奖活动并非为了获得认可，而是为了得到详细的独立的评估。评估非常严格而全面。可以在其网页上免费下载评估模型和指导：www.shingoprize.org。

延伸阅读

Richard Schonberger, *World Class Manufacturing: The Next Decade*, Free Press, New York, 1996

Iwao Kobayashi, *20 Keys to Workplace Improvement*, Revised Edition, Productivity Press, Portland, OR, 1995

R Eugene Goodson, 'Read a Plant - Fast', *Harvard Business Review*, May 2002, pp 105-113

www.shingoprize.org

第 8 章 | The Lean Toolbox

布局和单元设计

8.1 精益布局

精益布局为任何精益转型设定了基本的框架。布局的好坏关系重大，因为布局一旦设定一般会持续数年不会变动。

第 4 章讨论了精益转型的通用框架。该章给出的背景较为宽泛，遵循的步骤也是层级比较高的，其中一项就是布局。本章则讨论具体的布局中的细节。

一般按照如下层级开展布局工作：

- 工厂选址。
- 区域布局。
- 单元布局。
- 社会—技术性的考虑。
- 工作位布局。

表 8-1 给出了布局与本书中其他相关章节的参照。本章的重点是区域布

局中的单元设计，以及关于布局的社会—技术性考虑方面的评论，还有工作位布局。

表 8-1　布局设计的层级

区域	相关章节
工厂选址	价值流经济学，关键帕累托，建立精益供应链
区域布局	关键帕累托，价值流图，排程的构成要素
单元设计	浪费，平衡
社会—技术性的考虑	人员方面
工作位布局	人因工程学

8.2　主要的布局类型：产品—过程矩阵

在第 5 章中已经讨论过的产品—过程矩阵，和布局也高度相关，而对布局影响最大的因素是产量和重复性。主要的布局类型列表如表 8-2 所示。

表 8-2　主要生产布局类型

项目	作坊式车间（工序型布局）	细胞式生产单元	生产线（装配线）	流动（流程型布局）
举例	土木工程，大型透平机	定制化制造	零部件装配，机器人焊接	汽车或电子终端产品装配	化工厂，罐子间的流动
产量	一次性，低	低，批量	中等	中等到大量	连续或分批流动
传统特点		灵活，效率不高		高效，不灵活	
排程	关键路径	MRP，有限产能排程	Heijunka	广播时刻表	优化软件
演进	精益建筑	模块化，脉动线	长周期团队	全球车身生产线	小罐，"基地"和"柔性"工厂
问题	协调，学习	落伍的技能	枯燥、重复的任务，难以被以前作坊式车间人员接纳	枯燥，重复的任务	采用高科技，导致技能缺乏
精益的挑战	重复活动的标准作业	标准化作业	改善、价值流和相连单元的节奏	混合型号生产	人员裁减

不要错过设计主要布局的机会，布局对于精益的进展会在很长时间内起

到促进和阻碍的作用。因此，需要深入研究。查阅所有可以获得的资料，反复思考。它是否是重新设计业务流程的机会？例如，你可以用提前时间而不是成本来竞争——类似某些购物中心里的可以在一个小时内提供眼镜修配服务的眼镜店。你或许可以对产品线进行合理化设计。你或许对某些非关键业务流程进行外包，不过要特别小心。或者，你也可能因为提前时间的原因而内包。你也可能在库存和设备投资之间做出权衡——准备充分的机器能力以便能够快速响应，按照订单生产，而不是备有大量库存的按照库存生产。苏里（Rajan Suri）指出单元设计的两种方法：技术的和管理的。前者涉及计算和消除浪费，后者涉及理解市场，了解竞争优势的所在，例如，提前时间、价格还是快速响应。如果能够同时考虑其中的多项则更好。

8.3 总体布局：在工厂层级的优劣判断

首先，规模非常重要。雪恩伯格尔建议以大约 5 万平方米或者 50 万平方英尺[⊖]作为通用的规模上限。为什么？因为超过这个规模的工厂就存在失去重点的危险。雇员太多，沟通会出现不畅。经理巡视现场就变得不现实。当然，也存在例外，比如汽车生产厂。不过，可以将工厂划分为几个分厂，每个分厂最好都是端到端的，即它们都拥有自己独立的订单输入、生产控制、发运和会议场所等。Freudenberg-NOK 工厂就是一个卓越的示例。

误区：正方形的功能区/生产车间式布局。在精益世界中传统的按工艺功能制定布局很难获得认可。它将不可避免地导致批量和等待、大量的运输和长提前时间。低劣的质量也常常相伴而生，因为不能快速发现问题。复杂的排程路线和漂移的瓶颈也常常是它的特点。有限产能排程也不能解决其问题——甚至是伤口撒盐，乱上添乱。如果这样的布局出现在多层楼房的厂房中则更为糟糕。推倒重来吧！

稍好：长方形的端到端的流动，一端收货另一端发货。尽管主生产线可能流动得很好，远离收货平台的工作位的配料运输距离不可避免地会很长。

⊖ 1 英尺 ≈ 0.3048 米。

更好：脊柱型布局是快速转换情境下的不错选择。惠普热衷于这种布局。这种布局的中央脊柱线用于物料运输，沿脊柱分布生产单元，有时两侧都有。自动导引的配货车辆沿脊柱运行。在脊柱的一端可能设置有仓库。脊柱旁的生产单元可以按需要增加或者减少。流动可以是双向的。如果配置可以从外面直达生产单元的门则更好。不好的方面是这种布局固化了沿脊柱的物料传送，这样的操作通常包含移动浪费。

优秀：长方形的布局——或许按照 60∶40 的比例，沿一条长边有众多的收货门，而沿另一条长边有众多的发货区域。能够直接给各生产单元送料。这样的布局也让短的专用价值流之间的平行生产成为可能，还可以共享劳动力资源。

创意 1：星形或者多 E 型建筑厂房的设计。星形伸出的角是部件装配线，分布很多的外部直达的补料点。当然，其中的一个角是主装配线。

创意 2：丰田田原工厂（Tahara）的装配线采用了"背靠背式"的布局：进出在一起，工作在中间。线中设计了很多的断点，为各工段之间的停线提供了缓冲，这样的话一个工段停线不至于让整个工厂停线（每天要停线多少次？超过 1000 次！他们停线并解决问题，而竞争对手可能不停线直接将他们的问题产品往下流）。这样的布局形状允许对问题做出立即的反馈。

创意 3：沃尔沃的卡尔玛（Kalmar）工厂安排在一个六边形的区域内，其中的一个边用于基于团队的装配。

如果在以上的各种情形中，将供应商直接布置在主机厂的四周，效果会更好。

现代的厂房设计都配以足够的净高和高大的窗户。地板具有足够的厚度，这样机器可以在厂房内自由移动。同时也考虑同一高度的人因工程流动——这也意味着可能需要将某些机器的地基放到正常的地面之下以保证工件的移动保持不变的高度。另一方面，出于操作人员便于接近以及人因工程的考虑，倾斜工件或者改变工件的高度也是常见的。

8.4 物料搬运：在工厂级别的优劣判断

误区：过长的传送带，特别是动力驱动的传送带。为什么？它们将移动的浪费固化下来，更糟的是它让人们对此浪费视而不见，它们也是障碍物，会导致大量的迂回路径。它们严重阻碍沟通，进而导致质量问题。始终存在这样的风险，即它们会成为非正式的库存。

同样的误区：叉车。这可能最终取决于产品的尺寸。同时它会直接鼓励用托盘等进行大批量的物料运输。它们占用空间，增加工作安全的风险。

较好：先进先出（FIFO）通道。如果较短的话，可以有效促进流动。如果太长，也可能成为存货陷阱。应该始终对长的 FIFO 通道提出疑问，不过，如果确实必需的话，可以将一条长通道改为两条短的平行通道以减少重复操作。良好的 FIFO 通道应该用警示色标识出过多的存货。

较好：轻便绞车。它们按照规定的路线运行，按照规定的距离在"公交站台"停靠。最好是高度便于人的操作，使用可以方便移动的带轮子的物料箱。使用人可以搬动的小的物料箱，搬运高度符合人因工程的要求。标准的停靠地点应该是该方法的一部分。需要对绞车大小以及运送的频次进行平衡。

更好：使用依靠自重喂料、短的传送带来连接相互靠近的机器。类似 FIFO 通道，它们应该有累积库存量警示标识，用颜色区分，甚至使用带光感器件的防错装置。

最好：总体而言，是手推车。不过，它们应该由专职物料员来移动，而不是生产单元的操作人员。它们的灵活性最大，成本最低，而且不存在故障风险。它们也会促进小批量的流动。不过，也要留心配货手推车。有时，看起来合理的配货作业，通常也存在大量的重复作业的浪费。

8.5 细胞式生产单元

8.5.1 为什么要细胞式生产单元

细胞式生产单元已经成为普遍流行的布局，因此没有必要再详细阐述使用它的理由。与传统的生产车间布局相比，它的优点是通过单件流大幅度削减提前时间，库存量有可观的缩减，控制更简单，能够更早发现质量问题，工作轮换的可能性更大，可容易识别正在从事的工件，可以通过调整工人的数量达到产量的灵活性。不过，生产单元的形式仍然是一个问题。有两种基本的形式：长而窄，重复性工作的内容较少；另一种是短而宽的，重复性工作的量比较大。尽管前者的生产效率可能更高一些（更少的库存存放位置、更少的工具种类、更少的培训），不过工作比较单调，因此员工离职率可能是个问题。

8.5.2 理想的细胞式生产单元

虽然生产单元到处都是，但大部分都不满足理想的细胞式生产单元的要求。理想生产单元要求是单件流、良好的可见性、最少的工位间库存（并不是零）、与之相匹配的组织结构（生产单元主管人员及指定的操作人员和支持职能，如质量、维修、最好还有计划等，它们的关注重点是生产单元，而不是更高层级的公司层面），还有辅助的超市库存和配送路线，以及具体的防错装置。

转换到单件流具有巨大的优势，最明显的就是提前时间大幅度减少。设想一下，由4台机器完成的工艺，每个零件在每台机器上的循环时间是1分钟，每台机器顺序完成一批10个工件。40分钟以后整批成品才完成。在单件流的情况下，第一件成品4分钟以后就出现了！前一种情况被称为"伪流动"。不过，提前时间仅仅是一个方面——其他方面的巨大变化也是其优势，如运输（还用叉车运输吗？）、空间和尽早发现问题。

8.5.3 开始布局规划

区域布局规划的起点是关键帕累托分析，参见同名章节的讨论。P-Q分析（或者说常规、定期、偶尔需求）为组织方式提供了初始的线索。在查看P-Q图的时候，工艺路线也很重要，因此黑尔斯和安德森（Hales和Anderson）提倡P-Q-R分析。高产量适用于专用装配线或者生产流水线。生产流水线用于一个产品族以及分享共同工艺路线的该产品族的变型产品。中等产量适用于传统的通用生产线，它可以处理共享相同制造特征和大部分工艺路线的大量产品。低产品适用于功能型布局，或者说作坊式生产车间，功能相似的机器放置在一起，配以某些特殊的工艺路线或者生产单元之外的工艺。

贡献度分析（参见关键帕累托章节）对于可能的产品线合理化或者设计修改也意义重大。对于需要使用瓶颈资源的产品而言，进行瓶颈工序的每分钟贡献度分析非常重要，这对于大量使用设备的产品则尤为重要。应该对贡献度低而占用宝贵的瓶颈资源的产品采取措施。

8.5.4 区域或者价值流分析

将产品按照单元编组类似于价值流的识别，不过比它更为详细，方法有多种。

目视检查法（或者"眼珠子"法）。或许最常用的编组方法就是用眼睛视察或者按照顾客来进行。例如，两个生产汽车零部件的生产单元——一个用于福特，另一个用于丰田。这样的单元往往按照其顾客的生产技术来运行——福特生产系统（FPS）用于福特产品单元，丰田生产系统（TPS）用于丰田产品。另一个可选的方法就是按照"众人皆知"的常识性知识将具有相似特点的产品或者产品族进行编组。

矩阵方法。在生产工艺路线相当复杂的时候，按照产品及其工艺步骤画出一张矩阵表。不要将次要步骤包括进去，也可以将所有产品都有的流程省略。然后将它们编组。表 8-3 和表 8-4 是一个简单的例子。

表 8-3 产品—工艺矩阵（编组前）

	1	2	3	4	5
A	×		×		
B		×		×	
C	×		×	×	
D	×	×		×	
E			×		×
F	×				×

编组后：

表 8-4 产品—工艺矩阵（编组后）

	1	3	5	2	4
A	×	×			
E		×	×		
C	×	×			×
F	×		×		
B				×	×
D	×			×	×

注意离群点 D1 和 C4。是否可以将它们重新规划路线？通用工艺（油漆线？工具维修？）的布局应该促使流动越简单越好。类似的还有超市库存系统，应该编组到一起，以便让配料员（或者说物料管理员）更方便地工作。

对于真正复杂的情况可以使用数学分析方法。其中之一就是"二进制排序算法"。深入的解释可以参看黑尔斯或者尼古拉斯（John Nicholas）的著作。

8.5.5 参与的方法

本节中，通常需要分成几个小组，或者至少要制订几种备选的布局方案。丰田的"3P"（production，生产；preparation，准备；process，工艺）就是这个思路的变种，制造一个新的零件需要准备7种可选的方法。这与设计阶段有重叠，本书的设计章节对此给出更多的细节。在这里我们假设产品的制造方法已经确定，剩下的问题只是布局。

使用多个团队，或者让一个团队提供7种备选方法的用意，在于避免在重要的布局讨论上出现思维定式，或者"集体思考"陷阱。让操作人员也参与进来——他们是整日和布局设计的结果打交道的人。"谁制订作战计划，谁就不会抵制计划的实施。"

流程包括明确需求，建立规则并设定权重，生成备选方案，比较备选方案，使用皮尤的分析方法，确定最佳方案。

明确需求包括收集顾客需求以及产品族生产周期内的预计产量。灵活性和不确定性也需要考虑——可能的产量范围？生命周期时间？必需的交付响应时间？季节性的估计？其他的需求波动？目标成本、质量水平和物料供应等也需要考虑。

需求指的是问题（竞争、质量），机会（新的市场、改善的可视性），需要（安全、法规），不确定性（关于需求和价格），或者是意见分歧（内部的观点或者政治因素）。

建立规则并设定权重紧跟其后。团队成员使用头脑风暴法，列出判断各种备选布局方案的准则或者问题点——典型的有成本、质量、交付、安全、灵活性、人因工程、可视性，可能还有提前时间、库存、技能问题等其他方面。问题点可能包括现在的布局导致的或者团队遇到的麻烦和问题。分配权重有多种方法，简单的投票法，强制分布法，或者考虑所有组合的成对比较法。

下一节讨论的工具可以帮助**生成备选方案**。最多6个人的小组来从事这个工作比一个大规模的团队更有效率——如果操作人员或者组长可能会被工业工程师和经理人员吓倒的时候更应如此。这是一个鼓励参与的机会，不应被忽视。不过，也可以让工业工程师在精心准备之后，给大家简单介绍工具的使用以及常见陷阱。

选择和确定优化的设计使用皮尤分析法，详细内容参见第15章的讲述。

8.5.6 使用系统性布局规划进行区域分析

系统性布局规划（systematic layout planning，SLP）由 Richard Muther 公司开发，该方法稳健有用，可以用于办公室布局规划以及工厂布局规划。也可以用于微观的工作位的布局规划。它迅速而有效。更详细的内容可以参阅黑尔斯等人的著作。该方法包括：

- 首先，按照顺序 AEIOUX：绝对的（absolute），至关重要的（essential），重要的（important），一般的（ordinary），不重要的（unimportant），不需要的（undesirable），建立主要部分和/或部门之间期望的接近性关系。所有的关系可以显示在如图8-1所示的三角矩阵上。

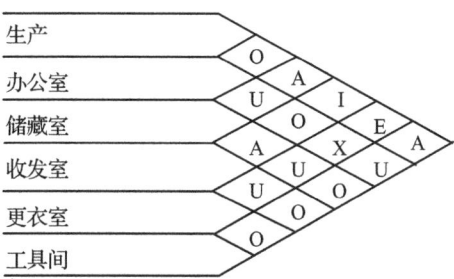

图 8-1 SLP 布局方法

- 然后，画出空间关系图和最初的布局或者说现状布局。使用多线条画出三角矩阵中期望的接近性：A 有 4 条线，E 有 3 条线，I 有 2 条线，U 有 1 条线，还有一条用于 X 的锯齿线。然后，通过简单的目视检查，重新安排部门间的位置，让线条的总长度最小。也可以将线条标上颜色，比如用红色表示 A，橙色、黄色、黑色和蓝色等依次表示其他的区域——重新布置，让图形看起来更为醒目。

- 最后，将确定的位置关系与实际可用的空间相匹配。

单元流动图：合并数量和路线：垂直还是水平？

一旦确定大类的价值流，另一个由 Richard Muther 公司开发的技术对于复杂的价值流变得尤为有用，即价值流中的产品和装配件的数量和路线存在变化。问题变成，是将价值流分割为一系列联系在一起的单元，还是只设立一个不连续的单元。这个技术要求画出"单元流动图"。它其实就是在工艺顺序示意图上，用不同线条表示装配或者部件的数量密度，4 条线表示高密度，1 条线表示低密度，依此类推（见图 8-2）。

这个图表相当有用。你可以从中看出主要生产线和支持性的支线——不过问题依然存在，它们应该在一个单元里面还是平行的 2 个单元里面？抑或是最终流向同一工序的两个子单元？

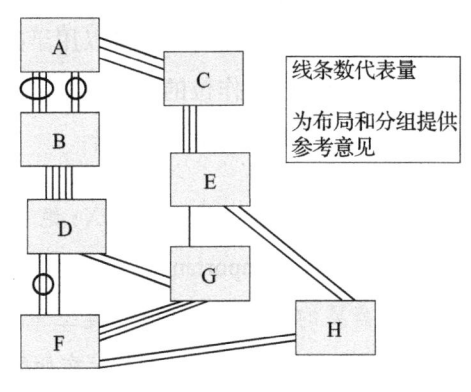

图 8-2　单元流动图

8.5.7　单元形状和流动方向

对于 U 形单元的特点已经有了广泛的共识。它们包括容易平衡、沟通更通畅、有利于质量及其他问题的及时反馈，可见性提高、一个操作人员同时照看第一个和最后一个操作从而简化控制。

不过，单元的形状并非总要求是 U 形的。直通型的单元具有灵活性和物料处理的优势，特别是对于大型工件而言尤为如此。出于存储的考虑也会选择 L 型的单元。

大部分公司，以丰田最为著名，认为单元内的流动方向应该是逆时针的，这样可以便于右手的移动。逆时针运动也被认为是自然的方式：比如田径场、赛狗跑道、赛马场等。就连大部分的星体都是按照逆时针运转的（金星除外）。

8.5.8 其他的通用要点

- 将成组的库存转变为超市系统是精益的关键。超市系统提供了基本的构架。它们应该稳定，尽管生产单元可能变来变去。试图建立一些超市系统，而不是到处都有少量的库存，或者只集中存放在一处。参见第 9 章。
- 将价值流图拆分为拉动段和/或回路，通常用超市将它们分离开来。然后将它们作为布局设计的基本要素。
- 避免大型中央仓库——特别是自动化仓库或者自动存储和检索系统（AS/RS）。始终存在充分利用仓库空间的诱惑。如果你已经安装了 AS/RS 系统，建立一个逐渐减少使用并最终关闭它的计划。
- 建立一系列特定的"水蜘蛛"补料路线——物料配送人员定期、定量、定路线补料，设定工作和信息流动的节奏，形成拉动系统。
- 考虑三维立体补料。是否可以从下面或者上面来送料？例如，可以从地面下面给注塑机补充塑料颗粒吗？这样就可以保持高度的清洁，并消除叉车对操作员的干扰。
- 不要被老的设施捆住手脚。最好是拆除并移走。成本很快就会得到弥补。就像戴尔一样。很多的工厂无序增长，将新的工作放置在随便找到的一个可用空间。他们也会为此付出长期的代价。
- 将设计和工程部门设置在靠近生产的地方。让他们共享休息区域。工程师必须穿过生产区域才能到达自己的办公区域则更好。
- 将生产控制团队放在厂房车间的中央。如果可能的话，把经理的座位也如此安排。不要让主管人员的办公室过于舒适。
- 用开放式布局和共用会议区域等手段来培育办公室中的沟通和可见性。
- 通过可视化的方式分享信息。一个办法就是配置一个固定的数字显示器，与公司的实时绩效系统和通信信息相连，一直滚动播放。在沟通信息板前召开会议（参见经理人员标准工作）。

8.5.9 关于操作者的考虑

工作周期从短到长、从单调到有趣，这样的转变似乎一直在缓慢而坚定地进行。换句话说，布局也在从细长型向宽短型转变，或者从短周期短节拍的单一生产线向长周期长节拍的多个并行生产线转变。工作轮换是重复性单调工作的解决方案，不过改善的效果是有限的。沃尔沃就出于降低员工离职率的考虑而采用了平行的小组装配。员工离职率确实降低了，不过增加了很多新问题，比如多库存位置，因而运输更为复杂，工具要配置多套，小组间的工作定额有高有低。培训也是一个问题。不过这些问题不应该成为拒绝长周期工作的理由。长周期工作的潜在效率更高，因为只有少数的长周期工作，因而平衡损失更小。那么，怎么样才可以做到"两者兼得"呢？

- 将操作人员按照紧密型小组进行组织，或许让几个单元共用一个超市。组节拍 = 节拍时间 × 组的数量。
- 给每一个操作人员分配长周期工作（例如安装一台完整的复印机），不过让所有的组平行工作，同时开始，同时结束。他们彼此相互参照速度。
- 这通常优于一组人员在一个地点装配一台复印机的情形（这时周期时间变短），因为他们之间存在相互干扰（称作工作干扰）。
- 让操作人员自我监管生产速度，比如每隔半天监管一次，只要最终完成工作目标即可。

有关将工作整合而非细分的主题还可以论述很多。设想一下超市的结账处。每一个结账点都是专门设置的，第一个专门负责水果和蔬菜，第二个负责饮料，第三个负责乳制品，等等，你希望这样的结账处理吗？那将是生活中的噩梦！

8.6 生产单元的平衡

生产单元和生产线的平衡最好由操作人员在工业工程师的帮助下自己来完成。当然，为了鼓励参与，必须要消除失业的顾虑。具体步骤如下：

- 建立节拍时间——它源自顾客需求和工作时间。注意，或许可以将需求平顺化，也可以调整工作时间来保持节拍时间的稳定。
- 按照不同的目标速度来平衡。一个优秀的精益生产单元应该能够从一种速度轻易转换到另一种速度。或许可以在一天之内完成变换速度（早上和下午？），或者是一周。
- 建立目标周期时间。它应该比节拍时间短——一般是节拍时间的90%，工作变异大的时候要低一点，工作变异小的时候要高一点。如果按照节拍时间的100%来平衡的话，一点点的异常发生都会导致无法满足目标。参见理念章的提前时间/利用率曲线图。设计多个周期时间是个不错的主意，让它们分别与不同的需求水平相匹配。
- 消除显然的浪费，建立良好的实践方法。不要给这些事情规定时间。如果是一个已经存在的单元，用录像来记录并让操作人员来评论。注意移动的浪费，考虑不周的人因工程、信号系统、在制品存放位置等。如果存在多个班次，比较来自不同班次的多个操作人员的操作方法。让操作人员提出"最好中的最好"或者理想化方法。
- 考虑只有一个员工就可以操作的最好的单元布局。最好的布局就是这样产生的。
- 然后建立工作要素的时间。理想情况是让操作人员自己制定时间。使用录像机（？）。至少录10次。让操作人员对于每一个工作要素选择合适的周期时间。它不应该是平均值，或者最小值，或者最大值，而是一个可以稳定运行的较高速度所对应的值。我们在这里讨论的不是工作分析，对大部分人而言它都是不讨人喜欢的。一般来说综合的时间标准是不会令人满意的，例如操作方法时间测量（methods time measurement，MTM）——不是因为它们给的答案是错误的，而是因为它们发出的信号是错误的。不要增加宽限因子，要加就在计算节拍时间的时候加进去。
- 对于非重复性工作要特别注意。例如：
  ○ 操作者是否经常走开去拿取零件？

- 是否有中断？为什么？
- 需要什么文件和记录？
- 是否在正常节奏中有停顿？为什么？
- 物料送达以后是如何处理的？是否为了寻找文件、方向和物料箱等而中断生产？
- 在以上各种情况下，怎么样可以让工作更为顺利，浪费更少？

• 单元内的库存。记住，理想情况是单件流。如果仍然按照批量生产，单元就不能称之为单元。也就是说，如果在不同的步骤之间存在批量的话。仅仅将机器重新摆成U字的形状形不成单元化制造。如果还是按照批量来生产，就是"伪流动"。然而，尽管单件流和非批量生产是目标，但这并非意味着每个工作位只生产一个产品！至少在最初的时候是这样的。开始的时候在工位之间放置一些缓冲库存，随着流动越来越顺畅，问题逐渐被解决，再将工位之间的库存逐步拿走。

• 聚焦于具体的工作位的人因工程和移动。操作者应该站着并走动，而不是坐着工作，除非是精密工作以及手工装配。避免弯腰和伸手的动作。使用标准的人因工程法则。

• 关于自动化的一点说明：精益生产单元不反对自动化，不过要谨慎对待。自动化最适用的场合是保证质量，以及"单调、肮脏和危险"或者"热、重、害"的工作。另外一个不提倡的原因就是削减人员。首先，机器人不会改善。不要固化浪费。自动化不会比人更灵活。无人值守的机器自动化是不错的，它就是"自动弹出"式自动化生产。

• 工作活动抽样分析不失为一种有益的补充性的方法，它可以收集可能存在的浪费的相关信息。见下节。

• 在收集了所有的工作时间要素——不管是增值的和非增值的——以后，就可以计算大约需要多少操作人员，**方法是用总的工作要素时间除以目标周期时间**。如果工作过程中存在设备，设备的运行周期时间加上装卸时间比所需的周期时间长的话，则设备的运行周期时间起支配作用。在这种情况下，可能需要使用两台并列的设备，或者干脆设立两个并列的单元。如果设备的运行周期时间比所需的单元周期时间短，一般来说，操作人员可以在机器运转的同时从事一些其他的工作，要竭力避免操作人员在机器的运行周期内只是站着观察无事可做的情况。有些时候一部分的机器运行周期时间也不可避免这种情况，因为必须有一点的宽裕时间。这就是工作组合表特别有用的原因。见下文。

- 如果流程中存在非常长的周期工作要素，比如批处理工艺，或者是需要外包的地方，仍然存在单件流单元的可能性。在这里，可以设立一个输入在制品和输出在制品缓冲，否则按照通常的方式运行该单元。
- 考虑一下，单元负责人或者团队组长是否包括在所需人员中，或者仅仅作为辅助角色。在复杂的相互依赖的装配线中，让组长承担"自由人"（floater）的角色是一个不错的主意——帮助解决问题，填补短时间的人员空缺（比如有人上厕所）或者更长时间的产能替补（比如有人请假）。每个团队的大小也要仔细考虑——丰田生产线上团队的规模是6人左右，复杂度越低的团队可以越大。在紧密程度稍低的单元组织里，组长可能就是一位普通的操作人员。
- 制备一个工作平衡板（Yamazumi）。最好用按比例切割的磁条来代表工作要素的时间。绿色代表增值，红色代表其他。然后将磁条叠加并匹配到工作平衡板上的周期时间线，代表每一个操作人员的工作。参见稍后图8-3。
- 为其他的各种工作速度或者节拍时间，重复进行单元平衡练习。因为不同的情况下使用的操作人员数量不同，可能需要在操作人员之间调整缓冲库存的数量。同时，制定从一种速度到另一种速度转换的方法和流程。快速换型的原则也适用于这里。一个提示：如果增加一个新员工到单元中，把他放在中间，而不是起点位置。如果是后者的情况，会导致产量的变异增大。
- 确定标准库存、物料箱数量及其存放位置等。
- 尽可能使用防错装置（Pokayoke），它不仅有助于保证质量，也有利于维持流动。

- 确定"应急预案"或者安灯信号和所需的沟通装置。建立应对问题处理的应对流程。

- 建立单元的生产控制系统。可能是计划平衡箱,或者是"每小时工作信息板"。在每一种情况下,都设立一个可以方便使用的问题白板,问题发生后立即记录,特别是导致无法达到目标速度的原因。它的用意当然不是用来"指责和惩罚",而是用来暴露问题。更加不同于指责的是,应该鼓励操作人员在白板上书写"认为"的原因。

- 建立启动工作流程和班前的检查事项。记住将这些时间从节拍时间计算中扣除。类似地,如果每(比方说)10 000 次周期以后有常规的维护或者检查活动,也应建立相关的流程,并预留专门的时间。

- 准备标准化文件——工作组合图和单元布局图,设计工作到此完成。见表 8-5 标准作业组合表(standard operations combination chart)。准备此表的最适当人员是在那里工作的操作人员,工业工程师提供帮助。实际上,让操作人员参与准备标准时间可以鼓励他们对工作方法进行提问,并有助于标准时间的维持。标准作业组合表类似于甘特图,显示各种工作内容的顺序,以及每个操作人员应该遵守的时间。注意,移动活动并未记录,只是用连接活动的波浪线来显示。单元布局图显示单元的布局视图或者说平面视图,以及各操作人员遵循的行走路线,以及标准库存的位置和数量——这一点非常重要。你会注意到,例表中的操作人员来回走动,存在浪费。应该让操作人员在单元内按环形路线走动——不管是按照物流的方向,还是按照与之相反的方向。

- 然后实施并验证标准化的工作。没有遵守标准工作的原因主要有两个:一是无法遵守,因为它是错误的;二是已经发现了一个更好的更容易的方法。在两种情况下都应该重新修订标准。

- 对于一个新的单元,可以先进行"纸板改善"。使用相同尺寸的纸板来代表机器,让操作人员模拟在实际单元时的情形在其中走动,然后进行调整。这是一种 PDCA 改善。

表 8-5 标准作业组合表

流程名称	块装配	计划产出		计划节拍	实际节拍(90%):	日期:	3月5日
零件名称	R2D2-块	每天1 160台		55秒	---- 49秒	制作者:	COR

作业员	顺序	作业单元或者工作描述	时间（秒）			(····空闲) 以秒为单位显示的作业时间
			人 VA	NVA	机器 走动	10 20 30 40 50 60 70 80 90 100 110 120
1	1	到储位"a"取料	2			
	2	卸载/装载"B"件	10	35	2	
	3	卸载/装载"Test"件	10	35	5	
	4	卸载/装载"C"件	10	35	2	
	5	送料到储位"b"			2	
		返回储位"a"			6	
		总计	30		17	
2	1	到储位"b"取料	5			
	2	卸载/装载"D"	10	35	2	
	3	卸载/装载"E"	10	35	2	
	4	卸载/装载"F"	10	35	2	
	5	送料到储位"c"			2	
		返回储位"b"			6	
		总计	30		14	
3	1	到储位"c"取料	5			
	2	卸载/装载"G"	10	35	2	
	3	送料到单元终点处			2	
	4	在单元开始处取料			8	
	5	卸载/装载"A"	10	35	2	
	6	送料到储位"a"			2	
		返回储位"c"			8	
		总计	20		24	

标准作业表

生产线名称：
PGU形生产单元

标准在制品：
11

图例：
标准在制品 △
质量检查点 ☆
安全检查点 ✚

质量/安全点：
作业员1
第二步：检查歧管
第五步：请勿触摸棒（热）
操作员2
第二步：检查公差
第六步：检测套管

8.6.1 活动抽样分析

活动抽样分析方法可以快速有效地收集浪费的信息，并了解人和机器每天的时间是如何使用的。很多时候，人们对自己并不了解！这个方法就是对一个区域内的每个操作人员在一个代表性的时间期间内进行大约250次的随机观察，时间期间可以是一个星期，必须是整天。如果每天的工作都一样，以天为单位进行抽样。如果每天不一样，以周或者更长的周期为单位进行抽样。

要达到特定的置信水平，有严谨的统计学公式来计算所需的观察次数，不过一般来说，250次的观察可以得到令人满意的结果。观察要随机——就是将所有的观察分布在一整天或者一周内进行。先决定一天要做多少次观察，然后将观察大体平均地（不要精确平均）分配在一天当中。一个避免倾向性结果的方法是观察者背对着观察对象倒数（比如说）20以后才转过身开始记录。在每一次观察时，记录观察对象在该时刻的工作——或者是增值的，或者是非增值的，按照类型进行记录——例如走动、记录、观察、谈话等。然后计算每个类型的百分比，如表8-6所示。

表8-6 活动抽样分析表

流程步骤	增值	浪费类型				
		等待	移动	检查		
注塑	ⅢⅠ	ⅢⅠ Ⅱ	ⅢⅠ ⅢⅠ Ⅲ	Ⅱ		

不过，它不应该是"秘密监视"或者"破坏性"数据收集，它是旨在改善的分析活动。最好由操作人员自己进行。必须事先向被观察者做出解释。

8.6.2 关于工作要素时间和变异的说明

大多数时候，重复性手工劳动的研究结果显示工作要素的时间分布是向右偏的，也就是说概率分布函数图中左侧的尾部短，右侧尾部长。它和很多服务作业中观察到的泊松分布类似——大部分的操作耗时较短，而少数的作业耗时非常长。右侧的长尾是生产线平衡的"杀手"。一般是质量或者零件问题导致长尾，而不是操作员工本身。如果可以减少变异——砍掉长尾，那么（战略性地？）某项工作的平均时间就可以增加。这就像一个反馈循环——一项工作耗时过长的话，就对其进行改善，改善之后，利用节省出来的时间，可以增加其他工作要素的周期时间！当然，这样的做法也存在限度。它是在Muri和Mura中讨论的等待订单非线性曲线的后果（见图2-1）。我们在高速公路上的堵车经历也和此类似，那时候就会发现"快速"通道实际上是慢速通道。因为"快速"通道的变异大。再回想一下乌龟和兔子的故事吧。

8.6.3 生产单元平衡的其他方法

- **CONWIP**。事实上它不是严格的平衡方法，不过标准在制品（constant work in progress，CONWIP）是非常有效的方法。CONWIP 方法就是一个工件（或者物料箱，或者一个小时的工作量等）流出之后才允许另一个工件流入。这个方法当然可以稳定提前时间并有助于暴露问题。在 U 型单元中，一个操作人员同时控制进出点的时候，这种方法的效果最理想。需要做的首先是计算采用 CONWIP 方法的整个单元所需的操作人员数量。然后让操作人员自行平衡工作。单元中的库存可以在任何特定工作位间做调剂，不过会自然地在周期时间最长的工序前汇集，这样就会凸显问题。先"松"后"紧"，开始的时候可以将库存数量设得多一点，然后逐步减少。

- **鼓—缓冲—绳系统（DBR）**。类似于 CONWIP，不过用于明显的瓶颈（或者长周期时间）处。就是瓶颈处流出多少，第一个工位就流入多少——绳子机制。缓冲库存可以防止瓶颈工序缺料。缓冲可以是时间缓冲（几分钟的工作量？），它可以是不同规格的产品。其他地方没有必要再放置缓冲库存。再次说明，操作人员可以自行安排单元内的其他细节，不过要知道瓶颈是关键资源，需要一直运行。

- **救火队**。这个平衡方法适用于每个操作人员都了解并胜任所有工作任务的情形。首先，按照前述的方法计算所需操作人员的数量。然后在单元的起点将他们排成队——比如，在首先的三个工作任务处安排三个操作人员。操作员甲在工作位 A 处，他完成任务 1 后将工件传给操作员乙，乙完成任务 2 后再将工件传给操作员丙。操作员丙完成任务 3 以及所有剩下的工作。然后丙走回来。在这个过程中，操作员甲和乙在第 2 个工件上工作。当操作员乙完成第 2 个任务以后他走向工作位 C，直到遇到走回来的操作员丙。操作员丙接过工件 2 继续工作直到完工，然后再走回来。在这个过程中操作员乙转身往回走直到遇到正在忙于工件 3 的操作员甲，他们相遇以后，操作员乙接过工件 3，直到遇到返回的操作员丙。操作员甲再走回去开始忙于工件 4。一直进行下去，直到单元稳定于正常的工作顺序。不需要具体的平衡工作或者工作平衡板。

8.6.4　平衡混合型号和多型号生产线/单元

平衡复杂的混合型号的生产线非常复杂！混合型号生产线（mixed model）上的产品可以随时互换。多型号的生产线（multi model）通常在同一条线上按照小批量组织生产，不过不同产品之间需要换型。各种型号可以没有缓冲地同步流动（类似于机械化的生产线），或者使用缓冲相互分离（操作人员在工作位之间移动产品）。没有缓冲的同步移动的平衡方式可以事先经过计算得到，而其他形式则需要模拟。读者可以参阅这个主题的大师级人物肖勒（Armin Scholl）的相关经典著作。

图 8-3 是一个简单的例子，展示了两种混合型号产品的生产线平衡板。时间位于纵轴上。首先，确定节拍时间。然后节拍时间下面是目标周期时间，留出的部分用于操作人员的变异。第三条线是操作员目标时间线，它根据相对的复杂度和不确定性针对每个工作位分别设立。在这个例子中，中间的操作员的工作比其他人员更困难，或者说变化更大。在绿色区域内，显示的是装配通用部件的工作时间，两种产品都需要该部件。当然，不同工作位有不同的绿色区域，因此区域边界只是个大概位置。红色区域显示的是特定产品的工作时间的和。有的时候，某产品总的产品装配时间可能超过操作员的目标时间。使用产品组合的比例来计算加权的平均时间，不要让它超过目标时间。

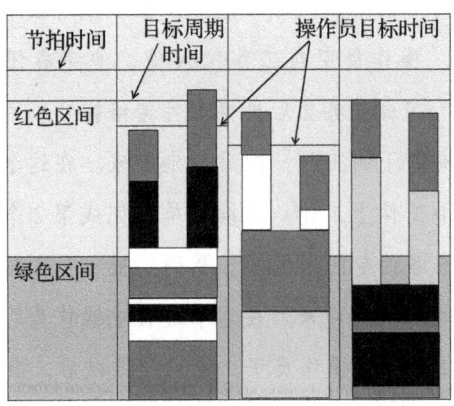

图 8-3　混合型号或多型号生产线/单元平衡

8.7 上料—下料单元和生产线

Chaku-Chaku 或者说上料—下料生产线,指波音公司等使用的非常紧凑的、部分自动化的生产单元。它不可避免地按照单件流动,自动地上料和下料,具有大量的防错装置。设备间通过重力传送带或者滑槽进行连接。通常,Chaku-Chaku 单元只有一个操作人员,他只在需要的时候出手操作机器,比如给主装配线喂料的时候。

8.8 虚拟单元

因为大小或者环境条件(比如洁净室)等的限制,有时候不可能在某个区域内集中建立生产单元。工步之间必须分开。在这种情况下,虚拟单元就成为一种可能。情境一:两个地点各有四台类似的设备,分别按照作坊式车间来管理。情境二:两台不同的机器组成一个虚拟单元,将八台机器按照四个独立的生产线或者单元来管理。可以用情境二取代情境一,形成虚拟单元。操作人员将工件从一个区域移到另一个区域,中间不设任何缓冲库存,这样就形成了单件流或者小批量的效果。明显的优点就是极大地减少提前时间,降低排程的复杂程度,不过也需要更多的运输移动和多岗位培训。这实际上是在传统布局上建立并运行价值流。

操作人员与生产线而不是生产车间相联系。在上述的简单例子中,每个操作人员都需要掌握操作两个区域机器的技能,在区域之间移动,尽可能一次只"流动"一件产品。以前的非精益方法会导致批量和等待,而新的方法则通常将两台机器设置为一条生产线,尽管它们不在同一个地点。

8.9 移动线和脉动线

亨利·福特的最初生产线是"脉动"线,换言之,就是汽车在一个固定地点停留一段时间之后,再移动到下一个固定地点,如图 8-4 所示。这样的方式现在被重新发掘出来,用于大型的、缓慢移动的、复杂的产品的生产和装配，比如飞机发动机、机翼，飞机和汽车维修、翻新，大型变压器，电动变速箱，推土机，船舶领域等。此外，该概念在更为广泛的领域如医院、建筑甚至教育都可以运用。精益的（相对）快速、灵活和流动等原则完全可以派上用场。和其他的精益一样，最大的问题是首先要让人相信移动是可能的，因为传统方式（批量和等待、项目管理、复杂的排程、瓶颈理论等）已经存在几十年了。

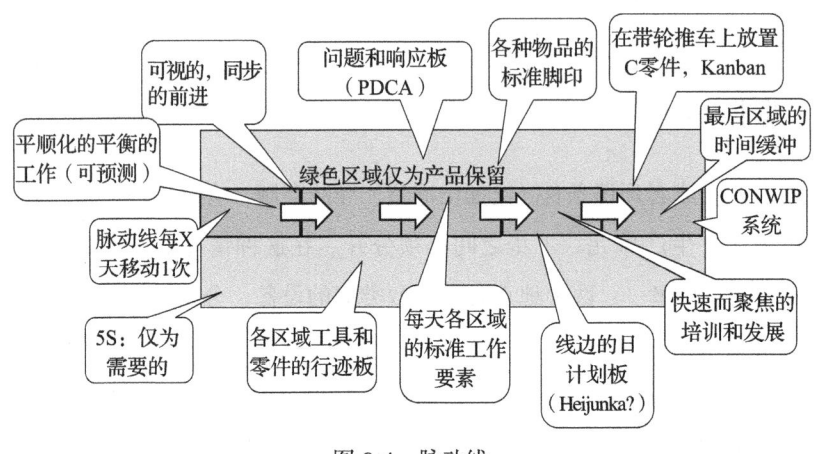

图 8-4　脉动线

正如亨利·福特一个世纪之前发现的那样，和静止的生产线相比，这样的生产线是生产率的革命。随着生产率的提高和时间的节省，不可避免地也会减少占地面积，以及质量方面的重大改善（通过着眼于改善的标准化和可视化），培训和技能也会明显提升。在历史上，美国铁路就是用移动生产线的方式建造的，每天推进 50 英里[⊖]，现在轨道的维护也开始采用移动线的概念。

脉动线的应用场合是工作位的周期时间很长——比如说，要数天时间。而移动线的应用场合是较短的工作位周期时间——比如说几个小时。移动线的移动速度很慢（或许每分钟以毫米计），由轨道或者传送带驱动，不过是连续移动。线上同时有一件或者多件产品，这取决于产品的复杂程度。脉动线使用平台，类似于气垫船，在固定的工作位间按照固定的节拍时间移动。通

⊖　1 英里 ≈ 1609.344 米。

常同一时间只有少量的产品在脉动线上。

脉动或者移动线可以由辅助单元进行拉动喂料，或者按照"广播时刻表"自动喂料来同步多条生产线。

建立脉动或者移动线的步骤大部分和建立生产单元的步骤相同。下面是一些不同之处。

（1）建立产品族。一条线可以用于一类产品，比如直升机，即使各产品之间有相当的定制化差异。它不用于混合型的产品，比如直升机和飞机。

（2）计算节拍时间。这将决定脉动线的工位数量，以及移动线的总时间。

（3）建立标准工作包。即使是多品种生产线，也存在完全标准的工作，以及一些半标准的工作，比如维护。识别它们，测算它们的时间，并形成文件。这些是这种生产线的最基本的"乐高积木块"。

（4）加总并确定标准工作包的时间，并与节拍时间相比较。在移动线中，用单元设计中使用的相同方法来计算所需操作人员的数量，不过要将同时进行的操作记在心中，然后将操作人员的工作按照节拍时间进行平衡。在脉动线，确定每个工作位所需人员的数量，这既取决于同步操作，也要考虑技术因素。在两种情况下，前端的工作位应该尽可能承担更多的负荷，而后面的工作位则负荷较轻，这样可以保证有机动时间处理意外问题。给不确定性和复杂性留出一定的空余时间。

（5）为工具和零件小车设定标准的存放位置和地面标识。每个工作位都应该有自己的工具行迹板（阴影板）。这也是这种生产线的最大优点之一，因此需要关注无浪费的符合人因工程原理的微观布局。让操作人员参与设计他们自己的零件和设备操作系统。将常用工具和零件放在工作位旁边。建立 5S 系统。日后，重复开展工具和零件摆放位置的合理化。

（6）建立所需零件的拉动系统。尽量多地使用拉动系统。使用常规、定期、偶尔需求 /ABC 分类方法（见相关章节）。对于给生产线喂料的单元，建立优先序看板系统和超市系统。A 类和 B 类零件应该放在专门设计的带轮子的小车上，并准时地推送到准确的位置。

（7）建立进展可视信号系统。可见性是生产线的另外一个优点，因此有必要在这方面投资。移动线的信号系统一般是地面上的时间对应标志，或者是灯光系统，操作人员可以根据它来报告并显示完成的程度。在脉动线，每天的标准工作都以卡片的形式放在类似于计划平衡箱里，工作完成以后卡片也收回。在两种情况下，都要考虑会导致延迟的意外情况——移到第二天或者下一个工作位（在移动线中可能性不大，因为下游工作位布局与此不相匹配），调配人员，停线，加班（不可取？）。设立一块白板，用来记录没有预见到的问题，并列出决定下来的行动计划表——或许可以参照 TPM 的红牌系统。

（8）建立计划系统。对于混合型号或者时间不固定的生产线，比如维护，每个循环周期中的工作包可能会变化。因此工作包以及人员配置需要按照节拍时间的限制事先计划。计划最好使用类似于计划平衡箱的手工产能计划工具进行，将标准工作要素逐个加载。

这一概念在维修、医院和建筑领域上的应用存在巨大的机会，可能的结果想起来都令人激动。亨利·福特发明脉动线至今已经 100 年过去了，我们才刚刚开始。

8.10　人因工程

在产品以及过程上运用优秀的人因工程对于任何制造企业都应该是关键性的，不管是不是精益实践。精益人因工程在传统人因工程上有哪些拓展呢？这个简短的章节讨论的不是人因工程本身（可以参阅相关的其他大量优秀文章），而是人因工程的精益方面。

- 按照节拍或者节奏工作。固定的节奏可以帮助血液循环得更好。相反，试图"静止"则会阻止血液的流动。当然也要注意避免重复性劳损。
- 精益更倾向于站着工作而不是坐着工作（复杂的工作除外），以便保持在工作位间移动的灵活性，也是为了保持正确姿势，避免产生腰背部疲劳问题。也有的人因工程研究者建议以坐着为主的姿势组合。

肯定的是，无论是站立还是坐着，没有移动都不好。坐着就固定了操作者的位置并禁止移动。一个较好的折中是操作人员工作时采取站立姿势并保持移动，再配以多次的中途休息，团队活动及休息区配置舒服的座椅。这和平衡一节中讨论的"标准的工作节奏和停顿"的理念相匹配。有些坐姿与生产线和单元相适应——比如丰田的"乐乐"（Raku Raku）座椅，它可以在汽车内部摇摆以便坐着的操作人员完成装配工作。有些工作位两者都适合——操作者可以站着也可以坐着工作。

- 肌肉收缩持续时间和施加的力呈反比关系。丰田在这个关系的基础上开发了人因工程评估系统——特定持续时间的最大用力——如果超过这个限度，就要求对工作位重新设计。

- 最好的工作位，不管是站着还是坐着，都允许调整高度，要么与操作者相适应，要么与工作相匹配（精确的工作放在高处，重的工作放在低处）。座椅的高度和靠背倾角应该可以调节。在人因工程参考资料中查询适合自己身高体型的建议座椅、工作台和检查台高度。

- 5S。利用这个机会做一次"人因工程 5S"，而不是一般的 5S。工具和零件行迹板应该按照人因工程原理正确放置。尽力始终保持自然的姿态。出于人因工程（放置位置和距离恰当）和标准化作业的考虑，避免按个人配置工具箱的 5S 原则在这里同样适用。任何 5S 的培训课程都应该至少提及工作高度、人因工程工作位布局、举升、灯光、控制、振动和噪声等方面。可见性原则也应该延伸到人因工程，比如，通过灯光或者地面的时间线清楚地看到移动线的工作进展。是否可以按照生产线的速度配置运送工具的穿梭小车呢？

- TPM 以及质量相关的刻度尺、显示器、仪表盘都应该按照人因工程的原则来设计。工作量程应该用颜色标出，因此可以一眼看出工作状态是否正常，润滑油油位可见，表盘上指针的指向便于阅读，等等。

- 大量的视觉警示装置。例如在物料箱上用不同颜色贴纸表示可以人工搬动、人工搬动保持谨慎、仅允许机器搬动。

延伸阅读

Michael Baudin, *Working with Machines*, Productivity Press, 2007, and *Lean Assembly*, Productivity Press, 2002

Nancy Hyer and Urban Wemmerlov, *Reorganizing the Factory: Competing through Cellular Manufacturing*, Productivity, 2002

James Tompkins et al, *Facilities Planning*, Third edition, Wiley, 2003

H Lee Hales and Bruce Andersen, *Planning Manufacturing Cells*, SME, 2002

Jeff Schaller, 'Standard Work sustains Lean and continued success at Wiremold', *Target*, first quarter, 2002, 43-49

Mike Rother and Rick Harris, *Creating Continuous Flow*, LEI, 2001

Kevin Duggan, *Creating Mixed Model Value Streams*, Productivity, 2002

Armin Scholl and Christian Becker, 'State of the Art exact and heurustic solution procedures for simple assembly line balancing', *European Jnl of Operational Research*, 168 (3), 2006

Richard Schonberger, *Best Practices in Lean Six Sigma Process Improvement*, John Wiley, 2007.

K. Kroemer and E. Grandjean, *Fitting the Task to the Human*, 5th edn., Taylor and Francis, 1997

Jan Dul and Bernard Weerdmeester, *Ergonomics for Beginners*, Second edition, Taylor and Francis, 2001

John Nicholas, *Competitive Manufacturing Management*, McGraw Hill, 1998, Chapters 9 & 10

第 9 章 | The Lean Toolbox

计划与排程

计划与排程是精益的核心。本书中描述的所有其他工具都可以看作是帮助提高排程绩效的。排程直接影响提前时间、交付绩效、成本和质量。然而，让人难以置信的是，很多经理人员并没有给予排程足够的优先级，计划员或者主计划员都不是地位较高的岗位。

在有些组织中，类似于5S、持续改善（Kaizen）、浪费、标准化或者六西格玛之类的概念在高级管理人员的意识中变得如此突出，以至于制造计划系统及其程序被忽视了。它们也"缺乏性感"。这是严重的错误。

一些观点或者警示：

- **制造计划和控制职能的目的**应该随着精益的推行而演进。演进的方式有三种。第一，计划部门参与执行和监控应该越来越少。尽管计划仍然是重要的。第二，角色应该向分析和决策支持转变，而不是日常的计划。相同的评论也应该给会计人员。决策支持意味着对于目前的瓶颈提出适当的建议，还有适当的缓冲和安全库存、换型的优选顺序、设备维护的优先顺序、适当的改善活动等方面的建议，以及平顺化需求还是盲目追求订单等政策方面的建议。第三，也应该对供应链决策提供建议——在哪里，在什么时候，放置多少的库存。所有的这些都意味着更高层级的思考性的角色。计划无论如何不应该感到来自精益的威胁——事实恰恰相反。只有最优秀的人才可以做计划。

- **物料清单（BOM）的准确性和结构**起到基础性的作用。如果 BOM 结构不佳，物料需求计划——无论是不是通过 MRP 系统来制订——就会非常困难，或者变得不可能。这些信息用于确定超市系统的大小以及看板卡的数量，还用于规划专职物料员的巡回补料路线。如果 BOM 不准确，就会订购错误的零件，更不要奢谈精益。BOM 结构应该重新定义，减少层级数量，以适应生产单元的模式。尽管计划 BOM 和模块化 BOM 源自传统的 MRP 操作，但它们在精益中也同样重要。

- **安全库存**。上一次检查安全库存和缓冲库存是什么时候？简单来说，一旦需求变化，或者换型时间缩短，或者提前时间要求有更改，或者 OEE 得到改善，就应重新检查安全库存的适当性。简而言之，在推行精益的过程中，要对它们持续进行检查！

- **批量大小**。和安全库存类似。

- **工艺路线文件**。好，希望你已经转型到价值流，并简化了工艺路线。不过彻底地进行这样的转变还是相当少见的。工艺路线是单元设计、产能分析、资源规划等的基础。如果你的工艺路线在走下坡路，你的精益推进也会一样。

- **计划的组织形式**。随着精益的引入，计划部门应该变得更为去中心化。是这样吗？

- **MRP Ⅱ 和 ERP** 已经受到来自精益实践人员的大量诟病（通常那些批评都是正确的）。不过也不要把孩子连同洗澡水一起倒掉。尽管 MRP Ⅱ 对执行不力，有时在引入精益之后还帮了计划的倒忙，不过它通常也是分析的基本工具。如果存在复杂的流动、共享的资源、变化的需求及产品组合，你如何分析瓶颈所在？你如何知道负载的程度（我们知道这个信息有多重要！）？你又如何规划未来的资源？基本的 MRP Ⅱ 或者 ERP 引擎应该能够提供上述信息。事实上，这些或许是它在精益推进中的主要作用。你只有获取了这些信息以后，才能开始分析及改善。

有时生产计划办公室并没有被认为是精益的一部分。"精益是车间的事情，我们得赶紧做计划。"犯的错真大啊！可视化管理板、改善活动，包括周期性地回顾批量大小和安全库存、计划提前时间的假设、提前时间验证以及回顾计划绩效等，都应该是精益不可分割的一部分。在一些刚刚受到启发的公司里，最好的和最聪明的公司都会花时间用于制造计划和控制的研究和改善。制造计划和控制大师乔治·卜劳斯奥（George Plossl）正是因此才提出"主计划应该是管理层掌握业务经营的手柄"，以及"提前时间是由你确定的"。

计划是"系统"的冰山之尖。对于一个好的计划——平顺化的计划，很多方面需要协调在一起——质量、标准、拉动系统、交付、物料处理，当然还包括人的方面。

本章以精益中的平顺化计划概念的重要性开始，然后讨论一些促使精益计划生效的框架。这些都是精益计划概念的基本要素。

9.1 平顺化排程

很多人，其中最著名的是理查德·雪恩伯格尔，都将平顺化排程作为任何精益推进的核心。这个见解与麦克尔（Kate Mackle）在《建立流动》（*Creating Flow*）一书中所表达的观点一致，见本书中的第4章。

为什么平顺化排程是如此强大的驱动因素？

- Muri 和 Mura 通常是 Muda 的原因。Mura 与平顺化排程直接相关。让流动尽可能平顺，避免波动和过量生产。Muri 产生不稳定，进而导致计划不稳定。回想"需求、变异与等待订单的关系图"吧：如果资源的利用率或者荷载上升到 100% 的能力时，等待的工件将呈指数积累，完成计划的不确定性增加。
- 平顺化排程扩展到供应商和顾客，即端到端的整个供应链。供应商更喜欢常规化的订单和交付计划，因为这样可以让他们自己更为精益。同样的，如果你的顾客向你下达常规化的订单，你的精益推进将受到促进。
- 上一点对于库存水平有重大影响。

- 平顺化排程原则对于营销和分销是一种挑战。是什么导致排程不能平顺呢？顾客真的希望大批量订购还是小批量多频次的常规化重复订购？那么，是什么在背后驱动批量订购行为：数量折扣？月底的绩效报表？MRP 批量处理？过长的换型时间？找出排程不平顺的根本原因。
- 在内部，物料配送计划应该平顺。固定绞车路线或者公共汽车站系统可以建立起来，这样物料处理将更为高效。或许你可以将叉车都废弃掉。
- 平顺化排程有助于快速发现问题。一旦日程进度偏离计划就会被发现，并能够很快寻找到根本原因。
- 如果你想获得理想的平顺化排程需要搞清楚：它对于布局、机器小型化、价值流和共享资源等有什么含义？你要想避免瓶颈和复杂的排程，还应该设立清晰的价值流。
- 上一点与斯比尔和鲍恩的"DNA"观点（见理念章节）相关，特别是以唯一的清晰沟通路径和流动通道为目标。
- 在内部，平顺化排程被混合型号排程所放大。小批量多频次，而不是大批量少频次。
- 常规、定期、偶尔需求是基本的概念。尽量充分利用规律性，即定期需求。让每天或每周都尽可能和上一个时间周期具有相似的排程。在没有意外的情况下，每个人都会工作得更好。
- 管理是否也要平顺化排程？这是戴维·曼（David Mann）所称的精益领导力的精髓，经理人员的标准工作，比如会议都在标准的规定时间召开。简而言之，就是可以预见的平顺化排程。
- 在设计领域，英特尔公司以及其他公司将平顺化概念引入了设计，按照规定的周期开发一代又一代的新芯片。

用质量大师菲利浦·克劳士比（Phil Crosby）的话说"是芭蕾舞，而不是曲棍球"。芭蕾舞式的排程是可以预见的、定期重复的、平顺化的。先做正确，再重复，尽量频繁些。曲棍球式的（或者说橄榄球式的）正好与之相反，结果不可预见，每天都是一次"全新的冒险"，作为体育活动确实增添了趣味性，但这却不是生产所希望的。"第 500 次解决了相同的老问题"，正如克劳士比所说。没有很好的管理或者使用经理人员的时间。那么，你们是哪一种类型呢？

9.1.1 实现平顺化排程

不言而喻，平顺化排程不会自然而然产生。对需求进行管理是保证平顺化排程的前提。这在需求管理和销售、运营和采购计划章节有讨论。不过，开始的时候要接受思想上的挑战，即大部分最终顾客的需求是平顺的，可以预测的，而不是忽高忽低的。例如，很多日常用品的需求，从轮胎到牙膏，大部分的药物、主食等，都维持在不变的用量上。那么，为什么需求会扭曲呢？是的，可能存在有意扭曲，比如促销活动等，不过有时候是没有思考的行为导致的，比如"冲动型"购买，或者"多备一点，以防万一"的思想。应该减少类似的行为，特别是在减少购买会发挥现金优势的时候更应如此。

9.1.2 共享的资源和精益排程

确实，很多时候某项资源（例如机器、人员等）不能专门用于一个价值流。不过要意识到，共享资源会直接导致计划的复杂性，进而常会导致延误交期、延长的提前时间和降低的质量水平。管控系统，包括管理结构和协调会议，会变得更为复杂。因此，共享资源是一种"纪念碑"。总是需要为共享资源付出昂贵的代价。这样的代价包括上述各种因素，以及更为复杂的排程系统和排程工具。通常在研究一项资源是否要在几个价值流间共享的时候并未考虑这些因素。理清这些错综复杂的关系，使用小型专用设备会更好。看起来好像增加了投资，不过要好好计算一下，别忘了把风险因素加进去。

9.2 构建精益排程体系：八个基本要素

本节的用意是提供一组排程的基本要素，像乐高玩具一样，利用它们来构建大部分的精益排程体系的框架。这八个要素（与布局一起）形成骨架，而排程概念就是血液循环系统。还要在它们上面加上眼睛和大脑（愿景和战略），神经系统（战略部署和测量系统），以及肌肉系统（质量和改善），消化系统（补充能量和排除废物），所有的系统组合在一起可以产生快速、灵活和流畅的人的动作。这八个要素是：节拍、定拍工序、常规—定期—偶尔需求、看板、批量大小、EPE 周期、物料运输路线和计划平衡箱。

高德拉特使用 VAT 分析[一]作为排程的指南。参见约束理论和工厂物理学章节。它非常有用。不过，它依然是较高层级的工具。换句话说，可能 A 型工厂内部还包含一个 V 型工厂。

这些要素的顺序安排遵循约束理论和工厂物理学章节以及单元设计的原则。这样就可以将这些要素组合用于任何工厂。注意，这些要素也指出了应该设置缓冲库存的地点所在的区间，实际地点则要具体细化。例如，这些要素可能指出 A 和 B 之间的区间需要设置缓冲库存，而具体的库存放置地点可能是紧随 A 之后，或者在 A 和 B 中间，或者放在 B 的旁边。

要素 1：A 是约束或者瓶颈，它为非约束 B 供料。

Q：应该在哪里设立缓冲？

A：在 A 的前面（要保证 A 可以正常工作），而不是 B 的前面（很容易就可以消化）。注意，如果 B 缺料时间过长，也可能会转变为约束。

Q：A 前放置多少缓冲库存？

A：数量上足够保证上游工序的日常干扰不致引起停线即可，不含异常事件导致的中断。也包含拉动系统的补料时间，还有安全库存量。

要素 2：非约束 B 为约束或者瓶颈 A 供料。

Q：应该在哪里设置缓冲？

A：在 A 前面，而不是 B 前面。除非 B 是生产线的起点，此时需要放置缓冲库存以应对交货的波动。

要素 3：A 是约束，B 和 C 为非约束。

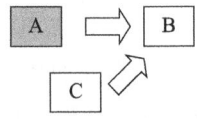

[一] VAT 分析：高德拉特将企业类型分为 V、A 和 T 三种类型，V 型企业指原料单一而最终产品多样，例如流程工业中的造纸，A 型企业与之相反，例如离散制造中的飞机和轮船，而 T 型代表少量的原材料和多种最终产品，代表性的是家用电器和阀门等。——译者注

Q：应该在哪里设立缓冲？

A：在 A 前面，而不是 A-B 线中的 B 前。不过在 C-B 线中要在 B 前放置缓冲。为什么？因为产品一旦越过昂贵的约束环节，应该尽可能减少延迟，比如等待来自非约束的 C 的零件。如果 C 发生故障，会不必要地导致 B 的完全停产。因为 A 是定拍工序，产品在 A 处肯定会停留——而在 A 和 B 之间放置缓冲则没有任何帮助。

设想一个汽车装配线，因为等待一个次要零件而让主生产线停线的情况肯定是你不愿意看到的。因此在 C-B 线上的 B 前一定要放置缓冲，如果是 C 类零件更应如此。然而，如果是 A 类零件，在 B 前设置缓冲可能过于昂贵，此时要制订同步的生产计划。

要素 4：A 的换型时间相对较长，给 B、C 供料，B、C 换型时间很短，或者没有换型时间。

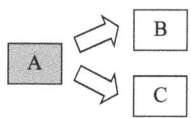

Q：在何处设置缓冲"超市"库存？

A：B 和 C 可能能在任何需要的时候运行。如果是这样的话，需要在 A 和 B-C 之间设置超市。如果 B 和 C 仅仅间断性地运行，而且不同时运行，这时如果能够保持与 A 同步，则不需要设立任何超市。然而，如果 A 需要响应 B 和 C 的要求随时提供零件，则需要在 A 处设置超市。

Q：A 如何知道应该生产什么零件？

A：你需要一个优先级看板（或者累积看板）系统，当 B 或者 C 处的缓冲不足时，它将给出指示。目标的批量大小在下一节讨论。

要素 5：两个或者更多的工序给一个约束工序喂料。

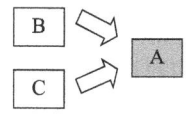

Q：A 处设置多少缓冲？

A：类似于要素 1 的情形，缓冲的数量要确保正常的干扰不致停线。不过你还需要知道生产A是否同时需要B和C,或者A生产两种产品,一种产品用到B,另一种产品用到C。前一种情况需要两种缓冲,后者需要同步的(拉动)排程系统,在A使用C的时候,B可以生产并累积缓冲库存,反之亦然。需要相应地安排(拉动)系统中B和C的优先级。

要素6:A、B、C、D是顺序工序。

A ⇨ B ⇨ C ⇨ D

Q:对此有哪些相关的问题?

A:首先,根据总的节拍时间来判断,是否存在约束或者接近约束的工序?如果是的话,将整个工序分割为不同的拉动回路,中间以超市隔开。其次,整个过程是否可以流动,特别是单件流(one-piece flow)或者定时投料流(pitch-time flow)?定时投料流是一种单件流的变形,允许在每次投料的时候更换产品型号。换句话说,换型时间+生产一次投料的产品的时间是否比投料间隔时间短?如果可以流动,则该过程可以看作一个生产单元,并由一个拉动信号来控制,并在A前和D后设置超市或者缓冲。

要素7:存在于V型工厂里,例如钢铁厂。A资源需要保护性库存。而换型和批量是C的固有特征,因此需要按照批量的方式为A生产,批量的大小要保证在换型并为B生产的时候A不至于断线,还要加上从B产品换回A产品的换型时间。此外,需要在A处备置的库存要考虑C的故障停线的影响。此时,很明显,非瓶颈资源C的换型时间和可靠性对于设定所需的缓冲库存非常重要,疏于管理会导致所需库存激增。

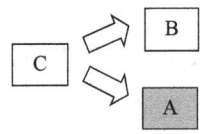

因此,在这种情况下,非瓶颈处的长换型时间就变得和瓶颈一样重要了。

要素8:存在于由动力装置驱动的传送带,类似于装瓶工厂。在这种情况下,不仅需要在A处准备足够的库存(以防止B出现故障),同时也要在A之后空出足够的空间存放库存,以防止A被阻塞。

B ⇒ A ⇒ C
  ○○○○ ○○○○

9.3 11个排程概念

这组 11 个概念，和之前的 8 个要素一起，可以让几乎任何一个公司成功建立价值流的精益排程系统，不管它是重复性生产，还是不规则流动。11 个概念形成一组。它们当然可以个别使用，不过在完整的精益排程体系中，会用到它们的全部或者绝大部分。

（1）需求平顺化（demand smoothing）。

（2）节拍时间（takt time）和标准供料间隔（pitch time）。

（3）定拍工序（pacemaker）。

（4）超市和 FIFO 通道（supermarkets 和 first-in-first-out lanes）。

（5）常规、定期、偶尔需求（runners，repeaters 和 strangers）。

（6）混合型号排程（mixed model scheduling）。

（7）看板和拉动（Kanban 和 pull）。

（8）精益批量大小和 EPE 周期（lean batch sizing 和 every product every interval）。

（9）专职物料员和物料配送路线（runners/waterspiders 和 material handling routes）。

（10）均衡生产（Heijunka）。

（11）销售、运营和采购计划（SO&PP）。

9.3.1 需求平顺化

需求越平顺和规律，计划就会越好，也更容易制订。需求平顺化是平顺化的一个特例，其优点已经在前述章节讨论。参见准备流动章节。

注意我们前面提到的大部分产品的需求具有固有的稳定性这一特点，至少在最终使用的地方如此。

可以从画走势图来着手，或者，更好的方法是画出带有控制线的控制图，它可以显示出一般性的变异。什么是不正常的变异或者"失控"的程度？以及导致这些失控的原因是哪些？是哪些特殊事件导致的？这些原因包括错误的订购量，或者是可预见的事件，比如一个赛季的开始。对于后一种情况，可以怎样利用其可预见性来削除需求峰值，填补需求低谷——假设不存在时间敏感性物料？是否可以通过定价策略来平顺需求（在旅游产业已经使用）？

走势图或许也可以暴露偶尔才有的大宗订单，而不是小型的频繁订单。为什么会这样？小型订单可以为客户节省大量成本，避免本公司生产速度的大幅度变化。为了减少顾客对于缺件的顾虑，你可能会同意保持一定的"永久"缓冲库存，直到顾客相信平顺化排程系统的神奇的双赢效果为止。

此外，你是否可以为顾客的订购过程提供帮助？这无论如何都不是最不重要的。虽然你的产品或许只占顾客总体业务中的一小部分，却是你的主要业务。因此，顾客可能从来就没有考虑过将给你的订单平顺化。你能帮助他预测他自己的需求吗？比如一旦逾期没有下订单就发出提醒，或者设定供应商管理的库存系统（VMI），或者干脆接管其订货过程（顾客不存在风险）——自己给自己下订单！

9.3.2 节拍时间和标准供料间隔

节拍时间是确定节奏的鼓点，标准供料间隔时间是搬运物料箱（或者规律的批量产品组合）的重复性的时间间隔。节拍时间是一段时间内的可用时间除以需求量。标准供料间隔是节拍时间乘以物料箱的容量，常用作均衡生产系统的间隔时间。节拍和供料间隔在准备流动章节有更详细的介绍。它们并非一直相关，不要强制将两者联系在一起。

9.3.3 定拍工序

工厂内的价值流围绕单一的定拍工序来安排生产计划。一个价值流只有一个定拍工序。使用定拍工序的好处是避免放大效应（参见价值流图章节），实现工序间的同步。如果定拍工序是心脏，物料配送人员就是血液循环系统。

定拍工序不一定非要是约束或者瓶颈，尽管常常是这样的。通常选择非常靠近下游的工序作为定拍工序，这样可以拉动上游工序。在定拍工序之后，你可以遵循先进先出（FIFO）原则来流动，或者使用成品超市。

定拍概念在重复性生产的情况下比在平顺需求情况下效果更好。同时，定拍工序将作为鼓点按照供料间隔时间或者略低于它的速度（通常是95%）来生产，这样可以允许少许的过程变异。这是真正的"欠饱和产能排程"。常常在定拍工序处使用计划平衡箱（Heijunka Box）作为实际的计划排程工具。

9.3.4 超市和 FIFO 通道

超市是一种库存存放地，专职物料员到超市拿取所需的零件，类似于"购物"。精益以流动为目标，理想情况是单件流。物料应该在超市之间流动。超市区域应该进行整理，把一些零件放到一起，以保证专职物料员可以按照规定的路线定期到超市一次性拿取所有需要的零件。

参照价值流图可知，超市经常设立在拉动回路的边界，比方说，设在一台冲压机和一组生产单元之间，或者设立在两个价值流汇合或者分离的地方，或者是两个 CONWIP（标准在制品，详见第 10 章）回路相遇的地方。

在两个工作位之间设立在制品库存是允许的，不过要受可视的看板系统控制（或者 CONWIP，或者鼓—缓冲—绳系统，详见第 10 章）。所有其他的库存都应该放在少量的超市内。

成品库存有时也称作"耻辱墙"，预示需求管理和计划稳定性还有待提高。对成品超市中的库存应该持续进行审视。例如，使用标记系统，如果从来就没有出现过库存低于该标记的时候，就说明流通中的库存太多。可以为每个物料箱设立标记，也可以为超市中每个零件的存放地点设立标记，物料箱移走后标记也相应移走。如果物料箱比方说一个月都没有移动过，标记也会保持一个月，这也预示可能库存过多。

FIFO 通道是动态的缓冲库存，存在于周期时间不同的两个工序之间。在等待下一个作业的时候，库存会在 FIFO 通道中聚集。FIFO 通道中的库存最大值取决于下一个工序的延迟时间，比如，等待换型。它们也可能用作两个分离工序之间的实物连接，即维持生产计划。FIFO 通道应该清晰地标记出最大库存量。FIFO 通道不应该用作永久保有的标准在制品库存。如果 FIFO 通道中的库存从来没有下降到接近于 0，可能说明通道中的库存太多。有一种不错的做法，就是在 FIFO 通道上用不同颜色的油漆标记来提示上一道工序需要生产更多的零件，因此，它实际上也是一种看板。如果通道中绿色部分暴露出来，表示可能需要补充零件。如果红色暴露出来，则表示零件应该马上补充。

在计划可能变更的地方，仅仅设立工序间的 FIFO 通道——而不是临时缓冲库存——可以给提前时间、简单化带来很多好处。它是实现斯比尔和鲍恩的丰田 DNA 第三个规则的方法（忘记了？重读吧——它与精益排程紧密相关）。

FIFO通道应该有确定的最大库存量。典型的应用之处是，第二个工序在换型的同时第一个工序保持连续生产。这样，就会在两个工序中间的FIFO通道聚集库存。FIFO通道的最小库存量应该保证第二个工序换型的整个时间内第一个工序保持既定的速度连续生产。你也可以稍微增加一点库存量以备紧急情况。另一个应用之处是第一个工序按照两班生产，而第二个工序只安排一个班次。此时，FIFO通道应该至少保有前一个工序一个班次的产量加上安全库存。两种情况下，安全库存都应该考虑到故障的可能性，如果第二道工序是瓶颈，还要考虑第一道工序发生故障的可能性。

FIFO通道的库存应该由一端填充，从另一端拿取。如果存在日期敏感性物料，可以用小旗子来表示。如果零件比较小，可以使用靠料盒自重来移动的物料架。大型物料的FIFO通道，使用两个并排肩并肩的通道比单独的长通道更好，这样可以避免重复移动，否则当一件物料被取走以后，所有其他物料（或者其容器）都要往前移动一个位置。在两个短通道的情形下，在一个通道拿取物料的时候，在另一个通道补充物料。需要信号系统（灯光？标志？）来指示专职物料员往哪一个通道补充物料，以保证先进先出规则的一致性。

另外，FIFO通道也可以由CONWIP信号系统来控制——通道末端流出一件产品之后，才允许在起点流入一件产品。

在混合型号生产时，如果队列中的一个或多个产品在下道工序的作业周期时间比节拍时间长，可以用FIFO通道来弥补时间差。因为下道工序的周期时间比节拍时间长，存在时间损失，因此通道中会聚集库存。当产品流经下道工序后，因为其后的周期时间比节拍时间短，因此库存会逐渐减少。见下面的计算过程。

在供应链中，FIFO通道等同于交叉配送（cross dock，也称越库作业）。供应链中的超市等价物是库房。

超市容量及其相关的看板回路在下面的章节讨论。确定FIFO通道长度的方法稍后给出。

显而易见（现在希望）的是，不要将自动存储和取料系统作为超市使用。它们会鼓励更多的库存，可见性不佳，对专职物料员或者配送员的需求响应缓慢。而且它们会发生故障。不过，小型的AS/RS（或者旋转木马式料仓）可以用于消耗品和响应速度较慢的零件，特别是在空间和防盗方面有问题的时候。然而，总体上说，应该竭力避免使用它们。

确定 FIFO 通道的长度

在下述的公式中，LS 代表通道的长度，不过没有考虑应对设备故障等需要的安全库存，其单位要变换为产品的数量。注意，如果后道工序的周期时间比前道工序的换型时间短的话，实际上不需要任何的 FIFO 通道。

- A 给 B 供料，B 的周期时间长于 A 的换型时间，此时 A、B 之间的 FIFO 通道长度计算如下：

  A 的换型时间 +LS×（A 的周期时间）=LS×（B 的周期时间）。解得 LS。

- B 给 A 供料，A 需要换型，B、A 之间的 FIFO 通道长度计算如下：

  LS=A 换型时间 /B 的周期时间

- 混合型号生产中，一个或者多个周期时间比节拍时间长，而混合型号队列的平均时间比节拍时间短。此时仅仅考虑重复发生的混合型号队列（mixed model sequence）中周期时间长于节拍时间的产品。所需的 FIFO 通道的长度计算如下：

  LS=（队列中长周期产品积累的总时间）/ 节拍时间

举例：混合型号队列为 ABCDE，重复性生产。节拍是 25 秒。周期时间分别是 15、30、40、20、10 秒。

平均周期时间 =23 秒（请核对）。

长周期所积累的时间 =7+17=24 秒。

通道长度为 24/25=1。不过，将队列顺序按照 A、B、D、C、E 重新安排，重复生产。如果通道中有多于比方说 3 件产品的话，应该规定前道工序停止生产。

如果是一批产品同时生产，每个产品的周期时间都超过节拍时间，累积的时间应该包括所有的产品。例如，如果经常同时生产 10 件 C 产品，在仅仅考虑 C 的影响时，此时长周期产品的累积时间就是 10×15=150 秒，FIFO 通道应该容纳 150/25=6 件产品。

注意：应该谨慎对待上述给出的示例。一个经验法则是，如果周期时间的变异超过节拍时间的 1/3，特别是在需求变动很大的时候，需要考虑其他方法。参见下面的混合型号一节。

9.3.5 常规、定期、偶尔需求

常规需求、定期需求和偶尔需求（RRS）是精益排程中经常使用的分类方法和原则，它被认为是在 21 世纪 80 年代后期起源于卢卡斯工业公司（Lucas Industries）。

常规需求（runner）指产量足够大的产品或者产品族，有理由为它们单独建立生产设施或者制造单元。这并不意味独占的生产设施需要全时运行，只要经济上或者战略上可行就可以按需运行，不要与其他产品共享设施。

定期需求（repeater）的产量中等，没有理由设立专用生产设施。定期需求应该在每个规律的时间段内都安排生产。即使产量可能变化，时间间隔应该保持大体上不变。这样的安排会带来秩序和规律方面的好处。例如，维修和刀具团队知道某项需要特定模具的工作每周二早晨都会进行，供应商会习惯于相关的常规订单，启动所需资源也会准备妥当，叉车可能静候备用，等等。规律化是关键：竭力保持每天在相同时间做相同的工作；如果每天不可行，就在（比方说）每周一、三、五的相同的时间做相同的工作；如果还不可行，就在（比方说）每周的相同时间做相同的工作，等等。

偶尔需求（stranger）是产量很低，或者需求断断续续的产品或者产品族。偶尔需求可以用于填充有规律的定期需求没有用完的时间，给予最低的优先级。

在建立生产计划的时候，首先用帕累托分析将产品分为常规需求、定期需求和偶尔需求三类。常规需求不会有太多的顾虑，因为它的产能充足，它们有自己独有的资源。定期需求构成计划的主体，只要产能允许，应该尽可能平均地分配到规律的时间段内，让流动最大化，库存最小化，让转运批量小于生产批量。然后将偶尔需求填充到定期需求没有用完的时间段内。

定期需求和偶尔需求之间的区别并非总是清楚的。例如，可能有一种产品的需求量虽然很低却非常稳定——比如一种特殊风格的小轿车每个月都有 10 辆的需求。每周生产（比方说）2 辆意义不大，考虑到调试和换型的成本更是如此。因此，这时就可以确定可行的批量大小并在非需求高峰时投入生产。

将帕累托尾部的产品需求组合在一起用以平顺需求并实现经济批量的原

则，可以起到很大的作用。在这里不要使用传统的经济批量的计算方法，而使用本章解释的精益批量确定方法。不过在计算库存的持有成本、调试成本以及 EOQ/EBQ 公式中的正确系数"2"——或许 1.5 更为实际——时，要记住使用精益的思想。

RRS 原则类似于我们对待自己生活的方式。我们有常规需求，比如一直持续的心跳，我们没有必要对它进行计划。不过你要经常锻炼，有意地让心脏保持良好状态。对于定期需求，我们每晚的睡眠，可能长度略有差别，不过每晚都睡觉。大家都知道，不用任何人告诉我们，我们也不会在半夜 3 点给朋友打电话。类似地，你每天都吃早饭，你利用这个机会跟家里人交流，因为他们都在那儿，也不用特别安排会议。在每个月的开始用三天时间把一个月的早餐都吃完（"设备调试"），尽管这样做可能会看起来效率更高，但是你肯定不会这么做。你会根据有规律的习惯来安排食物库存。对于偶尔需求，每天你都会有不同事情，不过这些事情都围绕常规事务的日程来安排。

再度提起，质量大师菲利浦·克劳士比说过我们做事的方式应该"是芭蕾舞，而不是曲棍球"。跳芭蕾舞要演练、调整，每次演出都一样。而曲棍球比赛每次都不一样。常规需求、定期需求和偶尔需求可以保证芭蕾舞式管理。不过，最常见的还是曲棍球风格的管理：一周下来，我们筋疲力尽地瘫坐在椅子里，因为第 500 次解决了相同的问题而自鸣得意。

常规、定期、偶尔需求，以及 ABC 分类法

表 9-1 是精益库存管理和零件控制的有效方法。这里的常规、定期、偶尔需求指的是零部件而不是成品。一个部件可能用于多种不同的成品，这些成品可能是常规、定期、偶尔需求。

表 9-1 需求—物料矩阵

	常规需求（runners）	定期需求（repeaters）	偶尔需求（strangers）
A	紧凑看板	紧凑看板？	MRP/ 预测
B	宽松看板	宽松看板	MRP
C	双料盒 / 再订购点（ROP）	双料盒	双料盒 / "查看现场"

表中的各列代表常规、定期、偶尔需求，各行代表标准的 ABC 分类。A 类是高单价零件，B 类零件价格中等，C 类零件是低价的供应品。

单元格中列出了多种可选的工具。这个表不是对每个公司都适用，不过可以作为一个普遍性的指南。每个公司都可以建立自己的特定矩阵表。A类的定期需求可以使用紧凑看板系统（低安全库存的看板系统）。而A类的偶尔需求可能用MRP或者基于预测的系统来管理更为合适。重复性不足会导致看板不可行。B类的定期需求可能适于用宽松看板系统来管理，即安全库存较多。通常C类零件可以使用简单的办法来管理，比如双料盒系统，或者再订购点系统——或许对于常规需求要定期审视，而对于偶尔需求要持续审视。

另外一个考虑的维度是提前时间，如表9-2所示。

表9-2 需求—物料—提前时间矩阵

	常规需求（runners）	定期需求（repeaters）	偶尔需求（strangers）
A 长提前时间	宽松看板	MRP	MRP
A 短提前时间	紧凑看板	紧凑看板	信号看板
B 长提前时间	宽松看板	宽松看板	MRP
B 短提前时间	紧凑看板	紧凑看板	信号看板
C 长提前时间	双料盒/ROP	双料盒	双料盒
C 短提前时间	VMI	VMI	"查看现场"

这里的VMI表示供应商管理的库存，信号看板是触发发货的信号系统，可以在福特发动机以及江森自控座椅的生产中看到。

要想办法把偶尔需求转变为定期需求，把定期需求转变为常规需求，这样就可以减少并最终消除对于MRP的依赖。这种转变需要设计部门主导。

当然，零件的需求会随着时间的变化而变化。常规需求会变成偶尔需求，反之亦然。因此需要对它们加以标识。自动添加标识的软件现在可以从市场上买到。如果一个零件已经明显从一种类别转变为另一种类别，需要将它们做特殊标记。或者，当成品的需求组合有一个显著变化的时候，要对每种零件的分类进行人工审查。

最后，也请参考需求管理和销售、运营和采购计划（SO&PP）。如果对需求真正理解了，或许会发现更多的定期需求。应该对不频繁的中等程度的批量持续追问——它是否是顾客真正想要的？交付点处的产品到底是偶尔需求还是定期需求？

9.3.6 混合型号排程

混合型号排程就是按照类似于 ABC、ABC、ABC……的相同队列重复生产，而不是以三个大批量分别生产 A、B 和 C。这样做的原因有几个：它对于生产单元均衡化帮助很大（将长周期产品和短周期产品放到一起），它可以降低在制品（WIP）库存，有时也可以降低成品库存，它甚至可以提高顾客服务水平，还有一个（最大的）好处是专职物料员可以按照恒定的速度给生产线或者生产单元补充物料，而不是针对不同的产品采用不同的补料速度。

就实际而言，混合型号排程成功的程度还取决于订单量大小、运输配送频次，以及换型时间。这些也反过来影响产品组合的生产周期（every product every interval，EPE）。例如，如果 A 产品的顾客通常设定包裹或者物料箱的容量是 20，B 产品是 10，而需求分别是每小时 40 件和 20 件，那就可能不用按照 AABAAB 的重复顺序来生产了，而按照 20A、10B、20A、10B 的方式，或者 40A、20B 的方式每小时重复一次更有实际意义。包装的大小也反映在补料间隔（补料间隔时间＝节拍时间 × 物料箱容量）上，计划平衡箱就是根据补料间隔来设定的。见下文。如果公司每天发运两次，最好的政策是，按照发运数量每种产品每天至少生产两次，"至少"是因为考虑到生产均衡和库存风险等因素，更频繁的组合间隔有利于抵消这些风险。

你也需要合理地决定重复生产的混合型号产品队列的时间间隔的具体时间，这和运输绞车或者专职物料员的巡回周期和频次都直接相关。

在没有换型时间的装配操作中，混合型号生产不会造成问题。如果有短暂的换型时间，可以通过以下公式计算最小的可行的批量：

$$\text{换型时间} + \text{批量大小} \times \text{装配时间} = \text{批量大小} \times \text{节拍时间}$$

通过解此方程获得的批量大小就是需要在一起生产的混合型号产品队列期望的最少产品数量。例如，如果换型需要 10 分钟，周期时间是 3 分钟，节拍时间是 5 分钟，即 $10+3b=5b$，解得批量 $b=5$。这时候每批的产品数量最小是 5 件。

混合型号队列肯定源自产品组合的需求。如果你有两种产品，A 占需求的 66%，B 占 33%，那么最好的混合型号队列就是 AABAABAAB。根据最接近的最小公约数来确定混合型号队列。比如，A、B、C三种型号的需求比例是10、5、2，则最小的约数近似于2，则大约的比例是5、2、1，转化成混合型号队列就是ABABACAA，随后是ABABABACA。在计划平衡箱中，每个补料间隔放置一个混合型号队列。有些公司使用标准的补料间隔，并改变工作日的上班作息时间以适应需求；而有些公司则直接根据节拍时间来安排补料间隔。

不管哪种情况，首先，混合型号组合的批量或者物料箱的容量决定补料间隔；其次，补料间隔数量和产品的组合决定混合型号组合。因此，如果计划平衡箱中有48个补料间隔，每个间隔为10分钟，需求组合的最小公约数是6A、3B、2C、1D，那么，一天的时间应该划分为4个重复的时间单元，每个单元包含12个补料间隔，在每个时间单元里面的混合型号队列为ABABACABACAD。

以上是基本情况。不过有些时候问题不会这么简单。如果节拍时间变化很大（超过1/3）怎么办？需求突然增加或者需求组合剧烈变化怎么办？三者同时出现又怎么办？

- 首先，区分定期需求和偶尔需求产品或者零件。你或许应该针对不同的类别制定不同的安全库存政策。定期需求可以在没有需求时生产并备有库存，而偶尔需求则按照订单生产。
- 如果产品间的周期时间差异大，首先确保长周期产品（或大物料箱）和短周期产品（或小物料箱）安排在一起，此外，要使用FIFO通道。
- 如果组合或者需求量剧烈变化，理想的情况是按照不同的生产速度平衡生产单元。通常这意味着改变人力需求。有些公司可以在一个班次中实现2或3种生产速度。
- 生产产品的提前时间也是一个因素。如果提前时间较长，对于按照库存生产的产品（定期需求）使用超市作为缓冲（即，持有安全库存），然后给予按订单生产的产品（偶尔需求）更高的优先级。如果提前时间较短，或许使用FIFO通道就可以解决问题。

表9-3的2×2政策矩阵是其精髓。

表 9-3 需求—组合政策矩阵

		需求变化	
		否	是
组合变化	否	标准作业	增减人员？加班？
	是	布置安全库存？使用 FIFO 通道？	人员和库存变化

达根（Kevin Duggan）建议在具体的情形出现之前就建立"组合预案图"，而不是在晨会上根据"方便自己的原则"仓促给出决定（回想芭蕾舞与曲棍球的比喻）。不过，也要考虑其他因素，比如顾客的期望和合同要求、供应商关系和响应速度、劳动力灵活应变的能力和意愿、季节性、趋势和变异，以及现金的充裕程度。

在高不确定性的医药环境工作的派拉（Mark Pyrah）提出五个应考虑的需求类别：

- 正常的（normal）。在产品需求为 0 的可能性很小的时候：按库存生产。
- 错误的（erratic）。在产品需求为 0 的可能性为 20%～50% 的时候：安全库存的成本会增加——试行按订单生产。
- 激增的（lumpy）。在产品需求为 0 的可能性很高，并伴有订单数量的增加和变化：按订单生产。
- 缓慢的（slow）。在产品需求很好地满足泊松分布模型的时候：按照库存生产。
- 管理控制的（management control）。在无法可靠预测产量，也无法与上述任何一种情形相匹配的时候。

9.3.7 看板和拉动

首先，区分看板和拉动非常重要。它们彼此相关，而且常常被混为一谈。拉动系统指基于下道工序消耗而进行的生产，换句话说，需要来自下游工序的需求"拉动"来触发上游补料工序的生产（或者物料补充）。这和推动系统截然不同，在推动系统之下，集中的计划部门给出计划或者预测，各工序据以安排自己的生产，各工序不会顾及它的下一工序是否真正需要该产品或者零件。拉动系统可能是按订单生产系统，常常确实如此，不过也不是一定要如此。例如,你也可以用成品库存来供货,然后再按照其消耗来补货。

霍普和斯皮尔曼指出,拉动系统的重要优点是减少在制品库存和提前时间(因为拉动系统限定了在制品的数量,从而不可能过量生产),平顺了生产的流动,改善了质量(因为系统内只允许少量的等待时间,无法承受大量的产出损失),最终,以上各种优点的集中体现就是成本的降低。

那么,拉动和看板是如何联系的呢?拉动是计划的原则,看板是拉动的实现机制之一,而且是最为突出的一个(见图9-1)。其他的机制可能是CONWIP、鼓—缓冲—绳、双料盒、传真看板(faxban),或者声音信号等。请记住,拉动也是沃麦克和琼斯的精益原则的第四个。这是有意为之的。因为在引入看板之前需要做很多的准备工作:减少需求的放大效应,减少换型时间,用标准化作业来稳定流动,降低次品率,减少停机故障等。首先要开展这些工作!

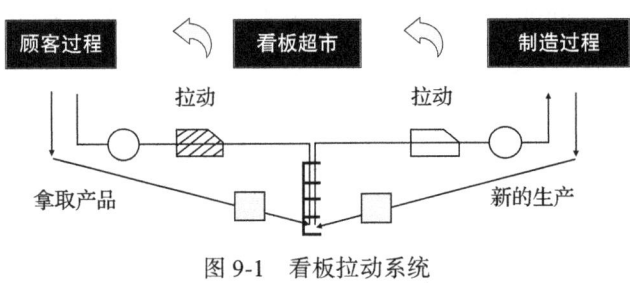

图 9-1　看板拉动系统

看板是减少浪费(Muda)和波动(Mura)的有效方法,也可以消除过载(Muri)。

看板是拉动生产系统的经典信号工具,尽管其形式和数量还存在不确定性。基本的分类如表9-4所示。

表 9-4　看板的分类

分类依据	载体或者介质	使用区域	操作特点	产品信息明确程度
典型看板	• 普通看板卡 • 实物看板(物料容器、线标记、地标、高尔夫球、乒乓球、FIFO 等) • 电子看板 • 传真看板	• 生产看板 • 移动看板(取料看板) • 供应商看板	• 单卡片看板 • 双卡片看板 • 三角看板(信号看板) • 产能看板(通用看板) • 应急看板	• 产品看板 • 产能看板(通用看板) • 计划平衡卡

（续）

分类依据	载体或者介质	使用区域	操作特点	产品信息明确程度
备注	默认情况下，看板卡指代普通形式的看板卡，即一张带有零件信息、数量信息、位置信息以及其他辅助信息的纸质卡片	以上是类别，可以继续细分	三角看板常用存在批量生产的地方，如热处理；双卡片看板用于存在换型调整的地方，如机加工；应急看板是一种临时看板	计划平衡卡可能对应一组产品

生产看板

（1）**单卡片看板**。传统的看板适用于所有稳定的存在重复生产的制造环境。实际中，单卡片看板类别是迄今为止最为流行的类型。这种看板便于理解、易于阅读，而且还便于设计安装。单卡片看板就是在成对的工作位之间使用的单卡片（或者拉动信号）。尽管在一对工作位之间形成的回路可能有多张单一看板，每个卡片都授权生产一个或者一箱零件，并将已经生产好的零件（一个或者一箱）移动到指定的位置。它的两个主要的类别是产品看板和通用看板。

（2）**产品看板**。产品看板是拉动系统最简单的形式。如果取走一件产品，就使用产品看板来补充它。没有产品移动就没有生产授权，也就没有生产。在实践中，这种看板的变种有很多，比如看板方块（一个空的方块就是用另外类似产品填充该方块的授权），卡片看板（卡片看板返回补料工位，授权生产卡片上列明的产品品种和数量），传真看板，或者"电子看板"（和卡片看板的运作模式完全相同，仅仅用电子形式来替代拉动信号）。

（3）**多产品的产品看板**。

1）顺序作业。顺序作业时有多种不同型号的产品，如果产品种类不是太多，产品看板可以用于工作位之间。这时，工作位之间会放置每种产品的部分完工的半成品，用作缓冲。如果最后一个工作位取走一件产品A，就沿生产线顺序触发生产一件产品A的补充品。其他的产品不会移动，直到它们也被取走。这个系统允许对有限的产品种类进行快速反应的补充制造，不过代价是持有每种产品的部分完工的半成品作为缓冲库存。因此，这个系统在产品品种过多时不适用。此时，就要用到下文介绍的通用看板。

2）按订单装配作业。另外一种看板的变型就是用于多种按订单装配作业的情形（例如，按订单生产的个人电脑），每一种零件和部件都准备至少一两件放置在总装区域附近的货架上。接到订单以后，直接从相应的货架上取零件进行配置和组装。货架上产生的空间对于部装区域就是生产并补充的信号。部装区域按照单元布置，直接从物料架上取料生产，完成的部件补充到货架上的空缺位置。按照这种方式，可以用拉动系统来生产上百万种的不同配置的产品。

3）同步作业产品看板。在物料清单（BOM）或者产品结构存在多种子件的时候，可以通过所谓的"高尔夫球"的看板变型来实现同步。这里，在主要的装配进行的同时，信号会被送到生产子件的装配区域，提醒它们准备相应的子件"准时"地满足生产线上的主装配的需要。不同颜色的高尔夫球被送到（通过空气吹送，或者电子控制）子装配区域指示它们生产特定的组件。这种形式的看板可以用于内部（比如准备不同的挡风玻璃或者不同颜色的保险杠，用于特定的汽车），也可以用于外部（比如送达外部座椅供应商，让它们按照特定的顺序准备座椅，以满足特定顺序汽车生产的需要）。

4）紧急看板。紧急看板是"特殊情况"下使用的看板，在异常情况下将它插入看板回路来进行弥补。这种看板卡使用不同的颜色，这样可以容易辨别。这种看板自动放到等待队列的前部，因此可以尽快处理它们的需求。一旦额外数量的产品生产完成，紧急看板就撤出回路系统。

还有一种变型就是在系统中插入额外的看板以应对季节性需求或者补偿运输中断，比如铁路损毁或者恶劣天气。这些临时看板卡片也需要尽快撤出系统。

典型的看板操作顺序：

- 如果发货区的一件产品被从物料箱中取走，就在特定的位置放置一张卡片等待收集。
- 专职物料员从发货区收集所有的卡片，并将它们送到该价值流的生产机器的主管组长办公桌上。
- 组长生成生产工单，并将该卡片放置在生产该产品的机器旁边的卡片板上，放置在一定的列上，依次顺序摆放。该机器生产的每种产品都有对应的一列。每一列的区域被依次标示为绿色、黄色和红色。卡片首先在绿色区域累积，绿色区域放满以后是黄色区域，最后是红色区域。通常每种产品每种颜色都对应多个卡片放置位置。

- 机器操作工人按照从上到下来生产卡片板上的卡片所对应的产品。这样就建立了循环工作的顺序,这是基于最优换型次数确定的。在开始每件产品之前,操作工人打印所需的文件资料。
- 所要生产的批量数量由规则确定。通常情形是机器操作员根据卡片的数量确定批量大小。不过,如果只有绿色区域的一张卡片,它将跳过该产品。如果红色区域有任何卡片,他接下来就要生产该产品。
- 一个批量完成以后,对应的卡片置于物料箱内,将生产订单进行倒冲,将物料箱移动到发货区域。
- 用于生产该产品的原料或者坯件也需要用看板拉动。当使用某批零件的第一个零件的时候,操作员将该批零件对应的卡片与该批零件分离,放置在指定的地方,等待专职物料员来收集。专职物料员在下次补料时收回卡片。

下面是其应用于流程中的一个实例(参见图9-2),此时冲压操作为装配单元补料。如下是看板排程过程的步骤。

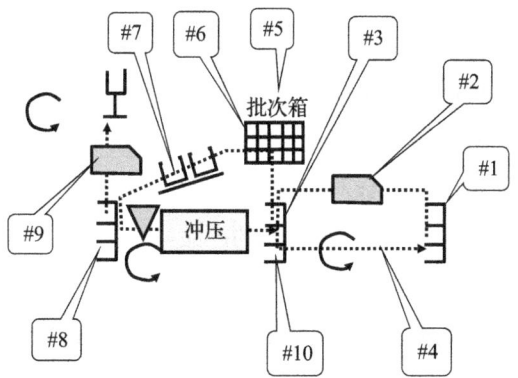

图9-2 看板系统操作顺序

- 装配单元取用一箱产品。
- 一张移动看板卡或取料看板卡被送到冲压超市的看板卡架。
- 生产看板与产品分离,移动看板卡放置于箱中。
- 箱子和移动看板卡一道被送到装配单元。
- 生产看板(三角看板)被送到批次信息板。

- 三角看板的数量开始累积，最终达到目标批量线。
- 当触及目标批量线后，将该产品的看板（文件）放置到冲压排队队列中。
- 当文件到达排队的起点处，生产该产品。
- 原材料看板与原材料分离，移动到看板架。
- 三角看板（生产看板）放置于成品箱，然后运送到超市存放。一个循环完成。

（4）**产能或者通用看板**。通用（或者"产能"）看板授权工作中心补充生产一个零件，不过没有指定具体生产哪种产品。需要生产的产品由工单或者"广播时刻表"系统指定。因此，更适用于多样产品的拉动系统，这些产品具有相似的生产路线，在各生产工位所需时间也差不多。通用看板比产品看板的在制品少，不过反应时间要慢。

（5）**信号看板**。存在换型的时候，需要使用信号看板（也称三角看板，或者优先序看板）。零件被取用时，看板就被放在看板信息板上相应的产品列下。如图9-2所示。可以计算出每种产品的目标批量大小（参加下节的批量大小），目标线标识在信息板上。随着看板的累积，足够数量的看板就会触及目标线，从而开始生产一个批量。这样的做法可以实时可视化地提示即将到来的换型。正常情况下，触及目标线就生产一个批量。如果存在问题，看板可能会累积到超过目标线，此时应该给予更高的优先级。一般来说，一个批次要生产看板信息板上产品列中所有看板对应的产品数量。在时间充裕的情况下，可以用较小的批量来生产信息板上看板对应的产品。

（6）**双卡片看板**。双卡片看板在丰田公司已经投入使用了很长时间，在其他地方的使用也越来越多，它包括生产看板和移动看板（有时也称作取料看板）。生产（或者信号）看板用于特定的工作中心，在看板信息板和成品箱（此时生产看板附在上面）之间轮换流动。工作中心的操作员使用它们。它的一种形式是传送看板：位于特定的一对工作位之间，并在移动看板（收集）箱和装满产品的料箱（此时传送看板附在满箱上）之间轮换流动。专职物料员使用它们。

专职物料员从看板收集箱中收集传送看板（通常这是他在常规补料路线中的工作的一部分——同时可参见节拍时间和补料间隔章节），然后将它们送到相应的补料工作位。在那里，专职物料员将生产（或者三角）看板与装满箱的零件分离，并将传送看板放置在装满的零件箱上。然后将生产看板返回到该工作位处的看板信息板上。经生产看板授权开始生产该产品批次以后，操作人员将传送看板与零件箱分离，并悬挂到上游工序处的看板收集箱。

双卡片看板和信号看板系统同时工作，也就是说移动的数量和生产的数量不一定相等。这样有利于使用定拍工序或者计划平衡箱系统来连接多个工序。同时，生产看板的提前时间很短，因为它只在工作中心使用。这样快速反应和低库存水平就得到了保证。

移动（取料）看板

在信号看板系统中，有的看板的作用仅仅是触发运送物料到生产线的请求，请求的对象或者是内部的超市，或者是外部的供应商。在双卡片系统中，移动看板和上述的生产看板或者信号看板共同工作。

其他看板系统

（1）**福特汽车公司的看板系统**。福特内部称它们的看板为 SMART 卡（取自 synchronous material availability request ticket 首字母，即同步物料需求单，SMART 也是"聪明"的意思），它存在几种变化。

- SMART 卡片用于流动慢、体积小、价值低的零件。专职物料员在他们的常规补料路线中收集卡片，并送还 SMART 办公室，然后在那里用条形码阅读器扫描。专职物料员根据闪烁灯光来识别补料的优先级。它是"宽松"看板，或者慢速反应系统。

- SMART 呼叫系统用于高流动性、质量大而昂贵的零件，或者生产线空间比较局促的地方。当物料到达再订购点以后操作人员按下生产线边的按钮发出呼叫。它是"紧凑"看板，或者快速反应系统。

- E-SMART 系统（电子 SMART 系统）直接从生产线向外部供应商发出拉动信号。此类零件跳过库房和超市。

（2）**其他形式的看板**。看板旋转木马是装在轮子上的存储货架，可以旋转。从后面补料，从前面取料。尤其适用于成套零件。装在小车上的料盒带有可调整的高度指示器，可以用于多种零件。看板卡数量可以根据需求做出调整（如 Arvin Meritor 公司）。线间排序存储系统（sequenced in line storage，SILS）用于向邻近供应商和顾客等近距离运送混合型号的大型零件，使用装在轮子上的靠自重滑动的货架来实现。缓慢旋转的两个台面桌子，底层用于存储物料，上层用于包装操作。桌子按照节拍时间旋转，分布于装配人员四周。有些汽车厂使用穿梭车在一组工位间移动，用于装配汽车座椅等定制产品。

其他的拉动或者看板还有标准在制品（CONWIP）以及鼓—缓冲—绳（DBR）。这些是多步的看板回路。CONWIP 将第一个流程步骤和最后一个关联起来。当最后一个流程步骤完成一个小时的工作量以后，第一个流程步骤才允许流入一个小时的工作量。DBR 与此类似，不过它关联的是瓶颈工序和第一个步骤。这些稳健的系统对于价值流中间流程的中断和干扰不敏感，因此在品种众多、周期时间或者产品组合不同、存在质量问题或者设备故障的可能性较高的情况下具有相当的吸引力。在约束和工厂物理学一章中对它们有更为详细的描述。

看板规则：

- 下游作业到上游作业处取零件。
- 仅仅按照看板的数量生产。
- 需求通过看板卡或者其他方式向上游作业传送。
- 在工作现场仅放置订单所需的零件。订单所需零件应该有特定的位置。
- 仅仅使用看板卡（或者信号）来授权生产。
- 每个看板卡仅仅在特定的一对工作位之间循环。
- 源头质量是基本要求，仅仅向下游发送合格品。
- 问题减少后，看板卡的数量也应降低。

看板卡数量

和精益制造一致，对于看板卡数量的正确回答总体上应该是"比上次更少！"众所周知的水和石头的类比在此适用。也就是，通过移除一张看板（或者减少看板对应的零件数量）来降低库存水平，"让石头露出水面"。注意，通过移除看板来逐步减少库存的理念是双赢的方法：要么什么都没有发生，这是你赢了，因为你发现你可以在更苛刻的条件下生产；要么你"碰到了石头"，这时你仍然赢了，因为你碰到的不是以前的石头，而是最紧迫的石头，或者说是约束。丰田已经像这样实践了几十年。

因此，关于看板卡数量的一般规则就是"先松"——设置充足的安全库存，然后逐渐收紧，而且一定要坚定方向。或许，大多数情况下看板卡数量的计算都是以在补料回路中保有充足的库存为前提。然而，大野耐一对于过量的看板提出警告——那样对于拉动系统的反应"感觉"就会迟钝。如果你需要一个公式，可以使用下面的。

计算看板卡数量：介绍。

总体上，看板系统的工作原理与传统的双料盒系统一样。在双料盒系统中，再订购点（ROP）是这样计算的：

$$ROP = D \times LT + SS$$

式中，$D=$ 从下订单到收货的提前时间（LT）内的日需求，SS 是安全库存，LT 以天为单位。这一熟悉的公式是看板卡数量（N）计算的基础。如果物料箱或者物料放置空间的容量是 Q，那么看板卡数量就是：

$$N = (D \times LT + SS)/Q$$

N 的计算结果向上圆整到个位数。

通常，用安全提前时间来代替安全库存数量更好。安全提前时间（ST）是用来缓冲非计划停顿的允许的时间。此时，看板卡数量计算公式为：

$$N = [D \times (LT + ST)]/Q$$

注意，计算看板卡数量通常不是独立的，它需要和 EPE 周期以及超市容量等结合在一起考虑。下文中将把它们整合到一起来考虑。

1）存在换型的看板卡数量。提前时间必须包括换型时间＋批量生产时间＋等待时间＋运送时间。在精益中我们经常考虑 EPE 周期（参见批量大小章节）。EPE 是以天为单位的生产某种产品组合的周期性间隔时间，因此，它包括换型时间＋生产时间＋等待时间，不过没有包括运送时间或者安全时间。运送时间通常和专职物料员（或者水蜘蛛）循环周期或者补料间隔相关联，实际上是物料消耗地点和换型作业之间的安全响应时间。因此，看板卡数量公式变为：

$$N = [D \times (EPE + 运送时间 + 安全时间)]/Q$$

如果 A 零件的需求是每天 30 件，每天生产三次，运送周期是 1 个小时，安全时间是 2 个小时。物料箱可以放 5 件产品。每天按照 8 小时安排生产。那么 $N=[30×（0.33+1/8+2/8）]/5=4.25$ 个看板。在这种情况下，安全提前时间相当于 $(30×2/8)/5=1.5$ 个看板，因此你可以选择在回路中投放 4 个或者 5 个看板。此时，通常使用三角形看板，表示回路中存在换型作业。

批量大小是 30/3=10 或者说 2 个看板，它也就是换型作业旁的看板信息板上的触发点。

2）装配作业或者供应商看板。在没有换型的重复性装配作业中，需求用每日的产品数量表示，提前时间 LT 就是产品流经所有必需装配步骤的时间，从"下订单"（将看板放置在看板信息板上）到收货为止。它一般包括通常的提前时间元素，即生产+等待+移动。注意，生产时间应该是装满物料箱所需的时间，等待包括运送前和运送后的等待，也包括订单生产前看板在看板信息板上或者看板收集箱中的等待时间。如果零件来自外部供应商，这里的提前时间应该是在计算库存时使用的期望的交付提前时间。需求和提前时间的单位应该始终保持一致，如果需求是周需求，提前时间也以周为单位。

也可以考虑安全提前时间，它反映的是各种交付的不确定性、质量问题、故障停机或者任何其他的中断。注意两点：第一，拉动时"先松后紧"的原则；第二，计算看板卡数量时向上圆整通常造成或多或少地无意间增加了安全库存的事实。

关于看板的最后注解

在上一节中，已经解释了传统看板。传统看板的弱点是它假设生产是重复的（即便是使用通用看板也是如此），以及相当平顺的计划。如果计划不平顺，各步骤之间就会长期滞留相当数量的缓冲库存，它们一直处于等待拉动的状态。这显然是 Muda（浪费）。产品之间工艺路线的变动也增加了复杂性，加工时间的变化还会导致生产线的不平衡以及临时"瓶颈"。在这种情况下，传统看板系统有时可能会需要比 MRP 推动系统更多的库存。为了克服这样的限制，开发了一些传统看板的变型工具。它包括鼓—缓冲—绳系统（DBR）以及标准在制品（CONWIP），第 10 章对它们有详细讨论。

注意看板的数量也取决于需求。也就是说，需求变化，看板卡数量也应该相应变化。在不稳定的环境中，需要经常增加或者减少看板。当节拍时间变化时，看板卡数量也通常需要改变。这意味着计划人员要随时保持警觉。有些人甚至建议用 MRP 系统来生成所需的看板卡数量。一般而言，这听上去不像是一个好的建议。这个建议除了让看板成为工单的另一个版本以外，还因为 MRP 的理念本质上以生产车间而不是流动生产为前提。MRP 可以用于计划，但绝对不适于执行。

9.3.8 批量大小

本节介绍的是需要将换型作为重要因素考虑时的批量大小和计划排程。当然，你应该继续缩短换型时间，因为任何换型时间的减少都会促进流动，并有利于降低批量大小。

首先，我们对批量经济稍做讨论。从精益的角度出发，应该完全摒弃以批量经济作为出发点的方法。它的主要缺点如下：

- 没有考虑节拍时间和流动速度。
- 传统的"批量和等待"思维。
- 换型成本按照实际发生的次数计算，而实际上换型团队通常是固定资源。
- 持有库存的成本通常被低估。
- 假设产能是无限的。
- 需求是不变而均衡的——它是精益的理想状态，而实际上不存在。

经济订货批量（EOQ）公式理论上合理，实际上对于确定批量大小毫无用处。公式中的四个变量是：

（1）需求，它是不确定的。

（2）调试成本——如果没有使用额外的资源，我们使用的是平均的，还是边际的，还是零调试成本？

（3）库存持有的成本。我们知道，在精益中，因为质量、空间和提前时间等的考虑，它实际上比传统上认为的成本要高很多——不过，到底高多少呢？

（4）零件的成本。应该使用换型作业处对应的零件成本还是最终产品的成本？是否包括管理费用？小订单和大订单交替到达会发生什么情形？

最后，还有公式中的那个以需求恒定为假设的系数"2"，恒定需求是不可能的！因此，你还能使用它吗？

在约束理论中，一般的确定批量大小的指导方针是在构成产能约束的设备处增加批量大小，而在非约束设备处减少批量大小。在换型团队产能允许的情况下，应该让他们在非约束设备上进行更多的换型，相应地减小批量大小，这样该机器不管是换型产能还是运行产能都被充分利用。结果是在制品减少，这也为赋予换型更多的资源提供了正当的理由。作为通用的指南，它意义重大，并与精益思想和谐相容。

EPE 批量大小

EPE 是一个重要的精益概念，它建立固定的重复周期。精益的理想是每种产品每天都生产。这对于服务和库存非常有利。EPE 的定期性在标准化作业、质量、可预见性、供应商、换型时间、周期性的改善时间等方面表现出巨大的优势。"优秀的精益计划是单调的计划"的格言说得一点不错。一个 EPE 周期通常也被称作一次"作战"。

EPE 的基础就是通过在可利用时间内进行尽可能多的换型，尽量减少批量大小。

- 总换型时间 = 总可用时间 - 总运行时间
- 批次数量 = 总换型时间 / 单次换型时间

举例：ACME 的冲压车间生产 A、B、C、D、E、F 六种产品。所有的换型都是 30 分钟。每种产品的需求换算为每天的生产运行时间分别为 3、2、0.5、0.5、0.5、0.5 小时。每天的净可用工作时间是 8 小时（除去休息、日常保养、团队会议）。

那么每天的总运行时间 =7 小时。

所有产品的总换型时间 =3 小时。

四天的 EPE 周期看起来颇具吸引力，如表 9-5 所示。运行时间计划可以如表 9-6 所示。

表 9-5 EPE 周期的确定

EPE 周期	运行时间（小时）	换型时间（小时）	总时间（小时）	可用时间（小时）	可行性
1 天	7	3	10	8	否
2 天	14	3	17	16	否
3 天	21	3	24	24	正好
4 天	28	3	31	32	是（余 1）
5 天	35	3	38	40	是（余 2）

表 9-6 四天 EPE 周期方案

	A	B	C	D	E	F	换型（小时）	合计（小时）
周一			2	2	2		1.5	7.5
周二	2					5	1.0	8
周三	7						0	7.0
周四		8					0.5	8.5
周五								
总计	12	8	2	2	2	2	3.0	31.0

五天的 EPE 具有两个小时的空闲，可以每周再多换型四次。注意，你不能一整天都生产 A 产品，因为那意味着 B 产品将隔日或者多日才能生产一次。据此可以生成如表 9-7 所示的计划（每种产品的产量以生产时间为单位）。

表 9-7 五天 EPE 周期方案

	A	B	C	D	E	F	换型（小时）	合计（小时）
周一			2.5	2.5	1.5		1.5	8
周二	3.5				1	2.5	1.5	8.5
周三	4	2.5					1.0	7.5
周四		7.5					0	7.5
周五	7.5						0.5	8
总计	15	10	2.5	2.5	2.5	2.5	4.5	39.5

可以看出，这个计划相当复杂，因此按照 4 天的 EPE 周期来生产可能更为简单。这里的格言是——简单就是好！

改进？

如果流经设备的产品类别是一个典型的帕累托形状，也就是说，少数产品需求很高，而低需求产品众多，形成长尾。此时需要考虑如下方面。简单地说就是更频繁地生产高需求产品，低需求产品的生产频次要少，这样可以在保持换型次数不变的情况下减少总在制品库存。从极端情况开始，不断地平衡和调整，直到最优状态。

在例子中，需求比例是 6∶4∶1∶1∶1∶1。按照 2 天的 EPE 来生产 A 看起来不错，而 F 的 EPE 是 8 天。B、C、D、E 的 EPE 则依然保持为 4 天。用产品 B 来平衡产品 E 或许不值得，因为收效不明显。因此，有些产品的批次可以跨工作日，不需要换型，如表 9-8 所示。

表 9-8　改进后的 EPE 周期

	A	B	C	D	E	F	换型（小时）	合计（小时）
周一			2	2	2		1.5	7.5
周二	6	1.5					1	8.5
周三		2.5				4	0.5	7
周四	6		1.5				1	8.5
周五		4	0.5	2			1	7.5
周一	6				1		1	8
周二	2.5	4			1		1	8.5
周三	3.5	4					1	8.5
总计	24	16	4	4	4	4	8	64

EPE 和批量大小计算

我们知道，在总可用时间内进行更多次的换型就可以降低批量大小，计算批量就是这个逻辑。可用时间可以是设备的时间，也可能是调整工的时间。这应该始终是我们的出发点，而不是不切实际的 EOQ 计算。不过，在有些时候这种计算方法也需要做出改变。它们是：

- 虽然用来进行额外换型的可用时间很多，而这时因为使用额外的材料等原因每次换型都会产生确定的边际成本（不是平均成本），或者因为使用其他资源比如叉车等而产生新的瓶颈。
- 质量要求苛刻，几乎不可避免会产生废品。

在这种情况下，需要平衡考虑换型所增加的边际成本和库存降低所节省的成本。

用另外的话说，减少批量大小（和缩短换型时间）的效用有递减的规律。存在一个平衡点，一旦达到该点，增加换型次数就没有必要了。不过，要警惕将这个规律作为借口的行为。快速换型（SMED）可以极大地改善灵活性——即使有足够的时间来进行长时间换型。

批量大小的进一步考虑

标准的 EPE 计算对于不变需求很有效。需求变化怎么办？下面给出了一些实用的解决方法。

- 审视比如说一年的需求，建立"平稳需求量"——即在一年的时间内的平均需求水平。
- 使用该时期的平均需求来计算标准的 EPE，然后计算正常期间的 EPE。用另外的话说，它确定 EPE 涵盖的周期是什么？
- 根据周期内的需求确定批量大小——这样计算的结果一般会符合要求，因为有些产品比平均需求大，有些低于平均需求。这个方法类似于 MRP 中的"期间订单量"规则（period order quantity）。
- 在批量小得没有经济性的时候。一次性完成这个批次的全部生产，在 EPE 周期不用换型。

获得目标换型时间

还有一种方法就是计算比如 EPE 为 1 天时的目标换型时间。在上例中平均每天有 7 小时的运行时间用于生产需求产品，即只有 1 个小时可以用于换型。1 天的 EPE 需要 6 次换型，则每次换型的目标时间是 10 分钟。如果是 2 天的 EPE，则为 20 分钟。这个计算非常有意义，因为低于 10 分钟的换型时间不会释放另外的库存，也不会减少提前时间，空出来的更多的时间只可以用于其他改善活动。不过，这样的零碎时间真的能有效利用吗？

EPE 周期公式

有必要为以下情况计算产品组合的生产周期（EPE 周期）：

- 每一个产品族。
- 在每一台机器上。

其计算公式是：

EPE= 每次"作战"的总换型时间 /（每天的工作时间 – 每天的总运行时间）

示例：一台机器上生产 3 种产品。一次"作战"就是生产一次包含所有产品的重复性队列的所用时间。假设每种产品在每次"作战"中只生产一次。有效的日工作时间是 8 小时（见表 9-9）。

表 9-9　EPE 和批量计算

零件	日需求	日需运行时间（小时）	换型时间（小时）	批量大小（小时）	批量大小（件）	物料箱大小	物料箱数量/批次
A	300	3	1	7.5	750	100	8
B	400	2	2	5	1 000	100	10
C	50	1	2	2.5	250	50	5
总计		6 小时 / 日	5 小时 / 作战				

那么，EPE=5/（8−6）=2.5 天。这就意味着产品队列的生产需要每隔 2.5 天重复一次。

批量大小为 A：3×2.5=7.5 小时的运行时间；B=2×2.5=5 小时的运行时间；C=2.5 小时的运行时间，如表 9-9 所示。批量大小需要根据物料箱的容量进行调整。

不同的机器当然会有不同的 EPE 和批量大小——因此需要在它们之间设置 FIFO 通道。

不过，如果产品在机器之间的流动存在顺序，所有的产品都要流经它们，它们被作为一个价值流来看待，此时需要对每一台机器进行计算，然后将最大的批量确定为应用于该组机器的批量。

记住，如果换型次数是顺序依赖的，你应该将平均换型次数带入上述公式以获得大约的批量大小。然后按照正确的顺序来生产产品，以便最小化总的换型时间。不过，要考虑使用"恒定顺序，变动数量"的批次——即，需要生产一个批次的时候，批量大小由目标线来决定。同时，对这些数量进行持续观察，必要时过一段时间就调整一次。

看板回路中的缓冲或安全库存

我们（以及其他人）都倾向于使用"缓冲库存"一词来笼统地表示多余的库存。这是可以的，不过要区分两种形式。

缓冲库存用于对冲顾客需求的不确定性——即，外部因素。安全库存用于对冲生产过程中发生的问题——即，内部因素。区分两种库存类型有助于改善可见性和问题解决——即使这样做可能会产生一小部分额外库存。通常，缓冲库存的保有形式是成品，或者是作为备品备件销售的部件。安全库存的保有形式可以是任何形式，根据其保护内部中断的目的而设置。

缓冲库存用来保护生产线免受顾客需求短期波动的冲击，但是并不包括趋势、季节性或者促销等因素。对于这些因素的影响，需要重新设计超市内的产品数量以及/或者生产线需要重新平衡。参见之前章节。

缓冲库存量通常根据服务水平来计算，并和标准差的倍数（z值）相关，还取决于预测期内需求波动的标准差。因此，缓冲库存量=z × 需求的标准差。

确定超市和看板回路的数量

现在可以将前一章节与所需的超市库存量以及相关的看板回路库存量的计算结合起来。回路中的看板卡数量需要与超市库存量关联（见图9-3）。

注意，超市图例用特别的方框表示。这有利于提醒我们关注四种超市库存因子：

- 缓冲库存。
- 安全库存。
- 批量大小（源自 EPE）。
- 补料期间的顾客需求。

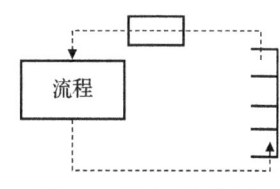

图 9-3　超市看板回路

补料时间包括在过程中的等待时间以及将物料箱放回超市的运输时间。这四种因子中的某些可以是 0。缓冲库存中只有最终产品。使用超市来给超市供料时，EPE 数量应该为 0。注意一点：要明确是取用第一个零件时发送看板卡还是一箱零件用完以后再发送看板卡，它会明显地影响补料的时间。后者的指示更为清楚，而前者更早发送信息。

考虑表 9-10 中的 EPE 计算：

表 9-10　EPE 与物料箱数量

零件	日需求	EPE 数量（箱）	缓冲库存数量（箱）	安全库存数量（箱）	补料间隔（天）	补料数量（箱）	总箱数	平均箱数
A	300	8	2	2	0.5	150/100=2	14	9
B	400	10	0	2	1	400/100=4	16	9
C	50	5	0	1	1	50/50=1	7	4

总的物料箱容量是超市的最大库存量，也是看板回路中的看板卡数量，因为每个物料箱都有对应的看板。平均的物料箱数量对应恒定需求，因此它要容纳（EPE+补料时间）需求的一半，外加缓冲库存和安全库存，按照向上圆整就可以求得物料箱数量。

再订购点或者"运行线"是产品组合的生产周期（EPE）中组合批量的大小。它有两种工作方式。在每一个物料箱都跟着一张看板的时候，当看板的数量累积到批量大小时就授权生产另外一个批次。另外一种方法是，如果超市系统里面明确标示了存放空间，或者是 FIFO 系统，如果空出的空间等于批量大小，授权另一个批次生产的看板就会发出。还有另一个变型，就是在物料箱上做明确的标记——当这类特殊物料箱的第一个零件被取用以后，就发出一个授权生产一个批次的看板信号。

信号看板、EPE、批次箱

当存在长时换型操作以及需要对多种产品的优先次序做出决定的时候，可以使用批次箱。如果换型时间比补料间隔长即认为是"长时换型"。如果换型时间比补料间隔短，可以使用 FIFO 通道。批次箱就是看板的累积装置，见图 9-4 的纵列。当一种产品的看板在一个工作中心处累积到足够的数量时，就授权生产一个批次。如果已经在某生产单元启动生产，和此前已完工的一个批次的产品放在一起的三角看板就被移到批次箱中。三角（信号）看板在批次箱中从起始标记向上累积直到到达目标批量线。当某种产品的三角看板已经累积到足够数量，并达到批量大小时，该产品的所有三角看板就被移动到等待生产的队列中。

等待队列应该是有标记的 FIFO 通道。批次箱应该用颜色标示出未完成订单的累积状况。如果累积订单已经到达红色区域，应该采取特殊措施，比如需要加班。

以之前的三个产品为例，图 9-4 显示看板的累积状况。已经累积到运行触发线（运行线/目标批量线）的 B 产品这时候获得生产授权，并将产品 B 的看板从信息板上取下，放入等待队列。一般而言，在多种产品的看板同时累积到运行线的时候，产品应该严格按照 A、B、C 的顺序生产，否则按照触发运行线的先后顺序来生产。

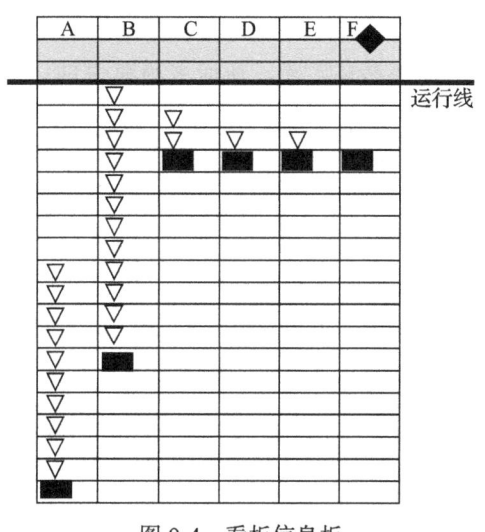

图 9-4 看板信息板

每一列中黑色块代表起始标记，看板从下向上依次累积。可以根据节拍时间的变化方便地调整起始标记。黑色的运行线代表目标批量大小，由之前的 EPE 计算得到，用起始标记以上的看板卡数量表示。这样的信息板显然是动态的、可见的、实时更新的，也反映了优先级的变化。可以清楚地看出马上要生产哪一个批次。在例子中，产品 B 已经到了应该生产的时候，产品 C 或许很可能就是下一个批次。有了这样的信息板以后，就不需要制订详细的换型计划了——只要对下游的定拍工序做出响应即可。

存在换型的最小批量

有时候换型的最小可行批量大小还受制于外部换型的时间。换句话说，除非批量大于此最小值，否则机器总会有一段时间等待外部换型作业。这也提醒大家，限制批量大小的因素不是只有内部换型作业。因此，也要致力于最小化外部换型作业时间。

9.3.9 专职物料员及物料配送路线

专职物料员（指水蜘蛛、物料管理员、信差、巡回配送员等）。在重复操作的精益系统中起到中心的作用。专职物料员就像将整个系统整合到一起的信息系统，能发现问题，决定流动的节奏，所以绝非是枯燥的工作。

专职物料员通常以计划平衡箱作为其定期循环补料路线的起点和终点——或许每个补料间隔循环一次。他或者她要定期巡回，到规定的位置，或者"公交站"完成其工作。在每次循环中，专职物料员会收集看板、收取零件、发出上一循环的零件。巡回的路线每次都一样。专职物料员也可能收集成品或者向生产单元的起始工位发出计划平衡箱卡片。

巡回路线应该精心设计。巡回路线的时间是确定的，而运送的物料可以变动。换句话说，在确定的时间间隔内，向固定位置投料的数量可以变化。因此，考虑工作负荷的平衡尤为重要。如果早晨投送大量零件，而在下午的巡回中不需要投料，这就是一种不良设计。混合型号生产计划有助于平衡负荷，因此要使用小的物料箱。

你应该让专职物料员尽可能按照恒定的速度工作。

如果专职物料员遇到缺料的情形，他就从缓冲或者安全库存中适当地取料来补充。他（或者是组长）应该立即记下问题产生的原因。

9.3.10 均衡生产及平顺化生产

均衡生产是重复生产环境下的经典精益计划方法。同时它还可以实现计划或者生产速度的平顺、计划的可见性，以及早期发现问题。它通常用于定拍工序，用来控制和确定整个工厂的生产速度。此外，它还是"10分钟MRP"同步工具的一种形式。它可以用于生产计划、仓库发料和办公室。最后，它鼓励现场的主管来制订并控制计划。

简单地说，计划平衡箱就是放置看板卡的邮箱系统，用来按照补料节拍授权生产（见节拍时间和补料间隔章节）。平衡箱由生产单元级别的主管或者组长来取放卡片。和看板卡共同工作的平衡箱系统总是可见并实时有效的。你可以一眼就看出实际生产进度和计划的差距。

计划平衡箱有从左到右代表补料间隔时间的纵列，以及代表各产品族的横行。在每个补料间隔内，除了休息间隔，放置一张平衡卡在指定的产品行，来授权生产等同于一个补料间隔的该产品。一个补料间隔往往可以生产一（小）箱的产品，因此，当计划工作没有完成，差异就变得显而易见。和使用看板卡一样，工作单元只授权在特定的时间生产特定数量的产品。唯一的不同是，生产单元可以被授权生产下一补料间隔的数量，不过以此为限。同样，专职物料员只被授权在特定的时间收取特定数量的产品——不得提前。因此，在计划平衡箱中放置卡片就形成了平顺化的计划，收取卡片则控制了该班次的生产速度。如果还有没有按计划收取的产品，或者生产单元无法开始工作，问题将会被立即发现。最坏的情况是生产问题的发现只延迟了一个补料间隔时间。

计划平衡箱是物料配送系统的定拍器。定期循环的物料配送路线应该被看作计划平衡箱的一个有机组成部分。由此形成的物流和信息流动的规律性是其最主要的优点。

当计划平衡箱用于成品库存时，专职物料员将卡槽中的计划平衡卡作为拿取成品的授权。他将物料箱与生产看板分离，将看板送出以授权生产下一批次。此后，生产看板被附在装满成品的物料箱上，送回放置成品的库存处。用过的计划平衡卡被放到一个盒子中，留待第二天重新使用。

如果计划平衡箱计划不能满足需求，比如生产线因故停产，专职物料员就从缓冲库存取料，并用信号提示问题的出现。在班次结束的时候，缓冲库存应该被补齐。有些公司将缓冲库存与安全库存分开，安全库存用于应对生产线故障，而缓冲库存应对的是顾客需求异常波动。

混合型号生产计划通常也被合并到计划平衡箱中，不过并非要一定如此。此时，计划平衡箱按照混合型号的方式组织生产，不是 AAAAAABBBCCC 的顺序，而是 ABACABACABAC 的顺序。参见之前的混合型号章节。

计划平衡箱不适用于生产车间或者生产高度变化的场合。如在前面已经提到过的,戴尔计算机使用的就是一种计划平衡箱(不过他们没有称其为计划平衡箱),向生产车间按照 2 个小时的时间间隔下发计划工作。它也可以用于维修或者长周期作业。

有一个问题:是维持补料间隔时间不变,然后在节拍时间改变以后重新确定批量和补料数量;还是维持标准的物料箱容量,在节拍时间改变以后重新计算补料间隔?前者好像更为流行,这将导致稳定的物料投送路线和工作节奏。在这种情况下,节拍时间一旦改变,物料箱盛放量和补料间隔就要改变以适应需求的变化。正常班次要么有多余时间,要么需要加班。仓库中,你需要将取料备料的间隔和次数做相应的调整;另外,如果在节拍时间变化时改变补料间隔,则需要重新平衡生产线,或许还要重新设计物料投送路线以与改变的补料间隔相匹配。然而,物料箱盛放量则可以保持不变。

在工作周期或者节拍时间很长的情况下,比如大型零件(参见脉动线章节的举例),补料间隔可以设置为补料时间的一部分——一般为常用的便于使用的一段时间,比如 30 分钟或者 1 个小时。我们称之为"迷你补料间隔"或者"逆向补料间隔"。这样平衡箱按照 30 分钟的标准工作内容来组织。这种系统仍然保持了计划平顺化和生产节奏化的巨大优点。

平衡卡也可以用"背负式"来实现"广播时刻表"的效果,这可以在汽车生产厂中见到。在这种情况下,一个卡槽可能含有多张卡片,每张卡片都会被发送到相应的部件装配线中,这样可以自动同步不同的价值流的生产进度。这样做的好处是避免为每个价值流制订单独的计划。

最后,计划平衡箱应被视作精益的最终工具。为什么?因为它的真正成功依赖于大量的前期准备工作——生产单元设计、混合型号、低缺陷水平、看板回路和运行纪律、短时间换型、多技能员工和授权。不过,平衡箱是真正的"枝顶的樱桃"——它是保证稳定性、生产率和质量的终极工具。

9.3.11 销售、运营和采购计划

销售、运营和采购计划(SO&PP)已经在物料管理领域成功建立,也理应如此。SO&PP 是一种在销售和运营之间定期召开会议的程序,这样两个方面都不会因为缺货或者产能不足而措手不及,而且传统上相互对抗的两个部

门可以为顾客满意和成本降低共同工作。这方面有不少不错的出版物可以在市场上买到，例如汤姆·华莱士（Tom Wallance）的书就值得推荐，它对精益计划人员非常有帮助。

不过，这个概念实际上还超过精益本身。因为需要将采购也包括进来。如果采购人员不理解精益流动的概念，或者独自行动，利用低价折扣大批量地购买零部件——这样就会由于及时交付和质量问题等将供应链置于危险的境地，整个价值链因而也会深受其害。特别严重的是，在此后发现问题的时候，产品已经被制造出来并经过测试，这会导致整批产品退货。到那个时候，因为低价采购而获得奖励的采购经理或许已经不再继续负责采购工作。更糟糕的是，这里有很多是绕过半个地球大批量地购买提前时间特别长的零部件的情况。

它不仅仅事关同步化采购和运营，销售也需要比传统模式更有预见性。销售需要理解高频次适量订单相对于偶尔的大量订单所带来的流动的巨大好处。不要只管接受订单——除非订单的数量和频次可以接受——应该积极地促成对公司和顾客都有益的订单模式。这要以彻底理解顾客需求作为起点——理解到当顾客需要时我们可以代为下达订单的程度。如果现有的管理指标体系不鼓励这样的行为，高级管理人员应该出面干预。需求管理，即上面已经讨论的第一个精益计划理念，应该为销售和市场人员彻底理解。

因此，需要 SO&PP。SO&PP 需要高级管理人员的参与和支持。高级管理人员也需要理解其优点和需要。也只有高级管理人员才具有跨职能的权力——跨销售、运营和采购部门来促成端到端的平顺化流动。

延伸阅读

Kevin Duggan, *Creating Mixed Model Value Streams*, Productivity, 2002

Mark Pyrah, MSc Dissertation, Lean Enterprise Research Centre, Cardiff, 2005

Yasuhiro Monden, *Toyota Production System*, (Second edition), Chapman and Hall, London, 1994

James Vatalaro and Robert Taylor, *Implementing a Mixed Model Kanban System*, Productivity, 2003

Steve Bell, *Lean Enterprise Systems: Using IT for Continuous Improvement*, Wiley, 2006

Art Smalley, *Creating Level Pull*, LEI, 2004

Don Tapping and Tom Fabrizio, *Value Stream Management*. (Video series), Productivity, 2001

第 10 章

约束理论和工厂物理学

本章讨论的是艾利·高德拉特对约束理论所做出的杰出贡献，以及霍普和斯皮尔曼在工厂物理学上所做的开创性工作。高德拉特以及霍普和斯皮尔曼都是由物理学家转变成的生产专家，他们的理论都源于基本原则。

有时候人们认为高德拉特的思想与精益运营相矛盾。事实上，它们之间存在显著的协同作用。我们稍后会谈论两者的一些差异之处，不过，在大部分情况下，它是对精益的补充，而不是与之相悖。即便如此，丰田还是在新产品上使用有限产能计划软件。

类似地，霍普和斯皮尔曼的工厂物理学定律是如此的重要，以至于每个精益实践者都应该理解。他们的 CONWIP 系统已经获得了大量的拥趸。工厂物理学的局限在于它的经典著作中的数学知识对一般的精益实践者而言可能稍嫌复杂，不过这不应成为排斥它的理由，可以忽略那些数学表达式，仅仅吸收其中的思想智慧。

10.1 鼓—缓冲—绳模型

考虑一个由 6 个步骤组成的制造过程，如图 10-1 所示。产品从过程 1 流到过程 6。过程 3 是约束或者说"鼓"。根据定义可知，其他过程的利用率不会很高，会偶尔出现闲置等待。为了保证约束过程一直有工作可做，应该在它前面设置缓冲来保护它。其他的过程之间可能有也可能没有库存，不过缓冲处应该一直保有一定的库存。注意缓冲的两个要点：①这里的缓冲实际上是时间缓冲，而不是数量缓冲。换句话说，周一的缓冲可能等量于 2 小时生产的 A 产品，而周二它可能是 3 个小时的 B 产品。②缓冲中放置的库存应该是约束过程目前生产计划中的一部分，尽管实际上可能存在并没有按计划执行的情况。如果缓冲得以维持，生产线就会按其最大产出率生产。

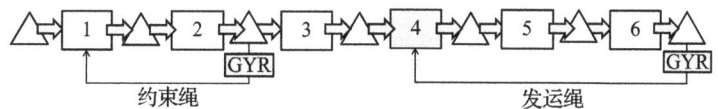

图 10-1　鼓—缓冲—绳模型

缓冲处标以红、黄、绿三色。如果缓冲处有足够的库存，库存会一直放到绿色区域。当变异或者上游问题出现时，库存会被部分消耗，直到暴露出黄色区域。这是一个警告信号。如果库存被进一步消耗到快要用完的时候，红色区域会暴露出来。如果出现这种情况，上游工作位应该加快速度赶制产品（或者"冲刺"）来补足缓冲区域。第二个缓冲区域在成品处，也按照绿色、黄色和红色标出。它们代表不同的安全级别。

绳子就是联系工作位和缓冲库存的信号，如图 10-1 所示。"发运绳"给约束过程发送生产什么以及生产多少的信号。约束绳向第一工作位发送应该开始生产什么新产品以及生产多少的信号。

如果你每天早晨召开生产例会，就应该在约束处召开，并做两件事：检查它的绩效，检查缓冲库存是否品种正确、数量足够。

这就说明，计划应该围绕瓶颈来制订。首先制订瓶颈处计划，并逆推到其他的非约束处，然后与同步规则相结合。这其实不是一件容易的事情。参见第 2 章。

注意：标准在制品（constant work in process，CONWIP）系统也与此类似，除了有一根联系成品和第一工作位的绳子以外。CONWIP 的优点在于库存会在约束过程前累积——这正是你希望的库存累积地点。

这两种方法，DBR 和 CONWIP，可以用在生产单元层级、工厂层级，甚至供应链层级。它们本身就是重要的、功能多样的工具，应该获得广泛认可，特别是在生产单元和供应链中。

10.2　有效产出率、库存和运营费用

高德拉特提倡运营中只使用三种绩效衡量指标。有效产出率（throughput，系统通过销售产生现金的速度）、库存（inventory，为了售出产品而购买原材料所投资的现金）、运营费用（operating expense，系统将库存转化为有效产出所耗费的现金）是物料流的最恰当的指标。我们应该对这些词语的定义与它们传统词义的重大区别加以注意。有效产出是以货币衡量的销售量，而不是产品数量。产品只有在销售以后才会变成有效产出。不管是内部的还是外部的，有些约束或者瓶颈会制约它。库存是使用的物料的基本成本，不包括在制品的增值部分。再次说明，除非销售出去，否则生产库存毫无用处，因此它的价值不应该计入收入，除非已经销售出去。运营费用在这里不再区分直接成本和间接成本，对它们进行区分被认为没有意义。目的当然是让有效产出率增加，让库存和运营费用降低。任何的投资都要按照这个规则来判定，这是最基本的决策原则。三者都对基本的经营财务指标有重大影响（现金流、利润、投资回报），虽然影响的程度有所不同。

高德拉特认为有效产出率是第一优先级，然后是库存，最后才是运营费用。为什么这样？因为有效产出率对三个财务指标有立即的正影响，如果有效产出率改善，你就可以承担得起增加库存和运营费用的成本。降低库存对现金有一次性效果，也可以减少提前时间，不过减少库存也可能会减少有效产出率，因此要特别小心。运营费用与此类似，而且减少它还可能会丧失经营活动的固有能力。注意，在面临危机的时候，很多业务单位都采取相反的措施——首先削减人员，然后是库存，最后才去改善有效产出率。

10.3　依赖事件和统计波动

高德拉特认为纯粹的没有中断的流动在制造活动中如果不是不可能，也

是非常罕见的。这是因为他命名的"统计波动"现象——流程的速度、操作员工作质量、零件质量等的微小变化。使用平均流动速度来计算有效产出率是不够的。高德拉特为此开发了一个骰子游戏来展示它。每一轮中，五个操作人员用扔出的骰子数量来代表该期间的可能的产能。骰子示数的平均值是 3.5，因此可能有人对产量的期望，比如在 20 轮的投掷的基础上，会是平均 3.5 个产品/轮。实际上并非如此，因为中间的工人经常处于缺料当中，这是由于前面的工人生产的数量不够。这种情况被称为依赖事件。

即使在操作人员之间设置了大量的缓冲库存，缺料也会时而发生。按照高德拉特的说法，JIT 的目的就是为了克服统计波动以确保能够顺畅流动，例如，通过 SOP 等方法。不过，高德拉特也认为这样做非常困难，基本上是浪费资源，如果将资源配置在瓶颈处将会收到更好的效果，并因此发现了下节讨论的约束理论（TOC）规则。

这听起来有点矛盾。实际上，人们应该兼而取之。不错，确实要减少统计波动，不过也要警惕依赖事件和瓶颈。同时，精益倾向于忽视变异，实际上不应该如此。例如，在《学会观察》中就很少提到变异。这可能会酿成大错（参见 2.3 节）。记住，TOC 特别适用于从批量生产向流动制造发展的环境。你将换型时间降低得越多，你的需求就会越平顺。变异降低得越多，浪费改善得越多，情况就越好。这和使用的是 TOC，还是精益，还是其他理念没有关系。

10.4 约束、瓶颈和非瓶颈资源：同步原则

本节和下一节，给出高德拉特以及霍普和斯皮尔曼的规则和定律。将它们同时使用则更加有效。

约束就是负载最高的资源。**瓶颈**是无法满足当前需求的资源。**受约束的关键资源**（constrained critical resources，CCR）是具有成为瓶颈的潜力的资源，原因可能是——比如，偶尔的过载或者大量的不稳定。约束的种类有四个：物理的（工厂中的**瓶颈**就是一例），物流的（比如，响应时间），管理的（政策、规则），和行为的（特定雇员的活动）。

在工厂的计划中，是约束决定了整个工厂的有效产出率。对于很多人来

说，这是一个全新的、激进的想法。一般只有一个约束，就像链条中最弱的一节那样。一个"平衡的"工厂不应该成为管理层关注的问题，管理层应该关注于不断地发现、暴露和消除一系列的约束。最终，外部的约束可能成为决定因素。例如，市场约束或者行为约束。在致力于缓解约束的时候，计划工作应该围绕约束过程来进行。原则（通常指的是 TOC 或者同步原则）由此产生。注意，这里也使用了"瓶颈"一词，不过在这里它通常指的是约束而不是瓶颈。

（1）**平衡流动，而不是产能**。按照高德拉特的说法，很久以来，人们一直强调的是试图让所生产产品流经的各工作中心的产能相等。这样做是徒劳的，因为过程总是或快或慢。因此，取而代之的是，应该设法达到物料的持续流动。这意味着，例如，去除非瓶颈工作中心前的不必要的库存，将批量分割得更小，因此已完成产品可以向下道工序流动而不用等待完成整批的生产。

（2）**非瓶颈资源的利用率不取决于自身的产能，而取决于系统中的其他约束资源**。非瓶颈工序不应该一直使用，否则会导致过量生产，因此，非瓶颈资源产能和利用率多半是不相关的。传统的会计人员会对此论述瞠目结舌！管控流动的是瓶颈！然而，短周期运行方式（也就是换型更频繁）在非瓶颈工序是值得采用的，这样可以让通往瓶颈的流动更为平顺。

（3）**利用和激活并非同义词**。这句话强调的观点是非瓶颈设备不应该一直被"激活"，不然就会导致过量生产。只有机器在按照平衡的速度生产时，激活才是有效的，此时称之为利用。注意，这和传统意义上的利用不一样，它忽视了瓶颈处的产能。

（4）**瓶颈处损失一个小时意味着整个系统损失一个小时**。因为工厂中的瓶颈决定了有效产出率，如果它停机，也就等于整个工厂都停产了。这句话对于维修、计划、安全库存和设备选型具有重大意义！如果你仔细考虑，它实际上对于成本会计的核算也有深远的意义。

（5）**在非瓶颈处节约的一个小时只是一种幻觉**。实际上是毫无价值的。这对于很多的精益和六西格玛改善活动也有喻示意义。

（6）**瓶颈资源控制系统中的有效产出率和库存**。工厂的产出等于瓶颈的产出，向系统中投入物料的速度不应该大于瓶颈可以处理的速度。

（7）**转运批量可能，大部分情况下也应该，不等于加工批量**。转运批量是工位之间一次移动的在制品库存数量。高德拉特说它的数量不必等于一次性加工的生产批量。分割批量可以保持流动并最小化库存成本。这对于已经在瓶颈处加工过的零件尤其适用——它们的价值已经很高，因此不能等待整批完成后再往下流动。注意，MRP 的假设与此原则相悖，在 MRP 中一个批次的产品始终在一起。

（8）**加工批量应该变化，而不是固定的**。最优的计划可以不，也应该不被人为的需求所局限，如产品必须按照大批量生产。通常将大批量拆分为小批量更好。在真正的瓶颈机器上，以及在 CCR 上，调试和换型之间的批量应该尽可能大，因此可以减少启动时间，而在非瓶颈工序上，批量应该尽可能小，即尽可能频繁地启动机器以便利用机器的可用时间。因此，不同的工序可以有不同的批量。这一结论也是对一些公式的否定，比如经济订货批量（EOQ）。

（9）**提前时间是计划的结果，不能事先确定**。高德拉特不同意使用标准的事先确定的提前时间，而它是 MRP 中的通常现象。

（10）**制订计划时应该同时考虑所有约束的情况**。在制订计划中，约束可能是设备、人员、物料等，要同时考虑所有的因素。在一个典型的工厂中，有些产品被生产能力所约束，有些被市场约束，而有些或许被管理的不作为约束。

10.5　工厂物理学定律

霍普和斯皮尔曼在他们的讲座中已经建立并用数学证明了一系列制造中的基本关系。他们将之命名为"工厂物理学定律"。这些定律对于更加深入地理解生产计划尤为重要。骰子游戏（见前面章节）是体验这些基本定律的有趣方式。这里，霍普和斯皮尔曼的定律被结合骰子游戏总结出来。骰子游戏虽然夸大了变异，不过明确地展示了原理。

（1）**在稳定状态，所有的工厂将严格地按照比平均产能低的平均速度生产产品**。骰子游戏的平均产能是 3.5 件。在投掷 20 轮中，游戏的产出总是少于 70 件。高德拉特称之为统计波动和依赖事件——每个工作位都依赖于上一工作位的投料。

（2）**利特尔法则**。在制品数量 = 产出率 × 提前时间（由 John Little 教授提出，它是工厂物理学的基础）。这个关系适用于一台机器、一条生产线抑或一座工厂。如果产出率是每周 100 件，而提前时间是 2 周，那么在制品就是 200 件。尽管这一显然的关系严格而言只是一个大概关系，但它的用处也是很大的，因为它给出各种情况下的"要领"。因此，①减少提前时间意味着减少库存或者增加产出率，或者是两者的组合。②它给出一种根据在制品和产出率来估计提前时间的方法，前两者更容易获得。③它给出一种估计利用率的方法（它是 OEE 的重要部分，不过难以确定）。如果你知道一台机器的产出率（单位是每小时的工作数），以及周期时间（单位是小时），你就能得到一台机器的理论在制品数量（单位是件），它就是利用率。例如，每小时 10 件产品，周期时间 2 分钟，或者 0.033 小时，则利用率 33%。

（3）**在没有约束的系统中，库存会迅速积累**（不属于工厂物理学定律）。你玩游戏的时间越长，累积的在制品就越多，提前时间也会越长。

（4）**库存的积累并不一定是瓶颈（或者约束）的表示**（不属于工厂物理学定律）。在骰子游戏中，所有的工作位都同等地平衡，不过库存的累积还是有时增加有时减少，而且在某些工作位变化非常剧烈。

（5）**变异增加总是会降低生产系统的绩效水平**。这可以通过重新玩骰子来展示，不过需要将骰子的结果设定在 1 和 6。然后，第二次再玩的时候将骰子的结果设定在 1、2、5 和 6。它们的平均值都保持在 3.5，然而产出率则稳定增加。

（6）**在交付不依赖于完工情况的生产线中，工艺路线中早期发生的变异导致的提前时间的增加比后期变异导致的提前时间的增加更大**。骰子游戏可以将后端工作位中的变异严格地控制在 4 和 5。在下一个游戏中，将对变异的限制转换一下，放到前端工作位。前者的产出更大。这喻示要从下游流程开始实施改善和标准化。

（7）**在稳定的系统中，经过较长的时间以后，系统的产出速度会等于投入速度**，减去产出损失以及系统内制造的自用而没有流出的零件。如果骰子游戏玩的时间足够长，产出会稳定在平均 3.5 件——不过这需要很长时间，生产线中累积的库存量也非常巨大。

（8）**如果一个工作位在没有其他改变的情况下只提高利用率，平均在制

品数量和提前时间会按照非线性的方式急剧增加。此定律的另一个表述是通过增加在制品库存水平来提高利用率，两者不成比例。比如，库存提高到 6 件，而不是 4 件（50% 的增加），产出却根本没有增加 50%。

排队理论已经预见此现象，人们在高速公路上的开车经验也可以证明，在利用率低的时候，高速公路上增加一些车辆不会对交通产生变化，逐步增加的话，最终，少量车辆的增加就会导致堵车。这种现象是 MRP 的致命的缺陷，它假设在利用率低于 100% 的任何情况下提前时间保持不变。排队理论预测，在利用率高于 70% 的时候（取决于变异情况）等待时间会急剧增加（见图 10-2）。

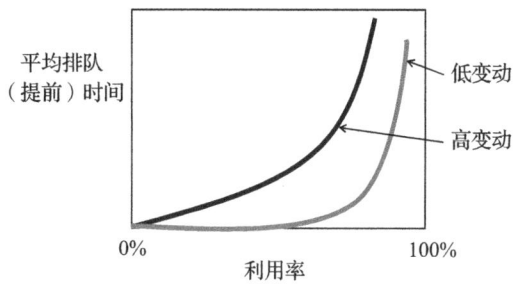

图 10-2　排队时间与需求变动的关系

（9）**工艺路线中某一段的周期时间和该段所使用的转运批量大小大体上成比例关系，假设没有发生等待转运设施的情况**。这个定律是高德拉特关于转运批量观点的变型，他认为转运批量不应该和生产批量大小相同，一般而言应该更小些。

（10）**生产系统中的变异会被库存、产能或者时间及其组合缓冲**。换句话说，如果你不改善变异，它会反过来在这三个方面中的一个或多个上产生负面影响。很明显，在骰子游戏中，如果每个人掷出的数字都相同，则根本不需要缓冲。

对于精益（以及六西格玛）而言，这个定律的含义深远。变异是大敌。计划与控制系统必须理解此定律。执行系统则必须适应它。

注意，本书第 2 章理念部分的骰子游戏可以展示这些定律和关系的大部分内容。

延伸阅读

Wallace Hopp and Mark Spearman, *Factory Physics*, (Second edition), McGrawHill, 2000

10.6 精益思想和约束理论的冲突

在我看来，将约束理论（TOC）和精益作为完全相容来看待，在大部分情况下，不但不矛盾，反而会收益多多。这在战略章节所呈现的产品—过程矩阵上面尤其如此。精益排程对于大批量重复生产更为适用，而 TOC 对于重复较少的情况更为适用，特别是存在多个价值流共享资源的时候。

协同效应和相似性。摩尔和申考夫（Moore 和 Schienkopf）在一篇优秀论文中解释道，TOC 能够识别约束，而精益则能够减少浪费。两者都充满逻辑性，并切实可行。两者都将流动和产出率作为目标。TOC 在识别少量的改善机会并迅速取得实际效果方面更有优势。事实上，对于精益的最主要批评在于精益对于从哪里开始改善并排出优先顺序方面的能力欠佳，尽管精益的价值流可以让人清楚地理解系统及其依赖关系。TOC 有助于识别和量化改善机会，它不会采取推广精益中常常出现的"180 度信仰大转变"的情况。两者都鼓励拉动而非推动。不过，它们之间也存在一些理念上的差异。

第一，**共享资源**。精益，总体而言，试图建立没有共享资源、产能充足的清晰价值流，力图避免出现瓶颈。在价值和浪费章节讨论的斯比尔和鲍恩的第三个规则（所有的产品和服务的路径必须简单而直接）很好地体现了这一点。TOC 试图接受瓶颈和共享资源的事实，并围绕它们来安排计划。

在现实系统中，即使是高度重复的生产，也存在类似于涂装线和冲压车间等的共享资源，还可能存在瓶颈。所以，现实情况是，通常 TOC 理念在精益的环境下也大有用处，而把清晰、简单和专享价值流作为理想的值得拥有的目标状态去努力实现。为了帮助达成这一目标，机器小型化原则（使用尽可能小的精度高的机器）应该一直实施。

通常，共享资源意味着更多的缓冲库存和更长的提前时间。因此，只要存在共享资源，你就应该进行备选方案的成本—收益计算，将专用机器所导致的库存降低、提前时间和灵活性改善等考虑进来。再次说明：应该依照对产出率、库存和运营费用的影响来制定决策。

第二，**利用率，本地和全球最优**。希望在这方面没有大的冲突。不过仍然有人认为最大化地利用每一个资源不仅对本地有好处，也会导致全球最优。TOC 的观点与此相反。最大化利用除瓶颈以外的其他资源只会导致过量的库存和浪费。传统的会计人员，注意了！

第三，**流程间的库存**。经典的精益方式是在工序步骤间放置库存，然后用看板来一个步骤一个步骤地拉动。TOC 反对这一方法，它采用鼓—缓冲—绳（DBR）系统。这样可以将鼓（约束）和第一道工序连接起来，只允许向系统投入等量于瓶颈工序处完工量的料。工厂物理学的版本则是标准在制品（CONWIP），它将最后一道工序和第一道工序连接起来。因此，它是多步骤的拉动系统。在工作位之间，允许库存波动，因此对变异不敏感。可以用骰子游戏轻易展示，在高度变异的时候，使用逐个步骤拉动的看板系统的产出率会降低。精益、TOC 和工厂物理学都喜欢使用看板来向生产线投料，不过它们在在制品的控制上存在差异。经典的看板可以突出生产线中间工序的不平衡和质量问题，显示速度比 DBR 和 CONWIP 要快。

第四，**生产线平衡**。TOC 不需要平衡生产线，而是在瓶颈处控制生产。事实上，让工作量平衡的做法是好心办坏事，因为"统计波动"和"依赖事件"共同导致产出低于平衡生产速度。而在 DBR 系统中这不会发生，因为约束资源被缓冲库存保护。

第五，**浪费的问题**。在公司的任何地方，了解影响绩效的约束都非常重要。如果，例如，你的市场是约束，在生产上投入更多的资源就显得愚蠢。约束资源控制工厂产出的思想对于投资、成本核算和持续改进都具有重大的意义。仅仅影响非约束过程的投资根本就是一种浪费。类似地，很多的持续改善的努力也是浪费。浪费巡视本身有可能都是一种浪费。这可能与标准的精益思想和六西格玛相矛盾，实际上却正暴露了两者的弱点。霍普和斯皮尔曼谈到"免费浪费"或者恶性浪费以及"权衡浪费"或者说可能的良性浪费。消除恶性浪费不会产生害处。空间和大部分的运输上的节约就是例子。而消除权衡浪费可能会有金钱或者提前时间等方面的负面后果。例如某些库存，某些过度加工和某些运输。表 10-1 是对它们的总结。

表 10-1　浪费类型对瓶颈工序的影响

	免费浪费	权衡浪费
影响瓶颈	立即消除	计算
不影响瓶颈	改善，优先级低	或许不用改善。仅在货币收益或流动改善时消除它

第六，**成本核算**也存在变化。"产出率会计学"使用公式：销售收入－直接材料－运营费用＝利润。在这里，不存在"变动的管理费用"。人员成本被看成固定（或者暂时固定的）成本，库存和产品在工厂内部一直流动而不用重新计算价值。关于这个主题的更多讨论参见第 17 章。

10.7　约束理论改善循环

约束理论（TOC）以及相关的思维过程（thinking process，TP）作为高德拉特的经典著作《目标》的延伸被他发展出来并还在继续发展当中。高德拉特声称 TOC 可以广泛应用，不仅仅适用于生产管理。TOC 的核心是认识到，如果不存在约束，公司将获得无限的利润。大部分公司都存在少量的真正约束。下面是高德拉特提出的 TOC 持续改善的五步过程。

TOC 改善循环和 PDCA 相似，不过目标更为集中明确。它是非常有效的精益改善循环，不幸的是常常为精益实践者所忽视。

（1）**识别约束**。

（2）**确定如何尽力利用约束**。约束总是昂贵的，不要浪费它们。确保你让它们一直运行，用时间缓冲库存来保护它，寻求替代工艺路线，不要用约束资源生产缺陷产品，让它的质量能力满足要求，保证它获得足够的维修保养，同时确保它生产的零件都是经过确认的即将销售的产品。

这里的批量大小应该尽可能大，和需求保持一致。设立超市来促使进出约束资源的物料形成流动。

（3）**让其他所有资源"迁就"约束资源**。这意味着给予约束资源比其他过程和政策更高的优先级。例如，加班和会议的政策或许要变更。衡量指标也是。让所有人都知道约束的重要性。例如，尽快移除约束过程加工之后的库存，减少非约束资源的换型时间以便降低批量大小来改善指向约束的流动，保证约束资源没有被非约束资源耽搁（非约束资源如果管理不善也会变成约束资源）。非约束处的正确批量大小应该按照在可用时间内尽量多地进行换型的原则来制定。换句话说，就是最小化批量大小，最大化流动。

（4）**"松绑"约束**。打破约束，不过要先采取步骤（2）、（3）的措施。在约束处购置另外的机器或者安排加班。如果它是真正的瓶颈，这样做是值得的。小心行事！很少有必要将约束打破，只有约束是瓶颈的时候才必须如此。识别出的约束通常是宝贵的信息，因为可以围绕它来安排计划控制生产。如果你将它打破，它就会移到别的地方，或许移到难以确定的地方。

（5）**最后，一旦约束被打破，回到步骤（1），重复上述步骤**。否则继续进行。注意，如果没有采取任何措施，新的约束不会因为惯性而自行破解。

哈钦（Hutchin）指出，上述五个步骤中每个步骤都含有五个阶段。它们是：

- 对于问题取得一致意见。
- 在解决方案的方向上取得一致意见。
- 对于解决方案的利益取得一致意见。
- 克服保留意见。
- 执行并取得效果。

延伸阅读

H. William Dettner, *Goldratt's Theory of Constraints: A Systems Approach to Continuous Improvement*, ASQC Quality Press, Milwaukee WI, 1997

Lisa Scheinkopf, *Thinking for a Change: Putting the TOC Thinking Processes to Use*, St. Lucie, APICS, Boca Raton, 1999

Eli Goldratt, *The Theory of Constraints*, North River Press, New York, 1990.

Robert E Stein, *The Theory of Constraints: Applications in Quality and Manufacturing*, (Second edition, Revised and expanded), Marcel Dekker, New York, 1997

Wallace Hopp and Mark Spearman, *Factory Physics* (second edition) McGraw Hill, Boston, 2000

Ted Hutchin, *Constraint Management in Manufacturing*, Taylor and Francis, 2002

Richard Moore and Lisa Schienkopf, *Theory of Constraints and Lean Manufacturing Friends or Foes?* Chesapeake Consulting Inc., 1998 (Supplied by Goldratt Institute).

Web site: www.goldratt.com

The Lean Toolbox | 第 11 章

质　　量

五个精益原则的最后一个是追求尽善尽美，包括了质量、交付、灵活性和安全。丰田精益之屋具有两个支柱，准时制生产（JIT）和自働化（Jidoka，它和质量特别是防错紧密相关）。两者相互支持。例如，改善质量后 JIT 绩效也会提升，因为中断更少，流动很平顺。改善 JIT 也会提升质量。更小的批量会导致更快地发现问题，返工更少。拉动系统可以被看作质量工具。因为可以改善沟通，布局也会影响质量水平。差异化延迟会减少变异。通过让问题表面化，Jidoka 是暴露浪费和改善质量的主要方法。质量是五个相互关联的概念族中的一个，它们结合在一起构成了精益稳定性的基石（见图 11-1）。其他的四个是 SOP、TPM、5S 和可视化管理。

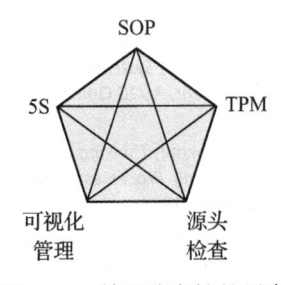

图 11-1　精益稳定性的要素

11.1　精益质量框架

根据欣克利（Martin Hinckley）的观点，达成完美质量的途径有三条：

- 降低产品设计和流程设计的**复杂性**。
- 减少**变异**。
- 预防和减少**差错**。

预防、发现以及消除差错构成自働化（Jidoka）的一部分，即精益屋的一个支柱。

对于复杂性、变异和差错这三种途径中的任何一个，都存在 6 个问题源头：人员、设备、物料、方法、测量/信息、环境（英文为 man/people、machine、material、methods、measures/information、和 mother nature 等以 m 开头的单词，故也称 6M），如表 11-1 所示。对于复杂的质量问题，要在上述的所有方面都进行改善。

表 11-1 达成完美质量的途径及其问题源头

	人员	设备	方法	物料	测量/信息	环境
变异	培训，经验	工具磨损，振动	执行方法，标准作业	物料变异	最具精确度	温度，湿度
差错	疏忽	不正确的调试，软件	方法错误	物料或零件错误	错误的指导	忽略此因素
复杂性	个人差异，激励	安装调试困难	任务困难，装配复杂	工作或装配困难	信息不明确	互动作用

欣克利认为，既然变异问题已经被 SPC 和六西格玛攻克，设计简单化也解决了复杂性问题，由差错导致的产品缺陷的相对比例因而上升。因此，防错（Pokayoke）变得日益重要。欣克利提出，处理质量问题最有效的顺序是首先分析产品，其次分析过程，最后是相关的工具和设备（见表 11-2）。在每一个类别中，首先是简单化，其次是防错，再次就是将调整转化为设置（即一次操作就完成设置，而不是反复尝试），最后是控制变异。

表 11-2 处理质量问题的顺序和方法

	产品	过程
复杂性	成组技术，面向制造的设计，六西格玛设计，复杂度质量控制，狩野模型	面向制造的设计，布局，SOP，5S，SMED，价值流图
变异性	六西格玛，谢宁工具	六西格玛，可视化，SPC，TPM，7 大质量工具，5S，SOP，谢宁工具，后道工序检查
差错	防错，面向制造的设计	防错，5S，SOP，可视化

11.2 复杂性

复杂性是一个有趣的概念，虽然每个人都理解它，然而，就像它给任何作业带来的负面影响一样，几乎没有人可以适当地定义它。

复杂性给管理控制提出更高的要求——一个系统变得越复杂，控制它就需要越多的努力。诺贝尔奖获得者赫伯特·西蒙（Herbert Simon）将复杂性区分为静态和动态两类。静态复杂性指系统中的元素或者节点，因为它们的存在而增加了系统的复杂性，比如，供应商或者产品的变型越多，系统就会变得越复杂。另一方面，动态复杂性指节点间的动态互动，例如，需求模式的变化越是反复无常，管理该供应链就会变得越复杂（参见第 16 章的牛鞭效应）。

复杂性也可能体现在产品和过程中。产品复杂性指零件的数量和装配的难度。过程复杂性指作业的数量和每个作业的难度。欣克利在布思罗伊德和杜赫斯特（Boothroyd 和 Dewhurst）之后指出，产品的缺陷率和装配的复杂性具有强相关性。

11.2.1 产品复杂性

复杂度质量控制（quality control of complexity，QCC）：欣克利开发了复杂度质量控制的方法。犯错的频率随着装配复杂性的提高而提高。QCC 方法首先构建装配产品的树图。然后根据数据表来查询完成装配所需时间，表格中的信息包括对齐、定向、尺寸、厚度、插入方向、插入条件、紧固、紧固过程以及拿取等。然后根据时间的比例来评估备选设计。一般都能显著改善质量和成本——或许在整个生命周期内可以达到 50% 的降低。这个技术是如此有效而简单，我们不应该忽视它。

六西格玛设计（DFSS）：DFSS 使用一组确定的步骤，称作 IDDOV（identify，识别；define，定义；develop，开发；optimize，优化；verify，确认），它和制造六西格玛中的 DMAIC 相似，它也采用类似的项目组织形式，如倡导者、黑带大师、黑带、绿带等。DFSS 在第 15 章有更为详细的讨论。识别和定义阶段的目的是明确顾客及其需求。典型的工具是狩野模型和质量功能展开。开发阶段包括用头脑风暴来构思和识别备选方案，并对它们进行评估。可以采用的技术包括 TRIZ（创新性问题解决方法）、皮尤概念筛选分析、故障模式与影响分析（FMEA）。优化阶段将田口方法（Taguchi methodology）用于设计优化，以及其后的容差优化。特别地，在参数设计中通过集中在少数的重要参数上并对它们使用试验设计（DOE）方法来降低总体的变异。它与标准的六西格玛的区别在于，它的集中关注点在于防止故障和收益最大化，而不是发现和减少故障。类似地，容差优化也是集中关注重要的少数容差。最后，确认阶段包括检查制造过程的能力，通过对原型产品的试验设计以及试生产测试来检查产品在实际使用中是否功能正常。能力分析、SPC 和防错（Pokayoke）在这里都是重要的方法。注意，就像六西格玛一样，在前期要给予更多关注。因此，在开始阶段对确定客户、目的、使用环境和用途等加以关注是适当的。

成组技术（GT）： 成组技术是一组以不损害顾客的选择范围为前提的简化产品的方法。它通过识别功能的相似性来减少产品和过程的扩大。因此，零件设计者不应该从零开始设计零件，而是应该首先在数据库中寻找具有类似功能的产品。比如，在选择紧固件时，应该首先从确定的范围中选择，而不是没有限制。这对于零件增多、库存、制造路线还有质量都有明显的影响。

现在已经有多种成组技术编码和分类系统存在，它们不但可以帮助产品设计者，还可以帮助过程设计者。例如，用一组代表材料、用途、形状、尺寸、设备和成型技术的数字组成的字符串来表示零件。对于单元设计，特别是复杂的机加工单元，GT 可能是首先就要用到的方法，来确定可选的布局方法和工艺路线。通用化的分类系统可能很复杂，不过，很多公司通常根据自身情况开发自己的简单系统，往往它们能完全满足使用要求。

面向装配的设计： 面向装配的设计、面向制造的设计，或者通用的面向 X 的设计（DFx）是用于精益流程简化的一组重要技术。它们影响时间、成本、库存和质量。本书的第 15 章会讨论面向制造的设计。

11.2.2 过程复杂性

过程复杂性可能与产品复杂性相互独立。一系列的工具可以减少过程复杂性。这些工具包括：

- 零件展示。

- 将工作分解为 1～2 分钟即可完成的任务。
- 使用标准操作规程（SOP）。
- 5S。
- 简化物流和布局。
- TPM。
- SMED。
- 可视化控制。

11.3 变异

减少变异的最主要方法是六西格玛。不过，限制变异的基础工具也包括 TPM、5S、标准化作业和快速换型。控制变异的工具包括 SPC 和事前控制。

在开始一个复杂的六西格玛项目之前，精益公司应该确保它们已经在 5S、可视化、标准化作业以及大部分情况下还有 TPM 等方面取得合理的进展。这就像是公共卫生工程师总是先于医疗专家一样。医生只对局部有影响，而且不可能持续，致力于获得洁净水和避免污水排放污染的公共卫生工程师却可能产生广泛而持续的影响。然后医生才开始它们的有价值的工作。5S 等在这里并不是要完全开展——首先摘取"挂在低处的果实"。

统计过程控制（SPC）是监控变异的很好的技术，如果已经确定了控制线的话。SPC 关注的是监控过程，而非产品。如果过程是好的，能力充足，那么由该过程生产的产品也会是好的。然而，SPC 或许在监控 5 或者 6 个西格玛水平的过程时并不可靠，因为 SPC 设计初衷是针对每百万个机会中会出现至多 1000 个缺陷（即 0.1%）的情形。

11.4 差错

差错控制的工具箱包括 5S、标准操作规程、防错、自检和后续检验。

自检和后续检验。自检就是操作人员在制造步骤完成以后立即进行的检查。而后续检查是下一个工位的操作人员检查上一（或者多）个工序的工作。

这样的检查有时受到嘲笑，因为它不可靠、浪费时间（因为除了样品以外每个产品都要检查）、通常不完整。不过也不要被误导，这样的检查也值得考虑，因为它提供了立即的或者短时间的反馈，并且（在后续检验的时候）能确保高度的可靠性。例如，如果一次检验的可靠性是 90%，1000 件缺陷产品中会有 100 件在第一次检查中逃逸，10 件会在第二次检查中逃逸，只有 1 件在第三次逃逸，此时的逃逸率仅为 0.1%。这时的可靠性很高，常常也比 SPC 迅速。不过，确实也存在非增值时间。

当然，自检和后续检查需要良好的激励驱动和参与。失效可能就存在这里。相关的要点在第 14 章中进行讨论。

注意，新乡重夫将这些检查与判定检验和接收抽样区别开来，它们都会导致长时间的延迟并增加错误的风险。

11.5 六西格玛

尽管有时候精益和六西格玛相互竞争，在更为开明的公司中，两者被认为是伙伴关系。类似于"精益西格玛""精益六西格玛"的短语开始出现。这既是好消息也是坏消息。好消息是因为精益通常会忽略变异，它对于具体的问题解决也不是很强（而在将问题表面化上面正好相反），两者形成有力的组合。不过，如果两者都只做过于狭义的定义则是坏消息——正如本章 11.1 节所述，质量问题存在复杂性、变异和差错三个方面。狭义定义的六西格玛与复杂性和差错关系不大，也可能不重视基本的精益技术所扮演的重要角色。

术语"西格玛"源自任何过程的固有变异或其分布。重要的是，西格玛水平会告诉你该过程的平均故障率大概是多少。它是描述过程能力的优秀工具，它也可以用于任意类型的过程——不管是制造业还是服务业。它也有局限性，比如它仅能捕捉超过事先确定的公差范围的变异，即"缺陷"，而且它以正态分布作为假设前提（中心极限定理是该假设的基础）。表 11-3 列出西格玛水平及其对应的百分比（你的流程的产出在公差范围内的有多少），以及该西格玛水平对应的每百万个产品中出现的不合格品数量（PPM）。

表 11-3 西格玛水平与良品百分比对应表

西格玛水平	良品率	PPM	例证：拼写错误中的西格玛水平
1σ	37%	632 120	每页 170 个拼写错误
2σ	69.1%	308 537	每页 25 个拼写错误
3σ	93.3%	66 803	每页 1.5 个拼写错误
4σ	99.4%	6 210	每 30 页一个拼写错误
5σ	99.98%	233	一套百科全书中 1 个拼写错误
6σ	99.999 7%	3.4	一个小型图书馆的所有书中出现 1 个拼写错误

那么，如果 4 西格玛水平已经只有 0.6% 的不合格品，为什么选用如此严苛的 5 西格玛绩效水平呢？因为存在"过程漂移"，如图 11-2 所示。六西格玛的最初使用者摩托罗拉允许 1.5 个西格玛的漂移。因此，一个 3 西格玛的过程在长期看来就变成只有 1.5 西格玛水平了，对应的是 93.3% 的产品在公差范围内，或者说 6.7% 超出范围（66 800PPM）。

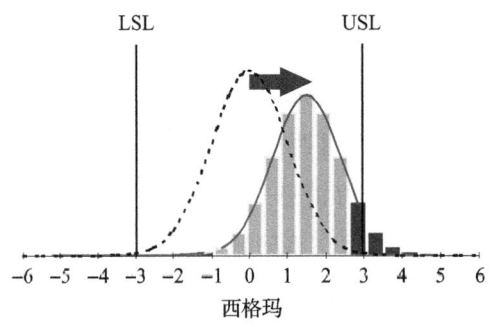

图 11-2 过程漂移

对于 6 西格玛的过程，漂移 1.5 个西格玛以后也能达到惊人的 3.4PPM！因此，即使存在 1.5 西格玛的漂移，一个 6 西格玛的过程也接近完美。

当然，对于某些过程，如航空飞行，6 西格玛也是不够的。

一个过程是否可以达到 3.4PPM，从某种意识上说还不是重点。重点是可以不断逼近目标的严格的过程。可能目前的制造业已经可以达到 3 或者 4 西格玛的绩效，大部分的服务业差不多是 2 西格玛。因此，更好的理念是把六西格玛看成一种结构化的问题解决方法，而不仅仅与产品质量有关。

六西格玛不仅与降低不合格品的数量有关，也会降低变异或其分布。零件（产品）的变异或者过程的变异都很重要。在图11-3中，和贷款批准时间相对的是对于顾客而言非常重要的产品特性。六西格玛不仅以降低规定的时间内没有处理的申请数量为目标，也力求降低批准贷款的时间分布宽度。因此，减少目标时间将成为一个新的目标。

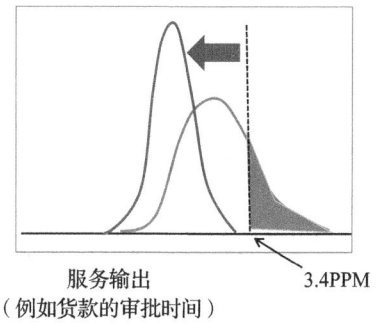

图 11-3　服务业中的六西格玛

六西格玛的起点是对于过程的信念。组织的特征就是各种过程，通常都是跨职能的。SIPOC模型清楚地表明一个过程包含供应商、输入、过程、输出和顾客。系统性地分析它们大有裨益。

六西格玛具有详细的方法论：DMAIC（define，定义；measure，测量；analyse，分析；improve，改善；control，控制），本质上与戴明和休哈特的计划—执行—检查—处置（PDCA）循环是相似的。六西格玛按照逐个项目的方式来开展，以过程为导向。它的项目一般来说是相当窄的，具有确定的开始和结束点。它在开始阶段就考虑顾客的需求。六西格玛的一个显著特征是对数字的偏好，测量过程的变异，试图缩小变异，并将其变动范围迁移到顾客要求的规格范围内——将3.4PPM作为其目标（通常达不到）。另一个特征是强烈的财务指标偏好，期望每个项目的收益都反映在财务指标中，而且肯定会估算成本。很多的六西格玛黑带都会说，六西格玛不是降低缺陷，而是赚钱或者省钱。

六西格玛大量使用统计工具。对于硬性数字的坚持实际上是它的一大优点。不过新乡重夫对此也提出警告，"我第一次是在1951年听到统计介绍的，我从那时起就坚信它是最好的工具，然后花了26年时间才真正掌握它。"新乡重夫没有通过统计方法来解决质量问题的经历值得每一位黑带去了解，它也有助于解释为什么丰田缺乏对于六西格玛的热情（参见下文）。

通用电气的六西格玛围绕6个原则。它们是：

- **关键质量特性**。起点是顾客，那些对顾客而言最重要的特性必须予以确定。

- **缺陷**。缺陷就是任何不能完全按照顾客需求交付的东西。
- **过程能力**。过程必须有充分的能力来交付顾客需求。
- **变异**。顾客体验到的、看到以及感觉到的差异。
- **稳定的运营**。目的是确保一贯的、可预见的过程以改善顾客体验。
- **六西格玛设计**。设计必须满足顾客需要及过程能力。

六西格玛由掌握该方法的适合人员所驱动。用柔道的带段来给六西格玛技能分级是一种不错的创新。黑带通常需要在4个月中经历4周的培训并需要实际结果。4周分别对应DMAIC循环中的测量、分析、改善和控制阶段。黑带通常是专职工作于六西格玛项目，通常以每年节约20万美元作为目标。黑带大师是经验更为丰富的黑带，通常作为导师辅导团队。也存在六西格玛"倡导者"，他的职责是确定"什么"（非常重要的角色，需要跨职能和跨流程的知识），而黑带则关心"如何"。有些公司让黑带工作2～3年时间以后，就会将他们提升到管理岗位或者倡导者岗位。绿带的培训相对会少一些。有些公司，例如联合信号、霍尼韦尔设定目标，要在5年之内让90%的员工变为绿带。在六西格玛项目中一般会有一个流程拥有者，组长，黑带，或许还有几个绿带，以及组员。执行和人员问题需要和六西格玛工具本身一样谨慎对待。

六西格玛设计（DFSS）解决产品设计问题。这个方面在新产品引入章节讨论。

11.6 如何计算流程的西格玛水平

流程的西格玛水平可以用来估计没有落在特定公差范围内的质量特征的平均百分比。因此，要计算一个过程的西格玛水平，首先要确定流程及其允许公差，然后进行超过30次的测量。西格玛水平的计算基于每百万个机会出现的缺陷数（DPMO），对应关系如表11-4所示。本质上一次机会就是过程的一次运行，因此DPMO可以告诉你，假如重复测量该流程1 000 000次的话，平均而言你会因为质量不良而让顾客失望多少次。

表 11-4　DPMO 与西格玛水平对应表

		西格玛水平（十分位）									
		0.0	0.1	0.2	0.3	0.4	0.5	0.6	0.7	0.8	0.9
西格玛水平（个位）	1	—	—	—	—	—	500 000	460 200	420 700	382 100	344 600
	2	308 500	274 300	242 200	211 900	184 100	158 700	135 700	115 100	96 800	80 760
	3	66 810	54 800	44 570	35 930	28 720	22 750	17 860	13 900	10 720	8 198
	4	6 210	4 661	3 467	2 555	1 866	1 350	968	687	484	337
	5	233	159	108	72	48	32	21	13.4	8.6	5.4
	6	3.4									

　　为了测量 DPMO，需要两则信息：生产的产品所包含的总缺陷机会数量，实际发现的缺陷数量。DPMO =（实际缺陷数量 / 总缺陷机会）× 1 000 000。一旦得到 DPMO 数值，使用表 11-4 就可以将其转化为西格玛水平。使用区间中较低的取值，例如，如果根据 DPMO 查表获得的西格玛水平落在 4.2 和 4.3 之间，则取 4.2 作为西格玛水平。

　　举例：一个计算机硬盘的生产商想测量其西格玛水平。在一个规定的期间内，生产商共生产了 180 000 个硬盘。对于每个硬盘生产商分别对 8 个质量特征值进行测量。在测量的过程中发现了 4302 个缺陷。总体上，在 8 × 180 000 个机会中有 n = 4302 个缺陷，对应的 DPMO = 2987.5。查表，就可得到西格玛水平是 4.2。

11.7　整合精益和六西格玛

　　精益和六西格玛都会争论说它们都和戴明有关联。戴明在他的一生中强调了两个主题——消除浪费和减少变异。消除浪费是精益的核心，而减少变异是六西格玛的核心。一些大型跨国制造公司，如福特和霍尼韦尔，将精益和六西格玛项目分割开来。然而，不可避免的是，这两种有力的广为使用的方法的名字显示了一个事实：它们在碰撞和融合。作者发现的名字有精益西格玛（Lean Sigma），强健西格玛（Fit Sigma），六西格玛 +（Six Sigma +），强力精益（Power Lean），精益六西格玛（Lean Six Sigma），以及快速西格玛（Quick Sigma）。它们当中的有些还是商标。很可能还有其他名字。

　　精益和六西格玛的融合已经变得流行。仅仅引用一些例子：TBM 研究院这样明确地介绍它的项目："精益西格玛利用六西格玛和精益原则，通过快速改善来降低缺陷和提前时间。"（Dean 和 Smith，2000）。不过，他们也认识到一些实施中的关键问题，比如改善和六西格玛项目的速度差异，黑带和绿带的新的角色等。它们已经成功地在六西格玛实践者的角色中增加了精益的原则、价值流分析和改善方法等。他们的内部案例研究显示，精益西格玛项目的速度比通常的六西格玛项目快 2～3 倍。

美国空军学院协会的韦德（Mike Wader）曾经提出，很多的世界一流企业现在都采用美泰克（Maytag）的自上而下精益西格玛项目实施方法，其中的精益用于消除浪费和非增值活动，而六西格玛用于控制流程中增值部分的变异，将两者的工具和数据结合可以产生综合的改善项目，效果更好。

他提出，将两者合并的重要原因是为了避免精益和六西格玛对财务投入的争夺——如果他们各自开展自己的项目的话就很可能会发生。

德里克哈默（Drickhamer）讨论过，在应用六西格玛之前采用精益技术可以带来真正的效益，它通过团队合作来避免六西格玛中出现的"精英疲劳"，即专家承担大部分的工作量，同时通过精益来处理"挂在低处的果实"。

这对于消除过程中的大部分噪声（六西格玛项目的大敌）具有双重效益。在两篇关键的分析文章中，他指出，首先，对于闪电改善行动，从六西格玛的观点出发，"很多复杂而存在已久的问题不可能通过本能的方法在一周之内解决"，其次，从精益的角度来看，"如果你将任何问题都视作六西格玛问题，你就会使系统运行不畅，最终只是浪费大量资源"。

以此作为背景，制定了精益及六西格玛的应用表，如表 11-5 所示。

表 11-5 精益和六西格玛的结合

	人员	设备	方法	物料/产品	测量	环境
变异	精益（团队参与，政策部署），Kaizen	六西格玛（Cpk），精益（SMED）	精益（5S, SOPS），六西格玛（SPC, DOE, DMAIC）	精益供应，六西格玛（SPC, DOE）	精益（政策部署），六西格玛（DPMO，量具分析）	六西格玛（DOE）
差错	精益，防错	精益，防错	精益，防错	精益，防错	六西格玛，精益	六西格玛（DOE）
复杂性	精益（交叉培训，消除浪费）	精益（TPM, 5S）	精益（消除浪费）	DFSS，精益（GT, NPD, NPI）	精益（政策部署）	六西格玛（DOE）

再次说明,马丁·欣克利的质量改善框架已经有所扩展,表 11-6 作为选择合适方法——精益还是六西格玛——的框架,还列出了一些经常使用的经典工具。

表 11-6 精益与六西格玛工具的选用

区域	精益	六西格玛
目的	减少浪费;提高价值	减少变异;将分布迁移到顾客需求范围内
框架	5 原则(并非一直遵守)	DMAIC(一直遵守)
焦点	价值流	项目、流程
改善	众多的点改善项目,少量"流动改善项目";同时在多处开展	少量的大型项目(比如,定义预期收益大于 250 000 美元的项目为大型项目),逐个开展
典型目标	成本,交期,质量,提前时间;财务绩效通常不做要求;模糊?	改善西格玛水平(追求 6 个西格玛,3.4 DPMO);节省成本
参与改善的人员	团队,(或许)由精益专家带领;通常在不同的层级有广泛的改善	由绿带支持的黑带
时间跨度	长时间;持续,同时也有短期改善	短期;逐个项目
工具	通常是难以整合的简单工具	有时需要复杂的统计
常见的早期步骤	画价值流图	收集流程变异数据
影响	可能大到影响整个系统	个别的项目就可能有巨大的收益
问题根因	通过"5 次为什么"(弱)	通过 DOE 等(强)

丰田公司和六西格玛

经典的精益公司是丰田。不过,迄今为止,丰田还没有任何实施六西格玛项目的迹象。为什么呢?坦率地说,作者也不知道,并就此非正式地和丰田的多位员工会谈过。显然的原因有 6 个,可能还有更多。

(1)对于防错的偏好。参见此前的新乡重夫的引文。丰田好像一直在不懈坚持这一精神,有报道说它的每个流程步骤都有 5 ~ 10 个防错装置。

(2)秉承问题和缺陷需要立即表面化的理念,而不是长时间的研究。TPS 里面包含的理念就是尽快凸显问题。这样的系统包括停线拉绳、安灯板、停机音乐、计划平衡箱(它可以在几分钟之内就识别出未达成的计划),以及广泛的对于 Muda 的意识。它的思想看起来像是强制推行短时间的持续的问题解决法。此外,一旦识别出问题,就使用"五次为什么"的方法来追寻根本原因。

(3)担心六西格玛的精英主义,特别是"黑带"的形象。TPS 的方式是任何人都参与改善,因此不希望看到解决问题的专家——不过,这很好。这在政策部署中也可以体现出来。

（4）"系统"方法。尽管六西格玛也声称使用系统方法，但丰田肯定在价值流图和政策部署中使用它。因此，它避免了局部优化现象，局部优化是六西格玛项目的风险之一。

（5）认为大部分质量问题源于设计。

（6）丰田已经有了一个卓越的改善团队，该团队毫无疑问已经拓展到了六西格玛黑带大师、黑带和绿带的领域。参见本书的第12章。

延伸阅读

Keki Bhote, *The Ultimate Six Sigma*, AmaCom, New York, 2002

Keki Bhote, *The Power of Ultimate Six Sigma*, AmaCom, 2003

Paul Pande, et al, *The Six Sigma Way*, McGraw Hill, New York, 2000

Howard Gitlow and David Levine, *Six Sigma for Green Belts and Champions*, FT / Prentice Hall, 2005

Frank Gryna, Richard Chua, Joseph DeFeo, *Juran's Quality Planning and Analysis*, Fifth Edition, McGraw Hill, 2007

John Bicheno and Philip Catherwood, *Six Sigma and the Quality Toolbox*, PICSIE Books, 2005

Ron Basu, 'Six Sigma to Fit Sigma', *IIE Solutions*; July 2001

David Drickhamer, 'Where Lean Meets Six Sigma', *Industry Week*, 1 May 2002

Kaufman Consulting Group White Paper, *Implementing Lean Manufacturing*, 2001

C Martin Hinckley, *Make No Mistake*, Productivity Press, Portland, 2001

The authors would like to acknowledge the significant contribution of Brian Johns, MSc in Lean Operations and Six Sigma Master Black Belt, to this section.

11.8 防错

因为失误而产生的缺陷可能比因为变异产生的缺陷更突出，特别是在西格玛水平较高的情况下尤其如此。此外，失误也很难预见，因为它们不是正常流程能力的一部分。例如，调整中的失误会对整个批量的产品产生严重影响，尽管流程的产能可能是充足的，也处于受控当中。一旦意识到这些，防错就理应得到更多的重视。

已故的新乡重夫并没有发明防错（Pokayoke 在日语中的直译是防止错误），但他发展并归纳了防错的概念，特别是制造业中防错。后来也发展出了服务业中的防错。新乡重夫的著作《零质量控制：源头检查和防错系统》(*Zero Quality Control: Source Inspection and the Pokayoke System*) 是这个主题的经典著作。最近欣克利通过他的著作《不犯错》(*Make No Mistake*) 对此做出了新的卓越贡献。

防错装置是一种简单，通常也是低成本的、防止错误产生的装置。防错装置的特征是100%自动检查（真正的Pokayoke不会依赖人的记忆或者动作），当发现错误的时候，要么停止，要么发出警报。注意，Pokayoke不是类似于温度调节或者马桶控制阀之类的控制装置，控制装置每次都会用到，而防错装置用于感知异常情况，仅仅在发生异常情况时采取行动。

新乡重夫将错误（它是不可避免的）和缺陷（当错误影响到顾客时形成缺陷）区分开来。防错的目的在于设计装置，防止错误变成缺陷。新乡重夫也将质量控制的有效性分层，从"评判性检查"（检查员进行的检查），到"信息检查"（使用信息来控制流程，例如SPC），到"源头检查"（在开始工作之前检查作业条件）。良好的防错属于最后一种类型。根据新乡重夫的观点，防错装置有三种类型："接触型""固定值"和"动作步骤"，参见以服务为例的表11-7。接触型防错会接触每一件产品，或者具有防止错误的物理形状。例如，产品从固定直径的孔中流过，尺寸过大的产品会被截留并作为一个缺陷记录下来。固定值方法可以侦测缺少零件的错误。例如，使用类似"鸡蛋托盘"的器具来盛放零件。有时，这种类型的防错可以与接触型结合在一起，比如，呈现在"鸡蛋托盘"中的零件还会自动对齐。动作步骤类型的防错确保动作步骤的数量正确，例如要求在每个装配循环中操作人员都站到压力垫上，或者出于安全考虑，药瓶瓶盖上的"按下—旋转"特征。其他的例子如检查表、必须按照一定顺序操作才能正常工作的按键开关。新乡重夫还就防错类别进一步指出，制造业中有五种潜在的运用防错的地方：操作人员（me），材料（material），机器（machine），方法（method）和信息（information），即4M+I。另外的方法是包含输入、过程、输出、反馈和结果的过程控制模型。所有这些都是防错的候选方案。

表11-7 Pokayoke的类型

	控 制	警 告
接触型	停车场高度杆、座椅扶手	员工镜、进店报警门铃
固定值	炸薯条勺、预定剂量的药品	带有凹坑的托盘
动作步骤	飞机厕所门	拼写检查程序、ATM的发声器

资料来源：《安全服务》，Richard Chase和Douglas Stewart，1993。

根据葛如特（John Grout）的说法，工人需要小心操作的地方就要考虑防错，比如可能会放错位置，以及 SPC 非常困难，还有就是外部故障损失成本远远大于内部故障损失成本的时候，最后就是混合型号和 JIT 生产的场合。

新乡重夫指出，防错应该同时考虑短期治标行动（立即停机，或者发出警报）和长期治本行动（第一时间调查问题产生的原因）。不过，葛如特也建设性地指出了防错的缺点：因为防错装置会导致重要的流程变异信息丢失，因而不利于改善。

欣克利建立的防错方法卓越有效。他将错误分成五类：缺陷材料、信息、调整不当、缺失、选择错误，并为每种类别的典型错误开发了防错解决方案，最后的四类还可以再分为多个子类别。

因此，如果已经识别了错误的类型，你就可以查阅可能的解决方案并修改后使用或者选择最合适的方案直接使用。

欣克利引用了平野（Hirano）的五种最有用的防错装置，它们是：

（1）导引销，确保零件只可能按照正确的方式装配。

（2）限位开关，探测零件是否存在。

（3）防错夹具，立即侦测上游工序生产的缺陷，确保正确的零件流过本工位。

（4）计数器，确认零件或者步骤的数量正确。

（5）检查表，提醒操作人员采取特定的行动。

在《提醒》一书中，塞勒和桑斯坦提醒我们，在避免错误的过程中，习惯和重复所具有的力量。它们被称作"自动系统"，我们在其中已经被习惯行为"程序化"了（试试看，你对于"红色"的"通行"信号灯的反应时间是多少）。在口服避孕药时，最好的服用模式是每天一粒（而不是隔天服用一粒），最好是在每天固定的时间服用，第 22～28 天的药仅仅是安慰剂。此时使用了双 Pokayoke——每天一粒的包装，以及定期服用（即使有些天不需要）。

延伸阅读

Shigeo Shingo, *Zero Quality Control: Source Inspection and the Pokayoke System*, Productivity Press, 1986

C Martin Hinckley, *Make No Mistake*, Productivity Press, Portland, 2001

A wonderful award-winning web site on Pokayoke containing numerous examples and pictures is at: http://csob.berry.edu/faculty/jgrout/pokayoke.shtml

第 12 章 | The Lean Toolbox

改 善

精益的精髓在于改善。没有改善,任何组织都将失败。更具有普遍意义的是,改善需要达到每个层级,包括所有的价值流和过程,在内部开展也要沿供应链进行。改善需要问题——能否看见问题就是首要问题。问题不在大小。因为事实上几乎没有什么是完美的,机会和问题无处不在,然后就可对它们进行改善。当人们听到,即使在实行了 50 年精益的丰田 Kamingo 工厂,要求新的经理人员平均 20 分钟发现一个问题的时候,都会感到震惊。这些可能都是些小的调整。然而每个改善都是真正的改善,它们的效果会累积。英国的 TPM 大师彼得·威尔莫特(Peter Willmott)做了一个被称为"千疮百孔"的练习,参与人员可以在最先进的工厂中 2 小时之内发现 100 个潜在改善机会。这是一个"学会观察"的问题。

12.1 改善循环:PDCA、DMAIC、8D、IDEA 和 TWI

一个得到认可并为人理解的改善循环是改善过程的严格框架。标准的改善方法在任何组织中都有很大的价值。它们尽管各式各样,但本质上却相差无几。改善循环可以用于多种层级——从战略层级的 Hoshin 或者政策部署，到价值流实施，到组织变革（"解冻、变革、重新冻结"是其变型），到培训，甚至到最小的过程改变。

不管使用什么循环，都应该将之看作框架，需要和其他补充性工具一起使用，比如五次为什么，根因问题解决法，力场分析等。

12.1.1 计划、执行、检查、处置

PDCA 或者"计划（plan），执行（do），检查（check），处置（act）"或者"计划（plan），执行（do），检查（check），调整（adjust）"循环毫无疑问是使用最广泛的改善循环——不过可能也是被理解得最不够的。在西方工业界，很多组织只倾向于"执行"而忽略了 P-C-A。PDCA 是科学方法。戴明说过，每个步骤都应该平衡好。因此，不要制订效果糟糕的临时计划，不要仅把注意力放在执行上，而疏于检查，对调整和标准化做得不够。真正地学习 PDCA 就需要监控，特别是在假设和检查阶段。

PDCA 的前身是休哈特循环（或者说 PDSA——plan、do、study、act），用戴明的导师瓦尔特·休哈特来命名，不过该循环后来被冠以戴明自己的名字了。PDSA 还有人在用。PDCA 更为简单，容易使用，不过运用得当的话就会成为改善的力量源泉。PDCA 被认为是丰田生产方式的基础。戴明教导大家应该像对待科学试验一样来对待变革和改善——预见、假设、观察、试图推翻假设，力求从原始假设的错误中学习新的知识。我们这里谈论的不是用来验证结果的统计假设检验，而是对预测进行测试，逐渐加深对过程的理解，深思熟虑后得出改善方案。

计划和假设是第一步，不过，如果你还对事实和情况不了解，怎么计划呢？记住，PDCA 是一个循环。因此，检查可能是真正的第一步，包括需求分析、图形化过程、变异和交付绩效研究等。如果以检查开始，那么循环就变成识别问题、提出应对措施、确定方案、执行和维持。

计划（假设、提出应对措施）。计划不仅仅是规划要做什么，还包括沟通、确定范围、讨论、取得一致意见并部署。首先，将顾客作为出发点——试图理解他们的需求。假设非常重要：对于想要的结果进行预见，并在其后来回顾

它，看看假设是否正确。这有助于理解，理解是大野耐一最喜欢用的词之一。计划阶段也应该制订时间计划。有人说过，领先的日本公司在计划阶段耗时很长，而在执行时却迅速而顺利。你需要明确目标是什么，如何达成它。试图在事先就识别约束资源，因此力场分析非常有用。当然，要识别根本原因。

执行（试验、确定方案）。如果计划得当，这一步就相对容易。它就是贯彻改善，通常用"尝试"的方法。不过，要想"很好地执行"，就需要良好的人际技能。力场分析此时最有用。

检查（贯彻、反思、学习）。它是至关重要的学习阶段，也是通常被遗忘的机会。它是否和设想的一样起作用？是否按照计划执行？如果没有，原因是什么？我们可以从中学到什么并应用于下一次？美国海军称之为"行动后回顾"（after action review，AAR）。需要预留时间用于检查，例如，在会议结束的时候，在180天的未来状态执行计划结束的时候。凯克·博特（Keki Bhote）称之为前后对比分析。其目的在于查看改善是否在维持，还是"霍桑效应"的结果——即没有给予关注后改善就停止。六西格玛黑带会检查统计显著性——估计alpha风险和beta风险（接受了应该拒绝的产品，反之亦然）。同时，要追查根本原因。还有检查是否存在没有解决的问题。

处置（调整和标准化）。通常需要调整。如果改善方案有效，则标准化就是重要的步骤。正如朱兰所言，"保持收益"。标准反映了目前所知的最好的最安全的方法，不过也不是不可改变的。没有这个步骤，所有的以前步骤都是浪费。因此，可将改善设想为从一个标准变为另一个改善的标准。偏离标准程序就意味着有些地方出了差错。参见6.7节。也要考虑是否可以将新方法用于其他地方。和所有的相关人员沟通新的需求——这也包括那些和问题有接触的人员。也要考虑预防问题再次发生——能否让人员和流程的能力都更高？最后，为下一轮循环做准备，识别任何需要改善的机会。如果实现了收益，不要忘了庆祝和道贺。

SDCA或者标准化（standardise），执行（do），检查（check）和处置（act）强调稳定性。如果存在过量的变异，就难以区分结果是真正的改善还是偶然原因造成的变异的体现。在这种情况下，在计划之前首先要稳定流程。

最后顺便说一下，不要让戴明的PDCA循环代表"请什么也不要改变"

("Please don't change anything")。

12.1.2 IDEA

IDEA 是 PDCA 的一个变型，被丰田还有其他公司用于创新和设计。

- 调查（investigate）——问题、顾客、需求、目的、数据、之前的方案等。
- 设计（design）——新的方案，各种设计工具都可以使用，例如，TRIZ，QFD，成组技术。
- 执行（execute）——实施确定的方案，测试其效果，检查。
- 调整（adjust）——让解决方案的结果更靠近需求，准备下一个循环。

IDEA 循环的应用前景很大，不仅容易记忆，而且它的各个步骤也更有意义。

12.1.3 DMAIC

六西格玛也应用了一种 PDCA 的变型，即 DMAIC（定义，define；测量，measure；分析，analyse；改善，improve；控制，control）。它增加了一些重要的关键点。也可参见 11.5 节。你能发现在 PDCA 和 DMAIC 之间没有一一对应的关系。DMAIC 对关键的"计划"阶段进行了拓展和细化。

定义：定义问题。确定对顾客重要的子阶段，厘定项目范围。选择正确的项目意味着不要做其他项目。一个组织或者改善团队的时间是有限的，因此应该仔细选择项目。使用帕累托原则，使用质量成本分析，将顾客放在高优先级。项目的目标要具体，要简单、可衡量、取得一致意见、现实可行、有时间限制。六西格玛有很好的财务回报，因此要估计节约的成本。确定项目范围至关重要——什么是问题的边界？在边界内外还要考虑什么因素？当然，"项目"应该隶属于一个过程，并非一定要局限于一个部门之内。因此，"系统思维"是需要的。常用的工具：SIPOC 分析、帕累托分析、质量成本分析，以及狩野模型。

测量：我们做得如何？子阶段包括确定要测量什么，验证测量系统，量化目前的绩效，估计改善的成效。六西格玛特别强调测量。找到适当的衡量指标——优先考虑和流程、顾客或者产出相关的那些。六西格玛也优先使用定量而非定性数据，考虑 DPMO。目前的测量是否适当？清晰地定义测量方法、数据的来源以及抽样计划。考虑有效性（测量的数据是否是正确的指标——优选重要指标）和可靠性（其他观察得到的结果是否一致）。考虑就缺陷进行适当的分类，以记录某酒店的总的顾客抱怨数量为例，按照类型、地点、顾客等分类。检查缺陷记录的方法是否前后统一。同时，也要明确过程的边界。典型工具：7大质量工具。

分析：哪里出错了？子阶段包括确定变异和缺陷的根本原因，提供统计证据来证明它们是真正的原因。试图找到根本原因。使用"7大质量工具"或者价值流图（参见第7章）。本书列举的大部分工具在这里都可以使用。创新型思考、标杆学习、QFD、价值分析、试验设计等。六西格玛强调使用测试来对结果进行统计验证。典型的工具：7大质量工具、FMEA、试验设计（DOE）。

改善：纠正错误。子阶段包括确定方案以及运营服务水平和容差的等级，实施方案，提供统计证据证明方案可行。然后是彻底实施，"到现场"去执行。你可能使用持续改善（Kaizen）或者闪电改善。你或许还可以使用项目管理工具来计划。典型工具：DOE、Pokayoke、假设检验。

在实施前需要和团队一起进行力场分析。

控制：保持成效，持续下去。子阶段包括实施控制，让改善能够长时间维持，提供维持的统计证据。确认，再次测量，并和团队一起庆祝。建立SPC图，建立新的标准操作规程。通过比较新旧过程的测量结果来验证收益。典型的工具：SPC、可视化管理、TPM和标准化作业。

12.1.4 8D

8D 循环是另一种改善循环方法，在福特公司大量使用，可能也源于福特。8D 代表 8 个原则：

（1）成立一个团队。

（2）遏制问题的症状。

（3）描述问题。

（4）找到根本原因。

（5）确认根本原因，选择纠正措施。

（6）实施永久性纠正措施。

（7）预防再次发生，让解决方案标准化。

（8）庆祝成功。

12.2 "五次为什么"、根因和 6 个忠实仆人

12.2.1 根因问题解决法

强调针对根本原因解决问题是精益理念的基础。它意味着要在根本原因的层面解决问题，而不是表面或者中间层面。不过，你又如何获得根本原因呢？下一节会介绍一些获得根本原因的技术。首先我们先看看根本原因分析的整体概貌。

贝茨（Finlow Bates）在一篇论文中给出过一个经过深思的结论，即不存在绝对的根本原因。不过，原因是否是根本的取决于问题的拥有者；也可能存在不止一个潜在的根本原因，最终选择的根本原因还要考虑可行方案的经济性。他用一个投递包裹延误的例子加以说明。对于顾客而言是包裹迟到，对于运输公司而言问题的根本原因则是卡车无法启动，进一步的原因是油箱漏油。对于油箱供应商而言，根本原因可能是焊接不良……原因链中的每个人常对于问题的更底层原因没有兴趣。这些原因都显示了控制或者沟通中的失效。因此，真正的问题不是根本原因究竟是什么，而是如何最经济地解决（暂时？）问题并有效地预防其再次发生。

贝茨建议采取如下 6 个步骤：

（1）什么是不想要的效果？贝茨建议两个词：主语加变异，例如，包裹迟到。

（2）什么是直接的物理原因？

（3）顺着直接的物理原因线索进行追踪。例如，包裹迟到，卡车不启动等。这就形成了"原因链"。

（4）查问在每个链节中谁是问题拥有人。

（5）确定你应该在链的什么地方加以干预以形成长期的解决方案。

（6）确定最有成本效率的解决方案。

"五次为什么"方法可以尽力确保找到问题的根本原因。它只需要使用者多次问"为什么"即可。它之所以被称为"五次为什么",是因为通常在找到根本原因之前要连续询问五次,如图12-1所示。

这一简单而有效的方法实际上意味着不断探询的态度。不要相信第一个给出的原因,总是探究答案背后的原因。它和一个理念一脉相承,即问题或缺陷是宝贵的。仅仅解决问题是对问题的浪费,还要发掘导致问题出现的潜在原因并充分利用它。很多人相信就是这种不懈的对根本原因的探索才造就日本汽车企业的卓越质量、可靠性和生产率。

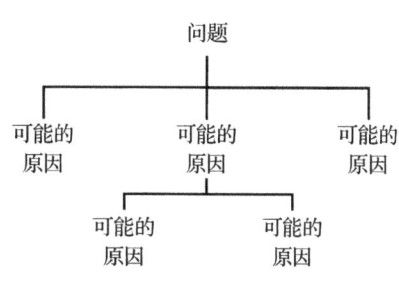

图12-1 "五次为什么"方法

举例:车门关不严。为什么?因为调整不完美。为什么?因为铰链不是总位于正确的位置。为什么?因为,即使安装铰链的机器人精度足够,安装铰链的框架并非总是安放在正确的位置。为什么?因为包含该框架的总体结构刚度不够。为什么?因为该结构在生产中所需的刚性没有被充分考虑。因此,最终的解决方案是为保障生产而重新设计该总体结构。

可能还存在更多的为什么。为什么这会发生?设计和生产部门的合作不够。为什么这样?它是一个赶计划的项目。为什么?没有及时通知市场部门。为什么?等等。

当然,一般的"五次为什么"练习不会这么规整。在每一步都可能存在多个答案。那么就有必要在进一步询问之前做帕累托分析。

不过,要小心!不幸的是,"五次为什么"的方法经常被广泛误解。不应该用机械的、非倾听的方式来询问为什么。在每次询问以后,应该将各种可能性进行讨论并排出优先顺序。它应该是一种参与式的探索,而不是一方主导、侵略性的方式。如果能将提问内部化则更好——自己提问为什么。

另外需要注意的一点是"为什么"一词经常意味着批评,因此会招致自我保护性的、有意掩盖的行为。因此,虽然要思考"为什么",而提问则要用不同的表达方式。代替"为什么迟到了",可以用"让我们看看迟到的原因"

或者"你觉得迟到的原因可能是什么呢"来表述。

比单独使用"五次为什么"更好的，是在下节要讨论的 6 个忠实仆人之后使用它。

- 目的是什么？（然后是为什么）
- 何时可以完成工作？（然后是为什么）
- 应该在什么地方做？（然后是为什么）
- 应该如何做？（然后是为什么）
- 应该谁来做？（然后是为什么）

牢记戴明的"94/6 规则"——94% 的问题都可能是由系统造成的，只有 6% 源于人。因此，"为什么你不……"（有些封闭的问题）比"有其他方法吗"或者"你认为产生……的原因是什么"（更加开放的问题）之类的表述效果要差。

注意：如果你的本意是想推销自己的意见而不是向他人提问，让他们自己想主意，"五次为什么"可能适得其反。这是苏格拉底式方法的精髓，它可以产生更为有效的、持续的解决方法，因为那是"他们的主意"。

12.2.2　6 个忠实仆人

吉卜林（Rudyard Kipling）的"6 个忠实仆人"，在他提出已经快 100 年之后，仍然是最有效的问题分析工具之一。最初的诗句是：

> "我认识 6 个忠实的仆人，
> 他们教会我所知的一切，
> 他们的名字是何物、何因和何时，
> 以及何地、何法和何人。"

诗文虽然短小，却蕴含巨大的智慧，常常为人所遗忘。
这 6 个仆人是确定顾客、需求以及价值的有用方法。

延伸阅读

T Finlow-Bates, 'The Root Cause Myth', *TQM Magazine*, 10:1, 1998

Michael Marquardt, *Leading with Questions*, Jossey Bass, 2005

12.3 改善的组织工作

改善组织有两个方面。第一是以精益促进办公室（lean promotion office，LPO）、倡导者和管理委员会等为中心的改善组织本身。第二是由个人到供应链、项目等五个层级组成的改善结构本身。

12.3.1 精益促进办公室

当一个组织超过 100 人，最多 200 人时，就有必要用制度来确保改善和可持续发展。精益促进办公室是个不错的名字，也有其他名字如改善办公室或者持续改善（continuous improvement，CI）办公室。按照经验法则，在大型的精益推进中应该设置由 1%～2% 的全职职工组成的 LPO，其后可以缩减为 0.5%～1%。他们是内部的精益顾问。如果六西格玛也存在，设置一个类似规模的平行而紧密联系的办公室较为适宜。

从包括丰田在内的很多组织中发现，推进和维持精益需要全职的专家促进者。他们是技能的智囊，对于精益的持续推进负总责。注意，LPO 不能拥有执行精益活动的权力——执行总是要依赖直线经理们。因此，理想的 LPO 负责人应该是受人尊敬、推崇精益、有影响力的，他应该是从直线经理中提拔出来的，并乐意帮助他们实现其精益目标。不过，LPO 应该严格地行使促进的职能——无论如何不应该将他们看作是实行精益活动的人。除了负责人以外，不管年龄和地位如何，可以在精益践行者或者精益的信徒中挑选人员作为 LPO 的成员。

LPO 明确的责任包括制定总的路线图或者精益推进的总计划。LPO 承担的具体任务包括协助绘制目前状态图、制定未来状态目标、在具体的方面给出意见，比如看板的数量、为特定的价值流定制 5S 和精益评估工具、准备识别浪费的问卷、提供特定主题的培训（如精益会计）、辅导促进和演讲技巧、准备简报和录像等。有些大型组织，如福特，已经建立了精益图书馆和在线信息库。戴尔将在线培训按照每 2 个小时一个模块进行打包，这样员工就可以抽闲暇时间去学习。

LPO 是促进办公室，而不是执行办公室。丰田称之为新眼光（Jishuken）

团队——这就是 LPO 应该促进和鼓励的地方——即用新的方式、新的不同观点来看待事物。

在 LPO 之外，有些组织还指定多名直线经理作为特定科目的专家和内部咨询师，比如精益会计、快速换型、Pokayoke、拉动系统、需求管理。这些人员则相应地负责跟踪这些科目的最新进展。

有关六西格玛职能和 LPO 关系的问题存在争议。越来越多的迹象显示，两者相互独立并紧密配合。原因是精益**促进**办公室是支持的角色，而不是自己来执行项目。六西格玛中的黑带大师和黑带实际上是投入到更加困难的不适于改善团队的项目中。六西格玛办公室也要负责培训——培训绿带和下一代的黑带。

LPO 存在的本身就是一种组织对精益的承诺的象征。

12.3.2 改善的层级

改善，或者精益改善需要在大部分的，即便不是全部，希望变得精益的组织中按照 5 个层级来组织。

第一层级：个人

个人需要被视为他们自己过程的专家。这不应该是偶然发生的，也不应该建立在"试错"的基础上。他不仅应该在最细致的层面上理解其过程，还需要理解为什么需要该过程，以及该过程是如何与更高层级的价值流配合的。因此，比如，不仅要能够以最佳的方式插入后备箱密封圈，还要知道该零件防潮防尘的必要性。新乡重夫指出，了解"为何"或者基本原则是学习的重要阶段。因此，改善和可持续都始于工作现场的个人。

在单个的工作位层级总是存在减少浪费的机会——工件的定向、库存和工作的摆放位置、工作顺序、人因工程、Pokayoke 等。在工作位层级做的记录会促发有些改善行为。丰田南非工厂将个人层级的改善称为"Eyako"——在祖鲁语中是"我自己"的意思。班组长在这里扮演了重要的角色——鼓励、促进、认可成就——并引起大家对个人改善的注意。写给个人的"感谢信"可以起到非常好的效果。

第二层级：工作小组或者迷你点改善

团队或者可能是6人的小组，在一个工作单元或者一个生产线工段共同工作，他们的改善项目影响他们的集体工作区域。例如，工作流、单元设计、生产线再平衡、5S、地面定位线以及单元级别的质量。有些活动可能源自更高层级价值流分析中识别出的点改善。有些任务可能在团队会议中就可以"迅速"完成，或者用1～2天的闪电改善来完成。他们也可能得到区域领导或者LPO的支持和协助。许多的主动改善都是在记录并分析单元时促发的，成果展示在团队自己的休息区域的信息板上。表彰和认可至关重要，因此团队要将工作成果向更多的人员展示。如果团队自身可以轻松完成，就不要错误地使用第三层级的闪电改善了。

肖特思（Scholtes）也意识到了"团队"和"团队精神"的区别。团队指的是为了共同目标而一起工作的一小群人。团队精神指的是大型组织中的一种工作环境，它建立并维持信任、支持、尊重、相互依赖和合作的关系。理解了它们之间的区别，就不难理解建立团队相对容易，而建立有团队精神的工作氛围则困难得多。他引用了阿比特（Petronius Arbiter）的话来表达组织中应该高度注意的行为："我们努力培训，不过每次都好像我们才刚刚组建一个团队，不得不重新组织。我在之后的生活中学到，我们在重新组织后会遇到各种情况。在产生困惑、低效和士气低落的同时，前进仅仅是产生的幻觉。"

第三层级：闪电改善小组或者点改善、局部改善

闪电改善在本地进行，不过包括较长的时间（通常2～3个整天）和其他人员。这类活动处理的问题比团队自身可以轻松处理的更为复杂。例如，布局上的根本性大变动、带专职物料员常规补料路线的单个定拍工位驱动的排程系统、整合制造流和信息流。在很多公司，闪电改善团队是改善的主要驱动力——忽视他们是不明智的。和第二层级的改善团队不同，这类团队的组建是为了一个特定的目的而开展活动，活动结束也即解散。闪电改善行动在本章稍后会做详细介绍。

第四层级：价值流改善，流动改善团队

价值流改善团队跨整个的内部价值流开展工作，项目延续数周甚至3个

月。他们是建立未来状态的主要驱动力。他们的目标设定在未来状态中，或者由行动计划描述。参见第 7 章。价值流团队一般不是全职的（和第三层级的团队不同），尽管某些成员可能会专职工作一段时间。他们会由一位项目经理领导，通常 LPO 也会提供支持，有时也邀请咨询师进行指导。团队成员应该来自多个专业，工作范围覆盖整个过程或者价值流，跨越多个区域和职能。流动改善团队一般要解决流程问题、系统问题和组织问题。

第五层级：供应链改善团队

类似于流动改善团队，这个团队致力于改善价值流。他们由来自参与组织的代表组成，开展非全职的改善工作。通常指定一位来自 OEM⊖ 公司的受人尊敬的人员作为项目经理，咨询师在其中扮演重要角色。"观察全局"图通常是其核心。

12.4 持续改善的方法

非常清楚，改善有两种，即持续改善和突破改善。因此，朱兰将逐个项目开展的用以解决与明显问题不同的长期的基本质量问题的改善称为"突破"活动。达文波特（Davenport）在业务流程重组中也提到了通过重组实现从持续改善到更加根本性的突破的"连续的改变的顺序"。沃麦克和琼斯也将产生次数少而收益大的突破改善与产生多次的收益较小的改善或者持续改善区别开来。

传统的工业工程的想法是，突破或者重大改善活动根本不会持续，只是作为对重大变化（如新产品引入）或者危机的响应而偶然发生。不过，在过去的几年中，通过闪电改善，我们已经知道，有效的突破改善应该既可以主动出击，也能频繁进行。

通常跨价值流的高级管理人员驱动突破或者流动改善。小步改善或者点改善则由团队负责人领导，有时也由六西格玛黑带来领导解决当地在价值流分析（驱动式的）或者工作场所建议（响应式的）中发现的问题。

⊖ OEM：original equipment manufacturer，原始设备制造商，即将自己公司设计的产品委托其他工厂代为加工的主机厂。有时，OEM 也指代这种委托生产的关系。——译者注

因此，存在四种形式的改善，如图 12-2 所示。每个组织中都有，也应该有，所有的四种形式。采用精益制造并不意味着无视其他改善形式或者只集中于改善或者闪电改善。被动的方法也是有益的补充，应该继续。然而，如果所有的改善都是被动的、响应式的，公司可能会日益落后于人。

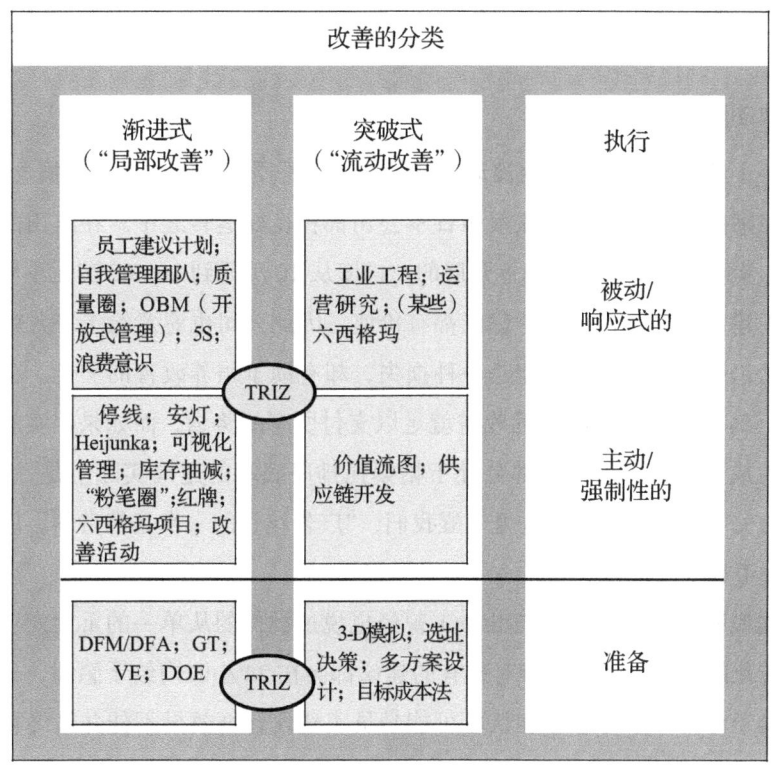

图 12-2　改善的分类

改善类型的分类

不幸的是，一些声称在做改善的英国工厂，它们所谓的改善只是"被动的"或者"在碰运气"。改善依赖操作人员或者工业工程师或者经理人员的主动性。如果他们确实在改善——很好。如果他们没有——"哦，那个，有时候……"被动的渐进式改善也可能被命名为"响应式的"改善，即对危机采取响应式行动。与之相反，强制性改善则是积极主动的。危机实际上是设计出来的，一直有意保持压力。例如，英特尔公司定期推出一种新的芯片，有节奏地确定产品的换代时间，而不会被动等待技术的突破性发展。3M声称它们每年30%的销售额都源自新产品。这些形成了强制的前进步伐。

被动改善已经存在多年，我们发现它也存在两个分类——渐进的和突破的。经典的"被动渐进式"改善方法包括员工建议计划和质量圈。"被动突破式"包括经典的工业工程或者工作研究，特别是将这些方法用于工厂布局或者新技术引进时。

被动渐进式

一个经典的基于团队的被动渐进式改善就是质量圈。与流行的概念相反，基于奖励的员工建议计划在很多日本公司都在良好运转之中。在丰田的美国工厂，奖励是在积点的基础上开展的，幅度从10美元到10 000美元不等。丰田对于建议的态度是，每个建议都有价值，因此公司也愿意给予平凡的建议以奖励，虽然在个案上可能是一种损失，却有助于培养改善的文化。公司估计，2.5%的最好建议产生的收益就足以支付所有的奖励，而如果把实施的时间作为成本考虑进去，大部分处于帕累托排序底端的建议实际上是亏损的。经典的关于广告的观点在这里提醒我们，"广告花费的一半是浪费的，问题是我不知道是哪一半"。

据说爱迪生（Thomas Edison）曾经也说过类似的从单一的重大发明向多发明转化的方法。丰田坚持对所有的建议都会在24小时内给予感谢，并在一周内给予评价。没有感谢和认可可能是员工建议计划效果不佳并最终被废弃的主要原因。

同样，基于团队的质量圈（QC）是丰田生产方式的一个完整的部分。在丰田公司，向高级管理层做的QC演讲每天都在发生。在日本公司中，QC小组通常在非工作时间开会。管理层的支持和参与是关键因素。劳勒（Edward Lawler）将很多西方的QC称为"失败循环"。它们的典型过程是：在开始阶段，因为释放了长期积累的建议以及管理层的倾听，最初的质量圈产生重大影响。然后，计划延伸到其他区域，速度总是太快。管理层无法参与所有的活动，对它的兴趣也会慢慢下降。在最初阶段，一线经理们往往将QC视为对他们权威的威胁，在活动急剧扩张的过程中没有人对一线经理的顾虑给予足够重视。有些经理人员可能因此会积极地破坏活动，其他人则不予支持。随着时间的推移，来自管理层和主管人员的支持会越来越少，建议慢慢枯竭。计划失败了。有人会说："QC是日本人的主意，它们在西方不适用。"顺便说一下，是戴明将质量圈引进到日本的，后来石川馨才对其进行了细化和提高。

安田（Yuso Yasuda）对丰田公司的"员工建议计划"或者"改善系统"进行过描述。该计划由"创新意见建议委员会"来协调，委员会的主席团包括丰田的总裁以及大野耐一。丰田基于积点系统对建议进行奖励。按照有形及无形收益、适用性、创新性、原创性以及所付出的努力评估点数。当然，奖励的金额很小，也不是基于节约量的百分比。然而，操作员对于象征性的奖励以及演讲仪式本身非常看重。注意典型的西方建议计划和它的差别。

从前面章节我们学到了一些重要的收获。不是所有的改善都能带来收益，而产生改善的文化则更为重要。随着时间的推移，它会慢慢扩散。及时表彰非常重要——不要寄望管理层总能够亲自给予支持，因此要成立促进者办公室或者LPO代为支持。对建议要迅速做出反应。要给予小组人员所需的工具和技术，或许还有时间。

被动突破式

许多的传统工业工程和工作研究项目都是被动突破类型的，特别是那些由IE或者工作研究部门负责的活动。当然，IE也会在由管理层或者危机触发的强制突破活动上努力工作，然而，由IE领导的被动突破活动可能是过去的100年中生产率改善的最大来源。显然，大野耐一是独树一帜的伟大试验者。不过，今天我们认识到，很多精英式的IE项目（或者类似的六西格玛项目）都无法长期维持。

强制渐进式

丰田一直践行的改善就是这一形式的代表。消除浪费不应该是仰赖操作员自觉行为的偶然事件，需要有人驱动。具体的方式有多种。

响应分析：在丰田，当操作员遇到问题时可以通过开关或者拉线来发出信号。在某些工作位，会有一系列的开关分别对应质量、维修和缺料等。一旦操作员启动开关，悬在空中的安灯板就会显示出问题的工作位以及问题类型。作为对信号的反应，相应的人员就会跑过来。事情还没有结束！计时从这时开始，直到问题解决为止。记录的时间存储在计算机中。它们不是用作批评指责，而是用于分析。因此，在一个恰当的期间结束的时候，比如两周，制作完成的帕累托图会显示最紧迫的问题和工作站。

停线：它是丰田的经典，与上述方式相关，允许操作员在遇到问题时拉绳停线。安灯板随之亮起，并开始对停线进行计时。此时解决问题的动力非常强烈，因为工位的停机意味着整个工段的停产。意味着要运用五次为什么根因分析技术（见稍后的描述）。事实上，丰田用缓冲（一辆汽车？）来将装配线分割成工段，这样，停线仅仅影响问题所在的工段，而不是整个装配线。

库存抽减：很多人都熟悉JIT中经典的"水和石头"的比喻，降低水位（库存）则暴露石头（问题）。这样的做法确实在丰田系统地推行。一旦流程稳定，就有意通过抽减在制品库存来观察随之会发生什么问题。很少人知道这是一种"双赢"的策略：要么没有发生任何问题，则系统在更为苛刻的条件下依然运行；要么遇到了"石头"，按照丰田的理念，这也是好事。它不是一般的石头，而是最"紧急"的石头。有意地去稳定产生了罗伯特·霍尔称之为"生产实验室"的效果。不过，如果需要，丰田也不反对增加库存。参见第9章中介绍的福特SMART流程。

浪费检查表：丰田在生产和类似的非生产领域广泛使用浪费检查表。浪费检查表是由LPO起草的一组问题，分发到特定区域的所有员工，向他们询问一些简单的问题，比如"你有弯腰拿取工具吗""是否要走动2米以上去拿取物料"，诸如此类。如果回答是肯定的，就说明有浪费存在。结果是个人和团队都有源源不绝的改善建议。

"第一步、第二步"循环。丰田具有驱动改善的文化。该文化或信念源自公司内广泛持有的态度，即每一个完成的改善项目都需要引发另一个改善活动机会。因为没有更好的词汇，作者将之命名为"第一步、第二步"循环（参见《鱼骨流》），即第一步精益改善活动会导致第二步改善的机会，而第二步改善完成以后，又会促发新的第一步改善机会，如此往复。这样的链式反应存在多种发展的可能性，举例如下。降低调试时间（第一步）会导致减少缓冲库存（第二步），它又触发布局的改善（第一步），进而导致更好的可见性（第二步），这又改善了质量（第一步），这会导致更好的生产计划（第二步），等等。

强制突破式

积极的目前状态图和未来状态图分析驱动此类型的改善。它们通常以整个价值流作为目标。这种类型必须要配合定期的行动计划进展回顾以及行动计划或者总体计划。参见价值流图相关章节。如果价值流图仅仅挂在墙上而没有相应的总体计划，它最多只能归类于被动的突破。供应链（"观察全局"）项目也可以归类于强制突破式改善。

闪电改善或者改善活动是强制突破改善的一种特殊形式，它作为本书中的单独一节的主题另外讨论。它是突破性的，因为一般而言一个典型的闪电改善可以在一周或者最多一个月的时间内达成25%～70%的改善。另一方面，闪电改善一般只和一个小的区域有关，因此通常是"局部改善"而非"流程改善"。它也是强制的，因为机会和期望同时存在，"不愿意做"或者"没有办法做"等借口实在不可接受。也要向它们集中投入资源。

渐进改善的准备

这些渐进的步骤由设计人员和经理在设计和概念阶段完成。需要用检查表等工具将先前的经验积累下来。需要采取精心设计的步骤来学习先前的经验。

突破改善的准备

这里通过目标成本法和价值工程等来规划重大的突破。参见关于此主题的稍后章节。

延伸阅读

John Bicheno, *Fishbone Flow*, PICSIE Books, 2006

Yuasa Yasuda, *40 Years, 20 Million Ideas*, Productivity Press, Cambridge MA, 1991

12.5 改善

Kaizen 是日文，意思是持续改善。它本身就是精益运营的核心。它将本书中描述的工具和技术（还有一些其他的工具）整合到一起。该词源自今井正明，他出版了同名的著作，从而让 Kaizen 在西方流行起来。尽管它是改善研究院（Kaizen Institute）的注册名称，该词现在得到了广泛的使用和理解，并被收录到英语字典中。根据今井正明的观点，Kaizen 包括几个元素。Kaizen 既是理念，也是一套工具。

Kaizen 的理念

质量始于顾客。然而顾客的观点在持续变化，标准在逐步提高，因此需要持续改善。Kaizen 专注于永远的、小步的、各个层面的持续改善。每个人都要承担 Kaizen 的角色，从最高管理者到车间一线员工都不例外。

今井正明相信，如果没有积极的关注，取得的收益很快就会消失，就像工程学中的"熵"的概念。然而，今井正明的观点还不止于此。不像朱兰强调"保持住取得的收益"，Kaizen 还要通过持续的试验和创新来增加收益。

今井正明指出，Kaizen 的指导性原则包括：

- 对准则提出怀疑——标准是必要的，不过工作的准则是用于打破的，而且在一定的时间内必须要打破。
- 建立建议数据库——建立建议数据库、保证人人参与是管理层的优先事项。
- 力寻根本原因——不要只在表面上解决问题。
- 消除整个任务本身的可能性——怀疑是否真正需要某项任务；在这个方面，Kaizen 类似于业务流程再造（business process reengineering，BPR）。
- 减少或者变更活动——高度关注可以合并任务的机会。

12.5.1 改善旗

著名的改善旗由今井正明创立，并被广泛复制和引用。它描绘了在"改善"组织中人人都应该参与的三种类型的活动。它们是对应组织层级的"创新""改善"和"标准化"。图 12-3 是其改编的版本，原图中，高级管理人员在"创新"上花费大量的时间（研究明天的产品和流程），一定的时间用于改善目前的产品和流程。高级经理也会花费少量的时间用于标准化，即，建立最佳的行事方式，比如，最高管理层会对政策部署和预算制定流程进行标准化。标准方法就是目前所知的完成一项任务的最好、最安全的方法，直到实施改善以后发现了更好的方法。

中层经理比高级经理在创新上花费的时间要少，不过在改善和标准化上花的时间要多。操作员也在创新上花费一定的少量时间，更多的时间花在 Kaizen 实施上，大部分时间用于标准化。

前英国改善研究院集团（Kaizen Institute）的负责人，现在的咨询机构 Thinkflow 的总监，麦克尔解释道，创新就是预防浪费进入明天的流程，而 Kaizen 就是去除当前流程中的浪费，而标准化则是保持没有浪费的状态。

图 12-3 是在今井正明的原图基础上修改而得，融合了由伊奥博瑞和桑特（Ilbury 和 Sunter）开发的决策过程的经验和理念。

在这里，加工流程遵守目前的标准，即最好、最安全的方法。

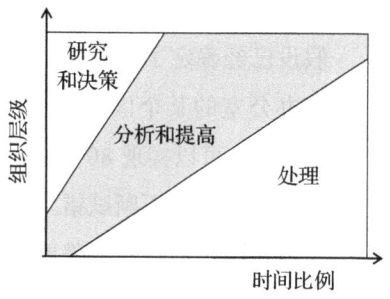

图 12-3　改善旗

延伸阅读

Maasaki Imai, *Kaizen: The Key to Japan's Competitive Success*, McGraw Hill, New York, 1986

Maasaki Imai, *Gemba Kaizen*, McGraw Hill, New York, 1997

12.5.2　改善活动

改善活动填补了个人的局部改善活动与类似于价值流改善的大型改善活动之间的空当。它是组织跨职能跨层级，员工参与精益转型的基本工具。从这个方面来看，改善活动具有两种角色——既实施改善，也用于教育和沟通。改善活动的一个重要而有启发意义的方面是它在很短的时间内完成，这样就让经理人员的参加成为可能。

当我们说"改善活动"的时候，脑海中出现的是它的"5 日改善"形式。此外，耗时从半天到两天不等的迷你改善也是它的一种形式。下文描述的是 5 日改善形式。1 ~ 2 天的改善本质上和它具有相同的过程，只是参与人员的规模缩小了，进展速度更快。

大部分的改善活动聚焦于内部活动，不过也存在其他的日益增长的机会：即聚焦于顾客的改善活动。在这时，焦点转换为解决（或者化解）顾客的问题，或者是改善顾客流程的有效性。这意味着设身处地，"将自己放入顾客的鞋子中"，换位思考重新确定系统的边界，将顾客包括进来。

注意！人们经常会被诱使匆忙开始一个改善活动。它甚至也可能会产生正面的结果，并且每个人都感觉良好。不过，如果选择的流程是一个错误的流程会怎么样呢？那么，改善活动就等于将泰坦尼克号甲板上的椅子重新摆放而已。因此，有必要首先对系统进行整体的分析。这样的分析可能是用价值流图，或者是用关注某一约束的产能分析，或者是持续不能满足顾客需求的故障分析。

假设已经确定了正确的主题，并做好准备，公司或其顾客就可以在它的工厂或办公室的某个区域内实现生产率的飞跃。改善活动要有"放手前行"的态度，现在可以实现80%的收益比耗时长久地实现100%的收益更为可取，它是"做中学"，是不断试错。它也是全员参与，真正授权员工去"想做就做"，不用在每一个小的变动上都要获取审批。计划周密并跟踪到底的改善活动更有可能获得在较长的时间内维持的改善。计划不周或者执行不力的改善活动则常常会退回到原来的状态——很多组织都给这样的改善起一个不雅的名字。

如今，"闪电改善行动"（Kaizen Blitz，美国卓越制造协会用的名字）的威力同时在服务和制造业中被证明。在英国，工业论坛（industry forum，IF）制定了改善的标准方法，称作大教室（Master Class）过程。该方法已经从汽车领域推广到其他领域，如航空、冶金、建筑等。一些咨询公司如TBM和Simpler也开发了它们自己的版本。

IF方法的目的在于铺陈出改善活动的流程。每个活动也都要将培训促进者作为目的，以便让他们能够开展更多的活动，并将相关概念推介给主管人员以及希望在将来实施改善的区域的相关人员。

下面是一则引文，适当地描述了改善活动：

"不管你相信你能，
抑或你相信你不能，
你都完全正确。"

——亨利·福特

如今，我们认识到，成功的改善活动要想达到成功，还需要大量的准备工作和跟踪检查。如下的步骤使用了基本的IF结构，也基于作者自身的经验。

它们包括：

首先用 1 天时间来预先诊断所选区域，讨论期望的效果，检查绩效指标以及现有的测量系统。研讨会应该由一位富有经验的精益践行者来引导，在这个阶段就要确定该人选。

然后是初步的准备阶段。在此期间，测量并收集基本的数据——质量和需求信息。这是确定范围的阶段。在此后的两周内，收集必要的背景信息，明确该改善活动和其他精益项目的配合关系。接下来是为期三天的诊断活动，目的是确定改善活动本身的具体目标，选择团队成员。通常在此时绘制流程图。如果必要，对相关人员给予 7 种浪费和 7 大质量工具的基本培训。建立 DTI（英国贸易与工业局的前身）的 7 个指标。参见第 17 章。选出的团队向管理层做陈述，所有人都对改善活动的目的加以关注，并就目标达成一致意见，并获得相关的授权——这样，你不用在改善期间就每一个改变再次申请批准，确保不会出现人手短缺。有时团队成员一起参加精益游戏，改善涉及区域的操作人员也能参加游戏和培训。

- 在接下来的几周中进行进一步准备。测量项目得到确认。并完成最终的准备，包括制订计划确保活动期间生产或者服务的连续性，提醒支持人员（维修人员、电气工程师等）留出时间在活动期间提供支持、可以预见的资源需求（工具、桌子、信息板、物料架、不干贴）并安排会议室和餐饮后勤等。
- 在此期间安排一天时间来检查最终的准备情况。
- 活动本身是 5 天的讨论会。建议至少进行一次 PDCA 循环，最好是多次，最后获得一些经过测试的、获得标准化的变化。每天都要测量。最后一天要做陈述，并将跟踪行动分配给指定人员。
- 在 5 天活动以后，每个月召开为期一天的跟踪检查，共召开 3 次，这是为了确保讨论会中决定的但没有实现的变化可以获得实施，例如，移动安装在混凝土地基中的设备，或者解决讨论会期间没有"搞定"的某个质量问题。
- 最后，促进者应该在随后的一段时间内与该区域保持紧密联系，以检查持续性。

改善活动可以在一个区域开展多次,每次针对不同的问题。通常布局和5S是最初的主题。在工会组织比较强势的地方或许先开展安全主题的改善。此后,可以在跟踪活动中对提前时间和人员配置进行优化。

以上方法已经屡次获得实践的证明。

12.5.3 改善活动过程

不管形式如何,都要逐个开展下列活动。

在活动开展之前的数周

- 选择区域——可以根据价值流图或者是端到端的价值流分析或者是积累的问题来选择。不过,肯定要有流程的全局系统观,将顾客包括进来,避免工作于不应该包括进来的流程上。
- 在服务行业,要特别考虑流程的边界或者问题区域是否应该将顾客系统包括进来。
- 在所有的服务业中,从顾客的观点来看待流程非常重要。这点必须要在活动开始之前完成。
- 选择适当的时机——它在办公室场合比在工厂的情况下更为重要,因为通常其变异更大。
- 事先通知活动影响的团队,并从团队中挑选活动的参与人员。
- 测量:确定该区域的相关测量指标,进行测量。
- 选择团队:一位或者多位促进者,区域的一线经理人员,活动拥有者,来自该区域的参加人员,学科专家,可能将来开展相同改善活动的其他区域的人员,局外人员。12人的团队比较好——大的区域人员可以多一些,小的区域人员可以少一些。

在办公室开展历时较长时间的活动时,可以考虑"点卯"的方法。可以将"巡回单"打印出来,也可以是电子的形式,让参加人员在巡回单上签上到达和离开的时间。当然,需要向团队人员加以解释。

起草活动章程,它规定了:

- 活动的焦点和原则。

- 活动的目的——希望达成什么。
- 活动期间要解决的所选区域的问题。
- 活动的边界。
- 需求信息——该区域或者办公室每天要处理的工作量，它们在每天、每周、每月又是如何变化的。
- 活动的日期和天数。
- 参与人员有哪些，包括促进者。
- 需要使用哪些额外的房间。
- 餐饮的安排。
- 健康和安全的考虑——是否需要移动电气设备或者重物。
- 是否存在需要签署的批准文件。
- 活动期间，区域内原本的工作受影响的程度，及相应的应对安排。
- 任何所需的培训。

活动本身

如下是典型的闪电改善行动的过程。

- 第一天：讲解活动的目的、范围和背景——为什么此活动重要，活动使用的方法，基本的精益培训（价值流图、浪费意识、鱼骨图等工具），如果有必要还可以练习工作观察及时间分析。
- 第二天：到指定区域观察，画出工艺路线，测量各基本操作活动的时间和团队成员讨论过程，如果是服务领域还可以包括顾客。很多办公室的周期作业时间较长，因此可能无法对所有的活动进行观察和计时，因此可以用"贴标签"或者"抽样"的方法。如果有可能，观察多个周期。开始生成改善意见。
- 第三天：形成改善意见，围绕各种图进行讨论，制订实施计划，开始实施。
- 第四天：主要的实施日。尝试并调整。与办公室人员和其他班次的员工进行讨论。开始在书写板上准备第五天的陈述。检查或者估计测量指标的值。

- 第五天：最终的检查和调整。将新的流程形成文件。列出需要跟踪的行动清单。准备一份 A3 总结报告。完成书写板上的陈述准备。向区域经理和高级管理人员汇报。就下一步行动达成统一意见。享用免费的自助餐。

活动之后

- 关闭未完成的行动。在活动的最后一天需要确定或者协调"模拟改善"的负责人。活动的倡导者或者直线经理必须进行跟踪。至少在一个服务性的组织中我们看到过，因为未完成的项目越来越多，无法关闭，从而使人们失去了对改善活动的信任。
- 在随后的（比如）6个月中，每个月召开（比如）一次的回顾会议。这样的会议可以很短，它的目的是检查该区域的连续绩效，记录所学习到的经验也非常重要。用另外的话说，就是"行动后回顾"。

另外的方法

某些组织，类似杜卡迪摩托车公司，更喜欢将改善活动分布在几周内完成。这个方法并非"闪电改善"类型，而是传统推进项目的快速版本。这种类型允许在两个步骤之间有充分的准备时间，也可以减少对正常生产的干扰。其形式如下：

- 第一周：集中团队，分析数据。
- 第二周：产生建议，选出要在改善周实施的建议。制订实施计划。
- 第三周：改善周。真正的实施。
- 第四周：检查，细化。

每周都不是全部用于改善。在第三周，真正的实施与正常工作同时进行，不过也可能会在夜间或者周末开展。

12.5.4 最近几年获得的改善经验

- 研讨会自身相对比较容易。困难而耗时的部分是准备和跟踪。大体的时间分配是 40% 用于准备、30% 用于研讨会、30% 用于跟踪。
- 经理人员的参与对于活动的成功至关重要。如果他们不参与就不会热心支持，甚至还会提出批评。他们的参与还有助于克服寻求授权的问题。
- 所在区域的主管或者班组长的参与也事关成败。
- 此外，主管人员应该事先参与 1～2 次其他区域的改善活动。设想一下，如果一个团队来到你的区域，用一周时间提升了 40% 的生产率，你会有什么感觉？不太好——你或许会说在改善活动中取得的成就并非如报告所说的那么好。理想的情况是，如果轮到主管人员在自己的区域开展改善活动，他应该是最热心的参与者——因为他已经在其他地方经历过此类活动。
- 改善活动应该由 LPO 或者类似的组织协调，并与更高层级的精益推进项目取得一致，如价值流分析。
- 所有的参与人员都应该清楚地了解，本次改善活动是如何对总体的精益愿景或者目标做出贡献的。
- 出色促进者的作用是无价的。识别浪费和机会的能力会慢慢形成。利用这样的机会也可将他们的技能传授给团队成员。
- 闪电改善行动在具有支持性文化的公司中发挥更好的作用。参见上述对于亨利·福特的引言。不要将期望设置得太高。少承诺，多兑现。
- 可持续性依然是个大问题。

12.5.5 记录经验——"知识管理"

从改善活动中可以得到很多有用的经验，它们大小不一。需要将它们记录下来以便可以用于组织的其他地方。将它们记录下来似乎是一种"累赘"，但是，如果不这样做，取得的经验就会丢失。很多组织已经建立了可以通过内部网查询的数据库。记住，理想的"知识管理"应该既包括明确的（事实的、确定的）又包括隐晦的（经验的、概念性的）信息。至少，建立的数据库应该包括：

- 事件的名字。
- 关键词。
- 参加人员。

能够将参加类似活动人员的名字告诉他人是最有价值的方面。因此，数据库应该包括简短的备注、照片、价值流图、草图，甚至语音记录。

最后，我们也识别出了一些较好的和不好的做法。

好的做法

- 对于所研究区域的环境有一个系统的了解。
- 它是高级管理人员领导力和设定战略方向的证据，员工可以查询，是对成功的一种认可。
- 将活动与员工的某些利益关联起来——例如节省出咖啡间的面积、改善的夹具。
- 在接下来的几个月中开展简短的月度跟踪会议。
- 聚焦于顾客和利益相关方。
- 员工参与。
- 人员培训和开发，利用在员工标准方面的投资。
- 每个相关人员的积极和热心参与。
- 管理人员一旦参与其中，路障就会迅速移除。
- 活动中的相关人员都准备"捋起袖子"——这对于办公室人员具有强烈的影响。
- 外部帮助对于活动是非常宝贵的，直到逐渐建立改善的体制和文化为止。
- 让活动跨过边界——在所有的步骤，端到端地开展：面对顾客的人员、办公室职员、管理人员、运营生产、分销、维修保养。
- 精益意识会在组织的某些部分产生培训需求。
- 从失败中学习。有些活动会失败——进行仔细的回顾，寻找答案。
- 指标的测量和反馈非常重要。

不好的做法以及注意事项

- 缺乏对关键成功因素的识别。
- 某些经理人员和员工对质量和持续改善的概念缺乏了解。

- 持续改善活动的整合不足。
- 当错误发生时,"指责文化"的存在会阻止创新。
- 没有用财务指标来反映取得的收益,收益没有达到基线。
- 需要用改善活动来提升关键业务指标,而不是其他希望的领域。
- 没有跟踪到底——没能及时关闭行动计划。
- 缺乏对非参加人员的可视性——改善活动期间及其后,在车间现场使用视觉显示屏/故事板,让任何人都获悉进展信息。
- 积累学到的经验并用于其他需要开展改善活动的区域。
- 需要在内部建立相关能力,不要每次都依赖外部的培训师和咨询师。
- 确保所选择的、需要完成的行动都与活动章程直接相关。
- 对"速效对策"(quick fix)和救火的依赖。

延伸阅读

Nicola Bateman, *Sustainability.... A Guide to Process Improvement*, Lean Enterprise Research Centre, Cardiff University and Industry Forum, 2001

Sid Joynson and Andrew Forrester, *Sid's Heroes: 30% Improvement in Productivity in 2 Days*, BBC, London, 1996

Anthony C Laraia, Patricia Moody, and Robert Hall, *The Kaizen Blitz: Accelerating Breakthroughs in Productivity and Performance,* John Wiley and Sons, New York, 1999

Robert Hall, 'Ducati: The Lean Racing Machine', *Target*, Fourth Issue 2007

Siobhan Geary, MSc dissertation on Kaizen Blitz, LERC, Cardiff, 2006

Thanks also to Andy Brophy of Hewlett Packard.

Thanks to Bjarne Olsen of SAS who really brought home the importance of involving the customer.

The best magazine / journal on 'kaizen blitz' is *Target: The Periodical of the Association for Manufacturing Excellence.*

12.6 混乱管理

宾夕法尼亚大学沃顿商学院的名誉退休教授罗素·艾可夫对于问题解决的分类非常有借鉴价值,它对于持续改善意义重大。他指出了三个层级。

(1)**"决定"问题**:这种方法依赖于过去的经验。召开会议,基于定性的观念来讨论问题。艾可夫说这是目前最为常用的方法,尽管这种方法对真正混乱的问题比较合适,但一般情况下却不起作用。更好的是:

(2)**"解决"问题**:这种方法基于科学。它使用定量方法:Gemba、PDCA、六西格玛。在可以使用的情况下它更胜一筹。通常,将问题分解为几个部分，先采用科学方法来处理，剩下的使用"决定"的方法。使用伊奥博瑞和桑特的方法也不错。①对于不可控以及存在少量不确定性的地方，建立游戏规则。②对于可控而不确定的变量，收集事实，分析数据，建立情境。③建立可选方案。④做出适当的决定。这样的循环可能花费数秒（如驾驶的时候）或者数月（如制定战略决策时）时间。不过，艾可夫说，更好的方法是：

（3）**"化解"问题**：改变问题的本质。使用系统的观点。替代制订复杂计划来应对变化而不确定的需求的是，在最开始就对需求的变异施加积极的影响。

因此，停下来思考一下。你是在决定问题，还是在解决问题，还是在化解问题呢？

12.7 A3 问题解决法和报告

A3 方法最近在精益组织中的流行程度飞速增长，这是合理的现象。

A3 指代一种标准的纸张幅面规格——大小就是两张 A4 纸并排放在一起。据说它是可以方便地用传真发送的最大幅面的纸张。

A3 是：

- 整合在 PDCA 循环中的标准的问题解决方法。
- 一种标准的报告格式。它不是依赖于作者一时兴致而确定的各种格式的多页报告，它强制作者保持精炼。回忆萧伯纳（George Bernard Shaw）的引文"抱歉给你发送这封长信——我没有时间来写一份短信"。对于读者而言，A3 的另一个优点是他或者她可以知道在哪里获得重要的信息。因此，不是给我一份报告，而是给我一份 A3。
- 一种标准的文件化方法，一种容易归档的方法。

A3 实际上是一组报告格式——用于计划、制定预算、沟通和问题解决。我们这里讨论的仅仅是一般性的问题解决类报告。

A3 的通用格式是将现状和分析放在左手侧，而将未来状态和实施计划放在右手侧。通常，底部的空间用于签署——阅读并同意该分析的人的签字。

图 12-4 是一个例子。

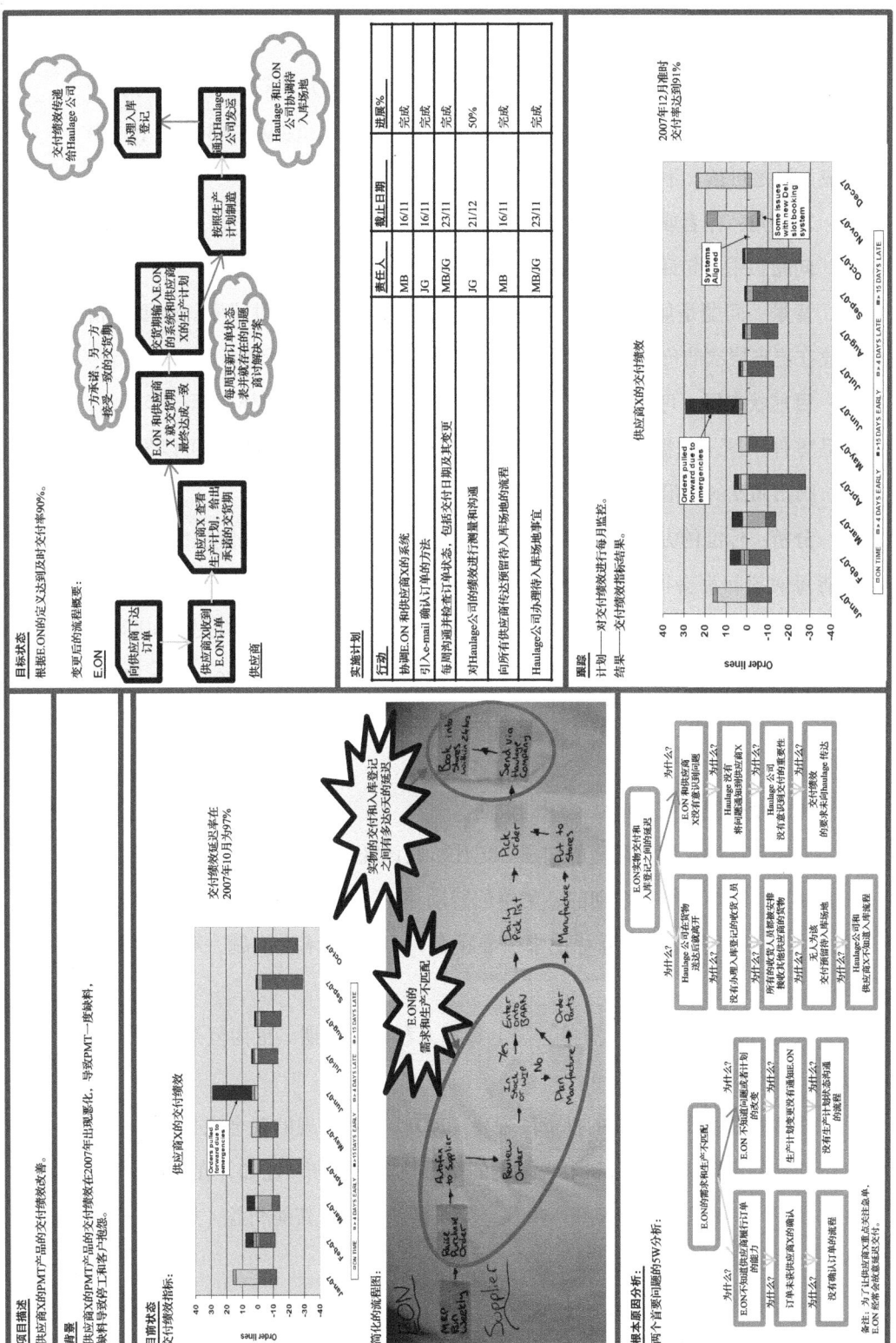

图 12-4 A3 报告示例

在标准的布局中，左手侧是检查和计划，右手侧是执行、行动和再次的检查。在后续的章节中，A3格式的各标题会一一解释。注意，A3报告上的书写应该清楚可读，不要用显微镜才能看清。

左上角：作者或者团队，日期和版本号。

问题：用一句话陈述问题。

背景：问题是如何发生的？它通常可以给解决方案提供线索。也要将情境放在更高层次的价值流中来看待。简短陈述历史，最多两句话。

目前状态图：可有多种形式：流程图，可以带上改善爆炸图标；卡通画；产品零件草图。数据表（不过要注意）要尽量让现状生动有趣。可以发明图标，画出满意的和沮丧的顾客。

分析：标准的方法是使用五次为什么或者鱼骨图。当使用五次为什么时，可能每次提问都会得到多个答案，在最可能的原因上用圆圈来表示优先级。类似地，在鱼骨图中也圈出最可能的原因。有时运行图也非常有用。实际上，经典的7大质量工具都可以用在这里。传统的3C方法（问题，concern；原因，cause；对策，countermeasure）的前两个需要在这里加以说明，对策在右侧说明。

未来状态图：同目前状态图的说明。

对策和改善：使用简短的句子。记住，应该既有短期方案，也有长期（永久）方案。改善可能是短期的、集中的行动——"局部改善"。用动词加名词的结构来表示行动，"树立标记来引导顾客"。对于技术性问题，可以加上简单的草图。

实施计划：就是行动清单，加上负责人和截止日期。更为复杂的情形可以画一个网络图来指示顺序。

成本收益：不是复杂的投资回报率（ROI）或者折现的现金流分析，只是一个简单的实际现金支出和未来短期的货币性收益分析（比如，在12个月内1000英镑）。不是每个改善都产生现金流，因此要包括其他利益，如工作生活质量，更加满意的顾客等。

检验和确认：在实施了对策之后，新的方案应该按照期望产生各种结果。

描述它们，这样就可以在以后进行确认。它应该和成本收益相关联。

跟踪：可能会引发更广层面的问题。一句话或者两句话就可以。

签字：与该问题相关的各直线经理应该在阅读A3后在报告的底部签字。当然，他们可以加上注解并进行讨论。

A3可以用于不同的层级。它们可以用于：

- 日常的问题解决——局部改善。
- 作为流程图的补充。
- 作为改善活动的工具和记录。某公司将A3改善活动报告张贴在活动现场的墙上，统一保持一年时间。
- 作为政策部署的补充。
- 作为评估新员工的测试题。

12.8　沟通板

几乎在所有的精益转型情况下，沟通板都是改善的主要设施，如图12-5所示。它直接和精益的理念相联系，因为它是以下各项工作的手段：

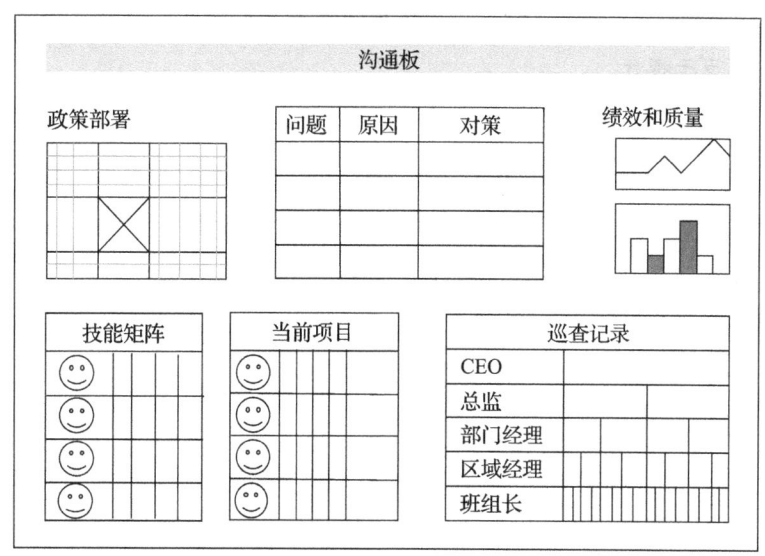

图12-5　沟通板结构

- 沟通目标，确保一致。
- 暴露和解决问题。
- 减少浪费。
- 团队工作。

沟通板已经成为沟通、回顾和解决问题的焦点。每天早上都有围绕沟通板开展的晨会。沟通是双向的——从团队领导到团队，以及团队到团队领导。会议应该少于 15 分钟——通常是 10 分钟或者更短。

在沟通板上显示的图表可能包括：

- 政策部署矩阵。这里显示了该区域的目标、项目、指标和结果。它也可以显示该区域的活动如何与更广范围的组织目标和项目相关联。
- 问题、原因、对策图（3C 图）。任何问题都需要提出来并记录下来，以及每日会议中讨论的未完成的问题。每个问题的每个阶段都应该标出日期。类似于 A3 的标准方法可用于沟通板，来显示总体状态。和问题相关的 A3 应该置于旁边。
- 绩效图。与生产率指标相联系，比如产出率。它们是发现问题的重要途径，而不是指责和竞争的手段。
- 质量图表。跟踪问题发生的区域，抱怨和差错等。也是改善的手段，不用于指责。
- 管理层审查。用于记录希望不同层级的管理人员按照适当的频率巡查生产现场次数的地方——比如，CEO 一年一次，总监一个季度一次，部门经理每月一次，区域经理每周一次，班组长每天一次。在巡查结束以后，每个人都将用来计数的磁铁块从红色面翻转到绿色面。重置日期（绿色变成红色）要规定出来。将巡查生产线过程中需要从事的活动在沟通板旁边的书写板上展示出来。
- TPM 和 OEE 图（参见相关章节）。
- 进展图。通常和日常的生产计划的进展相关联。
- 技能矩阵图。显示技能发展的不同阶段。如学徒，可以在指导下工作；指导，可以单独工作。列出所有技能。它通常以 PDCA 中使用的带颜色的四象限图标来表示取得的技能水平。技能矩阵不仅仅是工厂的事情，它在很多专业环境中都有用途，从讲师到工程师再到会计。

- 任务分配图。谁正忙于哪一个项目。
- 请假记录。
- 一般性的公司通知。

每张图表都应该指定人员负责维护和更新。而且需要在指定的时间，在每日会议之前完成。而且，沟通板应该用于全部团队。

不要忘记简单的琐事，比如系在绳子上的白板笔！

The Lean Toolbox | 第 13 章

变革管理

13.1 精益中的人员和变革

戴明说过大部分问题都源于过程而非人员（因此，不要首先就责怪人员），前后信息需要保持一致，需要"驱除恐惧"，将阻止改善和有碍"工作自豪感"的顾虑消除。如何在由机器和人共同构成的系统中成功实施变革——这一挑战在今天依然存在。通常，改变布局、移动机器、重新设计物料流动都是容易的，而改变流程的管理人员却绝非易事。制造以及类似的服务业是"社会—技术系统"，其中人和设备协调工作才能产生预期的结果。在实施变革时，让"社会系统"协调均衡是一种挑战。本章介绍成功实施变革的几种模型。

13.2 什么是"社会系统"

首先最重要的是，要承认生产和服务作业都是由相互作用的人、技术和机器组成的"社会—技术系统"。仅仅对其中的一个方面进行改变意味着变革努力的失败。为什么呢？因为任何物理系统的改变都会在一定程度上改变人，而没有按照新的方法来工作的人也可能像机器一样成为瓶颈。因此实施变革就意味着用各种方式改变社会系统，整个过程都需要处于控制之中。

组成社会系统的关键特点是以下几点。

工作组织：团队结构、班次类型、层级结构等。用另外的话说，现有工作的组织结构是什么？人员是怎么组织到一起的，谁是谁的下级？

责任：报告关系、变革的范围。这里的主要问题是，过程责任要在多大程度上下放到团队层级。给予实际团队成员更多改善过程的责任的做法行之有效，同时，你也要谨记，这样做意味着团队负责人和主管人员的真正责任被削弱，他们可能将放权看作是对他们的降职。

绩效指标：是如何奖励人员的？有什么样的激励？升职的基本依据是什么？等等。这是关键的问题："测量什么就得到什么！"人们总是希望在他们被衡量的绩效指标方面看起来表现出众，以便获得奖励和提升，因此要确保采用的绩效指标支持总体策略！使用政策部署或者平衡计分卡将测量指标分解到组织的各个基层。

重要的是，你需要意识到，实现上述的任何改变都意味着改变具体人员的工作范围和方法，如果没有很好的管理这个过程，受到影响的个人可能就会反对，有时甚至会暗中破坏改革计划。

记住，变革的有效性（E）等于变革的质量（Q）乘以人们对变革的接受程度（A）：即 $E = Q \times A$。仅仅在质量或者接受程度中的其中一个方面做得好还不行，两个因素需要相互配合。

还有一点非常重要，类似于工资之类的外在激励因素会随着时间的推移失去其效用，内在的激励，自我驱动持续时间更长，不过需要在正确的氛围中来培育。

彼得·圣吉的系统定律

要真正了解系统，你不仅需要了解实体或物体，你还要了解其背景——就像是音乐中的音调。来自麻省理工学院的系统思想家彼得·圣吉（Peter Senge）整理并提出了10条系统定律，它们不仅可以帮助了解系统，对于避免实施过程中的误区也大有帮助。它们是：

- **今天的问题来自昨天的解决方案**。这可以看作是"按下葫芦浮起瓢"的重复。处理一个源自往日行为的问题,另一个问题就会出现。这是简化而非全局思考的最根本问题。在精益中,运用新的目标来解决问题往往会导致意想不到的行为方式。

- **你对系统施加多大的推力,它就会对你施加多大的阻力**。或者说,系统会"反咬一口"。大部分的系统都处于自然的平衡状态。当一个因素变化以后,其他因素就会加以弥补。因此,猎食者消失以后野生动物就会大量繁殖,然后,种群总数量又会由于食物的匮乏而再次趋于稳定。这样的情形也出现在组织中。圣吉称之为"补偿性反馈"。

- **行为模式在向错误的方向发展之前,看起来是向好的方向发展**。上一条中的举例也说明了这一点。管理层常常被短期的结果所蒙骗,为什么?因为不了解整个系统。

- **轻松解决的问题,往往很快又会重现**。组织中存在很多解决问题的短平快的方法——它们都不是正确的方法!根据 Juhani 定律,折中妥协的方案比任何因妥协而没有采取的方案效果都要差。

- **不当治疗可能比疾病本身引起的伤害更大**。援助可以造成依赖性——问问非洲!

- **快就是慢**。这可能是最重要的精益推进规则!花时间取得支持。政策部署的精髓在这里应该也适用。

- **原因和结果在时间和空间上的相关性不紧密**。如果办公室中有问题,那么解决方案也在办公室吗?很可能不是这样。

- **微小的改变可能会产生巨大的影响——不过,可以"四两拨千斤"的地方往往最不明显**。这则定律讲的是"杠杆作用"。格拉德威尔(Malcolm Gladwell)在《临界点》(*The Tipping Point*)一书中谈到组织中的"专家",他们可能看起来地位不显,不过却有着很大的影响力。找到他们!类似地,时机也特别关键。高德拉特的"冲突解决图"可能有助于发现这些有影响力的关键之处。

- **你可以拥有你的蛋糕,你也可以享用它——不过不要一次吃完**。精益的核心之一是你可以获得短的提前时间、高质量和低成本,不过要花时间才能达成它们。TRIZ 认为，发现矛盾是创新的起点。它寻求"与"而不是"或"方案。

- **将大象分为两块并不会产生两头小象**。再次警惕简化主义！
- **不要对人横加指责**。圣吉的这个观点和戴明的类似，都要优先考虑系统而不是人的因素。柯维也说，"要么双赢，要么走开"——寻找双方都可以获胜的方法。

延伸阅读

Peter Senge, *The Fifth Discipline* (revised edition), Randon House, 2006

William Dettner, *Goldratt's Theory of Constraints*, ASQ Press, 1997

Malcolm Gladwell, *The Tipping Point*, Abacus, 2000

13.3 变革管理的模型

13.3.1 基础

关于如何成功实施变革存在多种模型。在最基本的层面，有"解冻、变革、重新冻结"模型。这里的重点在于说明任何变革都有以下阶段：

（1）**解冻**。此时，建立一种允许对变革提建议和讨论的情境。在这个步骤中要明确沟通即将在组织中实施的变革的目的。

（2）**变革**。这个步骤是变革的真正实施。再次说明，明确沟通正在发生的事情以及项目的进展状态非常关键。

（3）**重新冻结**。此时，将现状进行"冻结"，建立新的流程。在每一个阶段之后都要有一个稳定期，以获得稳定状态。在 PDCA 循环中，称之为"保持收益"。在变革项目结尾的"稳定过程"事关成败，它的作用是在开始新一轮变革之前建立"行事"的新方法。不过，在如今的动态环境中，"保持凝胶态"可能是更为合适的概述。

考虑"态度"和"行为"之间的差别。你可以通过设定适当的激励措施在 10 秒钟内改变行为——不过改变态度则要长得多的时间。因此，坚定地按照新的方式做事非常关键。记住克莱斯勒在 20 世纪 90 年代的经历：当它们在工厂中引进日本制造技术时，安灯就是很多举措中一个，即允许操作工人在生产线出现问题时拉下安灯绳来停线。在安灯系统安装以后的4个月时间内，安灯绳一次都没有用过，不是因为生产线没有出现过问题，原因是操作工人不敢让生产线停止，因为在实施变革之前，停线是要受到处罚的违规行为！

另外，还要测量变革前后过程的绩效水平，以便用事实来证明新的方法更好。在很多情况下，恢复原状的诱惑力一直存在，用事实来显现变革的效果可以防治"回潮"现象。

另外，每一个成功的管理变革项目都具有"4C"，具体如下。

（1）**承诺**（commitment）：来自最高管理层的认同和支持是一个强烈的信号，表示变革的努力是严肃而持续的。

（2）**沟通**（communication）：变革常被视为是一种威胁，因此明确而频繁的沟通是尽可能多地驱散不确定性的关键。

（3）**共建**（co-production）：即员工的参与。受到变革影响的人需要对新的过程有主人翁意识，否则，恢复原状的可能性会非常大。

（4）**连贯**（consistency）：或者"坚持"。人们需要知道，变革不是稍纵即逝的一时冲动，变革是组织深思熟虑的严肃之举。

它们需要始终存在——尽管它们看起来是基本的，如果能够一直坚持这4个简单的理念，你基本上就成功了一半！

其他可能有用的变革模型还有，比如，哈钦（Hutchin）的五步法（他称之为变革之轮的约束管理），即就需求达成共同意见、就变革的方向达成共同意见、就方案的效果达成共同意见，克服所有的保守意见，实施变革。

勒温（Kurt Lewin）在20世纪30年代提出的力场分析是变革管理的另一个简单而有效的工具。在白板上画出一条垂直线，罗列并解释各种因素对变革的影响力，对变革的阻力展开讨论。在每个层级都展开此类的讨论，真诚地倾听。这种方法也体现了谦恭和尊敬。

13.3.2 变革冰山

多位学者，如彼得·肖特思（1998），凯克·博特（2003），鲍勃·埃米利亚尼（2007）以及彼得·哈恩斯（2008）等人使用冰山的比喻来解释精益（和六西格玛）变革，如图13-1所示。在水面之上是可见的工具、布局和流程等，以及正式的角色、责任、计划和标准。而在水面之下则是难以察觉的行为和领导方式、战略。肖特思提出，具有自身风格、价值观和沟通关系（通常是历史的遗留）的非正式组织在很大程度上决定了个体人员的经验或者"文化"。

彼得·哈恩斯认为，"水平面之下"最重要的部分是政策和指标的协调一致，需要通过政策部署来实

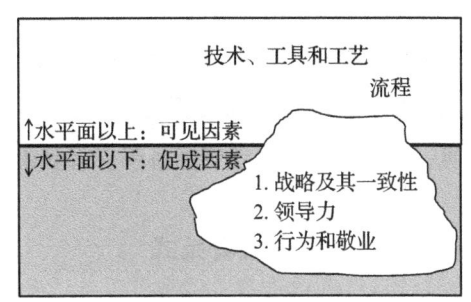

图 13-1　变革冰山

现（参见第 5 章）。政策部署流程中的相互咨询和获得认可有助于沟通和协调。当然，政策部署也依赖于业已存在的适当的政策。

13.3.3　价值流图是变革的催化剂

在《学会观察》中，罗瑟和舒克讨论了作为价值流图和精益转型三重奏的目前状态、未来状态和行动计划。这三者也是变革管理项目的基础。

目前状态：必须识别出变革的必要性，即那些"为什么"，包括将现在的绩效做标杆对比分析，并识别差距。未来的发展更为重要。沃麦克和琼斯指出，如果有必要，你应该"制造危机"——如果对环境做了足够的观察，你肯定能够发现真正的威胁。然后必须将变革的必要性做充分的沟通。不仅仅是沟通，而且还要进行细致的解释和讨论。

未来状态：需要对向何处前进做出解释，即愿景，需要变革什么，圣经说过，没有愿景人类就会灭亡。宏伟的愿景会让所有的人齐心协力。"在这个年代结束之前，把人送到月球并安全返回地球"，这是美国前总统肯尼迪（John Kennedy）说过的愿景。在此愿景的感召之下，即使厕所清洁人员都认为他的工作是帮助人类到达月球。另一方面，请回顾一下《爱丽丝梦游仙境》的场景，爱丽丝说："请你告诉我，我应该从哪条路离开这里好吗？""这取决于你想去哪儿？"那只猫答道。"我不在意要到哪儿。"爱丽丝回答。"那么你走哪条路都不要紧。"那只猫说。

行动计划：必须就计划达成一致，即"如何"和"何时"。柯维总结的

成功人士七个习惯中的一个习惯在此必不可少：寻求"双赢"。你必须也能够寻找到让大家都赢的方法——拒绝"没有其他方法"（there is no alternative，TINA），拥抱"还有很多更好的方法"（there exist many better alternatives，TEMBA）。变革的需要无法改变，不过要为"如何"实施寻求双赢方法。可见，变革过程与方针管理过程有诸多相似之处。

13.3.4　世界观或者范式

彼得·切克兰德（Peter Checkland）提醒我们，世界观（Weltanschauung）在变革过程中的力量。巴克尔（Joel Barker）代之以范式，范式是人们对于什么起作用什么不起作用的看法。它们在人的一生中逐渐形成，受经验和背景的影响，是形成观点的基础。它们是透镜，我们对世界的认识都通过它们。我们每个人都有自己的世界观。有些人认为乔治·布什很伟大，有些人却并不认同。有些人也认为精益很伟大，而有些人也不同意。为什么他们有如此强烈的观点？原因就是他们的背景不同。改变他们的观点需要很长时间。因此，当新的经理人员进入组织的时候，应该设想他们带有成见。不要假设他们将了解精益或者相信精益，如果这样做，可能经年形成的良好的精益转型工作会毁于一旦。回顾一下知名的精益公司线模公司（Wiremold）的故事，据说它们曾经拥有高度发展的精益思想，然而，根据将原先的成功故事编纂成书的鲍勃·埃米利亚尼介绍，该公司现在已经转变回"批量和等待"模式。不过也要记住罗森茨维格的著作《月晕效应》（*The Halo Effect*）。他问道"文化驱动绩效"还是"绩效驱动文化"？我们经常认为是前者，错！当绩效下滑，文化也会随之退步。

13.3.5　学习和精益

传统的学习曲线对于简单的任务和新增的知识确实适用。不过，肖特思观察到一种"虚假学习曲线"。一般的 S 形学习曲线假设开始时学习速度相对缓慢，最后学习速度会稳定在一定的水平并维持下去。肖特思说，在认识到精益比最初设想的要复杂得多以后，真正的学习才刚刚开始。这或许可以解释为什么有这么多的变革项目以失败告终，因为要意识到"我们知道的并不多"(即谦虚)可能需要 1~5 年的时间。这一比预期要长的时间跨度也被 Koenigsaeker 观察到了。在实际上进展已经发生却不可见的时候,经理们往往太早打起投降的白旗。这在经理人员频繁流动或者以短期结果为导向时更为严重。从这个意义上说,缺乏可持续性的主要原因是经理人员的放弃。

多位作者提出学习需要经历四个阶段。

(1)**无意识的能力不足**:既不理解也不知道如何去做事,或者没有认识到不足。

(2)**有意识的能力不足**:尽管不理解也不知道如何去做事,不过认识到不足,只是没有重视它。

(3)**有意识的能力充足**:理解并知道如何去做事,只是展示该技能或者知识需要很大的努力。

(4)**无意识的能力充足**:经过充分的练习,能力已经成为"第二天性",可以轻松展示并教导他人。

每个阶段都有其特定的问题。在第一个阶段,你不知道你不知道什么,无知是福。实际上,很多组织都有意或者无意地让员工处于这一阶段,不让员工了解精益,或者声称精益在它们那里不适用。在第二个阶段,在意识到以后,这种意识或许会自行消失或者被放弃。在第三阶段,傲慢可能是个问题。在最后一个阶段,可能人们会错误地假设大部分员工已经经历了相同的长期历练,现在正在分享心得;或者回顾的时候忘记了最困难的部分,因而假设其他人都可以很快学会精益。

13.3.6 对精益的提醒

理查德·塞勒和卡斯·桑斯坦在 2008 年发表的著作《提醒》(*Nudge*)引起人们对于精益的极大兴趣。它提出"行为经济学"的概念,即用积极而温和的方式影响人,让他们采纳既利于自己又利于社会的行为。不过提醒也适用于精益实施,尽管书中并未提及这一点。正如塞勒和桑斯坦提出的,很多生活中的或好或坏的行为源于习惯或者下意识,而不是精心的选择。因此,"文化"源自"这里做事的方式",而它又源自习惯或者下意识,而不是精心的选择。塞勒和桑斯坦指出,经济人假设(我们总是在权衡利弊和考虑各种可能性的基础上做出理性决定）有很大的瑕疵。实际上，我们中的大部分人，包括那些有定量分析背景的人，经常走最方便的捷径。通常也没有足够的时间来寻求并权衡各种方案，更不用说技能了。赫伯特·西蒙多年以前也说过相同的话，他说大部分的人都是"自我满足者"（什么都很好啊），而非"寻求最佳者"。这可能是，比如，MRP为什么没有足够好的重要原因——因为大都选用默认值，这样就变成计算机而不是计划人员在运行公司。在精益中，很多都是反直觉的，很多人做的都是"显然"的事情，不过却是错的。比如，大批量和高库存是好事。在约束理论中，或者在复杂程度稍弱的精益排程中，存在很多相当复杂的计算，一旦情况变化就需要重新计算它们。因此，人们会从头到尾审视它们并做出最佳决定。对吗？错！他们往往是做出最容易做的合理的决定。因此，要"提醒"他们做出最容易做的更好的决定。

要提醒的地方包括：

- 老板定期出现在车间，总是不带评论地捡起地上的垃圾，总是访查瓶颈过程，总是阅读"A3"，每个月都花时间作为话务员到电话中心接听电话，等等。
- 总是将放置不正确的工具拿到经理办公室。在收集它们的时候不发表任何评论。
- 没有预留停车位，与员工共用茶水休息区。
- 除了受到限制的线边存储空间和库房空间，再没有其他放置库存的空间。
- 计划人员和设计人员必须穿行工厂才能到达自己的办公室。
- 在计算机排程系统中设定鼓励小批量生产的默认值。缺省值可以是允许的最大批量大小，该缺省值不会被机器修改。
- 将默认状态设定为设计人员是从标准零部件或者紧固件库中进行选择。
- 小批量配送的时间窗口多于大批量运送的时间窗口。
- 让日常改善行为成为期望或者规定。
- 在销售政策中默认设定为将折扣授予多次重复性常规订单，而非大额订单。超过一定数量的订单不能输入系统中（一个月的生产量？）。
- 将流动的长度显示在车间现场。

- 将当日不能发运的产出放置在一块标有"耻辱货架"字样的区域。不做任何解释。
- 操作员进行轮岗,并给予适当的、相应的多技能培训,将此作为人力资源部门的默认任务。
- 建立在如下领域中的常规定时作业的期望,例如,物料操作、拖车运行路线、定期需求产品生产计划、晨会、操作员带领访客参观等。
- 不使用叉车。不使用大型物料箱。
- 否决多用途机器。
- 像有的公司那样,使用"真丢脸"之类的短语来形容过量购买,过量的库存放置于采购部门。

13.3.7 变革项目的通病

严重影响所有变革项目的错误有很多。科特(John Kotter)提供的常见问题清单尽管不是很详尽,却非常有用,值得了解。

(1)**没有建立足够的紧迫感**。不佳的财务结果可以引起人们的注意,不过不要被选择的多样性所麻痹。启动精益转型项目需要获得很多个体的合作。没有激励人们就不会帮忙,努力也就可能会失败。

(2)**没有建立足够强大的支持同盟**。重大的变革项目需要最高层的支持,而支持本身还不够。在成功的转型中,主席或者CEO和少数的事业部经理,加上将要领导各自部门变革的中层管理人员,要一起制定共享的承诺,通过变革实现改善。

(3)**缺乏愿景**。指导同盟需要制定共享的愿景,它要易于沟通,反映所有的利益相关者、顾客、股东和员工的诉求。以未来的5年作为思考的时间跨度,并持续5年以上。

(4)**对愿景的沟通严重不足**。如果受到影响的成百上千员工不愿意帮忙,不愿意在必要时做出短期的牺牲,精益转型是不可能成功的。然而,没有人会做出牺牲,除非他们相信变革可能有益于他们。确保你的沟通可信并常规化,记住:再多的沟通也不为过!

(5)**没有移除通往新愿景途中的障碍物**。转型过程中常常会遇到中层管理人员或者员工无法移除的障碍。确保有向上的沟通,将通往新愿景途中的"大象"移除。

(6) **没有系统的规划并获取短期的胜利**。大型的转型需要时间,因此,为了不让势头减弱,确保你要设定一些短期目标,并庆祝它们的成功!人们需要在 12 个月中看到令人信服的变革证据,证明变革正在产生结果,否则他们会失去信心。

(7) **过早地宣布胜利**。在第一场"作战"胜利之后,会看到显现的成果,它会诱使人们宣布战争已经结束。不过要记住,改变行为数秒钟即可,而改变态度要数年时间。变革需要深深地沉淀到公司的文化中以便得以维持!

(8) **没有将变革固化成公司的文化**。当变革变成"我们这儿做事的方式"后就会持续。新的行为方式需要扎根于社会规范和共享价值中。有两种实现的方法,一是有意识地努力展示新的做事方式是如何提高绩效的,二是确保新一代最高管理人具有新的愿景。基于支持新方法的规范来有选择性地选拔人员!

特别地,对于精益转型而言,《学会观察》的共同作者迈克·罗瑟指出了精益实施中的 5 个误区。

(1) **将技术和目的相混淆**。本书也指出,精益不仅仅是工具。

(2) **期望通过培训来实现精益**。迈克说这是"纯粹的垃圾"。你需要变更系统。回忆戴明的 94/6 规则,94% 的问题源自系统,只有管理层才可以处理它们,6% 来自操作人员。变革不可能仅仅由底层发起。

(3) **在办公室中,通过计划、流程图和图表来领导**。迈克指出精益职能通过现场(Gemba)实现(他没有使用该词,却表达了这个意思)。

(4) **仅仅依赖于闪电改善专题讨论会**。这里的问题是没有宏观图景、局部优化以及可持续性。参阅第 12 章。

(5) **一遇失败就放弃,或者太早放弃**。正如希腊人左巴说:"没有第一次就正常运行的东西!"

在这 5 条以外,我们还可以增加一些自己归纳的问题清单。

(6) **管理层的承诺**。或许是老掉牙的陈词滥调,不过很难想象一个没有获得最高管理层的真正承诺和参与的成功精益转型。发送清晰的信号有助于推进转型——就像让最高管理团队申请他们自己的工作一样。

（7）**摘樱桃般随意选取项目**。在随意选择的区域中随意选择工具进行改善。这里是快速换型，那里是看板，到处是流程图，不过却没有跟进。通常这些紧跟上次的会议、订单而产生。

（8）**"我们不一样"的态度**。因此我们需要重新设计我们自己的系统。

（9）**"我们自己可以做"的观念**。丰田自己做了，不过是一些优秀人员花了 20 年才做出来的。大野耐一在 10 年中几乎没有取得任何进展！你能等吗？你是否相信你有合适的人，而且他们可以专攻 10 年？最终，你只能自己做，不过你需要指导。问题是大部分的精益咨询师在他们的圈子之外都只有很低的知名度。即使是前丰田的人员在他们不熟悉的环境中也难有作为。

（10）**没有想到"80% 比 100% 更多"**。意思是只有 80% 正确而为所有人接受的一组决定将比由专家制订的 100% 正确的方案要好。

（11）**缺乏全职促进团队**。大部分公司都需要一个精益促进办公室来维持前进的势头。

延伸阅读

Peter Scholtes, *The Leaders Handbook,* McGraw Hill, 1998

Peter Checkland, *Systems Thinking, Systems Practice*, Wiley, 1973

Mike Rother, Crossroads: Which Way Will You Turn on the Road to Lean?, Chapter 14, of Jeff Liker (ed) *Becoming Lean*, Productivity, 1998

John Kotter, Leading Change. *Harvard Business Review*, 2007, Vol. 85 Issue 1, p. 96-10 (a reprinted version of: John Kotter, Leading Change: Why Transformation Efforts Fail. *Harvard Business Review*, 1995, Vol. 73 Issue 2, p59-67)

Peter Hines, Pauline Found, Gary Griffiths, Richard Harrison, *Staying Lean*, Lean Enterprise Research Centre, 2008

Bob Emiliani, *Real Lean*, Volumes 1 and 2, Center for Lean Business Management, 2007

Richard Thaler and Cas Sunstein, *Nudge*, Yale University Press, 2008

13.4 打造精益文化

文化一词非常伟大，也常常为人误用！肖特思将组织文化描述为一般员工的日常体验。文化正成为最大的托词，来解释为什么精益没有起到它应该起到的作用。"问题出在文化上。"《丰田文化》(*Toyota Culture*) 确实已经面世出版。首先，让我们支持肖特思关于该词的怀疑，并按照他的建议，用"当前行为"取代"文化"一词。让我们看看文化和当前行为的一些特点。

- 文化是某种日常生活中学习到的东西，它不是通过脱产到公司以外上课或者阅读书本获得的。"按照新的思考方式来行动"，而不是"就新的行为方式进行思考"。

- 你是否听说过成功的体育团队有文化问题？几乎没有。为什么？因为作为一个整体的团队以及所有个人都确切地知道他们的目标，以及如何去达成目标的细节。这是教练的责任。

- 不容许以文化作为借口。取而代之，使用"五次为什么"。如果出现了问题就把文化作为原因，则解决问题就无法继续下去。这不是否认文化问题的存在，而是要探询导致该文化问题的原因。

- 心理学家迪瓦恩（Frank Devine）谈到"内在承诺者、试探底线者和观望者"。管理层必须首先厘清不可协商项——安全、出勤、质量、准时、发展等。对有些具有"内在承诺"的人你不用担心，不过那些试探底线者会打擦边球来试探管理层是否言行一致。观望者则观察管理人员对于试探底线者的反应。如果经理人员让步，哪怕是一点点，进步就会开始螺旋式下降。

这些特点可以用一个词来归纳——管理。不必是最高层管理，也包括一线的、面对面的日常管理。记住"车间现场就是管理的镜子"。它对文化问题也适用。如果你称别人为"花岗石脑袋"，可能它就是你自己的反映。

在《月晕效应》一书中，菲尔·罗森茨维格说，人们常常假设文化导致成功与绩效，而研究并不支持此假设。反之则是正确的，绩效驱动文化。在成功的时候，人们倾向于将之归因于变革、鼎力支持、团队合作、完善管理、未来主义组织架构，以及掌舵的英雄。然而，相同的人相同的公司相同的经理人员在因为市场变化而导致绩效下滑时则会进行负面的报告。相同的经理人员会被说成缺乏愿景、不思进取、傲慢自大。类似地，大家倾向于将成功或者失败归功于一件事（比如文化或者领导力）而实际上起作用的因素肯定有多个。

因此，罗森茨维格对诸如《从优秀到卓越》(*Good to Great*)、《基业长青》(*Built to Last*)、《追求卓越》(*In Search of Excellence*)等大作持反对意见，并警告书中总结的经验可能只是幻觉。

罗森茨维格提醒大家注意的其他幻觉包括《串起制胜之点》(*Connecting

the Winning Dots），书中总结了成功人士的性格，然而，有多少失败者也同样有那些性格特点？"永恒的原则"常常经不住时间的检验。成功的故事一般也难以用于预测未来的绩效。因此，作者认为，我们应该多研究失败，少研究成功。多向成功的精益公司的经理人员询问他们的失败案例。

既然这样，哪些可能是真正决定成功的性格特征呢？

尽管精益转型常常伴随革命性变化，文化变革却是演进的，它一天天地发展。因为有些经理人员会不可避免地离开公司，要持续地对未来的经理人员进行态度上的辅导，并持续地与他们互动。有人说，没有比这更重要的任务了。

因此，什么造就了"精益"文化呢？基本上每个人，从CEO到初级职员，都具有两个和学习有关的性格特征：谦虚和尊敬。

谦虚。你对精益了解得越多，你就越会意识到自己知道的是多么有限。丹尼尔·琼斯用"剥洋葱皮"来形容发现浪费——学习真正的精益也是如此。经理人员声称"无所不知"或者"我们在1990年就试过"是即将来临的失败的确切信号。尽管库存周转出色，造访戴尔在爱尔兰工厂的访问者无不为他们的经理人员的谦虚（我们还有很多东西要学习）以及他们愿意向他人（不管是谁）学习的意愿所打动。柯维说真诚倾听是高效能人士的7个习惯中最重要的。

尊敬。专家是真正接近工作的人。尊敬的意义远不止此。它指的是视员工为一个家庭。和谐的家庭淡化管理阶层，积极倾听，并真正地感兴趣。父母努力发展和鼓励他们的孩子，让他们的天分尽情发挥。同时它也期望贡献。父母知道，孩子拥有他们不曾拥有的新技能。在组织中，不真诚的尊敬很快就会被发现。

尊敬也和避免时间浪费有关。如果你让员工或者顾客等你，就相当于在对他们说"你的时间没有我的时间重要"。如果你允许工人使用机器生产不合格品，你实际上是在说"你的工作实际上就值这些"。

一位心理学家曾经对一位作者说过，作为经验法则，每个人都有5项未被认知的相关技能，在这些技能方面他比老板更胜一筹。这些技能可能是沟通、幽默、绘画、创造力、集中精力、坚持、精确、节奏或者其他什么。这个想法很有价值。

前日产英国公司的人力资源总监彼得·威肯斯在《日产之路》（*The Road to Nissan*）中解释了减少组织层级，以单一状态为工作目标，消除基于职位的福利以及开放的信息流的必要性。

培养你的员工显示了你对他们的尊重。汉森和欧庭格（Hansen 和 von Oetinger）谈到"T型"经理人员，丰田的主席渡边也使用了这个词汇。T型指他们具有多种技能，而且在至少一个方面有很深的造诣。不过，为什么仅仅是经理呢？和很多其他公司一样，戴尔和优尼派特鼓励它们的员工改善与工作非直接相关的技能，比如历史学和烹饪。

如何达成谦虚和尊敬呢？它始自高层，向下传递，需要在长期的时间内进行一致的展示。因此，它是一种现场（Gemba）型的管理——如果你不到现场，就不可能真诚聆听。两者都需要经历长时间来建立，不幸的是，两者都可以被快速摧毁。孔斯特（Richard Kunst）讲述了有关精益经理的故事，他们在吸烟区捡起烟头，从而让问题公开，而不是简单地抱怨；他们等在入口处欢迎早到的员工，从而鼓励准时开始工作。这些都是细节。

延伸阅读

Peter Scholtes, *The Leaders Handbook,* McGraw Hill, 1998

Moreton Hansen and Bolko von Oetinger, 'Introducing T-Shaped Managers: Knowledge Management's Next Generation', *Harvard Business Review*, March 2002, pp106-117

Phil Rosenzweig, *The Halo Effect*, Free Press, 2007

13.5　督导人员培训

或许所有改善循环的起源都是第二次世界大战期间形成的企业内部督导人员培训（training within industry，TWI），然而 TWI 本身也发展自更早的方法。有人认为 TWI 可能是迄今为止最有效和最有影响力的培训项目。TWI 方法对于包括丰田在内的日本工业界影响巨大。其想法以前是，现在也是，一线主管人员通过教导如何工作、改善工作、有效地处理各种操作人员问题或者激励问题，可以对日常的生产率施加最大的影响力。如今，很多的丰田班组长仍然随身携带 TWI 简要提示卡。TWI 方法包括三项对主管人员而言最重要的领域——工作指导（job instruction，JI），工作方法（job methods，JM），工作关系（job relations，JR）。每一项都有一个标准的四步骤，其总结见下文。这三项技能，即使在今天，也被认为是丰田每个班组长履行日常任务所必需的。该技能的组合可以让团队高效工作——三者都必不可少。这就是为什么，直到 TWI 在 1950 年进入丰田以后，大野耐一的方法才开始大行其道。在此之前大野耐一的方法一直难有作为。

如今，丰田还在几乎原封不动地使用 TWI 中工作指导模块。TWI 中的工作关系模块在 2000 年终止了——不过仍然是班组长和主管人员的首要职责。TWI 中的工作方法已经增加了浪费、流动，以及对于系统的重视。

亨辛格（Huntzinger）也曾证明，TWI 实际上是持续改善（Kaizen）的源头。

13.5.1 主管技能和 TWI

随着精益的发展和延伸，一线组长和主管人员的重要作用逐渐受到重视。在精益体系中，班组长以及部分的主管不是催促员和工作分派员，他们是教练、导师、知己、问题解决促进者、经理，也是质量和交期的首要责任人。在丰田系统中班组长的管理幅度是 5～8 名操作人员，而区域负责人（主管）则管理 3～4 名班组长。这样的安排看起来似乎是非精益的过度人员配置。实际上，他们的工作繁重，需要付出极大努力。大野耐一说过，"管理始于生产现场"，毫不夸张地说，丰田系统的成功大部分归功于对一线人员与操作的配合细节的关注。实际上，正如斯莫利（Art Smalley）已经观察到的，如果给予主管人员的培训时间和价值流图分析的时间一样多，结果将大为不同。

对于熟悉 TPS 的人而言，也会对 TWI 非常熟悉，参见表 13-1。值得注意的是，戴明的 PDCA 和 TWI 的三个模块、吉卜林（Rudyard Kipling）的 6 个忠实仆人的使用和工作方法模块中的消除浪费也非常相似。工作方法模块也与六西格玛的 DMAIC 步骤相似。工业工程师也会发现它与工业工程方法的相似性。你会好奇它们究竟哪个先出现。

表 13-1 TWI 的三个模块

工作指导	工作方法	工作关系
准备	分解	获取事实
呈现	提问	权衡并决定
尝试	开发	采取行动
跟踪	运用	检查结果

工作指导在实际工作环境中进行，其目的是培训新员工，必须由完全熟

悉工作的主管人员来进行。第一步是分析工作，将工作划分为重要的步骤，以及每个步骤中的要点。这称作工作分解。然后给予耐心的解释。"如果工人没有学会，就是指导者没有教好。"请参阅 6.7 节中的详细工作分解介绍。

工作关系的目的是赋予主管人员基本的组织行为、激励和沟通技能。获取事实、倾听，不是评判，而是要采取行动。事实上，它是戴明的"驱除恐惧"的运用，以及柯维的"先理解别人，再让别人理解你"。

工作方法旨在给予主管人员基本的系统问题识别和改善技能，即工业工程的消除、合并、重整和简化技能（eliminate、combine、rearrange、simplify，ECRS），以及五次为什么和 6 个忠实仆人。

延伸阅读

Donald Dinero, *Training Within Industry*, Productivity, 2005. The history, how it links with Lean, and detail on the programs. Includes a CD with the original 1940's training bulletins – still very relevant!

Patrick Graup and Robert Wrona, *The TWI Workbook*, Productivity, 2006. TWI for the 2000s

Jim Huntzinger, *The Roots of Lean: The Origin of Japanese Management and Kaizen*. Report.

There is an annual TWI conference. Papers are frequently available on the web.

13.5.2 经理和领导的技能

领导力仍然是大量书籍所热衷的主题。在西方领导力被认为具有神话般的作用——找到合适的最高领导人，所有的问题都会迎刃而解。是的，领导人是重要的，不过也要警惕大肆吹捧的明星领导人，至少在精益的环境下应该如此。

- 你可能知道丰田现在的总裁是谁，不过他绝不是类似于杰克·韦尔奇、史蒂夫·乔布斯或者拉里·博西迪之类的传奇人物。爱德华·劳勒和克里斯道夫·沃利（Lawler 和 Worley）指出，领导和管理的连续性很重要，同时仅依赖于某一个领导人则会有风险。
- 根据哈佛案例研究，杰克·史密斯（Jack Smith）成为丰田的经理让很多人震惊。史密斯因为几乎完美的教育背景（MSc 和 MBA）和高级管理经验为丰田所雇用，然而他却首先花三个月时间在车间学习。他因此知道，一般而言班组长在解决问题方面比他要好，他获得了操作人员的信任，他学会了科学方法的真正内涵，发生于可能是世界上最好工厂中的数以百计的小改善让他睁大了眼睛。他学到了谦虚。在将他任命为高级经理之前,他也被丰田所了解。
- 罗森茨维格的《月晕效应》也对领导力有清醒的认识。很多知名的传奇领导人在任期内因为处境变化而遭遇失败。罗森茨维格指出,你总是可以找出成功公司内的领导者的卓越之处,也同样可以找出失败公司内的领导者的不足之处。有时,两者是同一个人。

因此,有抱负的精益公司需要投入精力培养自己的经理**团队**。

劳勒和沃利不是在具体谈论精益组织,而是谈论在需要不断适应组织的变化的时候,给出了一些建议,如表13-2所示。

表 13-2 TWI 的需求和方法

项 目	需 求	方 法
工作指导(JI)	工作的知识	训练工人
工作关系(JR)	职责的知识	介绍作业
工作方法(JM)	指导的技能	尝试练习
项目开发(PD)	改善方法技能 领导技能	跟踪到底

- 有时职位说明是过时的,因为它们与过去相匹配,取而代之的应该是人员说明。人员说明书列出每一位经理现在已经拥有并且需要不断发展的知识和技能。该需要是建立在组织如何看待其未来之上的。人员说明书应该上传到组织内部的数据库上供查询。
- 不过,组织不应该指示经理们学习所需的技能。"人们需要对他们自己的职业发展和雇用竞争力负责。"这并不意味组织不支持其发展。没有什么比强迫员工参加精益"教育"更沉闷乏味的了。
- 培训不应该由组织来指示,它应该在最需要的时候获得,并进行适当的奖励。
- 组织需要思考如何让工作更稳定,同时给予合适的奖励。很多精益转型都因为经理人员的离职而未能达到应有的效用。这可能意味着,例如,更为扁平的组织,更多的非固定职位,不是基于职位的奖励体系,大量的平行的职业发展路径。

这些都与精益非常匹配。在精益公司里面工作应该视作强大的职业促进。没有组织能够确保工作机会，不过，它们应该明确承诺，没有人会因为改善而失去工作。

13.5.3 领导人标准工作

戴维·曼（David Mann）在他的优秀著述《建立精益文化》（*Creating a Lean Culture*）中指出，精益管理有四个基本要素，它们是领导人标准工作、可视化控制、日常责任体系和领导准则。在这些要素当中，领导人标准工作的影响力最大，并有助于强化其他三项。

领导人具有标准工作的概念是今井正明在他的"改善旗"概念中提出的（参见第12章）。此概念被证明是精益转型最有效的方法之一。描述起来虽然简单，但需要持续的决心才能成功。

领导人标准工作包括建立行动日程表，组织中从班组长到副总裁的每一位领导人都要遵守。表13-3是一个典型的框架。

表13-3 领导人标准工作表

层级	频次	常见活动
班组长	每天多次到现场	查看问题，分配任务
	每日，和团队一起，在现场或者瓶颈工序	晨会：回顾上一天的绩效、任务、问题、计划完成情况，安排当天的任务、改善、培训等，传达公司通知，设定库存
主管	每日，和班组长	和班组长回顾，跟踪生产计划，员工分配，Kaizen和培训活动
区域经理	每日，和主管	回顾KPI、问题、局部改善、进展
价值链经理	每周，和区域经理及其他人，如质量、财务经理	回顾价值流KPI、改善活动计划、VSM
工厂经理	每周，和区域经理和价值链经理	回顾价值流KPI、进展、问题
副总裁	每月，和工厂经理和其他相关人员	回顾价值流和工厂的KPI、进展

在每一个层级，都对现状进行双向的沟通。问题会向上汇报，简讯则向下传达。标准化的"升级"流程包含在其中，每个层级都按照授权和职责等原则决定要向上级汇报什么内容。

一般性的议程固定不变，不过也可以提出其他内容。会议的时间长度保持不变——通常是10分钟，总是准时开始，或许站立召开。会议围绕信息沟通板召开，板上显示每天的绩效水平和发现的问题。使用标准的问题解决方法，比如 PDCA，并显示在现场。非生产性的信息也进行可视化展示，比如培训和通知。会议不会因为"紧急情况"而取消。

最佳示例是带有会议时间表，以及各级经理出席会议情况的可视化信息展示。各个区域的政策部署指标也出现在沟通板上。

各个区域都遵守相同的方法——从食堂到设计部。

期望各个层级的领导人员定期履行的活动是精益转型中的重要方面，不幸的是却常常被忽视。制定各级的日程和程序，并对领导人员进行如何更好履行职责的培训是实现步调统一的有效方法。

延伸阅读

Phil Rosenzweig, *The Halo Effect*, Free Press, 2007

Steven Spear, *Jack Smith (A), (B), (C),* Harvard Business School Case Study, 2004, 9-604-060

Edward Lawler and Christopher Worley, *Built to Change*, Jossey Bass Wiley, 2006

David Mann, *Creating a Lean Culture*, Productivity, 2005

13.6 接受曲线和关键人员

获取正确的人才是精益中经久不衰的主题。吉姆·柯林斯在《从优秀到卓越》中研究了大量的成功转型案例，并认为它们的领导人获取成功的关键不是设定新的愿景或者战略，而是"首先甄选正确的人上车，让错误的人下车，并让正确的人才处于正确的位置，然后才决定往何处驾驶"。

13.6.1 变革中的帕累托

格拉德威尔谈到了行家，即那些积累了相关知识并对细节了如指掌的人。他们不仅掌握知识，而且乐于分享——不是"无所不知"的态度，而是诚实的评估。他们乐于助人。他们"既是学生也是老师"。行家既传播好的消息，也传播坏的消息。不管精益是否有效，他们都知道，也会向别人透露，其他人则是听众。然后，有一类人可以称之为"连接器"，他们与多人接触，并把人们连接在一起。最后，还有一类人可以称之为"销售员"，他们经常无意中推销各种想法。通常，这些人员都比较有名，而且有较大的影响力。如果能够善用这些人则变革会变得容易。行家、连接器和销售员的数量虽少却具有重要的影响力。当说服了关键的人员后就会突然出现转折点，可见接受曲线的重要性。格拉德威尔也谈到了变革是如何扩散的——就像传染病。虽然不是特别地针对精益变革，不过也非常适用。其中有三个要素：内容、媒介和环境。内容就是信息本身的价值，是完成任务的能力。变动的价值会影响到其获得支持，信息必须有力而重要。接受并传播信息的人员就是媒介，他们由前面讨论的三类人员组成。环境就是背景环境——它对病毒是有利的还是抗拒的？存在内部和外部的环境因素。外部环境因素就是组织身处其中的当前条件，而内部因素则是支持从高级管理人员获取信息的条件。

沙皮罗在格拉德威尔的思想基础上形成了变革管理理论，并在英国的几个大型精益转型项目得到应用。她使用了"冷漠者""观望者""拥戴者"和"拒绝者"的分类——有点类似下面讲到的接受曲线。因此，拥戴者影响冷漠者，使有些冷漠者转化为观望者。有些观望者变为拥戴者，而有些则变为拒绝者。管理这些转变是变革的关键，不过它是一个持续不断的系统，因此各个团体中的人数可能随着时间的推移而增加或者减少。

13.6.2 再谈转折点：说做就做还是分析麻痹症

拖延是自我实现的预言，约翰·沃尔夫冈·歌德曾经华丽地写道：

> "人们一直犹豫不决，直到坚定承诺；退缩之时，总显得力不从心。关于所有的主动（和创新）行为，存在一个基本的事实，忽略它将扼杀不计其数的好主意和绝佳的计划：当你自己意志绝对坚定之时，天意也会随之来临。仅为此故，各种帮助都会纷至沓来。源自对未知和遭遇的钟爱而引发的决策是所有活力的源泉，无法梦及的物质援助不唤自来。"（感谢弗林德斯提醒大家注意到这段精彩的引文。）

13.6.3 接受曲线

很多作者谈及接受曲线，它包括从早期就接受变革的"早期接受者"（early

adopter),直到"死不悔改者"（anchor dragger）的一系列员工。该曲线对于理解精益实施中的人员方面有很大的价值。在罗杰斯（Evere Rogers）教授提出的创新曲线的基础上，基于作者的经验和背景，这里做了一点变更，见图13-2。该曲线呈现了员工的显著分布。曲线下的面积代表大概的比例。

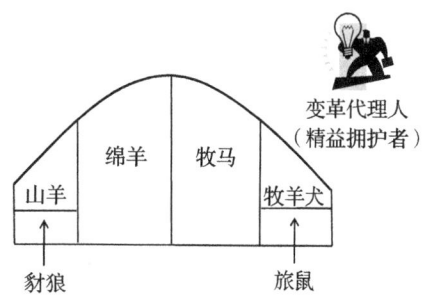

图13-2 变革中的接受曲线

精益拥护者类似于农民，而不是猎人。农民有长远的思考，最终会取得胜利。猎人则短视，关注于眼前的收益，最终会被淘汰。农民是"牧羊人"。早期接受者（early adopter）处于曲线的右侧。这些人员是变革的"合作方"，他们几乎不需要说服。不过，经验显示它包括两个子组："牧羊犬"和"旅鼠"。"牧羊犬"既忠诚又聪明，他们是变革行动最有价值的核心团队。相比较而言，"旅鼠"乐于接受任何的变革，因此，从某种意义上说，他们不是你想要的人（如果他们认为是好事，必定糟糕透顶），他们不经思考就贸然接受。"牧马"是关键的群体，他们需要精益拥护者的指导。他们需要培训，需要引领。"牧马"也善于理解。大部分的"牧马"可以很好地在团队中工作。对于"牧马"采取的策略视情形而定。通常情况下，"骑乘者"可以控制他们，他们在非紧急情况下也服从指挥。在有栅栏需要跳跃的地方，"牧马"和"骑乘者"协调行动——诀窍在于平衡好"骑乘者"的指导和"牧马"本身的主动性和判断。在长途的山旅跋涉中，最好的策略是让"牧马"尽可能多地自我控制，让他们去选择最安全的道路。"绵羊"可以在"牧马"和"牧羊犬"的帮助下由"骑乘者"来引领。

一般而言，不能指望他们在没有大量指导的情况下就实现变革。引领是必需的。"绵羊"身兼提供"羊毛"和"羊肉"的多重功能。他们可以适应多种环境。"绵羊"也可能在"山羊"的引领下，或者来到"屠宰场"，或者来到"水草丰美的地方"（绵羊在这里不是贬义词——它们是主要的牧养动物）。"山羊"则会谨慎得多，他们有足够理由来怀疑，其中的某些怀疑具有深入的洞察力，因而颇有价值。他们时而"攀到树上"，四处张望。不过也可以将他们转化为有用的帮手。当他们被说服以后，甚至比"绵羊"更有用，因为"山羊"可以引领"绵羊"。最后，"豺狼"则不可教化，他们"捕食山羊和绵羊"，"惊吓牧马"。他们是真正的"死不悔改者"。

在所谓的山羊之外，基根和莱希（Kegen 和 Lahey）声称，某些人员（以及群体）不愿意变革的主要原因是"竞争的承诺"。例如，希望提拔一位经理，而他却需要花费时间陪伴年老的亲属。他的上司因此可能就"假设"该经理的承诺相互排斥。这个想法是有害的！为了查明原委，基根和莱希建议提问一组问题。比如，你如何看待变革？你的抱怨有何含义？你的承诺无法实现时你会做什么？这样可以找到方法来协调"假设"与变革。再说一次，使用柯维的方法，寻求"要么双赢，要么走开"的方案。

延伸阅读

Robert Kegan and Lisa Lahey, 'The Real Reason People Won't Change', *Harvard Business Review*, November 2001, pp. 84-92

Malcolm Gladwell, *The Tipping Point*, Abacus, 2000, Chapter: 'The Law of the Few'

Everett Rogers, *Diffusion of Innovation*, Free Press, 1995

Edward Lawler and Christopher Worley, *Built to Change*, Jossey Bass Wiley, 2007

Mager and Pipe, *Analysing Performance Problems*, Pitman

Andrea Shapiro, *Creating Contagious Commitment*, Strategy Perspective, 2003

第 14 章 | The Lean Toolbox

可持续性：维持变革

可持续性可能是非常困难的事情。

- 有些人将其视作长期的可存活性，通常从环境的观点出发。
- 有些人在持续性中看到了动态的本质属性，即人们需要持续地适应环境。100年前的《财富》500强企业中，只有少数几家企业如今依然存在。为什么？需要适应性来保持经营。
- 有些人简单地将其视作持续变革，这也是我们在本书中采用的观点。

我们相信，就像永动机一样，世上没有"自我持续"之物，被称作宇宙超级定律的热力学第二定律指出，除非注入能量，否则任何系统都会衰减，并向无序状态退化，直到最终死亡（没有能量的状态）。同样的道理也适用于精益的可持续性。不过精益的可持续性风险更大——如果没有合适的能量，系统会快速退化。令人惊诧的线模公司的故事就是明证。在12年的艰苦而成功的精益转型之后，它成为北美地区精益样板之一，并被收录进入《精益思想》一书。然而在它被并购三年之后，众多的绩效指标就滑落到鲍勃·埃米利亚尼（Bob Emiliani，将该公司的成功写成案例分析的作者）所描述的"批量和等待"模式的水平。

可持续性是管理的大问题，更何况精益。根据福斯特和卡普兰（Richard Foster 和 Sarah Kaplan）的著作《创造性摧毁》（*Creative Destruction*）的描述，1957 年美国的前 500 强公司中，37% 存活到了 1997 年，在它们当中，只有 6% 的公司有超过股票市场的绩效表现。

另一个可持续性的观点是"破釜沉舟"——就是沉掉船只，这样他的人马就没有其他选择，只能变革老方法来适应新的世界。等效的方法可以作为真正危机时刻的一个选择，不过对大部分公司并不可行。

在 2007 年，致力于革新和改善的英国国民健康服务（NHS）研究院开发了一个优秀的模型，基于一组关键准则来对持续的变革进行自我评估。该模型也与健康保健有关，包含三个领域的十个要素，三个领域是：流程、组织和人员。本书对于要素不进行详细讨论，仅仅使用三个领域。

14.1 过程（和系统）的可持续性

14.1.1 可持续性和工具

很多组织未能通过直接应用惯常使用的精益工具实现预期的结果。工具本身已经在很多场合下被证明是有效的。问题必定出在工具的正确运用以及适当性方面，而不是工具本身。斯比尔和鲍恩阐述，精益观察者经常将系统本身与精益工具和技术相混淆。他们指出了丰田生产方式（TPS）的悖论，即非常僵硬的活动框架和生产流程却可以与极端灵活和适应性很强的运营相匹配。这一悖论部分地被作者的意外发现所解释，即丰田实际上在它的运营活动中施行科学方法。PDCA（计划、执行、检查、处置）就是科学方法的重要途径。工具和技术被作为在特定场合下有待验证的假设来对待。如果结果不满意，工具必须要调整。未能如此理解的组织常常不能成功运用工具和技术，因而得不到可持续发展。中根和霍尔（Nakane 和 Hall）通过研究 TPS 也得出了相似的结论，他们发现，仅仅应用精益技术而未能发展员工建立文化的公司无法完全实现期望的收益。埃米利亚尼也对此表示同意，并称后者为"伪精益"。重点是，精益是工具和人员组成的系统，两者必须共同起作用。单一的工具本身，比如仅仅使用5S或者流程图，失败的可能性则很大，因为它的收益有限，甚至起反作用。

14.1.2 可持续性和系统观

系统思维是观察和解释世界的方法，世界是由相互联系的层级组成的相互关联的整体。组织系统内同时存在技术和社会的互动和相关关系，它们决定了系统的结果。著名的塔维斯托克（Tavistock）的矿工研究显示，如果新的系统要获得成功和持续，技术和社会方面都必须考虑到（参见Long Wall Mining的案例）。社会方面包括理解组织内互相支持的角色和关系，不管是正式的还是非正式的。

主张反馈回路的圣吉也谈到了有关可持续性的"系统"方面。反馈回路逐渐在自然和生态系统中得到了解，它也存在于人类组织中。变革产生抗体，它自动生长以对抗变革。同时参见13.6节的沙皮罗（Shapiro）的模型。这就像牛顿第三定律——每一个作用力都会产生大小相等方向相反的反作用力。抗体需要妥善管理，不然就会"发烧"，热衷于变革的人员也可能会被中和。因此要尽早发现抗体，"注入"疫苗。持续反应的抗体要毫不犹豫地快速清除。这就是勒温（Kurt Lewin）所描述的"准静止平衡"状态，力场分析的诊断技术即来源于此。对于圣吉和勒温来说，最重要的经验是要在增加驱动力之前优先减少阻力。换言之，多花时间于变革的准备，则会少花时间于日后的问题解决。或者，引用迪瓦恩的话说："如果人们参与制订作战计划，他们就不大可能反对作战计划。"

14.1.3 可持续性与反馈："无人立功……"

瑞朋宁和施德曼（Repenning和Sterman）提出另一个令人兴奋的观点，用于解释反馈回路的使用，处理改善努力的退化机制。他们谈到经理们面临的"改善悖论"——可资使用的工具数量很多，而有效使用它们的能力却不济。在他们的模型中，产能（机器、流程、人员）日渐削弱。经理们当然关心这些削弱，并使用两种应对方法。其一是"更加努力地工作"，其二是"更加聪明地工作"。更加努力地工作快速见效，不过效果有限；更加聪明地工作（比如使用精益方法）则具有风险，它需要长时间才能看到效果，不过结果可以持续，尽管有时也会失败。问题是两种方法并非独立。更加努力地工作可以为更加聪明地工作腾出时间。这里有一个相关的问题：因为更加努力地工作只产生短期的效果，它常常是在危机时刻所采取的行动。如果管理层对于优先顺序不十分在意，如果他们没有长远观点，没有重视更加聪明地工作，所有的更加聪明地工作的努力都将失败。反馈回路因此形成——产能差距进一步加大，形成更大的"更加努力地工作"的压力。另一方面，管理层重视更加聪明地工作，通过更加努力地工作可以逐渐缩小产能差距，意味着需要"更加努力地工作"的时候会越来越少，留给"更加聪明地工作"的时间则越来越多。

很多关心精益转型的人都将认识到分析的智慧。它是奥卡姆剃刀原理⊖在可持续性上的表现——不良"改善"会排斥优秀的改善。

14.1.4 改善活动的可持续性

拜塔曼（Nicola Betaman）完成了或许是改善活动最彻底的可持续性的研究。她找到了 A 类（改善活动之后业绩继续提高的情形）和 B 类（改善活动之后业绩保持在活动期间取得的水平之上的情形）改善的推动因素。

B 类改善的推动因素包括：

- 应该建立正式的渠道，将来自车间的建议整理归档。该流程不应过于繁杂，如挂图板或者报事贴板即可。
- 确保操作人员可以就他们的工作方法进行团队决策。强调团队合作和一致性决策。
- 保证每天都有维护 5S 标准的专用时间，包括审计和每日 5S 检查。经理也定期参加审计。

⊖ 奥卡姆剃刀原理是由 14 世纪逻辑学家、圣方济各会修士奥卡姆的威廉提出的一个原理，即"如无必要，勿增实体"。——译者注

- 确保有监控改善成效的测量指标。对希望其改善的活动，持续监控其指标。
- 经理（单元经理及其主管）应该聚焦于绩效改善活动。这将支持其他的推动因素。

A 类改善的推动因素还包括：

- 单元作业方法一旦改变，应该正式向所有的单元成员宣导，向无法参加活动的人员介绍发生的变化。
- 为每天的厂务清洁整理活动留出专用时间。关于 5S 在制造环境中的应用，小林的经验是，除非它是完整的工作场所组织系统中的一部分，否则难以持续。这暗示，可持续性只有作为一揽子精益计划的一部分的时候才会出现。

14.2 人员的可持续性

14.2.1 可持续性与经理

在本书第 13 章的前部，可以发现经理人员过早放弃的趋势。可持续性始于最高管理层，经理发出的信号显示了语言的承诺，更重要的是非语言的承诺。"观望者"持续观察经理的行为以及关于他们承诺的信号，作为结果，他们要么怀疑，要么皈依。危急关头究竟会发生什么：解雇员工？将残次品交给顾客？维持生产计划？放弃精益培训？与这些紧密相连的是绩效指标体系，以及经理们跟踪指标的优先顺序（每个人都知道每天都强调的事情才是真正重要的）。显然，指标需要支持正在进行的精益项目。不幸的是，这一明显的要求却往往被忽略，或者没有给予充分考虑。

鲍勃·埃米利亚尼指出，令人吃惊的是，获取执行官对绩效改善的支持并不是新鲜事。他引用克瑙泊（Knoeppel）在 1914 年写的著作，该书的大部分内容如今仍然适用。这与我们的经验非常一致。为什么如此多的最高管理者犹豫不决，以至于精益努力的过程常常是启动、停滞、再启动？下面列出部分原因。

- 临时代理型经理关注于财务，而主人型经理关注新产品开发。运营处于低优先级。
- 对于他们不能完全理解的概念，他们持厌恶风险态度。主人型经理已通过精益以外的方法赚取利润。为什么要冒此风险呢？
- 他们视精益为车间事务，而不是精益企业。认为精益是成本降低，而增长之路在于营销。
- 他们认为精益在他们所在的行业未经证明，即使他们接受精益已经在汽车行业获得成功的事实。这在（例如，所有的槽罐容量都相同）流程型工业尤其如此。
- 他们刚刚买了一个大型的 ERP 系统，与之发生的任何冲突都要避免。ERP 人员"知道他们正在做什么"。
- 咨询人员应该受到主要的指责，因为他们基于工具的观点往往狭隘。

这些既是难点也是正当的。你应该从 CEO 的角度来评估这些问题。

14.2.2 可持续性与员工离职率

对于自我指导工作团队的研究发现，这样的团队在年度员工离职率超过 30% 时是无法工作的。他们会一直处于"形成"和"震荡"阶段，无法发展到"规范"和"执行"阶段。精益转型中也存在相同的现象。

14.2.3 可持续性与激励

工具的可持续性与人们所受到的使用该工具的激励程度相关。回想那些经典的激励理论。弗雷德里克·赫茨伯格的激励—保健双因素理论指出，类似于工资和办公条件的保健因素可能会使人消极，而非激励。只有那些诸如表扬以及个人满足之类的激励因素才会真正促人奋进。马斯洛则提出需求的层次理论。它指出，对于可持续性而言，信任和支持的基础是必要的，同时还需要兴趣和参与。

戴明将"驱除恐惧"的必要性作为著名的质量管理 14 要点之一。它肯定是可持续性的前提之一。对于短期行为的恐惧仍然是西方组织中员工的首要顾虑。"那么，如果我做了所有这些精益努力，我真的能保住工作吗？"管理层经常说，要忘记长期生存问题——短期的人员生存和利润才是最需要关心的问题。作为高效能人士的 7 个习惯之一，柯维提出"要么双赢，要么走开"的习惯。双方都要赢，必须发现也能够发现一种双赢的方法，否则双方都应该走开。柯维相信没有这一基本原则是无法达成可持续的——不管是企业还是个人生活还是社会。拒绝"没有其他方法"（TINA），拥抱"还有很多更好的方法——只要去寻找"（TEMBA）。

最后，马格尔和帕艾普（Mager 和 Pipe）写的优秀诊断手册《分析绩效问题》(*Analysing Performance Problems*)指出，在处理激励问题之前需要澄清几个问题：培训是否足够？期望状态是否明确？是否留有足够的时间？是否提供足够的资源？在此之后再询问激励问题：绩效是否具有惩罚性（是否会因为工作出色而要做更多的工作）？绩效不佳是否得到奖励（偷懒者会得到更多的时间）？绩效高低是否存在区别（有人注意工作的好坏吗）？

当然，这与戴明的 94/6 规则非常类似——94% 的问题源自系统，只有经理人员才能对它们有所作为。所有，冠以某人"花岗石脑袋"的称号之前要思量再三。

14.2.4　可持续性与纪律

对于平野（Hirano）而言可持续性依赖于纪律，并需要和 5S 环境配合，这意味着"形成适当地维护程序的习惯"。如果没有严谨的纪律，5S 系统不会得到维持，工作场所会恢复混乱状态。平野认为，对于纪律的需要不仅仅限于 5S，它对于公司业务的各个方面都是必要的。在传统的日本 5S 定义中，第五个 S 或者支柱是 Shitsuke，意即纪律或素养。参见 6.5 节关于 5S 的内容。平野坚定地认为，管理层和主管人员必须培养员工的纪律意识，如果失检行为发生后管理层没有及时纠正，纪律问题就会出现。工作场所"如实地反映从最高领导到车间主管等经理人员的态度和意图"。要注重纠正他人错误的艺术，据说关键是需要相互比较。纠正他人的人必须也能认识到自身的缺陷。

纪律还带有鲜明的文化印记，即受到批评的人要向批评他的人鞠躬，感谢他纠正自己的错误。杰弗瑞·莱克将此作为丰田方式的第14条原则，称之为反思（Hansei）。这样的场景在西方鲜有见闻。

14.2.5 其他有关可持续性的人工方面的考虑

考伊（Choi）根据自己的研究罗列出改善活动的陷阱如下。

- 领导人的疏远——认为参与及改善是对实现他们绩效目标的干扰。
- 将改善与定期的问题解决活动等同视之——采取救火行动，而不是维持成果或采取PDCA。
- 将改善团队视作特殊群体——他们随后就会招致怨恨。
- 将改善视作管理团队的事——绕过工人。
- 将改善仅仅视作工人的事务——缺乏来自管理层的沟通、兴趣和参与。
- 断断续续、停停走走的活动——"我们重新开始……"

哈佛大学的罗莎贝斯·莫斯·坎特（Rosabeth Moss Kanter）指出了可持续性的5个因素。

- **成功**——在有胜利感觉的时候，人们会高兴并表现更佳。反之亦然。态度驱动绩效，形成反馈回路。因此，经理人员必须给予员工自信。战争的领袖深谙此道。
- **努力工作**——是努力工作让事业不断前进。就像熵，没有它，系统就会衰退崩塌。
- **强调团队而非个人**——在西方世界我们热爱英雄，而实际上长期生存对于团队更为关键。团队需要辅导和培养。
- **大量的微小胜利，而非偶然的大胜**——小胜保持热情，胜绩会持续累积。这是典型的TPS特征。管理层需要持续地识别小胜。
- **对待失败的态度**——每个人都会不时失败，不过关键问题是对待失败的态度：你是对其进行惩戒还是将其视作学习的一部分？坎特定律就指出，任何事物在中途都会有绩效不佳的时候（也称作新产品研发的"死亡谷"）。

14.2.6　可持续性的条件

军事情报官员知道，只有既有能力又有意图的敌人才是危险的。两者缺一不可，不然就没有危险。可持续性也一样，必须要有能力（时间、资源）和意图（决心、驱动力、坚持）。

两则变革管理理论似乎与此相关。"认知差异理论"认为人们试图在行为和态度上保持一致。因此，如果人们普遍认为变革打破了良性的平衡状态，变革就会失败。"心理契约理论"认为，存在非书面的隐含的一整套期望（比如，包含自尊和价值观等），如果它们被破坏，就会导致行动的中断和变革的失败。另一个相关的理论是"互惠规范"，即付出与收获应相等。不仅是金钱方面，更主要的是行为方面。没有这样的平衡，工作以及个人的关系就不能维持。

14.2.7　单一和双重回路学习

哈佛的克里斯·阿吉里斯（Chris Argyris）的单一和双重回路学习理论与精益实施和可持续性特别相关。用恒温器来做类比：恒温器不断调节来保持温度不变（单一回路学习），不过并没有就温度是否与主要的条件相适应提出疑问（双重回路学习）。根据阿吉里斯描述，很多的高级经理精于单一回路学习，对于双重回路学习则不擅长。这是因为他们在整个处于较低层级的职业生涯中一直都非常成功，不过在面对更大挑战的时候，成功难以继续。更糟的是，他们会因此而怨天尤人。

可以对此进行自我反省和建设性反馈式批评。设定重要的失败场景，向年长的同事获取建设性的诚实的反馈，咨询自己的应对之策。问题不在于你说什么，而在于你怎么说。

总结本章，不存在所谓的"自我持续"，保持变革需要在流程、组织和人员方面不断努力。经理人员需要对组织进行控制，不断适应环境的变化，并对失败承担主要责任。

延伸阅读

Fraser Wilkinson, *Sustainability of 5S*, MSc Dissertation, Lean Enterprise Research Centre, Cardiff Business School. The author is grateful to Fraser for pointing out several of the concepts discussed here.

Nicola Bateman, *Sustainability*, Lean Enterprise Research Centre, Cardiff Business School, 2001

Peter Senge, *The Dance of Change*, Nicholas Brealey, London, 1999

Schaffer, R.,H., & Thompson, H., A., *Successful Change Programmes Begin with Results*, Harvard Business Review, Jan-Feb 1992

Nakane, J. & Hall, R. W., 'Ohno's Method – Creating a Survival Work Culture', *Target* Vol 18, No 1

Thomas Choi, 'The Successes and Failures of Implementing Continuous Improvement Programs', in Jeff Liker (ed), *Becoming Lean*, Productivity Press, Portland, 1998

Charles Standard and Dale Davis, *Running Today's Factory*, Hanser Gardner, Cincinnati, 1999, Chapter 13

Nigel Slack and Michael Lewis, *Operations Strategy*, Chapter 14, FT Prentice Hall, 2002

Michael Lewis, 'Lean Production and Sustainable Competitive Advantage', *IJOPM*, Vol 20, No 8, 2000

Bernard Burns, *Managing Change*, Third edition, FT/ Pitman, Harlow, 2000, Chapter 12

Spenser Johnson, *Who Moved My Cheese?*, Vermillion, London, 1998

Three excellent little books by David Hutchens, *Shadows of the Neanderthal: Illuminating the Beliefs that Limit our Organizations (1999); The Lemming Dilemma (2000); The Tip of the Iceberg (2001)*, Pegasus Communications

Bob Emiliani, *Real Lean*, Volume 1, Centre for Lean Business Management, 2007

Lynne Maher, *Sustainability: Model and Guide*, NHS Institue for Innovation and Improvement, 2007

Jeffrey Pfeffer, *What Were They Thinking?*, Harvard, 2007

Rosabeth Moss Kanter, presentation on *thetimesonline/business* podcast, 2007

Nelson Repenning and John Sterman, 'Nobody Ever Gets Credit for Fixing Problems that Never Happened: Creating and Sustaining Process Improvement', *California Management Review*, 43:4, Summer 2001

Joan V Gallos (ed), *Organization Development*, Jossey Bass, 2006. This 'blockbuster' text contains articles by virtually every significant writer in the OD field.

第 15 章　The Lean Toolbox

新产品开发和引入

在解释为什么日本公司可以做到不仅生产率高，而且产品开发时间短、工程量小、设计质量水平高的时候，克拉克和藤本（Clark 和 Fujimoto）发现了几种组织特征：供应商深度参与工程设计、交叉的产品和工艺工程、强化的沟通机制、卓越的公司内部制造能力、工程师承担多项任务、高强度的项目管理系统。这些发现与沃麦克和琼斯在《改变世界的机器》中提炼出的原则相一致，即高强度项目领导人或者首席工程师、专门的保障项目成功的小型跨职能团队、早期问题处理、跨职能沟通、同步开发是日本式开发系统的核心。总体结论就是，精益也适用于新产品开发。实际上，好的新产品开发管理对于精益运营至关重要，因为产品 90% 的成本在设计和流程规划阶段之后就固化了，尽管这个阶段本身的实际成本支出只占 10%。花在新产品、新设计上的时间决定了产品在市场上的竞争力。而且，问题发现越早，解决起来就越容易。领先的精益公司可以借由新产品开发（NPD）和新产品引入（NPI）提升其竞争力。

将精益运用于产品开发的益处首先由克拉克和藤本在他们关于汽车行业产品开发流程的讲座中归纳提出。类似于制造领域，他们注意到一整套显著的实践方法和组织特征，这些特征促使日本公司比西方同行更为出色。精益制造也倾向于设立精益产品开发组织。

和制造一样，成本、速度和质量对于新产品开发与引入仍是重要的指标，三者各有侧重。**成本**——开发成本总体花费多少？**速度**——将产品投入市场有多快，或者"投放市场时间"多长？**质量**——在产品发布之后需要更正多少产品缺陷，比如，昂贵的召回？它们的优先级取决于产品特征。不管有意还是无意，一般由管理层决定的目标及优先级应该以达成公司特定的财务或者战略目标为导向。在创新方面，潮流驱动的产品开发时间更为关键；对于日用及实用商品，成本则更为重要。不过，要小心，不要试图简单复制丰田的NPD方法，而要根据产品特征和战略目标选择合适的工具。

尽管公司可能希望在所有的三个方面都表现优异，越来越多的论述建议公司在绩效维度之间做出取舍（见图15-1）。例如，速度与开发成本两者择一，因为让产品快速投放市场就需要投入更多的资源；对于产品性能而言，提高开发速度也可能意味着牺牲性能规格；对于单位制造成本而言，零件的整合和设计制造工艺也会延长开发时间。有鉴于此，有些作者近来建议，管理的目标应该是将这些权衡关系公开，这样项目团队就可以自觉地最大化利润或者其他绩效目标。

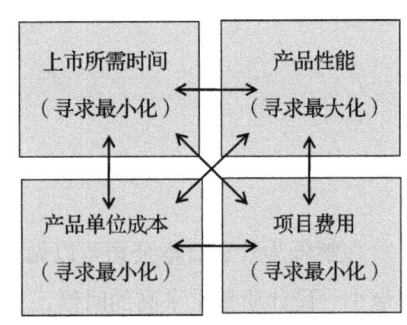

图 15-1　新产品开发的四个目标
资料来源：改编自 Smith 和 Reinertsen，1998。

本章中，我们首先简述如何在 NPD 中平衡多个目标，然后在介绍实现各种绩效指标的工具之前，先介绍丰田式的产品开发过程。很多的工具可以，也正在，被同时使用。它们也适用于乌里奇和艾平格（Ulrich 和 Eppinger）的新产品五步流程。

- 概念开发。
- 系统设计。
- 细节设计。
- 测试和改良。
- 商品化生产。

延伸阅读

Karl Ulrich and Steven Eppinger, *Product Design and Development*, McGraw Hill, New York, 1995

Kim Clark and Takahiro Fujimoto, *New Product Development Performance*, Harvard Business School Press, 1991

15.1 四个目标和六个权衡

在他们有关加速新产品开发的开拓性著作中，史密斯和赖纳特森（Smith 和 Reinertsen）识别出作为新产品开发管理核心的四个目标（开发速度、产品成本、产品性能、开发费用），如图 15-1 所示。

四个目标之间存在六种互动关系。史密斯和赖纳特森认为需要将权衡结果加以量化，因为每一个新产品开发项目都需要理解和管理它们的折中关系。

（1）**开发速度和产品成本**——通过零件数量、重量分析、零件通用性、面向制造的设计（DFM）以及价值工程等合理化和优化设计可以节省以后的成本。不过，它们也需要时间，因此可能会延误产品的上市时间，甚至会丢失市场份额。

（2）**开发速度和产品性能**——改善设计可以让它对顾客更有吸引力，从而通过扩大市场份额、提高售价、延长产品生命周期来扩大销售。改善设计需要时间，可能需要牺牲初期的销售和市场份额。

（3）**开发速度和开发费用**——这是源自经典项目管理的传统的"项目应急计划"中的权衡。大部分项目都有固定的成本，比如管理费用，它们随着时间向上累积。另一方面，在一定的限度内，增加资源可以缩短项目周期、产生更多成本。多花钱提前完工是否值得？线性效应是不存在的——六个人挖沟所用时间不会是一个人挖沟的 1/6 时间。

（4）**产品性能和产品成本**——增加或者重新设计产品的特性可以改善性能，不过成本是多少？顾客愿意付费购买的边际性能是什么？

（5）**产品成本和开发费用**——通过价值工程在开发上花费越多，我们可能就越节省成本。是否值得？

（6）**开发费用和产品性能**——改善设计和产品性能可以改善销售。不过改善性能需要额外的成本。马希泰利提议用不太复杂的方法进行"可辨别的最小差异测试"，即询问顾客是否愿意多花一分钱于某个产品特性。概念上存在满意顾客数量的最大值，提高价格或者降低产品性能都会减少其数量。

类似地，史密斯和赖纳特森建议用电子表格来量化上述的六个关系。记得考虑货币的时间价值，将项目的现值成本和折现的未来销售进行比较，使用净现值（NPV）。量化六个关系要求营销、设计和工程团队谨慎对待产品功能的增加和设计的优化。这样的敏感性分析可以作为强大的管理工具使用，因为它建立绩效目标的可视化优先级。基于这些 NPV 数据，你可以展示下列问题的效果：推迟一个月的成本是多少？或者单位成本 3% 的差异会导致利润如何变化？或者如果没有此特点或者性能规格，对销售有何影响？进行这样的情境分析可以将每个人的注意力都聚焦到真正重要的因素上。

然而，不存在必须服从的规则——正如库苏马诺和诺贝卡（Michael Cusumano 和 Kentaro Nobeoka）在比较 1980 年与 1990 年的日本汽车开发方法上所显示的那样，以上各种权衡的答案随时间和环境而变化。

延伸阅读

Michael Cusumano and Kentaro Nobeoka, *Thinking Beyond Lean*, The Free Press, New York, 1998

Preston Smith and Donald Reinertsen, *Developing Products in Half The Time*, Van Nostrand Reinhold, New York, 1991

Ronald Mascitelli, *Building a Project-Driven Enterprise: How to Slash Waste and Boost Profits through Lean Project Management*, Technology Perspectives, 2002

15.2 新产品开发中的浪费

很多专业人士都想专注于他们的专业工作，却花费大量的时间从事令人沮丧的辅助工作。浪费的时间可以由专业人士自己通过工作抽样方法来估计，结果通常都令人吃惊。此外，首先要让设计师从事设计工作的时间或者工程师从事工程研究的时间最大化。

像制造领域一样，灌输浪费意识是重要的起点。在设计部门工作两年发现，浪费各不相同，浪费意识的缺乏却是普遍的。阿伦·沃德（Allen Ward）在其关于精益产品和流程开发的书中给出"知识浪费"的三个分类，该书大部分基于丰田的设计原则而编纂。首先是遍地的浪费、不畅的沟通以及不适用的复杂工具造成的流程中断，沃德以故障模式与影响分析（FMEA）为例来说明此浪费！其次是传递的浪费，它是知识、责任、行动和反馈的分离造成的。最后是"主观性思维"的浪费，它包括弃用知识、没有数据和思考的决策——这也是赖纳特森在他的权衡模型中所描述的一部分（见上文）。

结合精益设计大师马希泰利的启发，我们整理出一份产品开发中的浪费清单。

- **整理和寻找**——基本上就是设计和 NPD 中的 5S。
- **不适当的目标**——目标太高时会抄近路，目标太低又会造成人员空闲。后者就是帕金森定律——工作会充满所有的可用时间。
- **工作负荷不足和超载**——管理的重要工作就是平衡负荷。如果没有履行，其结果就和目标不当一样。参见本章稍后的关键链。
- **优先次序不当**——因为政策变更而搁置设计。注意，它和后文中的暂放书架不同。
- **干扰**——源自推送的电子邮件、社交活动、噪声等。需要建立规则，为思考留有时间。
- **不适当的权衡**——参见上文赖纳特森的权衡模型。
- **零件增值过度**——这是由于未使用标准的元件，例如，紧固件或者元器件，而是"从空白绘图纸着手设计"的结果。也是没有基于先前的设计。
- **出勤**——例如，在会议中 90% 的时间无须参与的人员。
- **等待**——等待决定、阶段评估、测试、数据等。这对于关键资源尤其重要，因为需要在关键资源处保持流动，并使用适当的时间缓冲。
- **太迟开始，太早结束**——NPD 需要端到端，从顾客需求到产品周期。
- **不当的参与**——略过或者延迟关键职能部门的参与，如营销、生产、制造工程、模具、质量、包装、分销等。

下面三项，不仅在返工上浪费时间和资源，在学习和记录体系没有建立的时候还会累积浪费。

- **缺乏反馈**——导致低下的学习效率。
- **没有记录学习到的经验。**
- **错误、缺陷和失误。**

下面的三项浪费是一组。采塔穆奥（Zeithaml）等人提出的"服务差距模型"在此非常有用。他们讨论了真正需求与假设需求之间的差距，需求与规定之间的差距，规格要求与实际性能之间的差距，实际性能与声称性能之间的差距。

- 协调。优秀的设计考虑全面。优化零件不会必然地优化整体。这对精益设计师而言是重要的思想。
- 沟通。所有的参与者需要具有相同的、明晰的目标。
- 产品需求定义不良。

有效而相对快速地减少这些浪费的方法，首先是认识到它们的存在，然后集体讨论，确定各位专业人士需要做什么。很多的设计师都看重他们的创意和个性——因此官僚式的规定不起作用。然而，自愿参与却能奏效，尤其是参与的结果可以让他们的工作更为轻松的时候。

延伸阅读

Ronald Mascitelli, *The Lean Product Development Guidebook*, Technology Perspectives, 2007

Ronald Mascitelli, *The Lean Design Guidebook*, Technology Perspectives, 2004

Allen Ward, *Lean Product and Process Development*, LEI, 2007

Valerie Zeithaml, et al., *Delivering Quality Service*, Free Press, 1990

15.3　丰田的新产品开发方法

丰田的新产品开发方法以降低成本、缩短提前时间以及质量保证的技术组合为基础。克拉克和藤本在他们对丰田的研究中，发现几个"最佳实践"：供应商深度参与工程设计、交叉的产品和工艺工程、强化的沟通机制、卓越的公司内部制造能力、工程师承担多项任务、高强度的项目管理系统。这些都是精益原则在新产品开发中的应用。库苏马诺也在本田生产模式的基础上发表了一个精益产品开发实践清单，它们进而强化了此发现，并注意到本田对于计算机辅助设计的使用。这一系列概念作为"精益产品开发"被广为接受，并迅速从汽车生产商扩散到其他制造领域。下述特征得自阿伦·沃德以及摩根和莱克的论著。

首先，让我们重视一点。努力厘清项目，同步而精心地工作，避免子系统间的技术冲突，即使降低速度也是完全值得的。你要尽量将发布后的问题降低到最少。就像龟兔赛跑一样！

沃德和索贝克（Sobek）提出的 LAMDA 方法——观察（look），询问（ask），建模（model），讨论（discuss），行动（act）非常有用，它是 PDCA 在产品开发上的版本。（注意：在理解顾客需求、建立模型、讨论可选方案阶段多花费些时间，然后再开始实际的设计工作。）

- **首席工程师**——有时指代"高强度项目经理"。他们不是传统的行政管理意义上的项目经理，而是沃德称为的创业型系统设计师（entrepreneurial system designer，ESD）。此外，他们也是经验丰富的工程师，不是经理。他们的任务是全面的（整合所有零件）以及端到端的（从需求到使用）。因此，即使产品及时向市场发布，但如果产品本身在市场上未能成功，ESD 也就失败了。首席工程师只有小规模的团队，不过他们可以利用影响力、声誉和丰富的经验来协调职能经理们的工作，避免传统产品开发模式中常见的延误。首席工程师或者 ESD 对于最终产品有如此大的影响力，以至于公司内部经常会有类似于"Ohashi 先生的车"的说法。ESD 也"代表顾客"——不仅依赖于市场调研，也包括揭示顾客没有明示的需求。参见 TRIZ 中的理想最终结果（ideal final result，IFR）的说明。因此，为了确保产品的概念被精确地转化为汽车的技术细节，他们要对产品规格、目标成本、布局、主要零部件的选择等负责。
- **功能经理负责开发自身领域的"领先的专门知识"**——或许是发动机、悬挂或者控制系统等功能件。他们将最新的方案放到新产品中。功能部门员工既是设计者也是研究者，他们享有各自领域内的技术开发及专家的身份。在新产品开发中，他们为功能工程师工作，而不是为项目经理工作。后者需要与他们协商时间并同时考虑整体情况。
- **多方案设计**——这里的概念是尽可能久地保持各种选项的开放状态。各种系统部件都有"一组"选项，并随着设计的明朗而缩小选择范围。作为结果，"阶段性回顾"较少，而"里程碑"较多。里程碑之间的灵活性非常大。使用"概念筛选"技术（见下节）逐步缩小概念范围。同时对可能的"方案组"进行探究，不过一旦决定选用特定的方案就加以冻结，除非变更绝对必要。这类似于精益中的"差异延迟"概念——将冻结规格尽可能延迟。

- **暂放书架**——多方案设计听起来好像很浪费。不是的，如果设计或者基础研究未被采用，它们会暂时放在书架上以备未来使用。这样也有助于加速新产品的设计。它是模块化的一种形式。

- **权衡曲线**由职能专家开发。例子有，强度与厚度、循环次数与合金种类、噪声水平与隔声材料厚度。快速建立一组选择。如上文中赖纳特森所描述的那样，权衡曲线帮助 ESD 和工程师做出适当的权衡。

- **检查表**——系统地记录项目收获，简单而有力。记录什么有效，什么无效。结果是不需要重新发明"轮子"。人员离开也带不走专门知识。下次开始类似产品或子系统的设计时，可以直接运用上次所学到的知识和经验。

- **厂内模具和制造工程**——唉，大部分公司都外包一整套技能。外包可以有成本效益，不过记住，产品特征可以轻易复制，而如何获取它们、如何快速获取它们则不容易。好的新产品开发流程可以将设计人员转变成制造工程人员。例如，原型由一般的制造工程师制造，他们因此获取经验，知道如何在满负荷产能的情况下生产该产品。

- **同步工程（或者跨职能团队）**——普遍接受的思想是各步骤同时工作，而不是"翻过一道道墙"（例如，研究后开始设计，再开始制定工艺，再开始生产）。多专业团队共同工作，首席工程师起促进作用。汽车设计推进的同时，工艺和模具生产也在推进。在早期概念阶段工艺人员制作 5~20 个 1:5 的黏土模型，在中间和结尾阶段制作 1:1 的黏土模型，不像其他汽车制造商只在开始阶段制作 1:2 黏土模型。这样可以促使模具和工装设计师提前开始工作。他们也使用根据经验建立的工程检查表，列出什么可以做，什么不可以做。困难立即反馈到设计团队。

- **项目均衡**——将均衡生产（Heijunka）概念带入新产品开发。这意味着仔细考虑时间如何分配。传统的关键路径软件，即使具有资源均衡功能，也都不够好用。多方案设计、暂放书架、功能件开发都能应用。高德拉特的关键链（见下文）也或许有用。

- **项目流**——避免项目在关键资源处受阻而让其他流程等待是首席设计师的重要职责。可以参考精益建筑的做法，有专人负责在关键活动开始之前为功能部门拟定检查表，称之为"超级计划员"方法。
- **可见性**——精益原则中的可视化在产品开发中更加重要。丰田为每一个新产品准备一个大房间（Obeya），所有的活动和进展都张贴在墙上。协调会议也在 Obeya 召开。
- **供应商参与**——首席工程师要做的一个重要决定是外包还是自制。参见第 16 章的供应链相关内容。克拉克和藤本发现，日本公司常常将大量的工程作业外包给长期紧密合作的供应商。这样可以让项目更为紧凑，也简化了所需的内部协调工作量，从而开发周期更短、开发效率更高。此外，因为毕竟是供应商最终将制造零件，由他们根据自身的制造能力设计零件并积累专门知识，也会降低零件的成本。这样的做法称作"开放规格"。"座椅必须与留出的空间相配，但是具体细节由供应商去设计。"
- **负载前置**——在设计流程中问题解决得越迟，需要的努力就越大，因此所需的费用和时间就更多。负载前置通过将关键决策提前来解决此问题，同时保持多方案设计的柔性。早期识别和解决问题有助于减少开发时间和成本，释放更多的资源用于市场创新。根据藤本等人研究发现，负载前置可以通过以下方法达到：①项目间的知识传递，通过将问题和特定的解决方案信息由以前项目传递到新的项目来充分利用以前的项目；②通过利用计算机辅助设计（CAD）以及其他技术实现的快速问题解决可以提高总的设计问题的识别及其解决的速度。

延伸阅读

Kim Clark and Takahiro Fujimoto, *New Product Development Performance,* Harvard Business School Press, 1991

Durward K. Sobek II, Allen C. Ward and Jeffrey K. Liker, 'Toyota's Principles of Set-Based Concurrent Engineering', *MIT Sloan Management Review* Winter 1999, Vol. 40, No. 2, pp. 67–83

James Morgan and Jeffrey Liker, *The Toyota Product Development System,* Productivity, 2006

Allen Ward, *Lean Product and Process Development*, LEI, 2007

Allen Ward and Michael Kennedy, *Product Development for the Lean Enterprise*, Oaklea Press, 2003

Lawrence P Leach, *Lean Project Management: Eight Principles for Success*, Advanced Projects, 2006

Stefan Thomke and Takahiro Fujimoto 'The Effect of 'Front-Loading' Problem-Solving on Product Development Performance' *Journal of Product Innovation Management* Vol. 17 No. 2, p. 128-142, 2000

15.4 成本

15.4.1 价值分析和价值工程

价值分析（VA）和价值工程（VE）在传统上就用于降低工程设计的成本。该方法的威力表明，它是制造和服务领域改善质量和生产率的有效武器。其流程如图 15-2 所示。

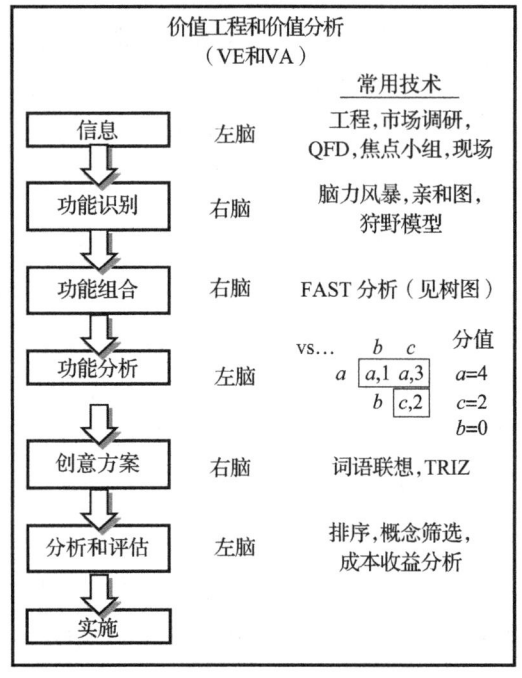

图 15-2　价值工程和价值分析的流程

如今的价值管理（VM）认识到这一事实：VA/VE/VM 项目中的第一步是确定方向，还要选择合适的团队成员并给予适当的基本价值概念方面的培训。最好的 VA/VE/VM 都是由多专业团队实现的。"有了适当的信息，VE 就完成了一半。"贾甘纳坦（Jaganathan）这样说过。他的意思是，将顾客（内部和外部）需求沟通清楚就完成了"战争的一半"，特别是顾客需求在没有告知下就变更的情况。

VM 开始于系统地识别产品和服务的最重要功能，然后使用创造性思维来建立并检验该功能的可选方案。寻找到最有希望的方案，最终加以实施。你会发现此步骤与其他质量技术（质量功能展开、质量管理7大工具、戴明循环等）有诸多相似之处。实际上，它们相互强化。VM增强了洞察力，分析有力，富于创造性。

价值工程首创于美国的通用电气公司，不过经由价值专家如马奇（Mudge）以及关于创造性思维的作者爱德华·波诺（Edward de Bono）发扬光大。如今TRIZ与此最相关。美国价值工程师协会（Society of American Value Engineers, SAVE）促进了其发展。

VM通常用于特定的零部件或者子系统的细节，不过也可以用于整个产品或者服务的各个层级，在每个层级重复相同的方法。和其他众多的质量和生产率技术一样，VM是一组活动。它需要一群知识丰富的人员，分享洞见并相互启发灵感，来取得进步。不过对于谁可以参加却不设限制。VM可以，也已经，被从CEO到车间的各级人员使用。

给予VM威力的是从左脑（线性）分析到右脑（创造性）思维的有意转化。有效的问题解决既需要逻辑的步进式思考也需要非逻辑的创造性跳跃。横向思维专家爱德华·波诺还据此创造了超级进化（provolution）一词，意指比进化速度快，而比革命可控。

功能分析

功能分析是第一步。列出产品或服务的基本功能或者顾客需求，或者用头脑风暴法得到（右脑思维）。动词加名词是描述功能的最好方式，比如"发出声音""传递压力""记录个人信息""欢迎顾客"。需要回答的问题是：这个产品/服务要具有什么功能？通常功能有半打甚至更多。

基本功能是想当然的，不是！彻底分析往往会得到有价值的深刻理解。例如，家用供暖系统时间控制器，可能的功能就有"在需要的时间启动""经济性""需要时供热"。表15-1是设计汉堡的示例。逐对比较或者分配分值可以获得功能或者需求的权重。在逐对比较中，每一功能都与其他功能相比较，给重要的功能赋予分值1，两者同样重要则赋值0。

表 15-1 汉堡设计中的功能分析

顾客需求	重要性	重要性百分比	零部件			
			牛肉	圆面包	生菜	番茄酱
口味	6	46	23 .5	11.5 .25		11.5 .25
营养	2	15	10.5 .7	4.5 .3		
视觉吸引力	1	8	2.4 .3	1.6 .2	2.4 .3	1.6 .2
性价比	4	31	15.5 .5	15.5 .5		
		100%				
整体影响		%	51.4	33.1	2.4	13.1
成本		%	62	30	20	8
价值系数		影响/成本	0.83	1.1	0.12	1.6

将分值相加就得到相对的权重，然后把权重转化为总和为 100 的百分比。产品的零件列在了矩阵的各列中。然后估计各零件对各功能的重要性，并转化为总成本的百分比。在例中，对"口味"的影响估计牛肉占 50%，圆面包和番茄酱各占 25%。影响写在对应格子的左下角。加权之后的影响（即，权重 × 影响）写在每个格子的右上角。各零件的总的整体影响是右上角数据之和，写在矩阵的下面。然后估计各零件的成本，写在单独的一行中。最后一步是计算价值系数，它的值等于影响百分比值除以成本百分比值。比值低于 1 的是首要考虑降低成本的对象。比值远大于 1 则是可能要强化该特征的指示。再回到右脑。

创造性

现在开始创造阶段，这一阶段要关注建立可选方案、更佳的成本效益、实现基本功能的方法、降低最重要零部件的成本等。这里需要遵从头脑风暴法的规则（没有批评，列出所有的想法，写下尽可能多的主意），不管它如何不可思议。可以使用多种小窍门：有意的短时间沉默，将想法写在匿名卡片上，以循环方式依次发言，画草图，扮演典型场景中的角色，想象从直升机中观察场景，向"外星人"描述产品。幽默是创意的重要部分。同时参考 TRIZ，见后文。

另一特别有用的工具是波诺的词语联想法，就是从词典中随机选择一个名词，根据它想象一个画面，进而产生新的想法。可以用"云"来与包装设计相关联，包装的基本功能是"给予保护"。云一词的想象画面有绒毛状（充填？）、空气（气袋？）、雨（防水？）、银色边线（金属加强层？）、阴影（看不到光，保护用户信息），云"难以捡拾"（包装时如何举升？）、潮湿（防水/防潮？水随容器形状变化——包装也能吗？）、遮挡视线（内窥孔？），等等。不要急于跳转到其他的词语上，选择一个以后就让团队详尽其可能性。

分析和评估

现在回到左脑。有时会出现真正出色的想法，否则会有多个备选方案。有些方案建议在使用之前要做进一步的调查。（在上例中，引入金属加强层可行吗？可能吗？）小心，不要过早放弃任何想法，好主意往往都是在糟主意的基础上发展出来的。因此，需要花时间讨论。有时可能需要团队稍作休息，由专家来评估技术可行性或决定成本。评估的方法有多种，多专业团队的逐对比较就是一个不错的方法。另一个方法是将所有的想法写在卡片上，将它们分发给多个两人小组，每个小组汇报两个最好的想法。然后让所有人参与讨论上轮筛选出的想法。还有一个方法是画出成本—效益图（一个轴表示成本，另一个轴表示效益）。让团队成员将各个想法标在图上的相应位置。没有证据显示上述几种方法不能同时使用。可以按照团队的意愿来选择使用——这是他们的项目，他们的想法。

实施

最后一步是实施最佳方案。VM过程的益处之一就是群组成员倾向于共同发现最终方案，并理解背后的原因。应该让实施简单而快速。

延伸阅读

Kaneo Akiyama, *Function Analysis*, Productivity Press, Cambridge MA, 1991

G. Jaganathan, *Getting More at Less Cost*, Tata McGraw Hill, New Delhi, 1996

See also, J Jerry Kaufman and Roy Woodhead, *Stimulating Innovation in Products and Services with Function Analysis and Mapping*, Wiley, 2006. This gives a detailed description of FAST (Function Analysis System Technique) modelling.

15.4.2 面向制造的设计/面向装配的设计

面向制造的设计（DFM）是精益制造的重要促进技术。简单而快速的装配影响产品的整个制造周期，因此在前期花费的时间是值得的。广义的 DFM 应该考虑零件的成本、装配的成本和简便性，以及支持性成本。

零件的成本是起点。大部分取决于设想的产量：例如，切削加工零件对于低产量而言成本效益明显，中等产量则应该采用冲压（需要模具投资），高产量则应该采用模铸（更高的初始投资，而单件成本最低）。

其他考虑因素有：

- 尽量将变异延迟。
- 无换型或者最少化换型的设计。
- 最少装夹的设计。
- 最大化通用件的设计（成组技术）。
- 最少化零件数量的设计。

装配复杂度

布思罗伊德和杜赫斯特（Boothroyd 和 Dewhurst）提出的面向装配的设计（DFA）系数可以评估装配的复杂度，它是（理论上的最少零件数量 ×3 秒）与估计的总装配时间的比值。理论上的最少零件数量可以通过让每一个备选零件至少满足一项下属情形来计算：

- 该零件需要与其他装配做相对移动吗？
- 该零件必须使用不同材料吗？
- 该零件必须拆下才能检查、更换和修理吗？

如果理论上不需要，设计师就应该考虑将一个或多个零件整合起来。为什么是 3 秒呢？仅仅因为它是较好的单个零件装配时间的估计值。在完成这些工作之后，布思罗伊德和杜赫斯特还建议了其他的可以提高装配简易度的规则。它们是：

- 从上部插入零件来装配。
- 让零件自行找正。
- 单手装配。

- 不需工具的装配。
- 装配仅有单一的线性动作。
- 零件插入后立即固定。

布思罗伊德和杜赫斯特现在已经推出了一个帮助 DFM 的软件包。他们建议，对于 DFA 和设计复杂度（见下文），不仅应该测量、监察自己的产品，而且还应该考虑竞争产品的指标。这是标杆学习的一种形式。应该设定目标。此类指标也应该用于价值工程。

特定的目标、指标、标杆等随即**驱动**持续改进，而不是放任不管。应该能够生成每一个子系统的设计和装配指数，按照复杂度对它们排序，画出帕累托图，系统地处理复杂度。此外，根据竞争产品的标杆比较，应该可以确定各种装配的最佳形式，进而构建理论上各方面最佳的产品，尽管实际上它可能不存在。这是皮尤的"概念筛选"方法的一种形式（见下节）。

装配支持成本应该在设计阶段就考虑。它包括：

- 库存管理和采购。
- 新供应商的必要性。
- 新模具的使用需求。
- 操作人员学习新技能的需求。
- 防错的可能性。

最近欣克利估计，装配缺陷与装配时间直接相关。在这个方面，他提出复杂度质量控制（QCC）的概念，它是一种估计装配时间的直观方法。具体细节参见他的著作。

每个装配方案都存在发生装配失误的可能性，导致装配缺陷，但是发生的可能性和影响的大小存在程度上的不同。以上概念使得评估各种装配可选方案变得相对容易。

设计复杂度

布思罗伊德和杜赫斯特也提出了评估设计复杂度的指标。他们使用三个系数：零件数量（Np），零件类别（Nt），零件之间的接口（Ni）。首先，获得各系数的数字值。然后，将三个系数相乘，取其立方根。这样就获得了设计复杂度系数。注意，减少零件数量往往也减少零件接口数量，接口处的缺陷和困难最常见。同时，减少零件类别也对库存管理和质量有积极的直接影响。

其他类型

"面向……的设计"并不限于装配（DFA）或者制造（DFM），还有其他类型：

- 面向绩效的设计（DFP）。
- 面向测试性的设计（DFT）。
- 面向服务的设计（DFS）。
- 面向合规的设计（DFC），当然还有六西格玛设计（DFSS）。

延伸阅读

G. Boothroyd and P. Dewhurst, *Product Design for Assembly Handbook*, Boothroyd Dewhurst Inc., Wakefield, RI, 1987

Karl Ulrich and Steven Eppinger, *Product Design and Development*, McGraw Hill, New York, 1995, Chapter 3

Subir Chowdhury, *Design for Six Sigma*, Dearborn Press, Chicago, 2002

C Martin Hinckley, *Make No Mistake!*, Productivity Press, Portland, 2001

15.4.3 模块化、平台和零件继承

为了节省开发成本，有三种基本的方法。第一，通过使用以前型号产品的零部件，提高"零件继承度"。这或许并非总是可行的，特别是在技术更新迭出的"高速时钟"行业。第二，选用模块化产品结构以便保持采购和定制的灵活性。第三，可以建立产品平台，每个平台包含多种最终产品，从而通过"基本设计"的规模经济节约开发成本。我们将依次讨论后两者。也可以参阅库苏马诺和诺贝卡关于"多项目管理"的著作来了解模块化和零件继承的更多具体的优势。

模块化

本质上模块化就是建立零部件和特定功能的"一一对应关系"，并将接口标准化。例如，计算机的硬盘仅仅具有存储数据的功能，安装时只是将硬盘插入标准的插槽，连接的接口也是标准化的。实际上，你可以使用任何硬盘。这与"一体式"的产品不同，此时一个零部件对应多个功能，如图15-3所示。

例如，汽车的制动系统用来减速，有时，它还与手制动和 ABS-ESP 系统关联，来实现未经驾驶员请求就自动根据路况实施制动的功能，确保汽车保持正确的行驶方向。这里，一个零部件具有多种功能，每个公司的接口都不相同。

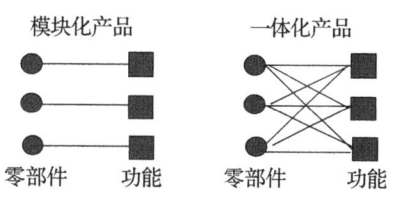

图 15-3 模块化与一体化产品

模块化可以作为外包的手段，也用于产品定制。这一历史悠久的定制形式就是在标准模块的基础上按订单装配。有很多例子，计算器或者汽车有很多不同的外观，却共享相同的平台，还有飞机、很多的餐馆食谱。派恩（Pine）列出六种类型：零部件共享——使用成组技术（group technology，GT）保持最少的零部件变型；面向制造的设计；零部件互换（可以配置不同发动机的汽车）；模块化定制（经典的例子是按订单制造的自行车）；混合模块化——上述方法的组合；总线式模块化——例如在高保真音响上零部件都连接在一起。巴尔德文和克拉克（Baldwin 和 Clark）对其做了进一步的发展，认为模块化将是基本的组织原则。因此，江森自控为奔驰汽车提供整体驾驶室，大众汽车在其卡车工厂内不仅使用供应商的产品模块，还使用其装配员。

吉尔莫（Gilmore）和派恩（1997）提出模块化定制的四种方法（参见第16章）。"合作式定制"：与顾客一起工作来理解或者表达他们的需求（婚礼餐饮服务）。"适应性定制"：提供标准而顾客可以自己调节或者适应的产品或服务（提供可以调节的高保真音响，或者汽车座椅）。"外观定制"：提供标准产品，外形则可变（提供相同的产品，包装大小和自有商标由顾客指定）。"隐性定制"：在顾客甚至察觉不到的情况下完成定制任务（根据季节和磨损情况提供不同的润滑油）。

约翰逊和布日姆斯（Johnson 和 Broems）描述了斯堪尼亚卡车公司的模块化方法。四种基本模块：产生动力、传送动力、装载、驾驶员空间及其保护——作为模块被开发出来以满足全世界的各种环境条件，将零件和模块制成矩阵，维持其标准化直到改善发生，不过还是将"乐高积木块"方式作为设计新型号产品的基础。斯堪尼亚卡车公司基于该矩阵来按订单生产。

有时，德语单词"Baukastensystem"也用于描述模块化，它的意思是零件的互换性。

平台

产品平台设计指可以在它的基础上生发出多种产品的设计,通常保持较长时间。因此,与每次都设计一种新产品不同,基于产品平台概念的产品族共享设计特征、零部件、模块、制造方法和技术。这将显著减少新产品引入的时间、设计和制造人员、诸如 FMEA 之类的评估方法的使用,还带来库存、培训和制造生产率方面的好处。简而言之,精益设计。

它与模块化概念和成组技术(GT)相似,不过产品平台走得更远。产品平台存在于从计算器(例如,卡西欧)到汽车(大众,奥迪)的大量产品中。美国苹果公司的麦金塔电脑将由通用操作系统(MacOSX)和通用微处理器(Intel Duo)组成的产品平台用于一系列产品。梅尔和莱纳德(Meyer 和 Lehnerd)引用的经典的例子是百得(Black&Decker)。在 20 世纪 70 年代,百得的产品组合包括数十种不同的电动机、转子、材料、模具,大部分时候不同产品间只有零星改动。该公司在开始平台战略之初,组建了由设计和制造工程师参加的团队。他们用帕累托原理,首先对电动机进行分析,形成直径不变而长度可变的通用核心设计,与从 60 到 650 瓦的功率输出相匹配。现在该电动机系列共享制造设施,换型时间缩短,质量大幅度提高。电动机之后,他们对转子和钻头做了相同的处理,取得操作人员减少 85%,成本降低 39% 的成绩。新产品引入的周期也大为缩短,最后百得可以每周都推出新产品。可以在一个月内快速完成新工艺的投资。顾客也享受到低成本的益处,并进而形成新的市场,需求激增,使竞争者纷纷退出。注意它与第 6 章 "准备流动"中的"关键帕累托"的相似之处。梅尔和莱纳德发现了五个原则,它们是:

- 应该识别出产品族,它们共享技术,具有市场相关性。再次注意它与不考虑市场相关性的共享制造流程步骤的成组技术的相似性。在基本的产品族之上随着时间发展派生出丰富的产品。
- 产品设计与生产设计相伴随。产品平台是支持精益中的"机器小型化"原则的强有力论据,因为昂贵的大型机器的存在,通常产品设计首要考虑的因素不是顾客,而是寻求提高机器的利用水平。同步设计(实用的精益原则)应当使用。

- 尽力面向全球标准、物流和零部件供应而设计。适用于世界各地不同用电标准的惠普打印机就是例证。
- 尽力发掘产品平台可以创造的潜在需求。VHS、VCR 和 CD 都是出色的例证。
- 寻求设计的优雅，而不仅仅是一味地扩展（Java 就是反面例子，带有越来越多几乎不用的特征。）

根据梅尔和莱纳德，产品平台的基本要素有：

- 市场导向，设计师靠近顾客——雷克萨斯的设计团队居住在加利福尼亚，奥林巴斯的设计师会经常到照相机店工作。使用相同基本平台的派生产品应该有不同的目标细分市场。这应该是最初概念的一部分——例如，大众汽车和奥迪汽车使用相同的平台，以不同的市场细分为目标，通过发动机、特征的变化派生出不同产品。
- 使用基本的设计元素，内部的和外部的，利用最好的产品模块，而不是从头开始。
- 使用最适合的制造技术。
- 使用整个组织——"全员"创新。

和质量一样，产品平台需要沿整个价值链的跨职能的所有方法。产品平台思维完全与目标成本的思想相兼容，利用平台的经济性不断推出新产品，形成一系列符合目标成本的产品。正如罗宾·库珀（Robin Cooper）所指出的，它是通过价值工程达成的。

延伸阅读

Carliss Baldwin and Kim Clark, 'Managing in an Age of Modularity', *Harvard Business Review*, Sept-Oct, 1997, pp 84-93

Marc Meyer and Alvin Lehnerd, *The Power of Product Platforms*, Free Press, New York, 1997

Behnan Tabrizi and Rick Walleigh, 'Defining Next Generation Products: An Inside Look', *Harvard Business Review*, Nov-Dec 1997, pp116-124

David Robertson and Karl Ulrich, 'Planning for Product Platforms', *Sloan Management Review*, Summer 1998, pp 19-31

H Thomas Johnson and Anders Bröms, *Profit Beyond Measure*, Nicholas Brealey, 2000.

Anon, 'Why Detroit is Going to Pieces', *Business Week*, Sept 3, 2001, p 60

See the ECR Journal. www.ecr.org

15.5 速度和平顺化：关键链和精益项目管理

艾利·高德拉特在他的《关键链》(*The Critical Chain*)一书中所解释的项目管理概念对降低新产品引入的时间和变异非常重要。他的想法代表了传统项目管理中关键路径分析方法的巨大进步。马希泰利也对精益项目管理做了有益的补充。马希泰利和高德拉特使项目和新产品管理融合到一起。

高德拉特解释道，在很多项目中，安全时间被加到估计的活动持续时间上，以防变异或者其他紧急情况。在传统的项目规划中，关键路径是网络中用时最长的路径，不过在该路径上存在"机动时间"，因为时间往往会被多估。当然，还存在活动时间的自然变异——有些比估计的长，有些短些。不过在传统的项目管理中，实际时间比计划时间短的活动经常导致下一活动不得不等待非关键资源，而比计划时间长的活动则无疑会延长整个项目的时间。同时考虑以上两种情况意味着大部分的项目最终都会误期。使用通用的项目管理软件，如美国微软公司的 Microsoft Project，不能解决这些变异问题。

关键链方案识别并管理约束，TOC 的识别、利用、迁就、松绑、重复（参见第 10 章）规则恰恰如此。根据 TOC 理论，整个项目的完成时间依赖于关键资源的管理。和传统项目一样，参加人员建立并确认项目活动网络。不过，从这里开始两者的差异就出现了。

第一，活动时间要按照实际情况尽可能准确估计，不允许有"浮动时间"或"机动时间"。第二，关键链是根据资源确定的网络中的最长路径。换言之，特定的资源不能同时用于两处，因此关键链可能比传统的关键路径要长。复杂项目需要使用特殊的软件来确定关键链，不过对于很多项目，通过检查就可以确定。第三，必须用时间和资源缓冲来保护关键链。

适当的资源缓冲要放在关键链活动的前面，原因有二。一是防止等待关键资源而导致延迟，必须提前预警以便需要的时候可用。二是确保如果活动提前结束，下一个活动可以立即开始。只要沿关键链上的资源的使用有变化就需要设置资源缓冲，这是"利用"约束，"迁就"非关键活动。

最后，缓冲都放到一起，置于项目网络的最后，以应对时间估计的差异。项目的时间缓冲保护的是整个项目，接驳缓冲则保护非关键活动。各缓冲的大小由项目团队讨论得出一个总和，它取决于项目整体上的风险，而不是单个活动。尽力将高风险活动放在靠前的位置，因为可以有更多的时间来应对意外。

现在，确定了项目的周期以后，将它与允许的目标时间比较。如果比目标时间长，必须"松绑"约束，或者提供额外的资源来打破它。

项目开始执行的时候，集中关注关键链，"利用"关键资源。

监测缓冲。持续关注项目所剩时间，并与允许的所剩时间做比较。必要时"松绑"。忽略已经完成的活动。提前监测缓冲，大部分都会在原计划上有所变化。时间缓冲可以用统计过程控制（SPC）的方式来监测——也就是说，抱有存在自然变异的期望，并忽略它们，异常变异则是要采取补救措施的信号。事实上，在特定的自然变异范围内忽略时间变异是一个好的主意。这就是意外管理，可以省去很多时间和麻烦。

马希泰利提出项目管理的 12 个要点，下面是部分要点。

- "测试客户价值"——顾客是否愿意额外付费（参见前文的四个目标）？
- 清楚定义各个活动的结果和交接事项，减少或者消除设计评审，仅仅保留确实重要的。
- "逐个阶段冻结产品规格"——类似于"成组"同步工程，见前文。
- 使用可视化管理和标准化作业——精益的两个基础。
- 缓冲风险——关键链思想的一个变型。
- "专职人员"，给用于关键链活动的资源留出不受干扰的时间段。
- 高德拉特的资源管理人和项目管理人概念（后者在关键活动上控制资源）。

延伸阅读

Eli Goldratt, *The Critical Chain*, North River, 1997

Ted Hutchin, *Constraint Management in Manufacturing*, Taylor and Francis, 2002

Ronald Mascitelli, *Building a Project-Driven Enterprise: How to Slash Waste and Boost Profits through Lean Project Management*, Technology Perspectives, 2002

Ronald Mascitelli, *The Lean Product Development Guidebook*, Technology Perspectives, 2007

John Arthur Ricketts, *Reaching the Goal: How Managers Improve a Services Business Using Goldratt's Theory of Constraints*, IBM, 2008

15.6 质量

15.6.1 六西格玛设计

六西格玛设计（DFSS）是与六西格玛改善并列的方法，前者聚焦于新的设计和产品，而后者则是改善现有流程。很多经验表明，传统的六西格玛方法可以达到 4～5 个西格玛的绩效水平，要达到 6 西格玛则需要改进设计。有一个类比，就是公共卫生工程师（DFSS）和医生（DMAIC）一起工作，后者最终会依赖于良好的卫生条件。将 DFSS 与面向制造的设计一起使用的好处参见后文。六西格玛改善使用 DMAIC 的步骤（定义、测量、分析、改善、控制），参见本书第 11 章。而 DFSS 使用 IDDOV 的步骤（识别、定义、开发、优化、确认）。两者都有严格的步骤次序。两者都以健壮和低变异过程为目的。两者都有黑带大师、黑带、绿带的组织层级，两者都需要高层管理者的承诺。或许 DFSS 耗时更长，不过会具有更大、更持久的收益，也有更好的可持续性。

识别——第一步是厘清项目的范围。它包括初步的成本效益分析、商业案例、项目范围等。通常包括一个项目计划书。

定义——这一步是澄清产品或者服务的需求。顾客需求是起点。两个主要的工具，狩野模型（Kano Model）和质量功能展开（QFD）。狩野模型在理念一章中讨论过，QFD 在本章稍后讨论。实际上，QFD 是 DFSS 过程中贯穿始终的"大型工具"。

开发——明确了顾客期望的需求以及设计和过程的设想后，下一步就是识别并评估各种产品设计方案。三种常用技术——头脑风暴、TRIZ 和概念筛选。后两者在本章的下文讨论。此外，也常使用故障模式与影响分析（FMEA）——在诸如航空和汽车行业它是必需的。

优化——这一步与六西格玛改善中的分析和改善类似。DFSS 使用田口损失函数（Taguchi Loss Function），假定顾客遭受的损失和现状与最优点之间的距离成比例关系。DFSS 中的"参数设计"旨在最大化功能（例如，能量使用或者效率），而不是降低变异。六西格玛使用试验设计（DOE）来识别最敏感的变量，降低变异的范围。

DFSS 使用参数设计来发现变量系数的最佳组合，以达到最好的功能，并测试各种操作条件下的鲁棒性或健壮性。下一步是容差设计，寻找最关键的容差——哪些需要收紧，哪些可以放松，即，对总体变异有最大影响的容差。

验证——最后一步是测试设计结果。子步骤包括分析制造过程的能力、测试原型产品、建立过程控制计划。后者可以用到统计过程控制（SPC）或者防错（Pokayoke）——参见第11章。

最后两步可以参阅欣克利提出的针对人员、机器、方法、测量、材料、环境的变异、差错和复杂度分析的框架。DFSS是在设计阶段就关注上述各问题的简练方法。欣克利的框架参见第11章。

延伸阅读

Geoff Tennant, *Design for Six Sigma*, Gower Press, 2002

Subir Chowdhury, *Design for Six Sigma*, Dearborn Press, Chicago, 2002

15.6.2 质量功能展开

质量功能展开（QFD）这一大型工具的重要性在过去的10年中不断增长，现在已经在产品和服务设计中广泛使用。不过，据作者所知，丰田已经不用QFD。说QFD是大型工具，是因为本书中所介绍的其他工具大都能够，也应该用于QFD的构建和分析之中。这也包括几个新工具，如标杆学习、市场调研、狩野模型、绩效—重要性矩阵、FMEA。识别顾客需求，并系统地与产品或服务的技术与操作特征做比较。这个过程产生相对重要的顾客需求，当与产品特性相比较的时候，就可以识别出最重要或者最敏感的产品特性，它们就是需要开发或者关注的特性。尽管下文的叙述使用"产品"一词，QFD也同样适用于服务，此时技术特征也相应变成服务特征。

或许QFD的最大优势是它将和某产品有关的多领域专家聚拢为一个团队。QFD是营销、设计、工程、制造、分销以及其他职能开展同步工程的平台。QFD也因此是这些专家共同解决问题的工具，而不是"把设计问题扔到墙外"式的各职能独自为战依次开展工作的方式。QFD也不是仅仅关注质量问题，同时也将降低总的开发时间、满足顾客需求、降低成本、第一次就开发出优良的产品或服务作为目标。QFD的工作机制也不是固定不变的，它可以方便地与具体的需要相适应。

第一个QFD矩阵也称作"质量屋",因为QFD的各指标形成屋形图。完整的QFD要完成多个矩阵图,依次逐步将顾客需求转化为具体的制造步骤和详细的制造过程需求。例如,完整的汽车在QFD的最顶层,接下来就要对发动机、车身、车门、仪表、制动等进行细化的QFD分析,其后就要用于制造和生产。不过最基本的QFD仅仅使用一个矩阵图,将顾客需求转化为具体的技术要求。

"质量屋"图

本章后文对基本质量屋图的关键组成部分进行解释(见图15-4)。

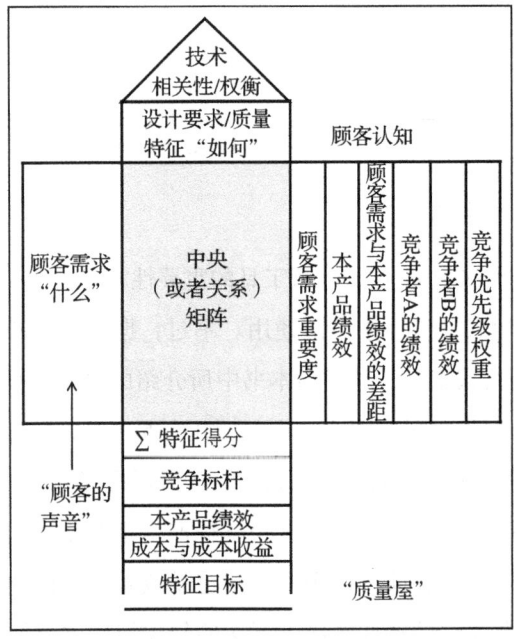

图15-4　质量功能展开

(1) **顾客需求**。

QFD通常以识别顾客需求和利益为出发点,它们也常称作"顾客的声音"或者"什么"。顾客可以是现在的或者未来的、内部的或者外部的、主要的或者次要的。所有的传统市场调查工具都可以使用,还有诸如抱怨分析、焦点小组等技术。顾客可能包括拥有者、使用者、维修者,他们都有不同的需求。信息收集之后要考虑如何将它们整合并输入到QFD的列中。在这个方面,亲和图和树图等新工具特别有用。用层级关系表示顾客需求，基本层级列出概括性的顾客需求，在其他层级展开细节。

营销部门负责总结顾客信息，最后团队将它们综合在一起。或许首先由营销部门将调查的结果和据此制作的简报分发给大家。保存"顾客的声音"很重要，不过团队可以使用亲和树图等将相似需求归并组合。团队不能进行"事后批评"，或者假设他们最懂顾客需求。

（2）**顾客需求排序或相对重要度**。

将顾客需求输入质量屋图矩阵左侧的列中以后，在右侧赋予权重以指示各需求的重要度。市场研究或者焦点小组可以给出权重，如果没有，团队可以使用诸如"逐对比较"的方法将它们排序（在逐对比较中，每个需求都与其他的所有需求做比较。更重要的需求被赋予分值，将加总所有分值得到的结果进行排序）。狩野模型也有助于在 QFD 中确定适当的权重。

（3）**质量特征及相对的排序**。

顾客需求和权重显示在行中。质量特征和设计要求（或者说"如何"，或者"技术响应"）显示在列中。这些特征是组织为满足顾客需求而提供的设计特性。以水壶为例，可以包括功率、材料强度、隔热、密封、材料种类和噪声等级等。再次说明，可以使用树图技术将它们归并成组，形成层级。在这里，团队要依赖于他们自己职能内部的专门知识。至少有两种开发质量特征的方法。一是通过反映顾客需求的指标。例如，顾客对水壶的需求可能是"快速沸腾"，相应的指标就可以是"沸腾分钟数"，转化成质量特征或设计要求则是加热元件的功率。另一个方法是直接切入功能，它的基础是团队的经验或者对现有技术的掌握。

（4）**计划矩阵**。

矩阵的右边是计划矩阵，它是评估各顾客需求重要度、满意度以及目标的一系列纵列。参见 QFD 图。第一列显示顾客需求的重要度。可以通过询问一组顾客来评估重要度，按照 1～5 的分值来打分（1= 不重要，5= 最重要）。下一列显示本产品或服务在满足需求上的绩效水平，通过一组顾客来评估。两列的差异形成差距——负值表示可能超标，正值则是不足的征兆。其后的几列显示竞争对手在各顾客需求上的绩效水平。这一部分的作用是清晰地识别自己产品相对于竞争对手的 SWOT（优势、劣势、机会、威胁）。例如，上述水壶供应商可能在产品坚固性上出类拔萃，但是价格偏高。如果经济性被排在前列，依据中央矩阵就可以看出机会，需要采用何种技术特征来弥补这个不足，也就可以确定本公司拟开发成本与竞争者之间的差距（如果存在的话）。因为 QFD 团队现在知道各需求的差距以及各需求的重要度，他们就可以决定各需求的期望目标——通常使用与绩效栏相同的单位。决定各需求的目标是 QFD 团队的重要任务，这些目标是中央矩阵中要用到的权重。注意，有些版本的质量屋还有更多的其他栏目。

（5）**中央矩阵（关系矩阵）**。

中央矩阵居于质量屋图的中央。这里，顾客需求与质量特征对应起来。它们之间的关系用适当的图标标示在中央矩阵中。团队可以制定自己的图标，例如，用数字表示关系的强度，或者直接用"√"。关系的强度或者影响记于矩阵中。这些关系可能是无、弱相关、中等相关、强相关，相应地赋予权重值（通常是 0，1，3，9），然后就可以确定各质量特征的分值。根据他们的经验和判断，团队进行匹配。这里的想法就是识别所有的方法，通过"如何"实现"什么"。它也可以检验是否所有的"什么"都实现了（质量特征不足？），或者是否有的质量特征显然于事无补（冗余？）。空行意味未获满足的顾客需求，空列意味多余的质量特性。实践中，矩阵评估是一项繁重的工作。一个中等大小的 30×30 的质量屋矩阵有 900 个项目要评估。可以将任务分割，分配给不同的小组。

（6）**技术矩阵**。

紧接中央矩阵的下面是一行或者多行，对成本、技术难度或者开发时间进行排序。根据产品不同可进行选择和权衡。这让团队评价各种技术方案的功效成为可能。第一行填写根据顾客需求重要度和中央矩阵中的关系度值获取的工程措施重要度。

接下来，工程措施重要度下面的一行或者多行显示技术竞争状况评估，如果可能，使用"客观数据"来比较你们公司与竞争公司产品在实际的物理或者工程技术上的差异。还以水壶为例，它可能包括瓦特数、重量、水壶体的热传导性。这也等于完成了标杆分析。此时，团队已识别关键技术特征，并将它们与竞争对手相比较。因此，在中央矩阵的右侧你可以判断顾客的相对认知（以顾客需求重要度为权重的顾客满意度平均值），在其下方判断技术特征的相对排序（以工程措施重要度为权重的技术特征的平均值）。

质量屋的最底行，也是 QFD 过程的最后一个步骤，是目标技术特征。它们用物理术语的形式表达，在讨论质量屋所有内容之后由团队决定，下文有详细描述。目标技术特征有时是 QFD 过程的最终结果，不过很多人都同意，QFD 的真正益处是信息整合、排序、团队讨论的整个过程，因此，真正的结果是改善了的跨职能间的沟通和理解。

（7）**屋顶**。

质量屋的屋顶是质量特征相关性矩阵。对角线形安排允许每个质量特征都与其他的做比较，反映了可能存在的质量特征的关系。仍以水壶为例，两个质量特征可以是隔热能力和水容量。它们之间具有负相关性，提高隔热能力就会降低容量。基于团队的技术知识和经验，质量特征相关性在这里一目了然。有些单元格会突出显示有挑战性的技术问题，比如水壶中的薄的隔热层，它们是形成竞争优势的研发工作的主题。因此，屋顶的作用是凸显研发工作应该聚焦的地方。

将质量屋作为决策工具

中央矩阵显示的是需要设计人员关注的技术特征，参照最底行也可以得到成本信息。如果成本重要，可以根据成本调整优先级。然后评估技术特征的权衡取舍。通常影响特定顾客需求的技术特征有多个，可以在矩阵的列中清楚地看出来。某一个技术特征也可能在另外的顾客需求上有反作用。通过屋顶矩阵就可以发现这些关系。最后，通过团队讨论，得到一致意见。这可能需要时间，经验告诉我们，当实际的设计、工程和制造步骤推进的时候，前期所花的时间和成本会得到加倍偿还。

现在，底部的行就是技术特征的目标值，它可以作为下一层矩阵的输入内容，作为"顾客需求"或"什么"，而技术、装配、材料、布局等可以作为新的垂直列（或者"如何"）。逐层"部署"，直到团队感到将产品推向市场的所有细节都已经被考虑到。

注意，QFD 可能在多个步骤中使用，以将顾客需求"部署"到最终的制造和过程阶段。QFD 在这里的结果（即技术规范）成为下一矩阵的输入内容，下一矩阵的目标或许是寻找制作产品的过程规格。

组建团队

QFD 团队应该由 10 人左右组成，代表们来自产品的开发与推广有关的部门。团队的组成主要取决于是新产品开发还是现有产品的改进。重要的是需要有来自各相关部门和专业的代表，很可能邀请局外人参加，以激发创造性，询问"傻"问题。团队成员需要得到他们所在部门负责人的支持。部门负责人或许认为有组建决策委员会的必要。QFD 团队并非总是全职的，不过必须给予充足的时间以避免时间冲突。重要的 QFD 团队负责人可以是全职的，最重要的是团队负责人要有团队领导技巧，而非特定的知识。

与其他技术的关系

在前文已经提过，QFD 是大型技术，其他技术可以用于其中。例如，价值管理可用于在细节上探究技术方案可选项、成本、重要性排序。田口分析常用于 QFD，因为它是理想的检验最敏感工程技术特性的工具，以产生健壮的设计。FMEA 可以用于监测故障的影响，给技术相关性矩阵以更多的关注。QFD 团队集体工作来产生备选方案，归并组合备选方案，评价备选方案。QFD 仅仅提供宽泛的概念，改编和创新的空间很大。

延伸阅读

Lou Cohen, *Quality Function Deployment: How to make QFD work for you*, Addison Wesley, Reading MA, 1995

John Terninko, *Step-by-Step QFD: Customer Driven Product Design*, Second edition, St Lucie, 1997

15.7 精益产品开发的其他工具

15.7.1 萃智

萃智（TRIZ）是源自苏联的用于产品发明和创新的一组技术。它尤其适用于创新性的产品设计和解决生产流程问题。TRIZ 是俄语"创造性问题解决理论"的首字母缩略词。1948 年 TRIZ 的提出者奥特舒勒（Genrich Altshuller）因提出解决创造性问题的设想，被流放到西伯利亚，直到 1954 年才重获自由。他的理论在苏联遭到冷遇，后来才慢慢得到起用。TRIZ 在 20 世纪 80 年代中期传播到美国，现在它已经与精益中的政策部署、QFD、六西格玛设计、六西格玛制造等联系在一起。精益智萃六西格玛注定会有无限的应用前景。

TRIZ 的基础理念认为创新是可以传授的。所有的发明都可以归纳为一组规则或者方法，通用问题几乎都已经被解决过了。基于物理、工程学、材料知识的规则都可以学到。TRIZ 团队使用基本的规则来生成特定的解决方案。这里仅仅给出简短概括，介绍 40 个规则中几条重要的。TRIZ 肯定会，也值得推广。我们希望这会激发你对 TRIZ 做进一步的了解和研究。

达雷尔·曼（Darrell Mann）将 TRIZ 总结为 5 个要素：

- **系统冲突**——TRIZ 认为，世界上最好的创新就是解决系统冲突，例如，合成材料解决了强度和重量的冲突。TRIZ 使用矩阵来识别可以用于任何冲突情境的 40 个原则。
- **理想结果**——TRIZ 鼓励问题解决者从理想最终结果（ideal final result, IFR）为起点，逆向工作，而不是从目前状态开始。
- **功能**——它是价值工程原则的延伸。"改变的是方案，不变的是功能"。类似于孔与钻子的关系。第 3 章也讨论了此概念。
- **资源的使用**——TRIZ 鼓励尽量使用未被充分利用的资源。"将柠檬变成柠檬水。"
- **空间和时间的思考**——不要只思考现状，也要看看过去和未来，以及更宏观（供应链？）和更微观（子过程？）的系统。它形成用于理解和预测的九宫格。

下面是 40 个原则的一部分：

- 部分或者过分行动（如果不能解决全部问题，先解决一部分来简化问题）。
- 转换到新维度（使用多层设计、从另一边开启、沿一个面板移动等）。
- 自我服务（让产品服务于自身，充分利用废弃能源）。
- 改变颜色（或者设计成透明，或者使用色素添加剂）。

- 机械振动（利用振动的能量）。
- 液压或者气动装配（用气体或者液体来代替固体，用液压来连接零件）。
- 使用多孔材料（在零件上做孔，或者将孔预填）。
- 利用热膨胀（利用此物理特性，改用具有不同热膨胀系数的材料）。
- 复制（不是直接使用某物体，而是它的副本或者投影）。
- 薄膜（使用灵活的薄膜，用薄膜来绝热或者分割）。
- 再生零件（循环利用），使用合成材料。

这是效用强大的清单，仅仅阅读它们就可以激发新的思路。

奥特舒勒（Altschuller）强调，思考"理想机器"或者"理想方案"是解决问题的第一步。你有温室吗？它应该在温度升高后自动开启！现在来考虑实现它的装置：双金属膨胀条，膨胀的气球，太阳能驱动的风扇。

通用的方法由三部分组成。首先，确定为什么问题会存在。其次，描述冲突。最后，想象理想的方案，或者将自己想象为万能的魔术师。例如，考虑一个如何移动钢梁的问题。为什么它是一个问题？因为它不能滚动。冲突是它的形状阻碍其滚动。因此，理想情况下，它应是圆的。怎么做？在两侧沿钢梁插放半圆形装置。最后，发明需要实践和方法，正如著名高尔夫球手盖瑞（Gary）所说，练习越多运气就好像越好。奥特舒勒建议，从年轻时就开始，一直思考实际的问题，并将各种出版物中的好主意收集起来建立数据库。

大部分的 TRIZ 都需要技术知识，或者至少是技术方面的悟性。因此，TRIZ 不是对每人都有效。不过，对于设计人员、技术性问题解决者、QFD 团队、精益制造的实施（特别是技术方面）却特别有用。

延伸阅读

G. Altschuller, *And Suddenly the Inventor Appeared*, Technical Innovation Centre, Inc., Worcester MA, 1996

Darrell Mann, *Hands on Systemic Innovation*, CREAX, 2002

Darrell Mann, *Hands on Systemic Innovation for Business and Management*, IFR Press, 2004

Semyan Sarransky and Ellen Domb, *Simplified TRIZ*, St Lucie, 2002.

15.7.2 皮尤分析法

皮尤分析法是比较各种可选方案的快速而简易的方法，甚至可以产生新的可选方案，其名称是为了纪念苏格兰思克莱德大学已故的设计教授斯图尔特·皮尤。

皮尤分析方法是画出表格，表格的列为各种可选方案，表格的行为据以评估的准则，第一列是基本情况，或者已有方案，或者直接是第一个方案。在各准则之后的第一列写入"0"值，然后考虑第二个方案，将方案1与基本情况根据准则一一比较。不需要太多的争论，不过团队需要就更好（+）、相同（0）、更差（-）形成一致意见。对其他方案重复此操作，与基本情况做比较。

将所有的加号和减号相加就可以对各方案获得一个快速的判断。然后，对每一行或者评判准则也进行加总。探询某方案胜出的原因，在右侧加上备注说明。当完成所有行的分析后，合并所有方案中的优胜特性并得到一个新方案——"最佳中的最佳"分析。

皮尤分析也可以使用加权的评判准则。这时必须首先对各准则赋予权重值，然后像上述一样确定各方案、各准则对于基本情况的比较，结果以"+""0""-"表示。再将"+"或"-"的个数与权重的积相加。如前所述，确定更好的方案，并试图产生"最佳中的最佳"方案。

延伸阅读

Stuart Pugh, *Creating Innovative Products using Total Design,* Addison Wesley, 1996

15.7.3 新产品提产

传统的新产品引入与提产方法与相应的精益方法大相径庭。如下是其中的部分区别。

- 精益的方法是区分影响变量，像西格玛培训中的弹射器练习。皮尤的概念筛选技术明确地显示，在尝试获得最大投射距离之前，需要去除尽可能多的变异。否则，你将不知道，结果的变化到底是源于参数取值的变化还是系统的内在变异。相同的道理也适用于提产。第一，集中关注设备和方法。在保证它们的能力以后，才继续下一步骤。第二，集中关注人员与材料。第三，集中关注满足节拍时间，正常的生产开始以后才去降低它。不要试图同时解决它们，将这一思想进行延伸，一次性发布整组新产品（比如车身和发动机都是新的）风险很高。一次控制一个主要部件的引入。此外，主要的新产品引入之间不要有重叠。第一个结束以后，在引入下一个新产品之前对之前的经验教训进行总结、学习。

- 在生产向顾客销售的产品真正开始之前，用非销售产品独立进行几次简短扼要的闪电式的试生产，从中学习尽可能多的知识。这是PDCA——在每个步骤之间特意安排停顿。
- 通过调整节拍时间来提高产能。不要在证明了最大能力以后就放慢生产速度。换言之，控制学习曲线。慢慢缩短节拍时间，保证在各种节拍下的质量。
- 制定新产品引入各个方面的个人责任和职责，必须在进行下一步骤前整理完毕，不允许将上一阶段的问题带到下一阶段。
- 将新产品开发与提产分离开来。将两者合并则会产生需要多轮调整以及错过目标发布时间的风险。在开始生产可销售产品之前，要确定设计冻结的目标时间，并留出安全量。设计冻结是设计的责任，而冻结何种设计则主要是营销部门的责任。

15.7.4　2P 和 3P 方法

流程—准备（process preparation，2P）或者产品—流程—准备（product process preparation，3P）方法可以用作评估复杂设计。既可以用于早期的开发过程中，也可以用于后来的主要设计变更中。它的主要表现形式是跨职能团队对各种可能的可选设计方案进行长达数日的讨论，评估它们在顾客需求、质量和成本上的影响。它也将生产过程的影响考虑进去。常常采用模型和模拟。详细了解可以参见马希泰利的 2P/3P 活动架构。

延伸阅读

Ronald Mascitelli, *The Lean Product Development Guidebook*, Technology Perspectives, 2007

第 16 章 | The Lean Toolbox

建立精益供应链

16.1 什么是供应链管理

供应链管理是相对较新的专业，直到 20 世纪 80 年代早期，公司才意识到它们的竞争力不仅仅由自己的作为决定，同时也取决于供应链上下游企业的表现。有了这个发现以后，人们才意识到管理供应商和管理自己的运营一样重要。拥有短周期的制造过程固然重要，不过，当分销商行动迟缓的时候，最终顾客依然感觉不到短周期制造的优势。事实上，对于制造商而言，他们的产品不仅是自身流程的函数，也是供应商流程的函数。以汽车生产商为例，产品价值的 60%～80% 要向供应商采购，实际装配工厂的增加值只占汽车制造成本的 12%。在此之外，还有分销、零售和营销成本等，它们甚至占到零售价格的 30%。因此，注意到下列事实很重要。

- 供应链能力是竞争力的重要决定因素，只要想想戴尔、惠普/康柏或者沃尔玛就可以理解。
- 最终产品不仅仅是 OEM 的成就，质量、成本和交付等方面的顾客体验由整个供应链共同决定。
- 一般来说，最终产品的相当一部分价值来自供应商。
- 供应链中某个层级的绩效是其供应以及分销层级（即周围层级）的函数。

想想思科公司（Cisco），因为它未能及时调整其供应链来应对萎缩的市场，结果不得不注销25亿美元的库存。还有空中客车公司（Airbus），因为不能向供应商及时提供产品规格——结果导致线缆不够长，不得不将其A380的旗舰产品推迟上市近两年时间。这么长的时间在使用绘图板设计的时代生产飞机都够了！

因此，如马丁·克里斯托弗（Martin Christopher）所言，"是价值链之间的竞争，而不是单个公司。""在传统的运营管理中，你优化单一工厂中的流程，并假设，将局部优化联系在一起就会形成供应链级别的全球优化。"这当然是错误的。事实上，供应链中会产生代价高昂的功能失调（牛鞭效应就是其中之一），进而导致订单量激增激减、需求变化、产能利用劣化、某些产品的库存短缺、某些产品的库存过多。

供应链管理的窍门在于全盘考虑供应商、制造工厂和各级分销机构所组成的系统，寻求协同：2+2=5。换言之，通过关注各公司之间接口的连接来分析系统，然后将它们作为一个整体来管理。供应链管理的特别之处在于，不是通过管理个别部分而是整个系统来产生额外的价值。根据马丁·克里斯托弗的观点，其目标是："……将供应链作为整体，以较低的成本管理上下游的供应商和顾客的关系，在最终市场上产生增值。"

本章将阐述基本的价值链设计，讨论可能发生的代价不菲的需求扭曲的根本原因，研究和供应商以及物流公司合作的方法，以及如何处理顾客订单，还有定制产品的需求，最后是设计精益供应链的总体架构。

延伸阅读

David Simchi-Levi, Philip Kaminsky, Edith Simchi-Levi, *Designing and Managing the Supply Chain*, Irwin McGraw Hill, Boston, (Second edition) 2003

Martin Christopher, *Logistics and Supply Chain Management*, FT Prentice Hall, 3rd edition, 2004

16.1.1 一致性的激励政策

一旦认识到供应链没有运行在最优状态，如何说服系统中的众多公司改变行为模式呢？如何激励各公司为了更高的整体供应链效率而对自身的运营做出让步（局部优化）？目前只有两种机制可用：影响力和成果分享。在第一种机制中，系统中更有影响力的组织直接提出变革要求，并对不遵从的供应商实行惩罚。这在汽车行业普遍存在，少数的主机厂向众多小型供应商采购零件。这种方法不精益。它不尊重供应商，会让供应商产生不好的感觉，长期而言会反过来损害主机厂利益。

更好的方法是成果分享，这在其他工业领域是常见的。例如，在百货零售业中，可口可乐、联合利华和乐购或者沃尔玛权力对等，需要用成果分享来激励合作伙伴改变供应流程，双方紧密合作，或者直接分享流程改善的收益，或者用锁定的长期合作（主要体现在对续签合同的展望）来说服供应商或者零售商顺从。

纳拉亚南和拉曼（Narayanan 和 Raman）概括了协调供应链流程的四个步骤。

（1）发现存在不协调的激励体系。使用需求放大图来显示目前的功能障碍，凸显浪费。

（2）诊断不协调的原因，使用根因分析工具。

（3）变更激励系统（合同、绩效指标），奖励合作伙伴以供应链最高利益为原则来行事。

（4）定期回顾，对各层级的经理人员展开培训，让他们理解他们的决定对系统中其他合作伙伴的重要影响。

16.1.2 高效供应链和响应式供应链

基本的供应链设计方法有多种，费雪（Marshall Fisher）在《哈佛商业评论》中发表的文章给出经典的总结，它与精益战略息息相关。费雪主张，如此多的供应链（以及精益？）实施项目失败的原因是，它们与顾客需求不匹配。他主张，需求有两类：功能型的——典型特征为可预见、低边际收益、需求变化小、长产品寿命周期和提前时间、不需要在旺季结束的时候减价。创新型的——典型特征为难预见、高边际收益、需求变化剧烈、更短的产品周期和提前时间、通常在季末减价促销。功能型需求需要高效流程或者供应链，而创新型需求需要响应式流程或供应链。需求和流程不匹配会产生问题，让擅长于某一类型的经理管理另一类型的供应链也一样会产生问题（见图 16-1）。

费雪指出，缺货导致的损失贡献率在功能型和创新型产品之间差异巨大。前者的销售贡献率为 10%，1% 的缺货率意味着 0.1% 的利润损失（微不足道），而后者的销售贡献率和缺货率若分别是 40% 和 25% 的话，就意味着 10% 的利润损失（相当可观）。

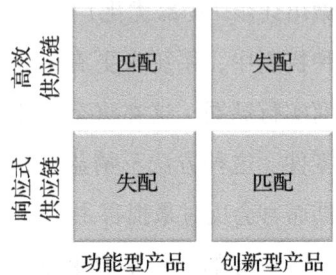

图 16-1 产品与供应链的匹配

对精益战略而言，这意味着，需要用响应式供应链的产品不适于在遥远的低成本区域生产，虽然它是稳定的功能型产品的合适选择。这也印证了，需要为不同的需求市场建立不同类型的生产设施和供应链。你能将精益的效率和响应式的"敏捷"等同吗？绝对不行！

两者都需要贯彻多项精益基本原则。不过响应式供应链在快速之外还需要灵活流动的战略缓冲库存。如果可以借由快速的信息流（EDI、EPOS、ECR，见本章后文的合作部分）来降低订单履行提前时间和不确定性则更好，也包括流程再造。费雪给出三种方法——降低不确定性（更快的信息或者大批量定制），避免不确定性（缩短提前时间）或者控制不确定性（缓冲库存）。当然，就像工厂物理学主张的那样，只有三种应对不稳定性的方法：库存、产能和提前时间。

费雪说很多公司都发现他们的产品位于不匹配的"创新型产品"和"高效供应链"象限。如果位于此不匹配的区域，将存在两种可能——要么让产品和需求更具有功能性（产品线合理化，或者改进设计），或者通过上述的方法让供应链更具有响应性。组织应该在两者之间取得平衡。南非米勒酿酒公司（SAB Miller）就是一个示例。他们具有大量高效的、低灵活性的、高产量的"基本"酿造厂和更为灵活的而效率稍低的柔性酿造厂。因此，不能就其本身来判断一个单独的酿造厂该使用何种供应链，而是应该采用系统的方法。

16.2 动态的需求失真

将变化的需求想象为大海的波浪——海浪越平，航船保持航向耗费的能量就越小。供应链与此相同。需求和交付模式越多变，你就要设想更多的库存、加急运输、产能利用不足或者过度。在百货零售业的研究中，Kurt Salmon 公司发现，供应链中存在 12.5%～25% 的多余成本，相当于仅仅美国的百货业中就存在 300 亿美元的降本潜力（销售额 3000 亿美元）。理解这些"涟漪效应"的关键是分辨根本原因，以及系统随后对它们的反应。我们从最重要的根本原因开始——不确定性。

16.2.1 不确定性的种类

基本的不确定性有三种类型，它们对任何的流程、工程或者供应链都会产生负面的影响。

（1）**需求不确定性**。这指的是市场上的顾客订单。它可能因为天气（如冰激凌），季节（如剪草机）等原因，或者按照一定的趋势发展（例如，顾客购买的平板电视机越来越多，而传统的显像管电视机逐渐淡出）。其他的影响需求的因素包括促销活动（只能造成短时间的上升，并导致相关产品的销售减少），引入新产品或者新技术（参见破坏性技术章节），以及竞争者行为（促销、新产品）。除了促销和动态定价，一般来说其他因素对需求不确定性影响很小。不过，在探究所有的根本原因之前，不要轻易假设需求是不确定的！同时参见需求管理。

（2）**转换或者产出不确定性**。这指的是各种影响产出率的过程的不确定性，包括生产缺陷产品、机器停顿及故障、长换型时间，以及给定流程的不可预知提前时间。可以通过全员生产性维护（TPM）、六西格玛以及其他各种精益工具来消除。

（3）**供应不确定性**。指的是各种材料和零部件供应的不确定性，可能反映为不确定的质量、差劲的准时交付绩效、变动的提前时间等。供应商的配合很重要。

在这些基本的类型之外，区分实际不确定性（最终顾客导致的）和人为不确定性（供应链协调不良导致的）很重要。例如，当由于促销而增加某一产品的销售时，通常顾客都会提前购买以享受低价。因此，在促销期间的高需求之后总是随之产生人为的低需求。沃尔玛将此作为论据从不进行促销，而是通过稳定的供应链来实行"天天低价"（everyday low prices, EDLP）策略。它们成功地规避了促销的负面后果，基于稳定的供应链实现的成本节约来一致地降低所有产品的价格。

延伸阅读

Davis, T. 'Effective supply chain management', *Sloan Management Review* 34 (4), 1993, p35-46

16.2.2 牛鞭效应

牛鞭效应是一种供应链现象，即订单波动沿供应链放大（同时参见需求放大图章节）。像牛鞭一样，随着信号在供应链中由一个层级向另一个层级传递，订单的变化增加了，如图16-2所示（纵坐标代表不稳定或者增长的幅度，横坐标代表波动的时间范围）。

牛鞭效应能够严重影响供应链的绩效，然而，供应链中单一环节的精益化对此帮助不大。结果是需要为应付高低需求的变化（即使终端顾客产生很小的需求波动）预备额外的产能，以及降低的顾客服务水平。

它是如何产生的呢？ 最基本的问题是，任何系统应对输入信号的变化都有迟滞现象。当系统花时间来反应并调整输出上下变化时，每次都会存在少许的超调或者欠调，并传递到下一层级，下一层级则做出更大的反应。你是否想知道，公路上的车流有时会没有任何原因地突然停止？答案就是牛鞭效应：当行驶的汽车之间距离太近时，驾驶员减速的反应时间不够，最终系统的"反应"增大到交通中止的临界点。相同的结果在供应链中也会发生，我们在这里用两个连接的水箱来说明：一个代表零售商（下游），另一个代表供应商（上游）。水量代表系统中的库存，控制水流进出水箱的阀门代表订购决策。

因为存在信息流动的延迟，前一层级（本例中指供应商）必须对需求变化做出更强烈的反应：整体上看，就是订单的变异增加（见图16-2）。

因此，越靠近供应链的上游，需求信号的变化被估计得越大。研究显示，平均而言，供应链各层级之间的订单变异系数是2！

在这里，重要的是记住"结构驱动行为"。麻省理工学院的杰伊·福里斯特和约翰·施德曼（Jay

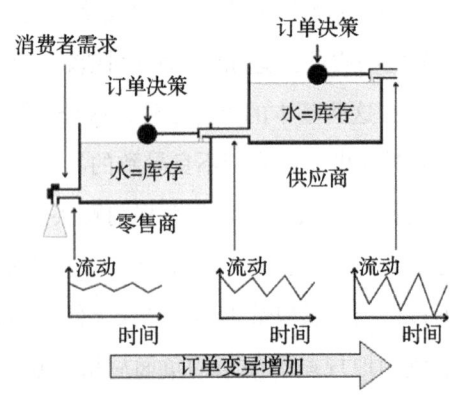

图16-2 订单波动沿供应链放大现象

Forrester 和 John Sterman）在啤酒游戏中对此进行精妙的展示。也就是说，造成需求放大或者牛鞭效应的很多元素是系统内建的，并非由最终顾客驱动！

为什么它会发生？在福里斯特和伯比奇（Burbidge）的著作基础上，李（Lee）等人（1997）发现了五个相关的原因。

（1）**需求预测和信号处理**。它是所有福里斯特效应或者放大效应的因素之一。供应链各环节的预测人员都希望保有并调整安全库存来缓冲变异，一个小的干扰就会导致大量的变异链反应发生，进而沿供应链产生更多的安全库存。信号处理放大效应也由订单解读的方式产生，因此与下文讨论的批量操作有关。通过信息共享来改善预测、降低不确定性是有效的应对方法。

（2）**提前时间**。福里斯特效应的另外一个因素，产生的原因就是按照提前时间和变异性计算安全库存和订单量。缩短提前时间会改善绩效。

（3）**批量操作**。也称作伯比奇效应，原因是成批地下订单——大批量订单之后跟随的是无订单，重复循环下去。批量操作的原因可能是运输或者单件产品订购成本较低。EPE 和循回供料概念可以帮助改善。

（4）**定价波动和促销**。供应链中的组织或许认为价格会上涨或者想享受数量折扣。信息共享以及增加响应协调有助于改善。用"天天低价"（EDLP）来消除不当的价格折扣行之有效。

（5）**限量销售和超量订单**。也称作华利安效应（Houlihan Effect）或者"飞轮"效应，这是因为供应链中的参与方预期产品会短缺或者分销商认为出于利益或者公平性考虑供应商将推出限量举措。超量订购会导致恶性循环，因为需求的增加会被理解为终端顾客需求的变化，而实际上仅仅是安全库存政策发生了变化。订单未被满足会导致更大的订单，并持续下去，直到投放额外的产能，这又会导致订单的突然消失。信息共享仍然是有效的方法。注意，虽然这些牛鞭效应的因素通常发生在供应链中，但工厂内部也会发生。

简而言之，稳定的（精益）供应链有三个"敌人"。

（1）**库存和延迟**。它们进一步恶化所有的放大效应。对变异的响应时间越长，上游的波动就越剧烈。这是全球供应链的典型问题。此外，决策不及时也需要建立库存，因为预测的时间跨度越长，准确性越低，保有的缓冲库存就越多。最终，安全库存决策会发出错误的信号。因此要警惕：调整库存水平要让你的供应链伙伴知晓。

（2）**不可靠性或者不确定性**。任何的不确定性都需要用库存来保护。不可靠的流程导致不可靠的交付，最终在接收端产生不确定性。解决问题的起点应该是可靠且能力充足的流程。

（3）**交接或者决策点**。系统中每一次交接或者每一个层级之间都存在扭曲需求信号的危险，因为计划员倾向于"误读"实际的需求。因而，干预需求流程的人员越多，一般而言需求的波动就会越大。特别要留心"二次猜测"——在某人的预测上再进行预测。

要一直记住迈克尔·哈默的话："库存是信息的替代品"——如果你有充分的信息，就不需要任何的缓冲库存。可靠的信息越是不足，就需要持有越多的库存。

延伸阅读

David Simchi-Levi, Philip Kaminsky, Edith Simchi-Levi, *Designing and Managing the Supply Chain*, (Second edition), McGraw Hill, 2003

Steve Disney and Denis Towill, 'Vendor-managed inventory and bullwhip reduction in a two-level supply chain', *International Journal of Operations and Production Management*, 23: 5/6, 2003

Sterman, J.D. *Business dynamics: systems thinking and modeling for a complex world*, Irwin McGraw-Hill, Boston, 2000

16.3　管理供应商关系

16.3.1　供应商选择

精益供应链要求，每种零件必须有几个供应商，甚至一个供应商只供应某一种零件。理想状态是与可提供大量零件的少数优秀的可信赖供应商合作。在过去的十年中，很多公司都大幅度减少供应商的数量，目的之一是去除供应商帕累托的长尾，即10%的零件由80%的供应商提供。

一般来说，对于A类零件以及可能的B类零件，形成合作型的长期供应商伙伴关系有重要意义，而对于初级商品则不适用，可以通过基于互联网的反向拍卖来购买初级商品。零件的关键性和风险也对确定供应商关系有影响，组织不会冒险和在行业关系、财务和质量保证上表现不佳的公司建立伙伴关系，这也意味着在供应商选择上应该使用团队方法。采购经理或许要起协调作用，不过在伙伴关系中，本公司的设计人员将与对方的设计人员进行交流，质量对质量，生产控制对生产控制，如此类推。

"被欺骗"（也称作"机会主义行为"）的风险很小，因为供应商损失不起。不过也有应对的方法：让一个供应商仅提供某个工厂的某一个零件，而另一个工厂的该零件由另外一个供应商提供。这样的安排分摊了风险，同时仍具有单一供应商的优势。

另外，也可以用日本的方法，即同时培育几个供应商，通过和其中的一家签订产品寿命周期内的特定零件的独供合同来奖励优秀供应商，而选择其他供应商作为另外终端产品的类似零件的独家供应商。

四个供应商策略模型

精益供应链经理应该考虑至少四个供应商选择和采购模型。很多物流经理也使用下述的多个模型来帮助构建他们的供应商选择和优化流程。

（1）**常规、定期、偶尔需求/ABC库存模型**。在本书的未来状态图章节的库存部分讨论过。应该考虑对A类零件常规需求零件（紧密的伙伴关系？）和A类零件偶尔需求零件（松散的关系？）的采购政策加以明确区分。同样，也要区分A类的常规需求零件和C类常规需求零件（平等对待？），等等。

（2）**零件复杂度和物流供应链复杂度**。构建一个2×2的矩阵，将零件或者流程复杂度放在一个轴上，将物流供应链放在另一个轴上。物流复杂度也指对于灵活性和响应提前时间的需求。长提前时间本身并不表示复杂的物流。高（流程复杂度）—高（物流复杂度）象限：紧密伙伴关系的可能性。低—低象限的零件或许可以通过eBay进行全球低成本采购。而低物流复杂度的复杂零件或可通过建立伙伴关系进行全球采购。最后，高物流复杂度低零件/流程复杂度的零件则可以就近在本地采购。

（3）**杰弗瑞·戴尔（Jeffrey Dyer）提出三个分类——内部制造件、伙伴供应商、邻近独立供应商**。他的分析显示，丰田向伙伴供应商采购占成本大约50%的零部件，这形成其巨大的优势。而另外的两类各占大约25%。戴尔称此组合为供应商治理概貌。理想的概貌因行业不同而有所差异，高科技行业向伙伴供应商购买的比例会更高。

不过要注意，丰田好像并未参与基于网络的采购革命，更喜欢用传统的方式与有限的供应商合作。原因之一可能就是基于互联网的采购平台的发展历程。由几家OEM在2000年推出的科纬迅供应商在线平台（COVISINT）一直没有实现其每辆车节约1000美元的承诺，使用不久就被汽车生产商所滥用，原因是仅仅依据最低价格来确定供应商的反向拍卖机制，另外它的规则常常倾向于对OEM有利。毫不奇怪，供应商不愿意参加，稍后他们推出了自己的采购门户SupplyOn，它能确保公平的规则，并在汽车行业成功使用。

（4）克莱顿·克里斯坦森（Clayton Christensen）在他的"**破坏性技术**"论文的基础上提出一个概念（参见第5章有关战略的内容），它不是关于供应商选择，主要涉及采购战略。产品（如个人计算机）或者其主要子系统（如硬盘）的性能随着时间而改善。顾客的需求也在提高，不过一般来说速度较慢。在寿命周期的早期，顾客需求超过产品性能曲线的时候，克里斯坦森称之为"不够好"。不过随着性能的提高，产品或者子系统的性能会超越顾客需求，甚至那些苛刻的需求。对于大部分顾客而言，现在的个人计算机就属于此类。克里斯坦森称之为"好"。当产品性能进一步提高时，它们就会容易受到"破坏性技术"的攻击而变得脆弱。克里斯坦森认为当产品或者子系统从"不够好"发展到"好"的类别的过程中，会有巨大的变化发生。在前者中，整合是成功的关键（如福特的早期），研究与开发、设计和制造要紧密联系在一起，整合产生利润。在"好"类别中，公司必须在速度和灵活性的新维度上参与竞争。模块和接口需要更为清楚地定义。此时，需要的是解构，以便能够从合适的供应商处采购到当前最好的零部件。这样，影响力就转移到那些可以足够灵活地提供所需模块的公司。OEM也具有影响力，强制供应商开发更为新颖的零部件，并声称它们的产品"不够好"。

延伸阅读

Jeffrey Dyer, *Collaborative Advantage*, Oxford University Press, 2000

Clayton Christensen et al, 'Skate to Where the Money Will Be', *Harvard Business Review*, November 2001, pp72-81

16.3.2 供应商关系模式

有两种基本的关于供应商关系的模式，它们相互对立：成本驱动的对抗型模式，以及长期的合作型模式。前者是传统的西方模式，需要通过艰苦的谈判来获取最好的单价。第二年如果另外一家供应商报价更优惠，你就会改变供应商。日本的方式与此不同。它们的关系是建立在信任和长期承诺的基础上，并通过相互持股来进一步加强它们之间的关系。然而，认为日本式关系不存在竞争就大错特错了。事实上，日本供应商关系模式如此成功的原因（对于A类和B类零件）在于它将长期合作、基于信任的优势与持续的市场压力结合到一起。

伙伴关系就是，通过合作而不是对抗，让双方都受益。它是长期的观点，强调总成本而非产品价格。成本不仅包括零件或者产品的价格，还要考虑质量（缺陷/PPM）、交付可靠性、交易的简单性、未来降价的潜力。

伙伴关系还不止这些，还包括寻求长期而稳定的关系，而不是短期而对立的关系，不着眼于眼前利益。常用婚姻来类比伙伴关系：虽然关系起起落落，但相互的承诺保持不变。在伙伴关系中，签订的长期合同给予供应商信心，并激励他们进行投资和改善。双方都认识到，对于低价的企图以及合同签订后在意外事件上的争论不休是一种浪费，结果会适得其反。取而代之的，是双方在降价上展开合作的可能，并分享收益。这样的合作甚至可以通过临时借调人员来实现。参见下节供应商协会。

日本式的供应商伙伴关系的特征有以下几个。

（1）**长期合作关系**。信任、承诺、尊重共存的权利是首要的方针，不存在为获取短期收益而采取的机会主义行为（破坏与供应商的关系），焦点在于长期。

（2）**双渠道采购**。每个零件都有少量（至少两家）的供应渠道。供应比例根据供应商的业绩每年调整，因此存在长期的承诺和安全感，不过市场压力在关系中一直存在。

（3）**共同改善活动**。与供应商紧密合作开展运营改善。例如，丰田在肯塔基州建立专门的供应商支持中心来给供应商进行精益培训。同时，在丰田要求下每年降低成本的同时，也通过合作如期完成改善活动，而非独立行动。

（4）**运营和物流**。使用平顺化的生产计划避免供应链中出现干扰性峰值。

同时，循回送货系统可以处理准时化定序供应（Just-In-Sequence Supply）所需的混合型号、小批量交付。工厂中严格的 JIT 交付时间窗口系统意味着供应商仅仅交付所需的零件，尽管这会牺牲部分运输中的负载效率。

供应商合作的层次

合作型的供应商关系模式是支持精益供应链必不可少的，可以像在日本一样运用于西方工业界。认为东方的企业集团或者财阀结构是支持长期关系的必要条件的论断已经在很久以前就被驳倒。日本的汽车制造商和西方供应商高效合作，而它在西方公司里没有任何股份。

莱克和考伊揭示，日本制造商在它们位于美国的工厂也建立了同样强大的供应链。他们也提出了建立"深度供应商关系"的一组基本原则。

开展共同的改善活动。

（1）与供应商交流最佳实践。

（2）在供应商工厂内开展 Kaizen 项目。

（3）建立供应商研究团队。

广泛而有选择性地分享信息。

（4）设定具体的会议时间、地点和日程。

（5）使用严格的格式分享信息。

（6）坚持准确的信息收集。

（7）用结构化的方式来分享信息。

开发供应商的技术能力。

（8）培养供应商的问题解决技能。

（9）建立共同的术语。

（10）锻炼核心供应商的创新能力。

监管供应商。

（11）向核心供应商发送月度报告卡。

（12）提供及时而一致的反馈。

（13）让高级经理参与问题解决过程。

（14）将供应商之间的竞争转化为机会。

（15）每种零部件有 2~3 家供应商。

建立兼容的生产理念和系统。

（16）和现有供应商建立合资厂以传递知识、保持控制。

（17）理解供应商的工作方式。

（18）学习供应商的业务知识。

（19）到供应商处观察他们是如何工作的。

（20）尊重供应商的能力。

（21）承诺共同繁荣。

信任、伙伴关系和专用资产

2000年杰弗瑞·戴尔在他的著作中对于合作型供应商关系模式提出另一个观点。他发现导致丰田美国供应链如此有效的三个特征。尽管在戴尔的分析以后发生了很多的变化，比如福特汽车将伟世通（Visteon）剥离，而通用汽车将德尔菲（Delphi）剥离，奔驰汽车（Mercedes-Benz）与克莱斯勒（Chrysler）合并，但他的重要分析在很多行业中依然有效。三个相互关联的特征如下：

信任的关键作用　给值得信赖的伙伴承诺，让它们建立自信，不对脆弱的伙伴加以剥削。建立信任需要时间（例如，在选择和帮助供应商时），之后则可以在新产品引入和供应链中建立快速、灵活的流动。大量削减交易中的官僚手续和浪费。戴尔给出的交易成本和不信任成本的证据让人印象深刻。他指出，信任也会鼓励投资、创新和稳定的就业。戴尔指出，美国丰田在值得信赖方面居于领先地位。

投资于专用资产　建立信任让投资于专用资产成为可能。戴尔还指出，20世纪90年代福特和通用汽车的内部制造产值是丰田的两倍，具有大约相同比例的邻近供应商，而只有大约丰田1/5的伙伴供应商。此后事情发生了变化，伙伴专用资产出现，并进而导致生产率、质量、设计和速度绩效上的提升。

戴尔也曾指出，专用资产和伙伴关系的优势在复杂行业更为重要。这就是日本行业更为高效的原因。不过它们在简单产品行业的重要度大为降低，此时与邻近独立供应商的关系更为重要。

通过供应商网络发展并传递知识　在信任和专用资产的基础上，显性或者隐性知识的传递是生产率和质量改善的关键因素。根据我们的经验，丰田在英国的供应商的生产单元往往比其他公司在该供应商处的生产单元效率高出很多，这是因为他们享受到支持，获得更为稳定的计划，对未来更有信心，流程更为简单，付款期限更短，受到更多的辅导，对于丰田改善专家和工程师的拜访相较于其他顾客有更少的担心。

在日本，以及经济日渐增长的其他世界各地，供应商伙伴关系现在已经从一级供应商向二级甚至三级供应商延伸。汽车行业中的大公司起领导作用，而其他行业以及小型公司则紧随潮流。就像 TQM 的常识，这里的思想是，质量由最弱的环节决定。

延伸阅读

Jeffrey Dyer, *Collaborative Advantage*, Oxford University Press, 2000

Liker, J.K., Choi, T.Y., 'Building Deep Supplier Relationships', *Harvard Business Review* December 2004, p 104-113

16.3.3 供应商协会

供应商协会的概念是供应商伙伴关系概念的延伸。供应商协会是由供应商组成的旨在互相帮助和学习的"俱乐部"。其成员可能向一家公司供货，或者是一个地区内供应不同顾客的多家公司。协会寻求从其他成员学习最佳实践，或者通过合作获得生产率方面的竞争优势。在日本，供应商协会称作 Kyoryoku Kai。

有三种协会类型：运营（获取成本、质量和交付等方面的改善），采购（利用规模经济性）以及市场（协同实践方法或共享专门知识）。

运营类协会

彼得·哈恩斯（Peter Hines）将第一种定义为"某公司最重要供应商组成的互利团体，它们为了协调、合作的目的定期聚会。该团体还帮助它们发展（并得益于）与大型日本装配厂合作的有关技能，如 Kaizen、准时制生产、看板、U 形生产单元、实现零缺陷"。

根据哈恩斯的说法，其目的是：

- 改善 JIT、TQM、SPC、VE/VA、CAD/CAM、柔性以及成本方面的技能。
- 产生统一的供应系统。
- 促进信息的流动。
- 增进信任。

- 让供应商与市场发展保持接触。
- 作为良好的业务伙伴，提高其在顾客中的声誉。
- 为缺乏专家、培训师和设施的小型供应商提供帮助。
- 延长合作关系。
- 分享发展的利益。
- 为分包方提供发展它们自己的供应商的榜样。

母公司赞助类型的协会受益于母公司的专门知识和资源，常常是免费提供的。地区类型的协会则共同分担诸如培训讲座成本和培训资料等资源，也通过向其他成员公司短期委派关键的专家来共享专门知识。地区类型的协会可能由政府提供部分资金，可能有专职人员来促进各项事务。在日本，受邀参加由大公司运行的有声望的供应商协会被认为是一种荣耀。共同开展项目，在某一专门领域的协助，开发共同标准、培训、课程，短期交流或者委派员工，标杆学习，聘用咨询师或者讲师，协会内的工厂参观，共同参观外部公司或者其他协会等，都是常见的活动。

参加协会的供应商不取决于规模——事实上，拥有自身母公司资源支持的大型公司可能获益较少。此外，通用零件或者标准件的供应商往往不在邀请之列。业务的主要部分（25%或者更多）依赖于母公司的供应商一直是协会的目标成员公司。母公司的采购部门通常扮演重要角色，不过有些供应商协会现在由较低层级的供应商或者学术团体发起（如卡迪夫大学商学院的精益企业机构）。通常，供应商协会要召开年度或者双年度的大会来回顾绩效数字，并根据不同的衡量指标来排名。这将激励排名靠后的成员来寻求帮助，或者自己采取行动。

供应商协会通常会有自身的规定或者规则，并由一名来自母公司的退休高级工程师来主持，不过现在越来越多的是由来自成员公司的全职或者业余人员来充当协调人。支持人员可以短期借调，取决于项目及需要。通常成员公司支付会费。协会在顶层设有总监级别的管理团体，通常一年开一次会。一些职能领域的主管每个季度开一次会。工程师和一线员工见面更为频繁，或者为解决特定的问题而组建临时的专门任务小组。有些协会认为社交活动对于活跃气氛非常重要。在协会内部，可能会按照产品类别，或者成本、质量、交付、生产计划等门类设立单独的职能。

采购类协会

采购类协会是为了相互获取与采购有关的利益而联合起来的另一种协会，通过它可以获得更大的数量折扣，或者产生比一个公司更大的"影响力"。通常会建立并维护所需材料以及产品的数据库，有时由第三方来执行。这在澳大利亚已经取得成功，通常由采购咨询机构发起。采购协会不必参与运营协会的所有活动，参会人员可以仅仅局限于采购人员。在 JIT 工厂已经相当普遍的一种形式是，由合同方来管理库存，供应多种小型零件。这是"供应商管理库存"的一种。因为这样的合同方在多个区域经营，它们能够享受数量折扣，并将收益的一部分向主机厂转移。通常这样的合同方会负责一个大型工厂，有的合同方也向一个区域内的多家小型公司供货。这就像是合作式商店，只是合作方是专业的库存管理人员和二次理货人员。

市场类协会

或许与"敏捷制造商"有类似的特征，即，它们享受资源池所带来的协同收益，或者赢取大型订单。有时也称作"联盟"。这类组织在国防、计算机和建筑领域已经普遍存在。

延伸阅读

James Womack, Daniel Jones, Daniel Roos, *The Machine that Changed the World*, Rawson Associates, 1990

Jeffrey Dyer, *Collaborative Advantage*, Oxford University Press, 2000

Richard Schonberger and Edward Knod, *Operations Management* (Sixth Edition), Irwin, Illinois, 1997, Chapter 9

Peter Hines, *Creating World Class Suppliers: Unlocking mutual competitive advantage*, Pitman, 1994

Richard Lamming, *Beyond Partnership*, Prentice Hall, 1993

Donald Fites, 'Make your Dealers your Partners', *Harvard Business Review*, March/April 1996

For a case study on the establishment of a supplier association in Wales see Dan Dimancescu, Peter Hines, Nick Rich, *The Lean Enterprise*, AmaCom, New York, 1997

16.4 供应链合作

16.4.1 供应商管理库存

集中的信息系统，以及由供应链最前端向所有成员提供实际的需求预测，两者一起形成了可以显著降低牛鞭效应的有效方法。欠缺之处在于，各公司都根据下游信息使用移动平均法来确定目标库存水平，并将结果作为向上游供应商下达订单的基础。迪士尼和妥维奥（Disney 和 Towill）提出，适当使用的供应商管理库存（VMI）或许是一个解决方案。在这里，顾客向供应商提供的是库存信息，而不是订单信息。顾客的实际库存与预先同意的再订购点（re-order point，ROP）相比较，ROP 的设置保证不会缺货。双方就订货到达量（order-up-to point，OUP）达成一致。当实际库存达到或者低于 ROP 后，供应商补足它与 OUP 之间的差额。这样的方法可以用于供应链中的各个层级，配合循回供货则效果更好。

将这个逻辑运用于上文的水箱模型，VMI 中的供应商取代零售商做出订购决定，如图 16-3 所示。这样的益处在于，它让供应商可以直接看到零售商处的库存水平，更重要的是，它还减少了供应链中一个决策层级。我们在前文看到，牛鞭效应由提前时间、不确定性、交接或者决策点所驱动。VMI 是降低牛鞭效应的有力工具。它让零售层级的消耗量对供应商可见从而减少了不确定性，又因为供应商不用等待正式的订单从而缩短了提前时间，它还取消了决策点。

16.4.2 信息共享

信息共享可以通过两种方式实现：零售商或者制造商可以分享它们的实际销售数据（EPOS 数据，即电子销售终端数据，零售商通常与其供应商分享），或者它们可以并与其供应商分享并协调预测（合作式预测）。这两种方法所服务的目标不同。EPOS 数据对于制订短期的执行计划非常有用，并驱动补货信号（此时它的作用相当于看板：销售一件，补充一件）。共享预测对于短期行为没有价值，不过对于协调产能、避免瓶颈和未来的过量生产必不可少（见图 16-4）。

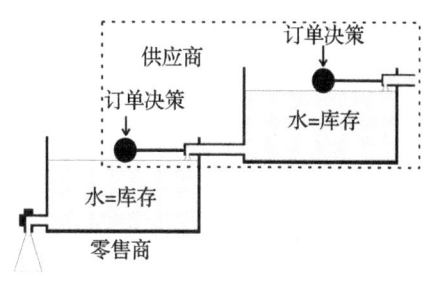

图 16-3　供应商管理库存

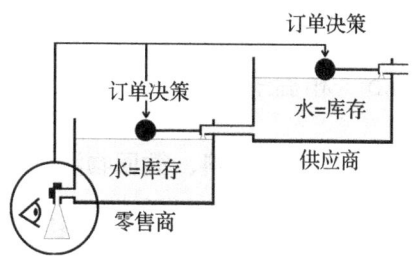

图 16-4　信息共享

此外，促销活动应该进行充分的提前沟通，这样整个供应链就会知道短期内销量可能会增加，而且不会对系统中出现的波峰反应过度。

16.4.3 合作计划、预测和补货

合作计划、预测和补货方法（CPFR）先在百货零售业试行（参见 vics.org），在 VMI 和合作计划有效结合后，形成一种紧密的供应链合作模型。如水箱模型图 16-5 所示，CPFR 使用工具来提高需求可见性（合作预测），用 EPOS 数据来驱动补货（持续补货），同时减少库存和订单管理的层级（VMI）。因此，它是管理快速消费品领域大流通量供应链的有力工具。自此以后 CPFR 也在多个其他领域得到应用，不过要记住以下几个要点。

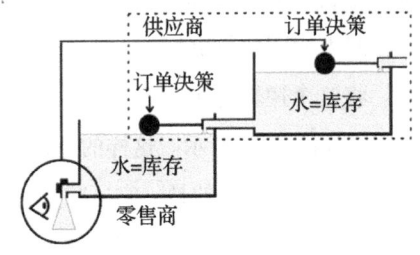

图 16-5　合作计划—预测—补货

- 建立这些系统需要成本，因此要利用帕累托分析来确定是否值得。
- 接近 100% 需求都包括在系统中的时候才有作用。如果某些供应商和顾客不合作的话，CPFR 的价值就大为降低。
- 确保使用销售计划以外的其他信息，同时也将销售计划向生产部门转达。将生产计划与顾客需求预测联系起来。谨防常见的错误：信息整理出来，却无人使用！

延伸阅读

Matthias Holweg et al., 2005, Supply Chain Collaboration: Making Sense of the Strategy Continuum, *European Management Journal,* Vol. 23, No.2, p. 170-181

16.5　精益物流

16.5.1　循回供料、循回物流

历史悠久的循回物流已在多个领域中得到应用，即一辆运输工具以工厂为起点和终点，沿着一定的路线重复来往穿梭，并途径多家供应商。在特定

的时间窗口内——通常是半个小时，在每家供应商处只收取小批量（一天的？）零件（几个？）。

循回物流也在分销系统中有应用。循回物流概念与工厂内的水蜘蛛或者专职物料员相似。专职物料员概念适用于工厂，非常有效。类似地，循回物流是减少供应链成员之间的订单放大效应并鼓励稳定流动的有效方法。专职物料员是内部的鼓点，而循回物流是外部的鼓点。混合型号生产的混合程度越大，"EPE"越小，它的效用就越明显。循回物流也有助于暴露问题和改善。参见专职物料员相关章节。

循回物流可以减少运输浪费，改善速度、灵活性和流动，缩短提前时间。它们有助于建立信心，结果是减少缓冲库存并支持协同计划。或许每天都会进行小批量多品种的取货，而不是对某个零件每周进行一次大批量的取货。此外，联系多家供应商的高效路线可以减少总的运输距离。如果公司再聪明一点，它可以在发出成品的同时，收回可以重复使用的物料箱或包装，甚至向其他供应商供货。有些循回物流还包括越库作业，即将来自远处供应商的可能装载于小型运输工具上的物品用大型车辆重新配载。

通过协同作业，让货物逗留在越库作业中的时间长度最小化。参加循回物流的边际成本可能很小，应该将此想法向供应商协会推介。参加的供应商或者分销商越多，每家享受的成本效益就越高。如今，循回物流要么属于OEM，要么属于第一级供应商，尽管运输车辆可能由第三方承包人提供。

16.5.2 风险管理，风险池

任何投资都存在风险。因此，管理的关键能力之一就是评估风险，并制定策略来缓解或者控制风险。风险管理有几个步骤：**预防**，旨在降低特殊风险的发生；**控制**，降低风险一旦发生后所产生的损失；**转移**，即通过向保险公司支付保险费来让它们承担风险；**分散**，即不将所有的钱放在一张银行卡里面；最后是**对冲**，即签订合同确定未来的价格，虽然预防了损失，却也不能获得额外收益。在此之外，还有降低风险的操作性方法，称作**风险池**。

就供应链管理而言，风险池思想就是重新设计供应链、生产流程或者产品，或者是减少公司所面临的不确定性，或者是对冲不确定性，这样公司就可占据有利形势来缓解不确定性的后果。基本的风险池方法有三种。

（1）**场所池**，此时来自多个区域或者地点的库存被合并起来，放到一个中央或者区域性的设施中，这样可以降低缺货或者涨库的风险。

（2）**产品池**或者**差异延迟**，使用模块化设计来延迟产品的组态，这样少数的产品型号就可满足所有的需求。惠普在它的打印机事业部成功运用此方法来应对市场需求的不确定性。

（3）**产能池**，每个生产基地可以生产多种型号，以应对单一产品的需求高峰或低谷。沃尔沃使用所谓的"摆动模型"，某产品型号在寿命周期内都在两个工厂中生产，以应对需求波动。

总风险池遵守预测的两个规则：延迟差异（或者集成需求）可以提高需求信号的质量，缩短提前时间（或者预测的时间跨度）也可以提高需求信号的质量。风险池策略在需求负相关时最为有效（即一种产品需求上升，另一种就下降），因为总需求的不确定性比任何单一产品的不确定性小得多。

延伸阅读

David Simchi Levi et al., *Designing and Managing the Supply Chain*, MacGraw-Hill, (2nd ed), 2003

16.6　订单履行和产品定制

16.6.1　响应性、灵活性、敏捷性

"敏捷性"和"敏捷制造"的概念非常时髦。尽管普遍认为它与精益相对（你可以要么"精益"，要么"敏捷"……），有趣的事实是，敏捷实际上由克莱斯勒的拉考卡（Lee Lacocca）在20世纪90年代初期作为"精益"的同义词发明出来。此后，这个术语就被克兰菲尔德大学（Cranfield University）的马丁·克里斯托弗及其团队在多种场合应用，并成为"响应性"的同义词，即如何建立能够适应需求、产品和技术短期变化的供应链。分辨灵活性、响应

性、敏捷性非常重要，因为这些术语在使用时常令人混淆。

灵活性是对于给定的单一领域或者维度的基本反应能力。它可以是内部的，比如你配置了可以进行小批量生产的小型机器；也可以是外部的，比如某公司能够快速调整其产量（产量灵活性）。图16-6显示了灵活性的主要类型，以及它们的适用领域。

响应性仅仅适用于市场或者外部条件，它是一个公司在交付提前时间、产量、产品组合、向市场推出新产品等方面的灵活性。

敏捷的概念则旨在帮助公司提高响应性，例如通过增加缓冲库存、

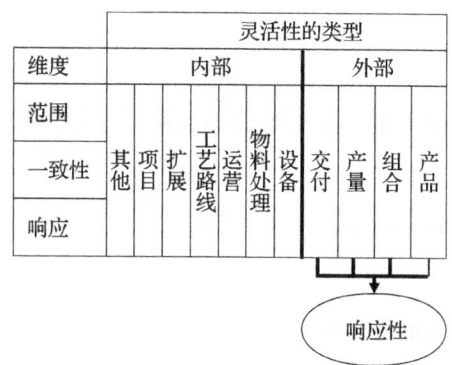

图16-6 灵活性的类型和适用范围

富余产能或者推迟产品的差异化。敏捷的概念在不确定性或者快速变化的领域（比如时尚产品）最有效，可以容易地与精益技术相结合。克里斯托弗和妥维奥提出，将精益技术运用到稳定或者基本的需求中，而在偶尔需求或者快速变化的产品上使用敏捷技术。通常咨询师和学术界突出精益和敏捷的冲突——不过这毫无意义！精益由顾客价值驱动，如果顾客重视短响应时间（通过保有产品库存实现），那么此时的库存就不是浪费。想想戴尔，它的供应链非常精益，只在工厂周围保有相当于两周用量的零件库存。如果仅仅在工厂的层面考虑，这些库存或许是浪费的，而实际上，当从顾客的角度来看时，它却产生了可观的价值。

延伸阅读

Andreas Reichhart and Matthias Holweg, 'Creating the Customer-responsive Supply Chain: A Reconciliation of Concepts', *International Journal of Operations and Production Management,* Vol. Vol.27 No.11, 2007, p.1144-1172

Ben Naylor et al., 'Leagility: integrating the Lean and agile manufacturing paradigms in the total supply chain' *International Journal of Production Economics* Vol, 62 No. 1-2, 1999, p.107-118.

Nigel Slack, 'The flexibility of manufacturing systems' *International Journal of Operations & Production Management, Vol.*7, No. 4, 1987, p.35-45.

Martin Christopher and Denis Towill, 'An integrated model for the design of agile supply chains.' *International Journal of Physical Distribution and Logistics Management* Vol.31, No.4, 2001, p.235-246

Kidd, P., *Agile Manufacturing - Forging new Frontiers.* Wokingham, Addison Wesley, 1994

16.6.2 订单履行策略

订单履行实际上就是指公司响应顾客订单的过程。取决于顾客等待的意愿，以及提供定制产品的成本，这其中存在一系列的策略，从完全按预测制造，到按订单制造所有产品。

最基本的策略是按预测生产（make-to-forecast，MTF），销售直接从库存中出货。这在零售界是最常见的，销售的商品直接取自临街商店的货架上，不存在定制。这个方法的优势在于稳定的生产计划，不过也承受相当大的库存过期或者断货的风险。

另一个方法就按订单装配（assemble-to-order，ATO）模式，就是使用库存的零部件来装配出顾客订购的产品。戴尔是经典的案例。计算机并不是按照既定库存生产后再放到零售点中的仓库待售（尽管戴尔也考虑开店），而是仅仅在收到确定订单以后才生产。这对于仅仅由少量部件组成的模块化产品非常有效，不适用于使用定制部件的产品，适用它们的是按订单生产（build-to-order，BTO）或者按订单制造（make-to-order，MTO）模式。在BTO模式中，仅在收到顾客订单以后才启动零件的采购，然后将定制的部件装配成产品。这是豪华汽车制造商的通用方法，它们的产品可以配置出成千上万的不同规格。BTO生产商的主要问题是妥善管理需求来提高工厂的产能利用率。结果是，很多汽车业中的公司实际上采用的模式是MTF和BTO的组合，这样可以平衡产能利用不足与持有库存的成本。

最后，对于在顾客不仅指定生产也指定设计规格的时候，我们使用按订单设计（engineer-to-order，ETO）的策略。这里，不仅装配成品和零部件是顾客指定的，设计也是顾客指定的。典型的例子是一级方程式赛车的加油枪，它按照特定的用途来设计。ETO常见于建筑和机床行业。

这些就是基本的策略，还有多种将策略精细化的方法，比如用基于网页的搜索工具来设置产品的库存位置（也称按订单放置，'locate-to-order'，LTO），或者将常规需求产品的MTF与定期需求和偶尔需求的BTO进行某种组合（也称作混合型BTO，"Hybrid BTO"）。

上述的每种方法都有其优势与不足之处，如表16-1所示。

表 16-1 订单履行策略

	按预测制造 (MTF)	按订单放置 (LTO)	按订单装配 (ATO)	混合型按订单生产	真正的按订单生产 (BTO)
目标	将生产和相关的库存管理脱耦以保证生产效率	以额外的运输成本为代价，使用可见库存来扩大顾客的选择	有限灵活性的复杂推动系统，需求下降时库存在高度的推动风险	将稳定生产和市场上的库存成本进行平衡	使用主动的需求管理和收益管理，顾客驱动的价值链
优点	• 生产效率 • 工厂运营局部优化	• 在库存中找到正确的产品的概率较高	• 生产用户高度定制的汽车	• 稳定的基本生产 • 平均来说OTD时间相对较短 • 需要较少的打折促销	• 除了展示品和演示品外没有库存 • 不打折，而是用积极的收益管理来最大化利润
不足	• 市场上的高库存，打折销售老化和技术更新产品 • 顾客订单和预测计划完全和顾客脱耦	• 仍然需要维持较高库存 • 需要额外运输成本在经销商之间调剂产品	• 仅在顾客订单与库存相配时才可供货 • 仍制造了未销售订单，有类似于MTF的问题 • 若需求下降，高度倾向于向MTF转化	• 市场上仍然有库存 • 仍然需要打折销售老化产品 • 存在处理预测的不准确、转化为完全推动的危险	• 系统对短期的需求波动敏感，因此在没有主动的需求管理时无法工作

推动 ← → 拉动

脱耦点或者"推—拉"边界

取决于所使用的订单履行策略，某些零件的供应链由顾客订单驱动，有些则由预测驱动。推动和拉动的边界称之为"脱耦点"。

脱耦点始终是库存点，它需要应对预测的差异。在百货业供应链中，脱耦点就是超市中放置库存的货架。在戴尔的案例中，它反映于零部件库存层级。在真正的 BTO 系统中，脱耦点一般存在于供应链的第二或者第三层级，它们按照顾客的订单来制造零部件或者产品。供应链中也可能存在多个脱耦点。

延伸阅读

Matthias Holweg and Frits Pil, 2001, 'Successful build-to-order strategies start with the customer.' *MIT Sloan Management Review* Vol.43, No.1, p.74-83.

Frits Pil and Matthias Holweg, 2004, 'Linking Product Variety to Order Fulfilment Strategies.' *Interfaces* Vol.34, No.5, p.394-403

16.6.3 大批量定制

大批量定制的基本概念由戴维斯（Stan Davis）在 1987 年提出，当时他还一起提出与之相对的"大批量生产"和"单件定制"的概念，并指出，生产商要想生存，就需要发展能力，以目前大批量生产的价格来提供定制的产品！派恩（Joseph Pine）继承了这个思想，并提出实施大批量定制的四个方法。

（1）**围绕标准产品或服务的定制服务**。尽管仍然是标准的产品，定制发生在交付环节。例如，航空旅客可能有多种不同的机内饮食和娱乐，比萨店的顾客有多种选择。通过互联网获取定制的新闻服务已经成为可能。虽然旅馆的房间一样，不过可以提供无烟、秘书支持、白日免打扰、靠近娱乐或者游泳池等多种差异。通过服务实现定制是一种方法，比如，为标准的电脑产品提供个性化的支持，为标准干洗机顾客提供所需要的特定知识。这个方法的关键是对顾客需求的充分了解，特别是重复购买的老顾客。

（2）**开发定制的产品和服务**。这里，定制被设计到产品之中，顾客自己量体裁衣。例如，可调整的办公椅，自己可以调整的椅子、方向盘或者根据用户脸形自动调整的灵活剃须刀。这里的关键常常是技术，而技术要为顾客需求服务。提供多种服务的自动取款机就是一个很好的例子。

（3）**交付点定制**。在这里，定制的变型仅在交付之时被制作进产品，比第一种定制还要推后。例如,将顾客的特定需求加入软件。立等可取的店内定制交付——眼镜店、照片冲印、快装轮胎——现在已经到处可见。这种类型的定制通常需要在交付点保有"原材料"或者"半成品"库存,它的好处是没有成品库存,而且改善了响应速度。

(4)**快速响应**。通常需要将供应链的大部分进行整合。一个经典的例子是贝纳通(Benetton)的"灰色运动衫",它们在经由电子数据交换系统(EDI)接到实际订单之前一直保持未染色状态,然后使用快递服务将产品供应给顾客。中央仓库中持有的库存处于部分加工的状态,分销链中不设库存,终端商店保有最小限度的库存。[顺便提及,快速响应也称作高效消费者响应(ECR),前者与服装业有关,后者出自快速消费品领域。]

延伸阅读

Joseph Pine, Mass Customisation, *Harvard Business School Press*, Boston, MA, 1993

James H. Gilmore and B. Joseph Pine, 'The Four Faces of Mass Customisation', *Harvard Business Review,* Jan/Feb 1997, pp 91-101

16.6.4　需求和收益管理

理解和管理需求

需要理解需求的本质特点。它包括:

- 吉卜林的 6 个忠实仆人:何物、何因、何时、何地、何法、何人。它意味着对市场进行细分。以酒店为例,谁是顾客(商人还是旅客),他们需要什么(商务支持还是休闲),什么时间(白天还是夜晚),为什么(离家工作还是休息),在哪里(自己定义的地区),如何(基本的住宿服务?隔离的居住区?为商务提供秘书支持,为旅客提供音响服务?等等)

- 常规、定期、偶尔需求的概念(参见关键帕累托)。不同顾客群的期望响应时间。

- 通过打折和促销来影响需求模式的可能。

- 趋势、季节性和变异性——最后这三点一起对供应链节点的位置以及供应链计划具有重大影响。可以用能容忍长响应时间的期待低价的顾客来填补需求低谷。例如，将租赁车辆安排在非高峰月份装配，或者像航空业一样按照提前时间来定价。

收入或者收益管理

另一个在服务业中常用的方法是收入管理（也称作收益管理或者动态定价）。基本的思路就是通过调整价格来管理产能。这对于特定的服务供应商，如航空和酒店至关重要，因为未使用的产能立即成为损失。没有被订购的航班座椅可不能"入库存放"，也不能因为"以防万一"就事先运送旅客。因此服务性公司通过价格来影响需求，从而达到管理产能的目的。很多制造性公司对于这点还没有意识到，更喜欢用定期的清仓大甩卖来消除过度生产。

16.7 建立高效供应链

在本章最后我们将介绍几个基本的框架，它们将本章介绍的概念综合在一起。第一个是理查德·怀迪恩（Richard Wilding）的"高效供应链的3T"模型，如图16-7所示，它们是**时间**（time），因为提前时间会导致牛鞭效应和库存；**透明**（transparency），因为缺乏前瞻性的可视性会产生不确定性，最终形成库存和未使用的产能；**信任**（trust），因为长期合作的供应商伙伴关系迄今为止在绩效上远远超过短期的对抗型的关系。

另一个有力而易记的框架是李效良（Hau Lee）的**3A供应链**，它以响应顾客需求变化的**敏捷性**（agility），适应市场和技术的长期变化的**适应性**（adaptability），以及促使供应链各层级合作和协调的激励政策**一致性**（alignment）为特征。这些架构都涵盖了设计精益供应链所需的全部元素。

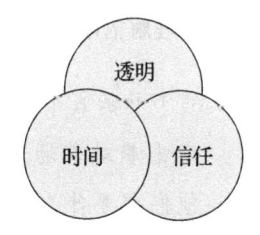

图16-7 高效供应链3T模型

延伸阅读

Hau Lee, Creating the Triple-A supply chain, *Harvard Business Review,* October 2004, p.105.

Richard Wilding, The 3Ts of Highly Effective Supply Chains, *Supply Chain Practice*, 2003, Vol. 5 Issue 3, p.30-39

第 17 章 | The Lean Toolbox

会计处理和绩效测量

17.1 精益会计

首先，你需要区分"精益会计"和"面向精益的会计"。精益会计指的是处理次数最小化，流程效率最大化。而面向精益的会计指的是改善决策方法，促进精益运营的开展。

科克伦（David Cochrane）和约翰逊（Thomas Johnson）等人指出，现在很多公司的管理方式都是错误的。它们从绩效指标或目标开始，然后制订具体的方案（"何法"和"何物"）。相比较而言，达成精益需要从意图开始，得到"何法"和"何物"，然后再用它们来强化成就。

在阅读本章的精益会计之前需要先记住几点。面向精益的会计取得声望的一个重要原因是因为传统的会计系统本质上说只是追溯回顾（即，仅仅报告往期的绩效，没有对以后如何改善提出建议，即便有也很少），也不能精确反映精益取得的成果。需要记住的是，面向精益的会计无疑已经取得重大进步，不过，一定不要把它当作控制公司财务绩效的工具来使用。会计信息总是描述性的，而不是指令性的！即使面向精益的会计提供了更好的信息，理解一点非常重要——即财务业绩是组织中各部分相互作用的自然结果。如约翰逊指出的，竭力通过鼓励员工追求财务目标来改善财务结果的经理，不可避免地会比那些帮助改善系统来产生结果的经理表现糟糕！戴明指出，经理不要用财务目标来控制财务结果，取而代之的，是要管理产生这些结果的作用关系。

此外，会计是控制组织的重要工具，更不用说法规及股东要求。不过阅读本章节的初衷与此不同。

延伸阅读

Thomas Johnson, Management by Financial Targets isn't Lean, *Manufacturing Engineering*, December 2007, p 1-5

Johnson, T., Kaplan, R.S. 1987. *Relevance Lost - The Rise and Fall of Management Accounting*, Harvard Business School Press, Boston

David Cochrane, 'The Need for a Systems Approach to Enhance and Sustain Lean', in Joe Stenzel (ed), *Lean Accounting: Best Practices for Sustainable Integration*, Wiley, 2007

17.1.1 警告和困境

虽然精益的优点和作用对于运营人员而言一目了然，而传统的会计人员并不这么认为。因此，你需要知晓几个警告和困境。

传统思想和精益思想在会计和指标上的大部分冲突源自对系统的根本性不同的假设。传统人士相信，零件与零件是独立的，改善单个零件会导致所有零件改善。与此相反，精益思想者却采用端到端的或者价值流观点。因此，传统人士可能要把仓库自动化，或者给设备提速，而精益思想者则可能会取消库房，或者让机器放慢速度。这些观念上的根本性差异导致了其他的差异。

- 在目前的会计系统中库存被看作资产——因此减少它显然会对资产负债表不利。
- 库存太多而停产或者短时停机将意味着没有完成预算。生产活动"吸收"管理费用，因此，取消生产活动意味着将无法吸收管理费用，也会出现不利的成本差异，即吸收不足。不利差异进而会显示在损益表中。
- 提前时间缩短可能会导致一段时间内顾客订单的削减。这是短期的负面效应，必须与它形成的长期竞争优势一起考虑。
- 在短时间内，过量生产会产生正面的差异，并提高账面利润。然而，你可能必须要改善现金流了。如果重视利润甚于现金，就会出现问题。

- 在生产两种产品的情况下——一种人工含量高，贡献大；另一种自动化程度高，人工成本少，贡献小。因为分配管理费用的缘故，高人工含量、高贡献的产品可能成为亏损产品，进而成为外包的候选产品。如果确实如此，管理费用在外包后会分配给低贡献产品，并最终不得不放弃该业务。
- 精益活动之后多出的操作人员或许成为两难的困境。如果人们的工作受到威胁，他们可能就不会参与改善。即使给出诸如"没有人会因为改善而失去工作"之类的保证，但如果无人离职则不会产生实际的节约。在业务增长或者员工流失时管理它可能比较方便，但是实现节约会存在滞后。如果业务没有增长，或者员工离职率很低，这一困境将更加严重。将他们转移到"非直接"成本科目则会在相应科目中出现不利的差异。因此，很多人会声称节约是"虚假的"。
- 在增长乏力的时候，说"没有人会因为改善而失去工作"可能言不由衷。
- 如果可以向供应商以折扣价格采购，将会产生正的成本差异。不过，如果那意味着大批量交付，使保有的库存会更多怎么办？
- 人员缩减时技能和培训也会失去——尽管当时可能看不出代价。不过，精益应该导致增长，增长来临时，这些技能的价值就会显现出来，使用老员工要比从零开始培训新员工经济得多。
- 引入单元制造。先前的系统是流程式布局，而单元制造的劳动更为密集，提前时间大为削减。因此，提前时间大幅度减少的同时成本或许会稍微增加，即竞争力和交付绩效大幅度改善的同时，财务指标会变差——至少短期如此。
- 防错（Pokayoke）和自检可能会大量减少检查员。检查员属于"非直接成本"，因为他们为不同的部门工作。管理费用减少，该区域的标准成本却上升。
- "改善的结果没有在财务上反映出来！"它们当然不会！实际的节约只有在人员离开或者采购更少材料的时候才实际发生。这样的陈述反映了"精益就是降低成本"的观点。实际上，精益的目标是促进增长和提高竞争力。然而，很多改善确实对增长和竞争力没有影响，它们是浪费。
- 实际业绩和财务指标之间肯定存在滞后。

面向精益的会计正处于发展之中。在几个世纪中几乎没有变化过的基本的会计假设因为精益和约束理论的出现正在受到怀疑。我们应该区分财务会计与管理会计：需要财务会计是出于税收和股东的需要，并应遵守会计准则如 GAAP；而管理会计用于决策。面向精益的会计属于第二种。

在某种程度上，精益制造中发生的一切也开始在精益环境中的会计领域发生。精益制造将焦点从活动转移到价值流。端到端的绩效比单个机器或个人的绩效更为重要。作业之间的非增值步骤成为关注的焦点。精益时代来临之前规模经济更重要。而在精益时代，流动和时间的经济性更有意义。类似地，对于面向精益的会计而言，不是个人、机器、部门，而是端到端的价值流更重要。"不管需求如何，生产得越多越好，这样的话，因为正的成本差异和看起来更多的利润就会得到奖励"——精益（以及 TOC）已经开始揭示这个非系统观点的谬误。

17.1.2 面向精益的会计应该给我们什么

- 更重要的决策信息。"更重要"的意思是有能力识别那些失去竞争力的因素，即存在改善潜力的地方。
- 为"做正确的事"提供积极的支持和证据——快速、灵活、流动，减少库存和提前时间，改善质量，提高交付绩效。
- 对没有接受过系统培训的非会计人员保持财务数据透明。用"平实语言"表达的损益表，提供差异分析，显示实际的运营利润，此外可以用额外的栏目来显示管理费用、劳动力和库存的变化。
- 消除了浪费和不必要操作的简化系统。精益会计系统需要的是最小化的系统——仅仅以尽可能小的频次来跟踪必不可少的事务处理。
- 对何时采取行动突出说明，也对何时不要采取行动加以特殊说明。
- 给出中等长度时期的产品成本和目标成本的指导性建议。

尽管会计人员、计划人员和经理或许不喜欢，大野耐一曾经说过，精益/TPS 的目的应该是让系统更简单更可见，因而不需要复杂的控制。真正的精益必须减少管理人员！大野耐一还说过，"信息过多的情况必须要抑制！"

17.1.3 面向精益的会计不应该给我们什么

- 表明实施精益是错事的证据。本章开头的警告已经展示。
- 逐月计算产品成本。在西方有人妄想通过财务控制来获得精确的产品成本。得不到！只有提高生产率才能有所作为。成本差异往往会鼓励经理们花费大量的时间来玩数字游戏，而不是将精力放在改善上。工厂和设备是沉没成本，这些成本短期内不会变化，只会被操纵而已。事实上，真实的产品成本根本不存在，至少目前如此。
- 详细的差异分析。详细跟踪与标准成本的差异，差异的来源可能是劳动效率差异、产量差异、材料耗用差异、采购价格差异等。差异分析往往是纯粹的浪费。更糟的是，它还会促发非精益的行为。很多非会计人员都不理解不容乐观的负差异来自何处（实际上，它们的基础是关于未来运营水平的假设和预测）。不过他们知道，管理费用会随着劳动和机器运行时间的累积被吸收，他们也不想因为不容乐观的差异而引起更高管理层的关注。这也鼓励了过度生产。问题是，经理人员对于短期的不乐观差异可以做什么？答案是，几乎没有任何有利于精益的行动可以采取。高级经理需要仔细思考这个问题。
- 以精益的观点来看，姗姗来迟（更糟的是代价高昂）的"精准"要远逊于迅速提供的大概数字。

马斯克尔（Brian H. Maskell）提出精益不应被当作短期的降低成本的策略，而是长期的竞争战略。降低成本产生增长的机会，会计人员在帮助发现如何有效利用释放出的产能上应该扮演重要的角色。使用边际成本法？当然。标准成本法呢？通常不妥。

17.1.4 面向精益的会计和精益会计系统

面向精益的会计和精益会计系统的几点说明。

- 关注直接成本，而不要试图通过诸如作业成本法（activity based cost，ABC）之类的"优雅"的流程来"解决"管理费用分配问题，设定时间期限将管理职能去中心化，这样它们就可以与生产单元或者生产线直接关联。类似地，可以让每一个特定产品都有自己的计划、质量、维修、采购和培训人员。

- 分配管理费用的方式要支持精益——一种较好的方式是按照提前时间来分摊，而不是按照工时或者活动。
- 成立一个总管理费用池，将不能直接和产品或者服务相关联的管理费用放置在总池中。
- 尽可能按照端到端的价值流来记录成本。避免使用价值流在各部门之间转移的成本。
- 取消差异报告。
- 取消详细的产品成本报告。取而代之的是，与生产线经理一起定期估计成本。向前看而不是向后看。直接成本的构成分析更有帮助。基于成本驱动因素的 ABC 方法可以用来识别成本驱动因素。
- 不要做定期的或者连续的 ABC 分析。汇报产品的贡献率而不是成本。
- 邀请会计人员，与设计人员和营销人员一起分析各种材料和产品特性对成本的影响。
- 减少流程处理的次数。使用常规、定期、偶尔需求的概念来简化重复运营中诸如采购等的操作，然后倒冲流程处理。进行一揽子采购。
- 缩短报告时间。和换型时间缩短一样，在期末之前做足准备工作，然后仅做少量调整。对交易量做帕累托分析——不要因为很多小项目而拖延报告时间，即使将它们放到下期报告中去，也不会产生严重的影响。快速的大概比精确的缓慢要好。
- 鼓励会计人员思考成本的变化，而不是成本的差异。成本的变化指的是查看产品成本的分布，最差的与最好的情况之间的距离。然后分析为什么最差的情况会发生？这很像六西格玛方法。解决处理最差的情况。这个概念是由约翰逊和布日姆斯（Johnson 和 Broems）开发出来的，他们坚持认为，很多被废弃的产品线如果当时经过适当的分析和简化都能够被保留下来。
- 报告意外事件。让会计人员思考一般原因与特殊原因（如 SPC）。仅仅报告特殊原因引发的事件。

- 减少报告期间的频次。问一问各种报告期间的益处与代价。
- 澄清账户的描述，让所有人都能看懂。这也意味着"差异"一词不应该出现在损益报告中。对于库存的实际增减要给出特别的报告。
- 仅按照原材料价值记录库存的估值。不计增值部分。不要显示"递延的劳务成本和管理费用"，它们已经被计入库存。
- 与高级经理一起事前检查精益实施的含义。他们需要知道并期望减少库存、劳动力和机器的变化对损益表和资产负债表的影响。不过，也要将提前时间、缺陷率、顾客满意度和财务数据放在一起。
- 突出显示现金流的变化。进出公司的现金才是最重要的。理解现金对于精益实施的含义。
- 如果公司有约束资源（大部分公司都如此），关注有关该资源的成本。计算约束资源的分钟贡献率，知道约束处失去或者获得一个小时的机会成本是什么，让会计人员来计算它。
- 让会计人员参与未来状态图的制定和评估。应该有平行的价值流图来检验财务周期（向供应商支付的时间，为运营筹款的时间，收回现金的时间），用另外的话说，端到端的现金流或者现金周转——而不仅仅是库存周转。

延伸阅读

Adrian Gordon, *The Lean Control Book*, MSc Lean Ops dissertation, Cardiff Business School, 1999

Richard Schonberger, *Let's Fix It!*, Free Press, 2001, Chapters 4 to 7

Orest Fiume, 'Lean Accounting and Finance', *Target*, Fourth quarter, 2002

Jean Cunningham and Orest Fiume, *Real Numbers*, Managing Times Press, 2003

Jim Huntzinger and Robert Hall, Measurement Conundrums, *Target*, v23 n4, Fourth Issue, 2007

H Thomas Johnson and Anders Bröms, *Profit Beyond Measure*, Nicholas Brealey, 2000

John Darlington, *Notes on Costing*, MSc Lean Operations, Cardiff Business School.

Brian Maskell and Bruce Baggalay, *Practical Lean Accounting*, Productivity, 2004

Joe Stenzel (ed), *Lean Accounting: Best Practices for Sustainable Integration*, Wiley, 2007

17.2 绩效指标

17.2.1 测量的基础

在开始讨论任何精益测量之前都要意识到测量是一种浪费，应该对其限制并最小化。"你不可能通过称重让牛犊长膘"。同时，也要意识到有效的测量系统是现有变革和精益转型的最有力工具之一。测量应该：

- 提供短期内的有问题/没有问题的指示。
- 是暴露和解决问题的反馈回路的一部分。
- 与过程或者人员的学习和能力有关。
- 聚焦于改善绩效。
- 能够据以采取行动。

斯皮策（Dean Spitzer）引用法国化学家路易斯·巴斯德（Louis Pasteur）的话说："就完备程度而言，一门科学与其应用的测量工具相同。"现在不正是精益应该发展得更完备的时候吗？

两个基本的要点：

- **指标而不是目标**。指标帮助你决定做什么。而目标通常与奖励、惩罚和激励有关。因此目标通常会鼓励不正常的行为。英国健康服务局（British Health Service）的很多例子就是明证——从忽略等待超时的病人，到医院荒谬地通过拆除手推车轮子来减少"手推车上的病人"的数量。此外，当目标和奖励相关时，通常需要给出越来越多的奖励。目标是戴明憎恶的东西。激励性指标（或者目标）通常会导致欺骗，而报告性指标则帮助改善。

- **过程，而不是个人**。戴明说过的94/6规则——94%的问题源自系统，而只有6%归根于人员。不过，通常都是在测量人，而不是系统。抱有"问题出在系统上"的假设，一般情况下你都会做正确的事情。几乎每个人都经历过负面的测量——失误、成本超支、延误，几乎每个人都会对它们产生负面情绪——责怪、威胁、自我辩护。如果从系统而非个人开始，它们中的大部分就可以避免。因此，纠正过程是经理（而不是下属）需要做的。

报告性指标有两种类型：客观的——基于可以观察和确认的事实，和主观的——基于意见或者判断，因而存在扭曲、偏见或者报复的可能。主观性指标难以避免，使用者或者解读人需要知道它的不足之处。哲学家路德维希·维特根斯坦（Ludwig Wittgenstein）曾经谈到过尺子：尺子测量桌子的时候，桌子也在测量尺子。你对尺子的可靠性信任得越少，你就会得到越多关于尺子的信息，越少关于桌子的信息。在做绩效评估的时候也一样，你是在测量被测物还是在测量测量者？

"奖励什么就得到什么"，米契尔·拉伯福（Michael LeBoeuf）将它作为世界上最高的管理原则（greatest management principle，GMP），而斯皮策的陈述更好："测量什么就得到什么。"想想它们，善加使用！

哈默（Michael Hammer）提出的"绩效测量七宗罪"是一个不错的清单。简而言之，以精益转型为例，它们就是：空虚（测量的目的是让经理看起来更好——部分的提前时间改善，而不是端到端的），本位观念（以部门的边界为测量的范围，而不是整个价值流），自我陶醉（从自己，而不是顾客的观点来测量——承诺的交付绩效，不是顾客需求的交付绩效），懒惰（想当然地假设有人知道测量什么更重要——当交付对顾客更重要的时候却衡量成本，没有"到现场"），琐碎（仅仅测量一个小部件的及时交付绩效，而不是全部的产品），浅薄（没有考虑后果就测量——优先考虑OEE，改善OEE却降低计划达成率，批量大小也增加），轻率（不严肃——"我们不能停线来检查问题"）。

好的测量系统

斯皮策指出测量系统的成功有四个关键。

（1）**背景环境**。有效的测量系统只有在积极的支持性背景环境下才可发生。它是围绕测量系统的文化——报告性的还是惩罚性的，过程还是个人，老板的态度如何。不利的测量结果是一种机会，而非威胁。我们想暴露问题，而不是压制它们。

（2）**聚焦**。测量正确的项目。警惕不要测量太多。帕累托！从参与式的政策部署中获取大部分的测量项目，而不是闭门造车。正如塔勒布（Nassim Taleb）所说："知晓下面的谬论是重要的：你拥有的信息越多，对结果就越有信心。"

（3）**整合**。必须有将测量结果整合在一起的系统。或许是平衡计分卡（BSC），而在精益中"建立流动、维持流动、组织流动"的框架以及政策部署更为有效。无论如何，测量指标应该是一致的、平衡的、适应的。

（4）**互动**。应该对测量结果实时采取行动。双向的互动。实际上设定测量指标只是一小部分——如何使用它们、检讨它们一样重要。或许是每天围绕沟通板召开会议。斯皮策说，这是一种社交过程，而不是技术过程。

延伸阅读

Dean Spitzer, *Transforming Performance Measurement*, AmaCom, 2007

Nassim Taleb, *Fooled by Randomness*, Random House, 2005

戴明和休哈特的建议

戴明博士的名著《转危为安》中的引文是对于测量指标的有益警告："生产速度通常是为适应平均水平的工人而设定的。很自然，有一半的人会在平均之上，而另一半在平均之下。实际情况是，出于同伴的压力，上半部人员也仅仅达到设定的速度。平均之下的人还是达不到设定的速度。结果是损失、混乱、不满和离职。"戴明用他著名的红珠试验来向经理们展示他对于测量指标的不满。6位志愿者使用小铲子同时从含有红色和白色珠子的容器中拿取50粒珠子。红色珠子代表缺陷产品，参加者被要求少拿缺陷品。参加者之间当然有差异，差异不在他们的控制之中。表现好的得到奖励，表现差的受到警告。有些人改善了绩效（警告起了作用），有些人则因没有改善而被开除。更好的方法是设定控制图。你会发现所有的差异都是"偶然因素"造成的。

休哈特的深入理解

戴明的老师休哈特说，应该将测量看成是连续的、自我纠正的PDCA循环。对于休哈特来说，测量是预测循环的一部分。休哈特看到了测量的三个元素，即数据、观察人员和环境。注意，这三个元素都有变异的可能。过去被用来解释现在，再预测未来。每个人都会就数据和效果之间的关系建立理论或者模型（或称之为过滤效应）。我们都在不自觉地使用模型，不管是好的还是坏的——它们都是不确定的。因为我们处理的是数据、观察和解读上的不确定性，我们应该使用控制图来帮助理解变异——异常因素或者是偶然因素。我们还应该尽力改善模型，通过计划—执行—检查—处置来理解系统。

事实上所有的测量都应该用类似SPC的控制图来跟踪，以便将偶然因素从异常因素中区分开来。要警惕误导性的测量。"在平均水深3英尺的河中淹死。""下一个走过这道门的人的腿的数量比平均数量多。"

延伸阅读

W Edwards Deming, *Out of the Crisis*, Cambridge, 1986

Walter Shewhart, *Statistical Method from the viewpoint of Quality Control*, Dover, 1986

17.2.2 有意义的测量和意义模糊的测量

理查德·雪恩伯格尔警告，用员工不能做出改善以及顾客漠不关心的测量结果来指责员工只会收到相反的效果。低生产效率可能不是员工的过错——这是戴明提出的观点。雪恩伯格尔辩称，测量的首要目的不应该是"控制"（有负面含义，通常滞后于事件，不过有时也需要），而是鼓励和创新。因此，"控制"应该最小化。就像控制图一样，只要过程没有不受控就不要采取行动。另一方面，鼓励改善的测量应该得到强调。比如，收货员每天和送货司机讨论交付绩效的细节和原因，不是简单看一眼计划达成率，或者画出约束资源处的库存时间概貌图，也不是查看库存周转数；或者，跟踪 OEE 的时候，要测量短时停机并记录原因，而不是检查上周的 OEE 数据。

类似地，雪恩伯格尔提出，测量指标应该具有适当的时间跨度。一类指标可以影响短期绩效，短期期望就是适当的。例如，报废率、流动距离、WIP 周转数、换型时间、不安全行为、能力指数，以及掌握的新技能等。二类指标需要更长的时间来响应。例如，产出率、原材料和成品的周转率、交付绩效、劳动生产率、OEE，以及员工满意度。此时测量并期望短期出现结果会适得其反——改善可能短期就可以达到，不过要以中期的恶化为代价，比如营运库存暂时下降，下个季度又被遗忘。应该回顾并解读测量指标的中期趋势，这是中层经理的责任。三类指标的解读时间跨度是长期，不应是短期奖惩的依据。例如市场份额、顾客保持率、股价，以及新产品上市。这些是高层经理的责任。

延伸阅读

Richard Schonberger, *Let's Fix It!*, Chapters 6 & 7, Free Press, 2001

Richard Schonberger, 'Performance Measures for a World Class Workforce', *Target*, Vol 15 No 4 1999

17.3 基本的精益指标

有人认为，精益有四个基本的或者说首要的指标。每个都促进"所有正确的行动"。每个都可以在不同的层级上使用，从生产单元到工厂到供应链。它们也需要组合到一起整体考虑。

提前时间。测量提前时间促进库存的减少，单件流，流动距离的缩短，削减浪费。指标用于从收货到发货的端到端的场合最有效。仅次于此的是只跟踪在制品的提前时间。提前时间可以用抽样的方法来测量，每月在收货区给一部分零部件贴上标签进行跟踪。建立分布数据——不要只测量平均的提前时间。你真正想要得到的分布形状——越窄越好。另外一种方法，不过效果稍差，你可以使用利特尔法则（参见 10.5 节）。此指标的一个变型是跟踪"大野耐一的时间线"——收到订单和收到付款之间的时间跨度，用"美元/小时"为单位。这特别有效，因为它包含了订单处理时间，强调现金流。

顾客满意度。它是精益的基本原则，监测顾客满意度是最基本的。如果有满意度不佳的迹象，必须将它作为第一优先级。一定要从顾客处获取此指标，而不是从内部的运输部门。一个显然的问题是——选哪些顾客？最终的还是中间的？答案：都是。在各种维度对它们进行抽样——成本、质量、交期是基本的维度，不过也要注意软性的指标，比如 RATER：可靠、保证、有形、移情、响应（源自英文 reliability、assurance、tangibles、empathy、responsiveness），见采塔穆奥和巴特纳尔（Zeithaml 和 Bitner）的《服务营销》(*Services Marketing*, 2006）。

计划达成率。内部的一致性指标。计划达成率是各产品线或者生产单元每日在数量和质量上的达标情况，而不是工厂的每周情况。还是要跟踪数据的分布。如果你有均衡生产（Heijunka）系统，指标将一目了然。当然，如果计划与顾客需求不一致，这个指标就是一种浪费。

库存周转次数，"SWIP 库存到 WIP 库存"。库存周转次数是设立的指标之一。另外一个选择是库存天数。也有人说，如果你正在测量提前时间，跟踪库存周转次数就不必要了，不过确实要跟踪端到端（dock-to-dock）的提前时间以及在制品（WIP）库存的周转数，而不是所有库存的周转数。为什么？

因为 WIP 完全处于你的控制之中，而原材料和成品则不完全受控。SWIP 库存是标准在制品（standard work in progress）库存，因此测量实际值与设定值的差异会有帮助。

17.3.1　QCDMMS

QCDMMS 是一组广泛应用并显示在各个区域各条生产线的精益指标的首字母缩写。

质量（quality）。内部报废，返工，首次通过率——用 PPM 表示。首次通过率百分比是进入各步骤的零件数减去报废和返工数后与进入数的比值。因为返工可以重复发生多次，这个指标可能是负值。

成本（cost）。通常是生产率指标：件 / 人 / 周。通常不使用货币量值作为单位。OEE 绩效可以放在这里。

交付绩效（delivery performance）。包括来自供应商和发往顾客两类交付。整单质量准时率（quality on time in full，QOTIF）。如果一个订单的交付不是 100% 完美、准时，这个指标的值就是 0。

士气（morale）。缺勤率，改善建议，也可能是员工态度调查结果。

管理（management）。沟通，交叉培训的程度，车间会议的出勤记录。

安全（safety）。事故，不安全行为，不安全状态的审计结果。

17.3.2　DTI 的 7 个指标

英国贸易与工业局（以前称作 DTI，现为 BERR）发布的一组 7 个指标是在工业论坛的改善活动（闪电改善）基础上发展出来的。它们现在被广泛应用于英国各地。它们作为一组来使用效果更明显，单个使用则存在局限性。它们被当作跟踪趋势的方法在公司内使用，而不用做相互比较的指标。

（1）**首次不通过率**（NRFT）　$NRFT=$（缺陷件数 $\times 100$ 万）/ 总件数。

（2）**生产率**　$P=$ 产量（件数）/ 直接人工工时。

（3）**库存周转次数** = 销售额 /（$RM + WIP + FGI$ 的价值）。将这一指标转化为三种指标更为有效，分别对应原材料（RM）、在制品（WIP）和最终产成品（FGI）。因为只有 WIP 才完全受控。坏消息是，库存的价值受到适用会规则的影响，还可能会被操纵。最好是按照采购的原材料或者零件来定义各类别，它们在销售之前不要计入任何增加的价值。

（4）**交货计划完成率**。它等于［计划的交付数量 –（迟交付数量 + 部分交付数量）］占总计划交付数量的百分比。可能出现负值。注意，有质量问题的产品不加入计算，除非缺陷产品也计数。

（5）**OEE**。综合设备效率。参见全员生产性维护章节的 OEE 的讨论。

（6）**人均增加值**。（产出值 – 投入值）/ 直接人工成本。小心！这可能会促发不恰当的自动化。

（7）**车间利用率** = 销售额 / 车间面积。

延伸阅读

DTI, *Quality Cost Delivery*, Dept of Trade and Industry, 1998

DTI (now BERR) website: www.berr.gov.uk.

17.3.3 雪恩伯格尔的 JIT 微比率

理查德·雪恩伯格尔在 1987 年建议使用三个快速比率，它们直到今天仍然有助于提醒人们关注精益的真正目的。

（1）提前时间与工作量。工作量是实际的工作或者增值时间。这有助于促进连续流动，保持移动，同步运营。当然，最理想的比率是 1，不过典型的实际值是 100 甚至 1000。

（2）加工时间与销售速度。这个比率鼓励流动与节拍同步。理想值是 1，而实际值常常是 5 ~ 1000。它关注"忙闲不均"、批量生产和等待等现象。该比率不鼓励大型机器，鼓励生产线的均衡生产。

（3）在制工件数与工作位数的比率。理想值是在单件流下的 1。较好的比值是 2。常见的是 50 甚至更大。它鼓励对于生产单元的关注，不鼓励多余的在制品存放空间和超市库存。

延伸阅读

Richard Schonberger, *World Class Manufacturing Casebook*, Introduction, Free Press, 1987

17.3.4 供应链指标

高德拉特更加偏爱两个补充性的供应链有效性指标——利润天数和库存天数。

有效产出损失-元-天（throughput dollar days，TDD）指标等于低于协定的"紧急"水平的库存所对应的潜在利润的累积值，它的基本想法是跟踪潜在的销售损失额，因此这个指标既关注库存商品也关注补货的响应时间。供应商和采购方需要协商确定"紧急"库存的水平。库存低于紧急水平时丢失订单的可能性非常高。它通常比用于库存管控的安全库存也低得多。如果库存低于紧急水平，就开始计算 TDD 指标，并将全部的数值逐日累积。有效产出等于销售收入减去直接变动成本。当库存低于目标时该指标就开始每天累积，因此缺货持续 5 天时该指标的结果就是缺货仅仅 1 天时的 5 倍。当然，高利润产品会获得更高的"惩罚"。因此，这个指标可以激励供应商将高价值商品的延迟最小化，并建立适当的产能。当某一个商品只是最终装配产品中的部件时，规定利润为该商品的最终销售额减去直接变动成本。

供应链库存-元-天（inventory dollar days，IDD）指标跟踪供应链中的流动。它测量商品的价值已经流经供应链的总时间长度。这个测量针对某一期间。将该指标用于某供应链时，测量商品从制造到销售的时间。在内部，应该对原材料、在制品和成品分别测量。有些专家认为此指标比传统的库存周转次数要有效得多。库存周转指标的问题在于它只是总体的平均数（有些零件可能周转非常差，而其他的则相当好），并且忽视了库存商品的价值。

这两个指标是补充性的。TDD 鼓励保有正确的最小库存，IDD 则限制过度生产。两者都有时间维度。在供应链中该指标的结果应该在整个供应链中沟通，因为该指标发送了正确的信号——合作供应链。

17.3.5 检验测量指标

克兰菲尔德大学（Cranfield University）的安迪·尼利（Andy Neely）和伦敦商学院（London Business School）的迈克·伯尔尼（Mike Bourne）提出了一个检验每种测量指标的框架，类似于吉卜林的"6 个忠实仆人"。

指标：自我解释的标题。

意图：为什么要测量？该指标与哪个经营目标相关？

目标：要达到什么？何时达到？

公式：使用的公式或者比率。

频率：多长时间测量一次，回顾一次？

谁测量：谁负责收集数据并报告？

数据来源：它们从何处获得？

谁行动：谁负责采取应对行动？

做什么：应该采取什么行动？

此外，还可以增加，**阈值**——在什么控制限度内可以不用采取行动？

延伸阅读

M Bourne, A Neely, K Platts, J Mills (2002) The success and failure of performance measurement initiatives, *International Journal of Operations & Production Management*, Vol.22 No.11, p.1288-1310

17.4 目标成本法、改善成本法和降本

这一节将本章前述的各种工具综合到一起。目标成本法在精益中已经由来已久。其想法是根据市场来定价：目标成本 = 市场价格 – 目标利润。

因此，不是按照成本加利润来定价，而是根据市场因素确定成本。目标成本建立在对未来需求的预期之上。事实上，定价本身也能影响需求。目标成本法以顾客需求为起点。顾客可能真正想购买的是一个孔而不是钻子，或者是"动力时间"，而不是飞机发动机。

它是积极主动，而非被动反应。目标成本常常没有妥协的余地。也存在其他的变型，比如在航空工业和一级方程式中的目标重量。

根据库珀和思乐格穆德尔（Cooper 和 Slagmulder）的研究，目标成本法具有一个基本的规则，"必须要遵守产品的目标成本。"如果没有这一规则，目标成本法系统就会失去其效力，并会受到每次因增加一点点功能而加价一点点的诱惑。目标成本有三个部分组成：容许成本、产品级目标成本、零件级目标成本。

有关此三个组成部分的大部分资料都来源于库珀和思乐格穆德尔。容许成本是为了获取目标利润率而允许的制造产品的最高成本。容许成本源自目标售价减去目标利润。目标售价由三个因素确定：顾客、竞争产品和战略目标。顾客期望支付的价格主要取决于对价值的认知。如果一个新产品或者改型产品要推出，市场部门必须确定是否有顾客准备购买新产品，有多少。产品在其寿命周期中的位置也很关键。创新性的开创型产品或许就可以定较高价格。

顾客忠诚度和品牌具有影响力，它们产生的竞争性因素有：有哪些功能，期望是什么，按照什么价格提供。

最后，还有战略性考虑，比如，是否该产品要参与新市场的竞争，以及市场份额的重要性。

目标利润率是确定容许成本的另一个因素。根据库珀和思乐格穆德尔的说法，有两种方法来确定目标利润率。第一种方法是使用先前产品的并根据市场条件做出调整。第二种则是以整个产品线的利润率为起点，然后根据市场条件调整。

产品级目标成本以容许成本为起点，挑战设计人员在允许的成本内设计出具有所需功能的产品。有时，设计团队并不知道真正的容许成本，不过，出于激励的原因，会给他们设定一个难以达成的目标。零浪费成本的概念很有价值。这个概念也出现在价值工程中，就是假定所有的可避免浪费都已经消除时的成本。另一个指导性"基本规则"就是：成本不能蠕升。如果增加额外的功能，必须在其他地方降低成本来弥补。成本逐渐从目前水平向目标水平靠近的过程称之为"逼近"，必须紧密监控。一旦达到目标成本，就要停止努力：取得超过所需的成就没有价值。

基于零部件目标成本设定每一个零件的成本。这是重要的战略性考量，因为它涉及供应商关系和信任的问题。

图17-1展示了目标成本法的层级和相关工具。关注零件和产品目标成本的路径有三条。第一条就是市场—价格的权衡，包括设计人员和市场人员、OEM和供应商之间的谈判，以及价格的敏感性分析，产品功能和质量水平。这里的核心工具是狩野模型、QFD，六西格玛也得到越来越多的使用，还有居于中央的价值工程。设计的四个目标和六个权衡也重要。所有的这些都在

另外章节讨论过。

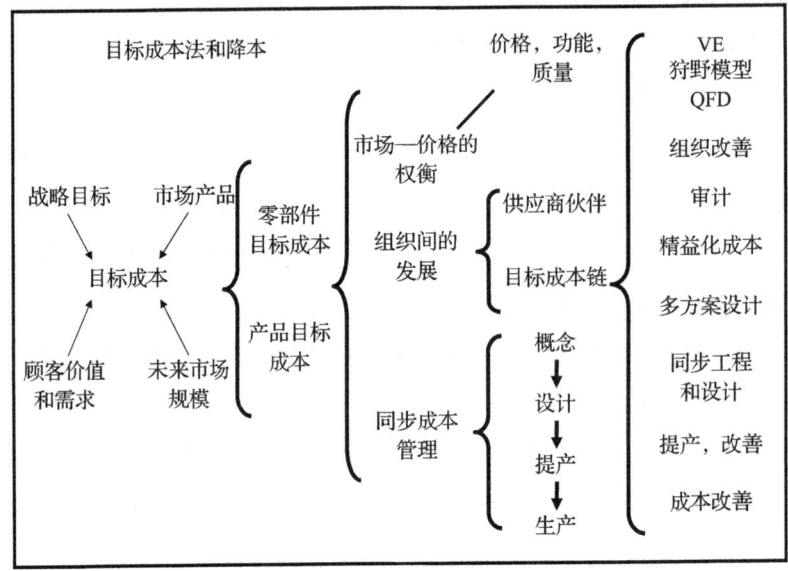

图 17-1　目标成本法的层级和相关工具

第二条就是组织间的发展，它需要与供应商伙伴合作来达成降本。丰田和其他公司使用的各种方法在改善章节，以及管理供应商关系章节中讨论过——尤其是供应商协会和采购协会。目标成本法将此压力或者合作沿价值链向上游传递。

沿供应链的每一家公司都被期望（或者强制）逐层参与进去。审计参与其中，例如，福特使用它的 FPS 审计工具来评估供应商，使用活动抽样法来识别降本机会的大小（参见有关此工具的章节）。丰田使用它们的供应商支持中心（SSC）。

如果发现存在浪费现象，供应商公司要么帮助消除，要么期望它被消除。福特使用一种对外保密的成本系统，称作精益化成本，将识别出的浪费转化为用货币来衡量的数值。

第三条是同步成本管理。它可以用于内部或者直接供应商。其想法是关注各个阶段的成本，从概念设计阶段到生产阶段。以前通常是顺序关注各阶段，现在越来越多的则是同步进行。同步工程的思想得到使用。需要特别注意的是丰田的"多方案设计"技术，它在逐步设计产品规格的同时保持灵活性和创新性，直到最后阶段才选定方案。

在新产品开始全额量产之前的提产是用于减少问题的重要阶段。一旦产品进入生产，其他的三个因素可能就会出现。

（1）每隔一段战略性的时间就在基本产品或者平台上进一步推出变型产品，通过增加功能或者引进技术进步或者降价来维持竞争力。

（2）可能在规定的时间段内进行进一步的价值工程分析（有时称作首次发布后的价值分析）。某日本公司每年对它们的消费电子产品进行一次价值分析，目的在于降低成本或者改善功能。

（3）采用"改善成本法"。改善成本法是目标成本法在产品发布后的版本，目标是在特定的地方达到目标成本水平。改善成本法不是真正的西方传统意义上的成本。西方的方法是跟踪差异。效果多差啊！改善成本法则是在特定的时间期间设定人员、物料、方法和机器的生产率改善目标（通过审计、标杆比较、浪费、流程图、活动抽样等）。纸上显示的差异没有意义——真正重要的是生产率的实质性提高。

改善成本法应用于三个领域：方法或者生产设施、产品和管理。在方法领域的运用由关注各个层级的降本活动的政策部署，以及关注本地团队实施的降本活动来体现，本地降本可以邀请精益促进办公室或者OEM员工提供帮助，也可以没有他们的帮助。常见的改善是生产单元再平衡，见本书的布局和单元设计章节的解释。在产品领域的运用由价值工程体现。在管理领域的运用通过信息价值流图和牛皮纸图体现。

延伸阅读

Robin Cooper and Regine Slagmulder, *Target Costing and Value Engineering*, Institute of Management Accountants / Productivity Press, 1997

Robin Cooper and Regine Slagmulder, *Supply Chain Development for the Lean Enterprise*, Institute of Management Accountants / Productivity Press, 1999

Robert Kaplan and Robin Cooper, *Cost and Effect*, Harvard Business School Press, 1998

Shahid Ansari et al, *Target Costing*, Irwin McGraw Hill, 1997

Brian Maskell and Bruce Baggaley, *Practical Lean Accounting*, Productivity, 2004

Jean Cunningham and Orest Fiume, *Real Numbers*, Managing Times Press, 2003

Joe Stenzel (ed.), *Lean Accounting: Best Practices for Sustainable Integration*, Wiley, 2007

Robin Cooper and Brian Maskell, 'How to Manage Through Worse-before-Better', *MIT Sloan Management Review*, Summer 2008

The Lean Toolbox | 第 18 章

精益的由来和发展

《精益工具箱》一直以来都是针对那些即将转为精益变革代理人或者改善团队成员的精益实践者，然而，现在也吸引了越来越多的研究精益的演进及其向其他诸如服务和健康护理等领域扩展的学生。精益的成功不仅在于促发大量的实践，也点燃了学术界的兴趣，我们将详尽概括学术界对精益的研究历史，也为有志于研究精益的人提供主要的学术参考信息。

18.1 丰田之前的精益

丰田的独特文化从何而来？一些组织理论家如沃伦·贝尼斯和戴维·斯诺登（Warren Bennis 和 David Snowden）相信，创始人通常有巨大而持久的影响力。显然，丰田的创立者丰田佐吉（Sakichi Toyoda，1867—1930）是塞缪尔·斯迈尔斯（Samuel Smiles）的名著《自己拯救自己》的忠实读者，该书最初出版于1859年。丰田佐吉的出生地被当成丰田的圣地，该书是那里陈列的唯一一本书籍。丰田佐吉教育了他的整个家庭，包括丰田汽车的创始人丰田喜一郎（Kiichiro Toyoda，1894—1952）。

斯迈尔斯的畅销书现在还在印刷，或许它是第一本关于自助的书。书中写了众多人物的故事，如工业革命时期的大发明家瓦特、戴维、法拉第、斯蒂芬森、布鲁诺和韦奇伍德，艺术家雷诺兹和荷加斯，作家莎士比亚，士兵威灵顿和拿破仑等。他们中大都经年累月地勤勤恳恳工作，依靠惊人的耐心和不断的试验去实现目标。而他们的目标总是和顾客紧密联系。总体上说，他们都是正经的生意人，而他们首要的动机不是积累财富。有些是贵格会教徒（Quakers），他们信任他们的工人，获取公平的不过分的利润。"注意（细节）、实用、方法、坚持、准时、忙碌是所需的主要品质……""精确观察……"（牛顿和达尔文都是机敏的观察家），"工作方法就像把东西放入盒子中的动作一样，一个好的包装工能比差的效率高一半……""完成多项任务的捷径是每次只做一件事情"。大部分人都是"持续地改进和完善，直到最后变得实用而显著地有利可图"。并且"最高的爱国主义和慈善事业不在于改变法律或修改机构，更多的是通过人们自己的自由独立的个人行动来帮助和激励人们提高和改善自己"。

这些听起来像我们如今经常听到的丰田吗？例如，杰弗瑞·莱克的《丰田模式》中第1、9、10、11、12、13、14原则。尊敬员工、现场、改善、观察——都在这里，不过没有使用相同的词罢了。特伦斯·基莱（Terence Kealey）为了强化这些想法，曾经写过，历史上大量的伟大创新，不是通过科学驱动技术，而是技术驱动科学向前发展，通过工作现场的亲手运用而产生。"生产力提高的首要原因是诸如珍妮纺织机之类的巨大技术进步的结果，还是与大进步并行的无数工人和生产者对他们的机器进行的数不清的小改进的结果？我们将工业革命生产力的提高归功于巨大的单个创新（如珍妮纺织机）确实很浪漫，不过，经济学家的总结表明，大量的小型技术进步的影响力胜过大型创新。"

参考文献

Samuel Smiles, *Self-Help*, Oxford World's Classics, 2002 (originally published 1859)

Terence Kealey, *Sex, Science and Profits*, Heinemann, 2008

18.2　丰田：精益的诞生地

丰田汽车公司的基础可以追溯到 1918 年，当时创业家丰田佐吉在他的先进的自动织布机的技术上建立了纺织事业。他在 1929 年将专利以 100 000 英镑卖给普拉特兄弟公司（Platts Brothers），据说这笔钱给了他的儿子喜一郎，用于实现他制造汽车的愿望。传说有这样的故事，丰田佐吉临死的时候告诉他的儿子："我用织布机为国家服务，我希望你用汽车为国家服务。"那个时候日本市场被福特和通用的当地关联公司所主导，丰田佐吉在 1930 年去世，之后丰田汽车事业充满了财务困难和所有权纷争。然而，喜一郎还是说服众人并开始设计他的 AA 型汽车，该车型大量使用福特和通用的零件！公司重新命名为"Toyota"以便发音更简单，并在日语中含有吉祥的意思。卡车和汽车生产分别在 1935 年和 1936 年开始，1937 年丰田汽车公司正式成立。第二次世界大战中断了生产，战后的经济困难导致未销售车辆的库存激增，丰田产生了严重财务困难，这也导致了喜一郎从公司辞职。

他的堂弟丰田英二（Eiji Toyoda）成为常务董事，并在 1950 被送到美国学习美国的制造方法，这回头看来相当具有讽刺性。出国向竞争对手学习也没有什么不寻常：第二次世界大战前一个丰田代表团就参观了德国的 Focke-Wulff 飞机工厂，他们在那里学到了"生产节拍"（Produktionstakt）概念，该概念后来演化为现在的"节拍时间"。丰田英二决定在丰田实施大批量生产技术，然而资金限制和有限的日本市场不能支持适用于福特和通用的大批量生产。丰田在刈谷（Kariya）的第一个工厂既用于生产原型车也用作生产商品车，每个月的产量只有 150 辆汽车。

尽管喜一郎在 20 世纪 30 年代购买的小型而灵活的设备能够推进大部分的 TPS 重要概念，而推动 TPS 的发展，让 TPS 可以经济地生产小批量多品种的人是大野耐一。

大野耐一在 1932 年毕业后就作为机械工程师加入丰田纺织，直到 1943 年纺织业务解散才加入汽车业务。大野耐一没有任何制造汽车的经验，只有没有任何成见的"常识方法"，这对于日后建立准时制生产（JIT）理念大有帮助。在分析西方的生产系统时，他认为西方方法存在两个逻辑缺陷。他做出推理，第一个缺陷是按照大批量制造零件会导致库存高，而库存占用资金和库房面积，还有大量的产品缺陷。第二个缺陷是不能满足顾客对于产品多样性的偏爱。大野耐一认为通用仍然没有放弃福特的大量生产系统，因为它的目标仍然是使用支持大批量生产的标准零部件，以最小化换型次数。以此看来，西方汽车生产商的管理层以前（或许现在还是）追求的是大规模生产和规模经济性。

自 1948 年以后，大野耐一逐渐将他的小批量生产概念从他管理的发动机机加工车间推广到所有丰田公司。他的主要焦点是通过消除浪费来降低成本，这个概念源自他在自动织布机上获得的经验：在纱线断开时停止机器，以便不浪费任何的材料和时间。他将纺织机称作"我眼前的教科书"，"自働化"（Jidoka）或者"自働化机器"的概念自此变成 TPS 的不可分割的一部分。大野耐一也在 1956 年参观了美国的汽车工厂，并将参观期间发展出的想法加以合并，最著名的是控制物料补充的"看板超市"。在他的书中，大野耐一描述 TPS 的两个支柱：基于丰田佐吉织布机的自働化，以及他声称源自喜一郎的 JIT，因为喜一郎曾经说过"对于一个像汽车生产这样的复杂行业，最好的工作方式是所有的装配零件在使用的时候都恰好放于装配线侧边"。为了让这个系统工作，需要生产和接收小批量的零部件，而对于传统思维来说这是不经济的。大野耐一必须改变机器的换型程序以按照小批量来生产更多的品种。喜一郎购买的机器大部分都是小型通用易于修整和改造的设备，这点给大野耐一帮助很大。缩短换型时间被新乡重夫进一步推进，他于 1955 年作为外部咨询师被聘用，进而发展出 SMED（快速换型）系统。

结果就是形成可以用有竞争力的成本小批量地生产多种产品的能力，从而改变了大量生产的传统逻辑。回顾起来，虽然它们更多的是出于对当时的要求多品种小批量的经济环境的适应，但这些变化还是深具革命性的。到 1950 年的时候，全日本汽车工业的年产量还不及当时美国汽车生产厂 3 天的产量。丰田逐渐掌握了方法，将小批量和生产及采购中的规模经济的优势结合起来。因此，最重要的是，"动态的学习能力"才是 TPS 成功的核心。正如藤本在他的关于 TPS 演化的书中所做的结论："丰田的生产组织（……）有选择性地采用了福特系统的多种元素，单独使用它们，并将它们精巧的系统与原创思想糅合在一起。丰田也学习其他行业的经验（比如纺织）。因此，认为 TPS 是天才的日本汽车人的纯粹发明是神话。然而，我们不应该低估丰田生产经理的创新想象力（比如丰田喜一郎、大野耐一和丰田英二），他们将福特系统的元素整合到与美国大相径庭的国内环境。因此，丰田的系统既不是完全原创的，也不是整体模仿的。本质上它是一种混合物。"

令人惊愕的是，尽管没有刻意保密，西方对于悄然进行的 TPS 基本上一无所知，根据大野耐一的意见，直到 1973 年的第一次石油危机期间 TPS 才开始引起注意，当时的日本出口产品对西方制造业构成威胁。

参考文献

Fujimoto, T. 1999. *The Evolution of a Manufacturing System at Toyota*, Oxford University Press, 1999

Ohno, T. 1988. *Toyota Production System: beyond large-scale production*, Productivity Press, 1988

18.3 为什么称之为"精益"

关于 TPS 的第一份英文介绍出现于 1979 年。它不是由学术界，而是四个丰田生产控制部门的经理出版的，包括 1999 年成为丰田汽车公司总裁的张富士夫（Fujio Cho）。汽车世界自此开始注意 TPS。在 1979 年，美国生产与库存管理协会（American Production and Inventory Control Society，APICS）发起成立"重复制造组织"（Repetitive Manufacturing Group，RMG）来研究 TPS。该组织于 1981 年 6 月在内布拉斯加州林肯市的川崎摩托车厂召开会议，与会者仔细查看了川崎精心设计的 JIT 系统，该系统克隆自丰田系统。该组织包括理查德·雪恩伯格尔和罗伯特·霍尔，他们根据自身的经历后来出版了有关 JIT 的书籍。同时，日本筑波大学的门田安弘也在 1983 年出版了 TPS 的相关书籍。时至今日，西方的讨论大部分都围绕生产现场技术，一般称作"JIT"或者"零库存"生产。

阐述精益理念的第二步由麻省理工学院的国际汽车项目（the International Motor Vehicle Program，IMVP）迈出。该项目以麻省理工学院为基地，而最初的设想是成立一个由多个大学参与的国际性的学术交流网络，包括英国团队的领队丹尼尔·琼斯，研究经理詹姆斯·沃麦克和项目主任丹·鲁斯。

项目的初衷是识别日本竞争优势产生的原因。当时给出的解释有一长串，最常见的解释如下所示，他们是带有后见之明的错误认知。

（1）**成本优势**。在当时，日本被看作具有低工资水平，有利的日元对美元汇率，资金成本低，以及其他的属于不公平竞争的元素。

（2）**幸运**。日本在能源危机出现的时候推出燃油经济性高的汽车，它只是在经营寿命周期中偶然走运的结果。

（3）**"日本公司"**。MITI（即日本的国际贸易和工业部）被怀疑在安排策划大规模的工业政策。

（4）**文化**。日本的文化差异允许更高效的生产，它对于其他国家不可复制。

（5）**技术**。在日本工厂使用先进的自动化，"所有的工作都由先进的机器人完成。"有人还提出日本公司在窃取西方开发的先进技术。

（6）**国家政策**。针对美国的贸易壁垒，日本具有更加宽容的劳动法，国家健康保健计划等，这些因素降低了总体的劳动力成本。

向 IMVP 提供赞助的公司鼓励研究团队找寻日本公司胜出的原因。根据丹尼尔·琼斯的说法，研究报告不仅要描述西方世界和日本的差距，还要"衡量差距的大小"。关键的挑战是均衡随着汽车大小和选装内容而剧烈变化的劳动投入量，以及垂直整合的程度，即制造商自制/外包的程度。然而，在很好地理解各个地区制造方法的不同之后，对它们进行有效比较的方法还几乎没有确定下来。正如丹尼尔·琼斯的评论，"……我们有方法，但是没有方法论。"

最初的标杆分析方法论由沃麦克和琼斯在 1985～1986 年设计开发出来，并于 1986 年在雷诺（Renault）的 Flins 工厂进行测试。当年的 5 月，约翰·克拉夫西克（John Krafcik）拜访詹姆斯·沃麦克，讨论一旦被麻省理工学院录取后的潜在的研究方向。克拉夫西克是被新联合汽车制造公司（New United Motor Manufacturing Inc.，NUMMI，通用与丰田设立的第一个合资工厂）招用的第一个美国工程师，是麻省理工学院的一名 MBA 学生。1986 年夏天沃麦克和克拉夫西克正式开始研究装配厂，参观通用在马萨诸塞州的弗雷明汉装配工厂。

另一位麻省理工学院学生约翰·保罗·迈克杜菲（John Paul MacDuffie）当时也参与了该项目。迈克杜菲当时是来自庆应义塾大学在斯隆学院做访问的教授岛田春雄（Haruo Shimada）的研究助理，岛田对日本公司在美国建厂中的生产系统移植过程感兴趣，试图了解它们将日本的人力资源和生产系统转移到美国的成功程度。岛田是首批获准参观本田、日产、马自达和 NUMMI 的美国工厂并开展访谈的研究者之一。岛田使用标杆系数将各个公司按照从"脆弱"（fragile）到"健壮"（robust）或者"受保护的"（buffered）的进行分类。这些术语是 IMVP 研究者首次使用的，不过后来"脆弱"改作了"精益"（lean），使它看起来具有更为积极的含义。"精益生产"一词首先由克拉夫西克在 1988 年使用，此后，在《改变世界的机器》一书中，沃麦克等人就自然地用"lean manufacturing"（精益生产）一词来将丰田和西方的"大批量生产"系统做对比。"精益"（Lean）的名字从此诞生了！

延伸阅读

Holweg, M., 2007. The Genealogy of Lean production. *Journal of Operations Management* 25 (2), 420-437

Krafcik, J. 1988. The Triumph of the Lean Production System. *Sloan Management Review* (Fall), 41-52

Sugimori, Y., K. Kusunoki, K., Cho, F., Uchikawa, S. 1977. Toyota Production System and Kanban System; Materialization of Just-in-Time and Respect-for-Human System. *International Journal of Production Research*, 15 (6), 553–564

Womack, J.P., Jones, D.T., Roos, D. 1990. *The Machine that Changed the World*, HarperCollins, New York

第 19 章 | The Lean Toolbox

其他资源：从何处寻求帮助

19.1 姊妹出版物

可以在 PICSIE Books 购买一系列的书籍和游戏，请登录 www.picsie.co.uk 或者 www.amazon.com。

《面向服务业的精益工具箱》(*The Lean Toolbox for Service Systems*)，约翰·比切诺（平装，2008）。

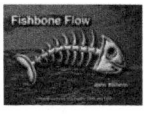
《鱼骨流：精益、六西格玛、TPM 和 TRIZ 的整合》(*Fishbone Flow: Integrating Lean, Six Sigma, TPM and TRIZ*)，约翰·比切诺（螺旋活页，2006）。

《六西格玛和质量管理工具箱：面向服务和制造》(*Six Sigma and the Quality Toolbox: for Service and Manufacturing*)，约翰·比切诺和菲利普·凯瑟伍德（平装，2005）。

此外，还有多种教室模拟游戏。

（1）白金汉大学精益游戏：学习精益制造的理想游戏。与其他游戏不同，这个游戏包含多种产品、换型和正确的机器规格。它适用于多种环境。

（2）白金汉大学供应链游戏和LEAP游戏。这两个捆绑的游戏是对于分销链和供应链的完美模拟。LEAP游戏由卡迪夫大学开发。

（3）白金汉大学Heijunka游戏。这一更为先进的游戏展示如何使用Heijunka将目前状态转型到未来状态。和该游戏有关的涉及精益排程和流程图等概念的大量幻灯片文件（包括批量大小、混合型号、循环补料、超市、看板类型）也一并提供。

（4）白金汉大学服务作业游戏。根据实际场景制作的本游戏包括多种精益服务的概念，包括服务流程图、无效需求、服务中的5S以及顾客互动。

19.2 研究中心、研究项目和网络资源

- 卓越制造协会（The Association for Manufacturing Excellence，AME）http://www.ame.org/。
- 精益企业研究中心（Lean Enterprise Research Centre），英国卡迪夫大学商学院：www.leanenterprise.org.uk（提供免费下载资料）。
- 美国生产与库存管理协会（APICS）：www.apics.org。
- 卓越流程和创新中心（Centre for Process Excellence and Innovation），剑桥大学：http://www.innovation.jbs.cam.ac.uk。
- 制造管理研究中心（Manufacturing Management Research Center），东京大学：http://www.utmmrc.jp/e_index.html。
- 麻省理工学院精益航空项目（Lean Aerospace Initiative）：http://web.mit.edu/lean/。
- 精益博客（Lean Blog）：www.leanblog.org。
- 英国精益企业学院（Lean Enterprise Academy，LEA）：www.leanuk.org。
- 美国波士顿的精益企业研究院（Lean Enterprise Institute，LEI）：www.Lean.org。
- 肯塔基大学的精益中心（University of Kentucky's Lean Center）：http://

www.mfg.uky.edu/。
- 国际汽车项目（The International Motor Vehicle Program，IMVP），网站上有大量可下载的工作底稿：http://imvp.mit.edu。

19.3 文章、书籍和影音资料

本书中提到的文章可以单独购买或者下载。

- 哈佛商学院的论文和案例分析可在下面的网站获取：http://harvardbusinessonline.hbsp.harvard.edu。
- 麻省理工学院斯隆管理评论的论文参见 http://sloanreview.mit.edu/smr/。
- 其他的学术论文可以单独从互联网上的图书馆购买。运营管理期刊（the Journal of Operations Management）的文章参见 www.sciencedirect.com；国际版的运营与生产管理期刊（the International Journal of Operations and Production Management）的文章参见 www.emeraldinsight.com。也请参阅 http://scholar.google.com，上面有大量的免费资源（工作底稿格式）。
- 卓越制造协会（The Association for Manufacturing Excellence，AME）拥有大量的音像资料和 DVD，参见 www.ame.org。制造工程师协会（Society for Manufacturing Engineers，SME）也有更多的关于精益主题的 DVD 出售，参见 www.sme.org。

19.4 资格认证

AME 和 SME 都有包含金、银、铜三级的精益认证项目。认证需要参加考试，并提供相关的工作日记。金级认证需要专业的面试。在写本书的时候，认证仅限于北美地区，不过正在向英国、澳大利亚和其他地方推广。

英国卡迪夫大学商学院的精益企业研究中心在 1998 年设立全世界第一个精益运营硕士学位。2006 年精益服务硕士学位随后设立。还有大量在学员公司授课的高管培训项目。精益企业研究中心也向有自己内部发展项目的组织颁发"精益学习进阶"认证。

The Lean Toolbox | 精益年表

精益的过去和未来

1780～1790年　英国皇家海军开发了如今称之为标准化作业和快速换型的技术，这使其侧停速度比法国或者西班牙海军快一倍。

1797年　莫兹利（Maudslay）制造了世界上第一台高精度螺纹切削车床，它是机床工业的母机。

1810年　莫兹利和布鲁内尔（Brunel）建造第一条机械化的制造生产线，10个人可为皇家海军每年生产16万只优质滑轮——以前这需要100个人，而且质量低劣。

1859年　塞缪尔·斯迈尔斯（Samuel Smiles）出版《自己拯救自己》（*Self-Help*）一书。丰田佐吉（Sakichi Toyoda）后来深受其启发，它是在精益诞生地陈列的唯一书籍。

1871年　丹尼，一位苏格兰造船商，向他的工人寻求低成本造船方法的建议。

1893年　弗雷德里克·泰勒（Frederick W. Taylor）开始"咨询工程师"的工作。

1896 年　帕累托（Pareto）发布经济分布定律。

1898 年　泰勒开始其铁矿石铲送工作时间的研究。

1904 年　凯迪拉克汽车（Cadillac）开始使用可互换零件生产汽车。

1906 年　奥兹莫比尔（Oldsmobile）制造了第一辆使用外部供应商零件的汽车。

1908 年　福特汽车公司（Ford）T 型车下线。

1909 年　弗兰克和莉莲·吉尔布雷斯（Frank 和 Lillian Gilbreth）夫妇研究砌砖工作，动作研究就此开始。

1911 年　威尔森（Welson）经济订货批量（economic order quantity，EOQ）公式诞生。

1913 年　福特汽车公司建立高地公园工厂（Highland Park Plant），使用装配流水线。

1922 年　甘特（Gantt）发明甘特图（常用的管理工具）。

1925 年　斯图尔特·柴思（Stuart Chase）的《浪费的悲剧》（*The Tragedy of Waste*）由 Macmillan 公司出版。

1925 年　短语"大批量生产"由大英百科全书收录。

1926 年　亨利·福特（Henry Ford）的《今天和明天》（*Today and Tomorrow*）问世。

1927～1930 年　埃尔顿·梅奥（Elton Mayo）和弗里茨·朱利斯·罗特利斯伯格（Roethlisberger）在西屋电气的霍桑工厂研究生产效率。

1929 年　丰田佐吉以 10 万英镑向英国的普拉特兄弟公司（Platt Brothers）出售快速穿梭织布机产权，用以建立汽车业务。

1931 年　瓦尔特·休哈特（Walter A. Shewhart）撰写的《工业产品质量的经济控制》（*Economic Control of Quality of Manufactured Product*）由 Van Nostrand Reinhold 公司出版。该书是第一本关于 SPC ⊖和 PDCA ⊖的著述。

1934 年　梅纳德（Maynard）发明"方法研究"一词。

⊖ SPC 为统计过程控制，是运用统计学的理论和方法控制连续生产的产品质量的方法，源自 statistical process control 的首字母。——译者注

⊖ PDCA 为"计划—执行—检查—处置"的持续改善循环，也称戴明环，源自 plan、do、check、act 四个英文单词的首字母。——译者注

1936 年　通用汽车公司的一位工程师发明"自动化"一词。丰田汽车公司售出第一辆汽车，使用"Toyota"作为商标，因为它在日语中由 8 个笔画组成，8 在日本是幸运数字，而 Toyoda 要 12 个笔画。丰田喜一郎（Kiichiro Toyoda）参观美国工厂，尤其是福特汽车公司，开始"准时制生产"（Just In Time，JIT）。

1937 年　丰田汽车公司成立（丰田织布机工厂成立于 1922 年）。

1940 年　美国陆军发起的企业内部督导人员培训（TWI）项目给主管人员设定三个关键任务：工作指导、工作改善和工作关系。1949 年其引入日本。

1942 年　约瑟夫·朱兰（Joseph M. Juran）再造隆德租赁的采购流程（从 90 天到 53 小时）。

1943 年　丰田医院成立，现为卡瑞亚丰田医院。

1943～1944 年　波音二厂（Boeing Plant Ⅱ）和福特的 Willow Run 组装厂出现轰炸机流水生产线。

1945 年　新乡重夫（Shigeo Shingo）将生产网络的概念介绍给日本能率协会（JMA），指出大批量生产是延误交付的主要原因。

1948 年　戴明（W. Edwards Deming）博士第一次被派遣至日本，在演讲中将浪费视为质量问题的主要来源。

1949 年　朱兰来到日本。

1950 年　丰田英二（Eiji Toyoda）拜访福特胭脂河工厂（River Rouge），福特员工建议的计划给他留下深刻印象。1956 年大野耐一（Taiichi Ohno）造访，从 Piggly Wiggly 连锁超市学到拉动系统。

1950 年　罢工之后大野耐一开始开发丰田生产方式。首先在丰田使用 U 形生产单元。TWI 在 20 世纪 50 年代初引入丰田。

1951 年　戴明奖（Deming Award）在日本设立。

1951 年　朱兰《质量控制手册》（Handbook of Quality Control）第 1 版问世。包括质量成本、帕累托分析、统计过程控制（1999 年第 5 版出版）。

1955 年　安灯（Andon Light）第一次使用。

1955 年　集装箱海运第一次出现。

1961 年　新乡重夫发明并定义"防错"(Pokayoke)，1985 年出版相应书籍。

1961 年　石川馨博士（Kaoru Ishikawa）发明质量圈（Quality Circles，QC）。1962 年组建第一个质量圈。1966 年朱兰将质量圈引入欧洲。

1961 年　阿曼德·费根鲍姆（Armand Vallin Feigenbaum）的《全面质量控制》（*Total Quality Control*）由麦格劳–希尔集团（McGraw-Hill）出版。

1963 年　丰田南非工厂建厂。

1969 年　泰德·霍夫（Ted Hoff）在英特尔公司设计出第一个芯片。

1971 年　马奇（Mudge）的《价值工程：一种系统方法》（*Value Engineering: A Systematic Approach*）由麦格劳–希尔集团出版。

1974 年　斯基纳（Skinner）的《聚焦的工厂》（*The Focused Factory*）在《哈佛商业评论》发表。

1974 年　第一个商用的条码扫描枪——Wrigley's Gum 问世。

1975 年　奥利奇（Orlicky）的《物料需求计划》（*Material Requirements Planning*）由麦格劳–希尔集团出版。

1975 年　伯比奇（Burbidge）的《成组技术介绍》（*The Introduction of Group Technology*）由 Heinemann 公司出版——奠定生产单元设计的原则。

1978 年　APICS[⊖]发起物料需求管理（MRP）改革运动。

1978 年　第一篇关于"准时制生产"（Just In Time）的文章在美国的杂志出现。

1980 年　NBC 打出广告"日本可以，为什么我们不可以"。川崎（Kawasaki）在美国开厂，在丰田生产方式的基础上开发并运用"川崎生产方式"。

1981 年　摩托罗拉首创名为"六西格玛"的技术。

1982 年　戴明的《质量、生产力和竞争力》（*Quality, Productivity and Competitive Position*）以及《转危为安》（*Out of the Crisis*）由麻省理工学院出版社（MIT Press）出版，包括他的 14 个原则。

1982 年　理查德·雪恩伯格尔（Richard J. Schonberger）的《日本生产技术》（*Japanese Manufacturing Techniques*）由 Free Press 公司出版。

1982 年　惠普公司拍摄《零库存生产》（*Stockless Production*）宣传片，在

⊖　APICS 是美国生产与库存管理协会。——译者注

APICS 大会和美国广泛播放。

1983 年　APICS 和 Dow Jones Irwin 出版了罗伯特·霍尔（Robert Hall）的《零库存》(Zero Inventories)。

1983 年　门田安弘（Monden）的《丰田生产方式》(Toyota Production System) 由 Industrial Engineering & Management Press 公司出版。

1984 年　艾利·高德拉特（Eliyahu Goldratt）的经典作品《目标》(The Goal)问世。

1984 年　罗伯特·海思和威尔瑞特（Robert Hayes 和 Whelwright）的《重建我们的竞争力》(Restoring Our Competitive Edge) 由 Free Press 公司出版。本书第 2 版《追求竞争力》(Pursuing the Competitive Edge) 于 2005 年出版。

1984 年　卡普兰（Kaplan）在《哈佛商业评论》发表《昨日的会计荼毒生产》(Yesterday's Accounting Undermines Production)。1987 年卡普兰和约翰逊（Johnson）发表《意义迷失：管理会计的起起落落》(Relevance Lost：The Rise and Fall of Management Accounting)。

1985 年　新乡重夫的《制造业革命：SMED 系统》(A revolution in manufacturing: The SMED System) 由 Productivity Press 公司出版（注意 20 世纪 30 年代快速换型方法和技术已在福特胭脂河工厂使用，现在福特博物馆展出）。

1985 年　斯基纳（Skinner）的《制造：可怕的竞争武器》(Manufacturing: The Formidable Competitive Weapon)，由 Wiley 公司出版。

1986 年　希尔（Hill）的《制造战略》(Manufacturing Strategy) 由 Macmillan 公司出版。

1986 年　今井正明（Maaski Imai）出版《改善：日本竞争成功的关键》(Kaizen：The Key to Japan's Competitive Success)。

1986 年　高德拉特和福克斯（Fox）的《竞赛》(The Race) 出版。

1987 年　马尔科姆·鲍德里奇质量奖（Malcolm Baldridge Prize）设立。

1987 年　戴维斯（Davis）在《完美未来》(Future Perfect)中第一次提及大批量定制。

1987 年　布思罗伊德和杜赫斯特（Boothroyd 和 Dewhurst）出版《面向装

配的设计》(*Design for Assembly*)。

1988 年　精市中岛（Seiichi Nakajima）的《全员生产性维护介绍》(*Introduction to Total Productive Maintenance*) 出版。

1988 年　大野耐一的《丰田生产方式》由 Productivity Press 公司出版。

1988 年　摩托罗拉获马尔科姆·鲍德里奇质量奖。由于获奖者需要公开他们的技术，因此六西格玛开始广为人知。

1988 年　赤尾洋二（Yoji Akao）将"质量功能展开"（quality function deployment，QFD）引入制造领域。

1988 年　库珀（Cooper）和卡普兰的《正确衡量成本：做正确的决策》(*Make Costs Right：Make the Right Decision*) 在《哈佛商业评论》发表，该文是第一篇关于"作业成本法"（activity based costing，ABC）的文章。

1989 年　大野耐一和日本管理协会在 Productivity Press 公司出版《丰田的看板：准时化生产》(*Kanban：Just in Time at Toyota*) 一书。

1989 年　新乡卓越奖（Shingo Prize）设立。

1989 年　坎普（Camp）的《标杆：寻求行业最佳实践》(*Benchmarking: the Search for Industry Best Practices*) 在美国质量协会（ASQ）的 Quality Press 公司出版。

1990 年　大野耐一逝世。

1990 年　斯道克和豪特（Stalk 和 Hout）的《与时间竞争》(*Competing Against Time*) 由 Free Press 公司出版，提出"基于时间的竞争"。

1990 年　迈克尔·哈默（Michael Hammer）的《工作再造：消灭自动化》(*Reengineering Work：Don't Automate，Obliterate*) 在《哈佛商业评论》发表，1994 哈默和钱皮（Champy）合著的《公司再造》(*Reengineering the Corporation*) 出版。

1990 年　斯图尔特·皮尤（Stuart Pugh）发表《总体设计》(*Total Design*)，1981 年发表《概念选择》(*Concept Selection*)。

1990 年　詹姆斯·沃麦克（James P. Womack）和丹尼尔·琼斯（Daniel T. Jones）合著的《改变世界的机器》(*The Machine that Changed the World*) 由 Rawson 公司出版。

1990 年　雪恩伯格尔的《建立客户链》(*Building a Chain of Customers*) 由 Free Press 公司出版。

1990 年　沃尔玛（Wal mart）发起快速响应行动。

1990 年　奥斯本等人（Osborn, Moran, Musselwhite, Zenger）合著的《自我指导的工作团队》(*Self Directed Work Teams*) 由 Business One 公司出版。

1992 年　杰克·史塔克（Jack Stack）的《商业大竞赛》(*The Great Game of Business*) 由 Currency Doubleday 公司出版，"开放式管理"出现。

1992 年　欧洲质量管理基金会（EFQM）设立 EFQM 卓越奖。

1993 年　大庭一（Hajime Ohba）担任丰田供应商支持中心（Toyota Supplier Support Center，TSSC）总经理，开始向美国公司传授丰田生产方式，它们大部分来自汽车行业之外。

1993 年　派恩（Pine）的《大规模定制》(*Mass Customisation*) 在哈佛商学院出版社（Harvard Business School Press）出版。

1994 年　卓越制造协会（The Association for Manufacturing Excellence，AME）开始推行"闪电改善"（Kaizen Blitz）[拉拉亚（Laraia）、穆迪（Moody）和霍尔（Hall）将其著述成书籍，于 1999 年出版]。

1994 年　奥特舒勒（Altshuller）出版第一本关于萃智（TRIZ）的英文译本。

1995 年　克莱顿·克里斯坦森（Clayton Christensen）的《破坏性技术》(*Disruptive Technology*) 由哈佛商学院出版社出版。

1996 年　沃麦克和琼斯的《精益思想》(*Lean Thinking*) 由 Simon and Schuster 公司出版。

1997 年　克里斯坦森发表《创新者的窘境》(*The Innovator's Dilemma*)，2003 年发表《创新者的解答》(*The Innovator's Solution*)。

1996 年　霍普和斯皮尔曼（Hopp 和 Spearman）的《工厂物理学》(*Factory Physics*) 由 Irwin 公司出版（2000 年出版第 2 版）。

1998 年　苏里的《快速响应制造》(*Quick Response Manufacturing*) 在 Productivity Press 公司出版。

1999 年　迈克·罗瑟和约翰·舒克（Mike Rother 和 John Shook）的《学

会观察》(*Learning to See*)在精益企业研究院（Lean Enterprise Institute）出版。

1999 年　斯比尔和鲍恩（Spear 和 Bowen）的《破译丰田生产模式的基因》在《哈佛商业评论》发表。

1999 年　卡迪夫大学商学院（Cardiff Business School）设立全球第一个精益硕士学位。

2000 年　三大汽车公司建立互联网供应平台，名为科纬迅供应商在线平台（COVISINT）。

2000 年　约翰逊和布日姆斯（Johnson 和 Broms）的《超越指标的利润》(*Profit Beyond Measure*)由 Nicholas Brearley 公司出版。

2001 年　马丁·欣克利（C. Martin Hinckley）的《不犯错》(*Make No Mistake!*)由 Productivity Press 公司出版。

2001 年　雪恩伯格尔的《搞定它！》(*Let's Fix It!*)由 Free Press 公司出版。

2001 年　麦金托什（Mackintosh）等人的《改善换型绩效》(*Improving Changeover Performance*)由 Butterworth Heinemann 公司出版。

2002 年　琼斯和沃麦克的《观察全局》(*Seeing the Whole*)由精益企业研究院出版。

2003 年　约翰·塞登（John Seddon）在《指挥和控制的自由》(*Freedom from Command and Control*)中提出"失效需求和增值需求"的概念。

2003 年　麦克尔（Mackle）提出"流动理论"(Theory of Flow)。

2003 年　施米诺（Schmenner）将"迅捷而平稳地流动"（Swift Even Flow）作为服务业的竞争差别要素。

2004 年　杰弗瑞·莱克（Jeffrey Liker）的《丰田模式》(*The Toyota Way*)由麦格劳-希尔集团出版。

2004 年　李效良（Hau Lee）的《3A 供应链》(*The Triple A Supply Chain*)在《哈佛商业评论》发表。

2004 年　霍尔韦格和皮尔（Holweg 和 Pil）的《第二汽车世纪》(*The Second Century*)由麻省理工学院出版社出版。

2004 年　马斯克尔和巴格利（Brian H. Maskell 和 Bruce Baggaley）的《实用精益会计》(*Practical Lean Accounting*)由 Productivity Press 公司出版。

2005 年　格圣菲尔德（Gershenfeld）的《FAB：即将来临的桌面革命》（*FAB：The Coming Revolution on Your Desk*）由 Basic Books 公司出版，解释个人"制造实验室"。

2005 年　迪内罗（Dinero）的《督导人员培训》（*Training Within Industry*）由 Productivity Press 公司出版，再次发掘成为 TPS 基石的 TWI 的原则（TPS 即丰田生产方式）。

2005 年　法国达索飞机制造公司（Dassault）制造出第一架全部在虚拟环境下设计出的飞机（隼），加工和制造时间降低一半。

2005 年　沃麦克和琼斯的《精益解决方案》（*Lean Solution*），由 Simon and Schuster 公司出版。

2006 年　丰田汽车销量超过福特，本田在美国的汽车销量接近福特。

2006 年　摩根和莱克（Morgan 和 Liker）的《丰田产品开发体系》（*The Toyota Product Development System*）由 Productivity Press 公司出版。

2006 年　安德森（Chris Anderson）的《长尾》（*The Long Tail*）由 RH 公司出版，展示帕累托图中长期受人遗忘的尾部可能蕴含精益企业的重要资源。

2007 年　阿伦·沃德（Allen Ward）的《精益产品和流程开发》（*Lean Product and Process Development*）在其去世后由精益企业研究院出版。

2008 年　约瑟夫·朱兰去世。

2008 年　丰田汽车销量超过通用汽车，成为全球最大汽车公司。

2008 年　雪恩伯格尔的《精益六西格玛最佳实践：更深入的观察》（*Best Practices in Lean Six Sigma Process Improvement: A Deeper Look*）由 Wiley 公司出版，指出长期库存周转趋势的赢家和失败者，丰田在这方面表现不佳。

2030 年　丰田计划在其绝大部分汽车上使用非化石燃料。

精益思想丛书

ISBN	书名	作者
978-7-111-49467-6	改变世界的机器：精益生产之道	詹姆斯 P. 沃麦克 等
978-7-111-51071-0	精益思想（白金版）	詹姆斯 P. 沃麦克 等
978-7-111-54695-5	精益服务解决方案：公司与顾客共创价值与财富（白金版）	詹姆斯 P. 沃麦克 等
7-111-20316-X	精益之道	约翰·德鲁 等
978-7-111-55756-2	六西格玛管理法：世界顶级企业追求卓越之道（原书第2版）	彼得 S. 潘迪 等
978-7-111-51070-3	金矿：精益管理 挖掘利润（珍藏版）	迈克尔·伯乐 等
978-7-111-51073-4	金矿Ⅱ：精益管理者的成长（珍藏版）	迈克尔·伯乐 等
978-7-111-50340-8	金矿Ⅲ：精益领导者的软实力	迈克尔·伯乐 等
978-7-111-51269-1	丰田生产的会计思维	田中正知
978-7-111-52372-7	丰田模式：精益制造的14项管理原则（珍藏版）	杰弗里·莱克
978-7-111-54563-7	学习型管理：培养领导团队的A3管理方法（珍藏版）	约翰·舒克 等
978-7-111-55404-2	学习观察：通过价值流图创造价值、消除浪费（珍藏版）	迈克·鲁斯 等
978-7-111-54395-4	现场改善：低成本管理方法的常识（原书第2版）（珍藏版）	今井正明
978-7-111-55938-2	改善（珍藏版）	今井正明
978-7-111-54933-8	大野耐一的现场管理（白金版）	大野耐一
978-7-111-53100-5	丰田模式（实践手册篇）：实施丰田4P的实践指南	杰弗瑞·莱克 等
978-7-111-53034-3	丰田人才精益模式	杰弗瑞·莱克 等
978-7-111-52808-1	丰田文化：复制丰田DNA的核心关键（珍藏版)	杰弗瑞·莱克 等
978-7-111-53172-2	精益工具箱（原书第4版）	约翰·比切诺等
978-7-111-32490-4	丰田套路：转变我们对领导力与管理的认知	迈克·鲁斯
978-7-111-58573-2	精益医院：世界最佳医院管理实践（原书第3版）	马克·格雷班
978-7-111-46607-9	精益医疗实践：用价值流创建患者期待的服务体验	朱迪·沃思 等

推荐阅读

金矿：精益管理 挖掘利润（珍藏版）

作者：[法] 弗雷迪·伯乐 迈克·伯乐 ISBN：978-7-111-51070-3

本书最值得称道之处是采用了小说的形式，让人读来非常轻松有趣，以至书中提及的操作方法，使人读后忍不住想动手一试

《金矿》描述一家濒临破产的企业如何转亏为盈。这家企业既拥有技术优势，又拥有市场优势，但它却陷入了财务困境。危难之际，经验丰富的精益专家帮助企业建立起一套有竞争力的生产运作系统，通过不断地改善，消除浪费，大幅度提高了生产效率和质量，库存很快转变为流动资金。

金矿Ⅱ：精益管理者的成长（珍藏版）

作者：[法] 迈克·伯乐 弗雷迪·伯乐 ISBN：978-7-111-51073-4

在这本《金矿》续集中，作者用一个生动的故事阐述精益实践中最具挑战的一项工作：如何让管理层和团队一起学习，不断进步

本书以小说形式讲述主人公由"追求短期效益、注重精益工具应用"到逐渐明白"精益是学习改善，不断进步"的故事。与前一本书相比，本书更侧重于人的问题，体会公司总裁、工厂经理、班组长、操作员工以及公司里各个不同层级与部门的人们，在公司通过实施精益变革进行自救的过程中，在传统与精益的两种不同管理方式下，经受的煎熬与成长。这个过程教育读者，精益远不止是一些方法、工具的应用，更是观念和管理方式的彻底转变。

金矿Ⅲ：精益领导者的软实力

作者：[法] 迈克·伯乐 弗雷迪·伯乐 ISBN：978-7-111-50340-8

本书揭示了如何持续精益的秘密：那就是培养员工执行精益工具和方法，并在这个过程中打造企业的可持续竞争优势——持续改善的企业文化

今天，越来越多的企业已经开始认识并努力地实施精益，这几乎成为一种趋势。不过大多数实践者只看到它严格关注流程以及制造高质量产品和服务的硬实力，少有人理解到精益的软实力。本书如同一场及时雨，为我们带来了精辟的解说。